价值在线
VALUEONLINE

SWCS
方圆企业服务
10 YEARS ANNIVERSARY

中国企业IPO实务手册（第二版）

（适用于上交所、深交所、北交所、联交所）

初心如磐
奋楫笃行

主　编：苏　梅
副主编：魏伟峰　薛自强　刘美辰

中国财经出版传媒集团
中国财政经济出版社

图书在版编目（CIP）数据

中国企业 IPO 实务手册 / 苏梅主编．--2 版．-- 北京：中国财政经济出版社，2022. 5（2023. 4 重印）
ISBN 978-7-5223-1330-6

Ⅰ．①中… Ⅱ．①苏… Ⅲ．①上市公司－基本知识－中国 Ⅳ．① F279. 246

中国版本图书馆 CIP 数据核字（2022）第 058138 号

责任编辑：付克华　　特约编辑：蔡欣仪　郑紫玲
封面设计：北京兰卡绘世　　责任印制：党　辉

中国企业 IPO 实务手册（第二版）
ZHONGGUO QIYE IPO SHIWU SHOUCE（DI ER BAN）

中国财政经济出版社 出版

URL: http: //www.cfeph.cn

E-mail: cfeph@cfeph.cn

社址：北京市海淀区阜成路甲 28 号　邮政编码：100142
营销中心电话：010—88191537
天猫网站：中国财政经济出版社旗舰店
网址：http://zgczjjcbs.tmall.com
北京时捷印刷有限公司印刷　各地新华书店经销
成品尺寸：210 × 285 毫米　16 开　31 印张　690 000 字
2022 年 5 月第 2 版　2023 年 4 月北京第 2 次印刷
定价：168.00 元
ISBN 978-7-5223-1330-6
（图书出现印装问题，本社负责调换，电话：010—88190548）
本社质量投诉电话 010—88190744
打击盗版举报热线：010-88191661 QQ：2242791300

序言

单立坡
中国中小企业发展促进中心主任

促专精特新
引资本活水

改革开放40多年来，我国中小企业不断发展壮大，已成为推动我国经济发展不可或缺的力量，成为创业创新的主要载体、带动就业的有生力量、国家税收的重要来源。许多上市公司和行业领军企业，也是从中小企业一步步发展而来。

中小企业作为推动创新的生力军，在技术创新、服务方式创新、商业模式创新等方面都做出了突出贡献。我国有65%以上的发明专利、75%以上的新产品开发都源自中小企业。随着国家加快推动产业结构优化升级，以及大数据、云计算、人工智能等新一代信息技术的广泛应用，各行业都涌现出了一批创新能力强、发展潜力高的中小企业，推动着新业态、新产业、新模式不断形成和发展。特别是近两年"专精特新"中小企业受到各方关注，它们的发展成果是非常丰硕的。去年工信部联合有关部门出台了《提升中小企业竞争力若干措施》，截至目前，培育"专精特新"企业4万多家，"小巨人"企业4762家，制造业单项冠军企业848家，这些中小企业成为细分行业领域的一些标杆，对中小企业高质量发展、创业创新发展起到了示范和引领的作用。今年，《政府工作报告》中也提出着力培养"专精特新"企业，并将在资金、人才、孵化平台搭建等方面给予大力支持。

同时，我们也看到中小企业发展还是面临不少困难和问题。主要问题可以生动地形容为"三座大山"，即市场的冰山、融资的高山和转型的火山。这其中，融资问题更是重点和难点。近年来，党中央、国务院多次就缓解中小企业融资难问题做出决策部署，各有关部门在政策端、产业端、资金端相继出台了一系列措施，帮助中小企业畅通融资渠道、提升融资可得性。2021年1月，国务院促进中小企业发展工作领导小组第七次会议明确提出构建中小企业"321"工作体系，要求聚焦着力缓解中小企业融资难、融资贵，着力加强中小企业合法权益保护两个重点，紧盯提升中小企业创新能力和专业化水平这一目标，支持中小企业健康发展。

2020年以来，我国资本市场改革加快推进，证券法修订、创业板注册制改革、新三板深化改革等，特别是北交所的设立，使资本市场在制度层面对中小企业的包容性进一步提升。中国资本市场从1990年沪深交易所相继成立以来走过了30年，从无到有，逐渐形成了沪深北交易所、新三板及区域性股权市场错位发展、互联互通、协同互补的格局，进一步完善了我国多层次资本市场体系。IPO作为中小企业对接资本市场的重要一环，对企业拓宽融资渠道、提升抗风险能力、实现稳健成长具有重大意义。

苏梅女士及其团队具有多年的资本市场监管和从业经验，所著的这本《中国企业IPO实务手册（第二版）》也恰逢其时，以市场、监管等多维专业视角为拟上市企业了解中国资本市场和IPO全过程，熟悉相关法律法规，开展相关筹备工作等方面提供了针对性的指导，帮助中小企业迈向资本市场。

希望各位企业家朋友可以在本书中找到打开资本市场大门的钥匙，带领企业发展壮大，为优化产业结构、实现经济高质量发展、建设创新型国家贡献力量。

最后，祝愿所有怀着IPO上市梦想的企业早日成功上市！

序言

易诺青

高瓴联席首席投资官、合伙人

创投及私募股权投资助力创新驱动型经济发展

今天，中国经济的增长模式从过去的要素投入型正在逐渐转变为现在的创新驱动型，近年来也陆续涌现三波大的浪潮，包括以互联网企业为代表的第一波数字化浪潮，以创新药、原研药、生物科技为代表的生命科学发展浪潮，以及以新能源、新材料、人工智能、高端装备制造为代表的智能革命浪潮。在与时俱进的产业发展中，无论是创新企业从 0 到 1 的快速启动，还是成熟企业的转型升级，都需要依赖大量创新生态资源和创新要素，需要寻找并占据产业变迁的关键生态点位，更需要在长期主义的视野中不断思考企业价值创造的新路径和新局面。

《中国企业 IPO 实务手册》在这样的阶段应运而生，它以坦诚清晰的方式展现了中国资本市场的全面图谱，并为创业企业充分利用资本市场促进自身创新要素汇聚，提供了良好的实践指南。

在这样的时代浪潮中，资本市场支持实体经济发展、持续助力科技创新的内涵与外延有了显著变化。在这其中，以创投和私募股权投资机构为代表的股权文化的兴起，正在成为激发创新的孵化器、连接器和加速器，培育了众多引领未来经济发展的新商业物种，帮助不同阶段的企业穿越死亡谷，深挖护城河，持续创造价值。我们可以从 3 个角度理解以创投和私募投资机构为代表的“股权文化”对于企业创新发展的重要影响：

第一，基于长期洞察的价值投资。价值投资的本质是基本面研究，其出发点是在深研产业规律、寻求商业创新的基础上优化资源配置。可以说，基于长期研究的资源配置，能够在很大程度上解决信息不对称问题，帮助企业建立更好的 know-how，明确价值收益的来源，抵御可能的风险，在正确的战略方向上思考和决策。

第二，基于积极赋能的公司治理。创投和私募投资机构不仅是财务上的投资人，解决中小企业、初创企业融资难的问题，提供全阶段的金融服务；而且其更重要的作用在于发挥积极股东和权益资本的角色。在实践中，创投和私募投资机构可以积极参与公司治理，发挥监督作用，提升公司整体的治理水平，同时在运营层面，提供符合企业发展需要的多种资源支持，诸如科技赋能工具和专业投后服务等。

第三，基于创新生态的全面支持。创投和私募股权投资往往拥有广泛而深入的产业资源。在全球商业网络日益通达的今天，更多战略合作资源和创新生态，将对企业发展产生深刻影响。更为重要的是，这种网络生态效应不会是赢家通吃的结果，而是产业集聚、创新集聚驱动下的多赢格局，甚至推动产业和社会的进步。

我们相信，创业者们在《中国企业 IPO 实务手册》中得到的，不仅仅是登陆国内资本市场的工具包或者方法论，而是理解资本市场、理解股权文化最好的门径。我们也希望，在创新驱动发展下的中国经济，涌现出更多创业者、企业家，在栉风沐雨、戮力前行中不断创新，不断创造更大的价值。

序 言

潘广标
中国上市公司协会副秘书长

服务 自律

规范 提高

伴随着改革开放的历史进程，以沪深交易所设立为起点，我国资本市场历经三十多年取得长足的发展，逐渐成为全球资本市场不可或缺的一部分。资本市场发挥资源配置和价格发现功能，为各类风险投资和社会资本提供风险共担、利益共享的进出机制，增强了企业家干事创业的热情，提升了科技至产业的转化效率，促进了创业投资、科技进步和产业发展的良性循环。目前，我国境内上市公司已有近 4800 家，上市公司作为我国资本市场的基石与支柱，已成为实体经济的“基本盘”、经济增长的“动力源”和经济转型的“领跑者”，上市公司在国民经济中的支柱地位日益突显。

近年来，资本市场改革不断深化，设立科创板并试点注册制、创业板改革并试点注册制、深化新三板改革、设立北京证券交易所等重大改革顺利落地，我国多层次资本市场体系愈加成熟，形成了主板、创业板、科创板和北交所以及新三板、区域性股权交易市场错位发展、各有特色的格局，这就为不同发展阶段的企业提供了不同的融资渠道。资本市场支持实体经济发展的能力进一步增强，资本市场对优质企业的吸引力极大提升，一批优质企业将借助资本的力量，进一步实现做优做强。

这本《中国企业 IPO 实务手册》，是在我国资本市场深化改革重要时期适时而生的实务著作，它详细阐述了我国企业 IPO 的全流程，从知识图谱、相关法规、申请流程、尽职调查、选聘中介、案例分析等等方面，为拟上市企业系统梳理要点、答疑解惑、指明方向，可以说是每一个相关从业人员的“百科全书”。

期待更多的创新创业企业加入上市公司大家庭，充分利用资本市场做大做强，共同为经济高质量发展做出贡献。

序言

魏伟峰
方圆企业服务集团(香港)有限公司
董事及集团行政总裁

方圆企业服务集团(香港)有限公司("方圆")于2021年首次与深圳价值在线信息科技股份有限公司("价值在线")携手合作,打造首本针对中国资本市场为拟上市企业提供实务IPO市场知识的——《中国企业IPO实务手册》,获得了相关部门高度重视、业界欢迎。自出版后,无论资本市场和上市监管方面发生不少变化,方圆及价值在线决定再更新内容,推出第二版。

一直以来,中国证券监察管理委员会,鼓励企业按自身情况选择其上市地点。鉴于近年对不少到美国上市的中国企业,被美国政府以国家安全为由,列于制裁名单或观察名单。近期,美国证券交易委员会对中概股审计核查愈趋严谨,提出"三年期满不合规即退市"的要求,这些较极端规管做法,令不少于美国上市的中概股拟回归港股第二上市,或从美国退市回归境内上市,成为A、H股的两地上市[1]。

响应资本市场应服务实体经济的大前提下,2021年11月15日北京证券交易所("北交所")正式开板,落实2021年,习近平总书记在中国国际服务贸易交易会全球服务贸易峰会上宣布:"将继续支持中小企业创新发展,深化新三板改革,打造服务创新型中小企业主阵地"[2]。让中国资本市场形成了坚稳的沪深北交易所、新三板及区域性股权市场发展、并在互联互通、协同互补的情况下,令中国的资本市场体系更完整。在手册第一章第1.3.4节中亦强调,北交所设立了严格遵循的《证券法》,特别是为"专精特新"即指企业具有专业化、精细化、特色化、新颖化发展特征的中小企业服务[3]。

香港联合交易所("联交所")为吸引在境外上市优质中概股回归港股,于2021年底,优化上市规则19C章,其原针对以于美国上市科技创新的中概股回归港股二次上市,修改对寻求港股第二上市的海外上市公司[34](以涵盖大中华业务重心或非大中华业务重心的科技创新和传统企业),以在不损害香港股东保障的同等水平,令更多海外上市公司在香港第二上市,并由第二上市过渡为主要上市,于海外市场退市,而全面遵守香港上市规则[5]。详情可参考第一章第1.4.1节"香港资本市场概况"中,增加为中概股回流进行部署的章节。

联交所于2022年1月1日宣布SPAC(特殊目的收购公司)机制正式生效,吸引不少原来打算在美国以SPAC上市的中资背景发行人在港上市。截止至2022年3月31日,已有一家SPAC成功在港上市及十家SPAC向联交所递交上市申请。对企业境外上市而言,这举措无疑增加了企业选择上市的渠道,也解决上市企业面对可能增加的过份境外监管挑战。无论企业如何选择上市地及上市方法时,必需要了解上市地的合规监管要求,亦应准备遵守上市规则的不断更新修订及治理要求的提升,包括企业管治6及ESG(环境、社会及管治)方面的监管趋势[6]。

方圆期望与价值在线联合出版《中国企业IPO实务手册(第二版)》,能给各位了解到如何更好地利用境外的香港资本市场及境内的A股市场特点和优势,及早把境内外上市的路线做好及上市后的合规和治理提前做准备。

[1]2022年1月初,内地龙头电讯商中国移动(0941.HK)于2021年5月从纽约交易所("纽交所")退市之后,于2022年1月正式回归上海证券交易所("上交所")A股市场,成为红筹上市公司同时发行A股(600941),更成为近10年来境内最大的IPO;中国海洋石油有限公司(中海油)(0883.HK)于2021年10月亦正式在纽交所退市;于2022年4月正式在上交所挂牌(600938.SH)。滴滴出行(NYSE:DiDi)也准备在2022年5月召开股东大会表决在纽交所退市。

[2]习近平:深化新三板改革,设立北京证券交易所
http://www.gov.cn/xinwen/2021-09/02/content_5635043.htm

[32]详细内容请参阅本手册《中国企业IPO实务手册》第1章第1.3.4节——北京证券交易所定位

[4]根据香港交易所认可之"认可证券交易所"或"合资格交易所"的海外上市公司。

[5]香港交易所《海外发行人上市制度》咨询总结
https://www.hkex.com.hk/-/media/HKEX-Market/News/Market-Consultations/2016-Present/March-2021-Listing-Regime/Conclusions-(Nov-2021)/cp202103cc_c.pdf

[6]联交所刊发有关检讨《企业管治守则》的咨询总结
https://sc.hkexcom.hk/TuniS/www.hkex.com.hk/news/regulatory-announcements/2021/211210news?sc_lang=zh-cn

服务臻圆 合规方正

序言

苏梅
深圳价值在线信息科技股份有限公司
创始人 & 董事长

遇见合规
预见未来

站在“两个一百年”的历史交汇点，经历了30余年跨越式发展的中国资本市场，在促进科技、资本和实体经济高水平、高质量发展方面，起到了举足轻重的作用，培育出了一批在国民经济中具有重要地位的优秀企业。

这是一本企业IPO百科全书，这本书全方位、系统性地梳理了IPO实务知识，我们避开生硬简单的说教，用简练的语言展示出IPO上市涉及的全知识体系，梳理了从IPO筹划准备、选择中介机构、公司股份制改造及内部控制制度、上市辅导与验收、IPO审核关注要点、具体上市事宜、上市公司合规发展等内容，深入浅出地阐述了中国企业IPO上市全流程知识。

本书在内容编排和筛选上运用了AI人工智能、合规科技及易董合规诚信大数据分析结果，通过大数据分析，创新性地汇总了企业IPO过程中涉及的全部法规、资本市场实时动态数据，并采用二维码方式展示，您只需打开手机即可扫码查看最新数据，二维码附在书中，以便读者参考对照。

这本书还覆盖了企业上市过程中的监管审核要点，对其进行了详细深度剖析，以便读者能够把握最新发审动态。这是目前市场上首个《中国企业IPO实务手册》，创作这本书的目的在于让全国拟上市企业对IPO理论体系有更深入的了解，加深对实践操作的具体理解。

阅读，可以让一个人见识更广阔的世界，拓展思维，开阔眼界，通过阅读学习，不断探索未知世界。当你仔细阅读这本书时，便能学到IPO上市知识、理念，能够吸收到这本书传递给您的智慧，获取更多知识，帮助IPO企业从业人员少走弯路，运用科学有效的方法提取甄别企业与上市标准之间的差距。在不断的学习与改进中缩短企业的上市之路是注册制时代下拟上市企业不可或缺的功课，希望能为您的上市之路带来一些思考和启发。

此外，我们也打造了一款线上IPO服务科技平台——易董IPO版，这是一款专注于为企业实现IPO梦想提供全流程AI智策服务的科技平台，运用AI人工智能+区块链+云服务+资本大数据等技术，为拟上市企业进行IPO可行性诊断与管理、IPO知识学习、财务价值分析、公司治理规范与管理、上市资讯查询、股权激励设计与管理等专业服务，解决企业首发上市中经验不足、上市团队难以培养、疑难问题无处咨询、政策繁多难以系统获取等现实问题，基于IPO全过程大数据分析，实时诊断出企业与IPO标准的差距与改善方案，助力企业以专业化经验成功实现IPO。

新时代是奋斗者的时代！上市是每个企业家的梦想，更是企业做大做强的必经之路。优秀的上市公司是一个国家资本市场长远发展的基石，而IPO正起着为资本市场提供源头活水的作用，有利于推动更多优质企业登陆资本市场，提升资本市场服务实体经济的能力。

希望本书能为您的上市之路带来一些思考和启发，为企业上市提供专业的知识学习与实践帮助，也祝愿您的公司早日上市！

致 谢

《中国企业 IPO 实务手册（第二版）》创新地使用 AI 人工智能方法，分析了海量 IPO 案例、IPO 审核大数据，旨在让有上市梦想的企业和相关人员熟悉掌握整个 IPO 过程并获取较为全面的知识。

在这里，我们要感谢中国中小企业发展促进中心主任单立坡先生，高领联席首席投资官、合伙人易诺青先生，中国上市公司协会副秘书长潘广标先生，方圆企业服务集团（香港）有限公司董事及集团行政总裁魏伟峰博士等给予我们巨大的指导与支持，在百忙之中为本书撰写了序言。

魏伟峰博士不仅将香港市场上市的理念展示分享在本书中，更提供了不少重要的倡议和最新的资讯，这些内容对上市申请者有莫大的裨益。湖北省上市工作指导中心上市发展总监、湖北省企业上市发展促进会常务副秘书长郑淇泽先生撰写了关于政务服务助力企业上市的流程知识，基业常青经济研究院董事长、时代伯乐执行合伙人王晓玲女士撰写了 IPO 募投项目设计与产业投资布局方面的内容，招商证券上海浦建路证券营业部总经理王亚培先生、华泰证券融资融券部刘钰婕女士参与编写了上市公司股东可进行的金融业务。

在此感谢价值在线、价值在线咨询公司团队，以及参与本书的所有相关人员。这是一本极具创新性的图书，凝聚了 80 多位参与者的智慧结晶和创造性与想象力，在编写、设计、数据、复核等多个环节，所有参与者夜以继日、砥砺奋进，用生生不息的奋斗精神再次诠释了价值在线“使命在心，勇于担当”的企业文化理念。同时，也向以下专业组织诚挚地致以谢意！

中信建投证券 CHINA SECURITIES
国信证券 GUOSEN
东方证券 ORIENT SECURITIES
兴业证券 INDUSTRIAL SECURITIES

长江证券 CHANGJIANG SECURITIES
天风证券 TF SECURITIES
国金证券 SINOLINK SECURITIES
国联证券 GUOLIAN SECURITIES

BDO 立信
PAN-CHINA 天健会计师事务所 Pan-China Certified Public Accountants
RSM 容诚
bakertilly 天职国际

中汇 ZHONGHUI
Grant Thornton 致同
德恒律师事务所 DeHeng Law Offices
基业常青 Economics Institute

捷创资本 JIE CHUANG CAPITAL

深圳价值在线信息科技股份有限公司

2022 年 05 月 07 日

编委会

技术团队

胡仲奇 吴月明 林杰坚 张伊岑 陈江琳 王 璐 陈凯嘉

尚瑞雪 章洁榆 李美婷 陈嘉琳 陶子娟 卢华玺

马英峰 齐 亮 迟伟明 柴亚星 丁 琪 李新伟 梁 悦

孙家全

复核人员

朱 凯 詹婉霞 邵玥明 罗 媛 刘大庆 罗婷婷 马雪蒙

设计及参与人员

王 萍 戚乾坤 胡 洋 郑紫玲 郭宏玮 陈 瑶 宋 妞

韩 巍 杨小蔓 吴 杰 黄 静 余 怡 胡 勇

目录 CONTENTS

序言

引资本活水　促专精特新　单立坡　1

创投及私募股权投资助力创新驱动型经济发展　易诺青　2

服务　规范　自律　提高　潘广标　3

合规方正　服务臻圆　魏伟峰　4

遇见合规　预见未来　苏　梅　5

致谢　6

编委会　8

1 首次公开发行股票（IPO）筹划和准备

1.1 上市的价值与面临的挑战　2
- 1.1.1 上市的价值　2
- 1.1.2 上市面临的挑战　3

1.2 中国多层次资本市场概述　4
- 1.2.1 概述　4
- 1.2.2 多层次资本市场的成效　5

1.3 我国多层次资本市场构成及定位　8
- 1.3.1 主板定位　8
- 1.3.2 科创板定位　8
- 1.3.3 创业板定位　9
- 1.3.4 北京证券交易所定位　9
- 1.3.5 全国中小企业股份转让系统定位　10

1.4 境内外市场的比较　11
- 1.4.1 香港资本市场概况　11
- 1.4.2 赴港上市的内地公司架构　12
- 1.4.3 企业赴港上市的优势　13
- 1.4.4 香港上市公司市值排名前五位　13

1.5 A 股 IPO 总体情况　14
- 1.5.1 IPO 审核情况　14
- 1.5.2 IPO 募集资金情况　15
- 1.5.3 IPO 行业分布情况　16
- 1.5.4 各地区上市情况　18
- 1.5.5 上市公司企业性质　20
- 1.5.6 注册制下 IPO 各类上市标准申报情况　21

1.6 如何选择上市板块？　24
- 1.6.1 板块定位与发行条件　24
- 1.6.2 发行市盈率　24
- 1.6.3 板块流动性　24
- 1.6.4 上市后估值预计　25

2 IPO 申请条件及流程

2.1 沪深交易所上市条件与流程　28
- 2.1.1 主板上市条件　28
- 2.1.2 创业板上市条件　30
- 2.1.3 科创板上市条件　32
- 2.1.4 沪深交易所上市流程　38

2.2 北交所上市条件与流程　42
- 2.2.1 北交所上市条件　42
- 2.2.2 北交所上市流程　44
- 2.2.3 基础层挂牌条件　44
- 2.2.4 基础层挂牌公司进入创新层条件　45
- 2.2.5 申请挂牌公司直接进入创新层条件　45
- 2.2.6 北交所转板条件　46

2.3 境外上市的条件和流程　47
- 2.3.1 香港主板及 GEM（简称“创业板”）上市的基本资格及要求　47
- 2.3.2 上市准备工作及流程　50
- 2.3.3 企业赴港上市的申报及审核流程　51
- 2.3.4 参与上市过程的团队　52

2.4 境内外上市的差异与成本　54
- 2.4.1 境内外上市的差异　54
- 2.4.2 境内外上市的主要成本　55

3 IPO 中介机构尽职调查

3.1 尽职调查概述　60
- 3.1.1 尽职调查的类型与作用　60
- 3.1.2 尽职调查的分工与责任　60
- 3.1.3 企业在尽职调查中的责任和义务　60

3.2 尽职调查的主要方式及各阶段调查重点　61
- 3.2.1 尽职调查的主要方式　61
- 3.2.2 尽职调查的各阶段目标及调查重点　61

3.3 尽职调查清单　62

4 用好政务服务让企业上市水到渠成

4.1 常见的两个误区　66

4.2 政务服务助力企业合规上市的底层逻辑　68

4.3 上市干部能够做什么？　68

4.4 企业在哪些阶段需要政务服务 69
4.5 上市政务合规实操解析 69

5

IPO 企业内部组织及业务架构

5.1 IPO 企业内部组织架构 76
5.1.1 决策方 76
5.1.2 总协调人 76
5.1.3 财务负责人 76
5.1.4 参与方 77
5.2 上市过程商业模式的确立与治理规范要求 77
5.3 董事会秘书——IPO 过程中重要角色 80

6

如何选择确定中介机构

6.1 保荐机构 84
6.1.1 保荐机构与承销机构 84
6.1.2 保荐与承销相关法规 89
6.1.3 选择合适的保荐机构和承销机构 89
6.2 会计师事务所 93
6.2.1 会计师事务所与签字会计师 93
6.2.2 会计责任相关法规 94
6.2.3 选择合适的会计师事务所 94
6.3 律师事务所 98
6.3.1 律师事务所工作重点 98
6.3.2 律师责任相关法规 99
6.3.3 选择合适的律师事务所 100
6.4 其他中介机构 103
6.5 中介机构费用 104

7

公司股份制改造与股权架构设计

7.1 股份制改造 108
7.1.1 股份改制的基本要求 108
7.1.2 股份有限公司的设立方式 108
7.1.3 股份改制的流程 109
7.1.4 股份改制的注意事项 110
7.2 上市前税务考量 113
7.2.1 改制时所涉个人所得税 113
7.2.2 自然人股东转让股权的个人所得税处理 115
7.2.3 自然人股东以非货币性资产出资的个人所得税处理 116
7.3 股权架构设计与股权激励 116
7.3.1 股权架构设计关注的核心问题 116
7.3.2 如何推进公司股权激励计划? 119
7.3.3 拟上市企业股权激励核心问题之股份支付 120
7.3.4 是否可以带期权上市? 121
7.4 引入外部投资者注意事项 122
7.4.1 上市前引入外部投资者的关注要点 122
7.4.2 引入投资人时，公司估值？ 124
7.4.3 首发上市企业股东股份锁定安排 125
7.4.4 引入投资人与股权激励的顺序安排 127

8

公司治理及内部控制制度

8.1 公司治理架构和治理制度 130
8.1.1 公司治理架构 130
8.1.2 公司治理制度 132
8.1.3 公司治理相关法规 133
8.2 董监高义务与职责 134
8.2.1 董监高义务 134
8.2.2 董监高职责 135
8.2.3 IPO 审核中针对董监高的关注问题 137
8.3 建立有效的内部控制制度 138
8.3.1 内部控制的目标与本质 138
8.3.2 内部控制的原则及要素 139
8.3.3 内部控制体系设计 140
8.3.4 拟上市企业内部控制常见问题 140
8.3.5 内部控制建设的思路及措施 142
8.4 总结 143

9

IPO 募投项目设计与产业投资布局

9.1 IPO 募集资金投向 150
9.1.1 IPO 募集资金投向设置依据及投向设计原则 150
9.1.2 IPO 募集资金投向内容 151
9.1.3 IPO 募集资金投向分布 152
9.2 上市公司产业布局 155
9.2.1 经济增长新常态和注册制背景下，中小市值公司面临挑战 155
9.2.2 产业投资布局有助于公司业绩持续增长 155

目录 CONTENTS

9.2.3 通过产业布局，获得第二成长曲线 156
9.2.4 上市公司通过产业投资做强做大的三个层次 156
9.2.5 上市公司应加强以深度产业研究为基础的产业规划能力 157
9.2.6 借助专业投资机构，实现产业布局 159

10 上市辅导与验收

10.1 辅导中相关主体的责任 162
10.2 辅导内容与目的 163
10.3 辅导的相关程序 164
10.4 证监局对辅导验收重点关注的内容 167
10.4.1 与拟上市企业相关的内容 167
10.4.2 与辅导机构相关的内容 168

11 IPO 申报受理与审核流程

11.1 IPO 申报与受理 172
11.1.1 IPO 申报 172
11.1.2 IPO 受理 178
11.2 IPO 审核流程 180
11.2.1 IPO 审核各阶段平均时间 182
11.2.2 注册制下各板块平均问询次数 183
11.2.3 专家咨询机构 184
11.3 发行审核委员会 / 上市委员会 186
11.3.1 发行审核委员会（沪市主板、深市主板适用） 186
11.3.2 上市委员会（创业板、科创板、北交所适用） 187
11.4 获得上市批文 189
11.4.1 核准制（沪市主板、深市主板适用） 189
11.4.2 注册制（创业板、科创板、北交所适用） 189

12 IPO 审核重点关注问题与合理建议

12.1 IPO 审核 192
12.1.1 IPO 审核的实质 192
12.1.2 IPO 审核的理念 192
12.2 大数据下 IPO 审核关注要点统计 192
12.2.1 上会阶段审核情况 204
12.2.2 上会阶段审核问询情况 205
12.2.3 上会被否公司的前二十名审核关注要点 208
12.2.4 注册制上市委会议审议阶段的前十名关注要点在各个问询阶段的情况 210
12.2.5 注册阶段各板块审核情况 212
12.3 审核关注要点与解决思路 215
12.3.1 业务与技术 215
12.3.2 财务关注要点分析 230
12.3.3 规范性审核关注要点分析 249
12.4 十大行业审核要点 263
12.4.1 制造业 264
12.4.2 信息传输、软件和信息技术服务业 266
12.4.3 科学研究和技术服务业 269
12.4.4 金融业 272
12.4.5 水利、环境和公共设施管理业 273
12.4.6 批发与零售业 276
12.4.7 建筑业 277
12.4.8 租赁和商务服务业 278
12.4.9 文化、体育和娱乐业 280
12.4.10 电力、热力、燃气及水生产和供应业 281

13 发行上市

13.1 发行 286
13.1.1 定价方式 287
13.1.2 配售（适用于询价发行） 297
13.2 登记 306
13.3 上市 307

14 舆情管理和路演活动

14.1 舆情管理 312
14.1.1 上市前阶段（预披露前） 312
14.1.2 上市冲刺阶段（预披露至上市） 312
14.1.3 上市维护阶段（上市及以后） 313
14.1.4 IPO 期间的舆情风险点和应对策略 314
14.2 路演活动 315
14.2.1 A 股路演的主要形式 316
14.2.2 路演中各机构的工作安排 317

15

上市后合规与高质量发展

15.1 上市公司合规发展的基本要求 323
15.2 上市公司合规与高质量发展的具体措施 324
15.2.1 严格规范运作 324
15.2.2 规范信息披露 325
15.2.3 投资者关系管理 325
15.2.4 股权激励 325
15.2.5 并购重组 328
15.2.6 再融资 328
15.2.7 利润分配 332
15.2.8 ESG 333
15.3 上市公司的市值管理 333
15.4 上市公司合规发展的注意要点 335

16

上市公司股东可进行的金融业务

16.1 上市公司股东可进行的金融业务 340
16.2 股权安排与托管制度 340
16.2.1 上市前股份制改造时股东性质、股东身份的设计 340
16.2.2 沪、深、北交易所托管差异及影响 340
16.3 企业上市后股东获得的收益 341
16.3.1 上市公司分红 341
16.3.2 市值打新 342
16.3.3 转融通证券出借 342
16.4 企业上市后股东融资情况 343
16.4.1 A 股上市企业股东融资工具比较 343
16.4.2 A 股上市企业股东融资总体情况 345
16.5 上市后股东减持股份 348
16.5.1 上市公司股东解除限售 348
16.5.2 上市公司股东减持相关规定 348
16.5.3 上市后自然人股东股份减持所涉个人所得税 350
16.5.4 上市后机构股东股份减持所涉企业所得税 350

17

ESG——可持续发展是关键

17.1 ESG 概述 352
17.1.1 什么是 ESG？ 352
17.1.2 ESG 的发展历程 353
17.1.3 ESG 与可持续发展 353
17.2 ESG 投资已成为国际投资的主流趋势 354
17.2.1 投资者对 ESG 信息的需求与日俱增 354
17.2.2 ESG 投资成为国际投资的主流趋势 354
17.2.3 ESG 投资生态圈已形成并推动 ESG 投资发展 355
17.3 中国 ESG 发展现状 357
17.3.1 中国 A 股上市公司 ESG 报告披露要求 357
17.3.2 中国 A 股上市公司 ESG 报告披露现状 366
17.3.3 中国 ESG 投资的兴起 367

附 录

经典成功 IPO 案例

案例一 宁德时代——创业板市值第一股 378
案例二 中芯国际——红筹企业标准二 383
案例三 稳健医疗——美国退市 + 二次上市转战创业板 389
案例四 华兴源创——科创板第一股 393
案例五 湘佳股份——新三板摘牌 +3 次中止 1 次撤回 399
案例六 寒武纪——科创板第二套标准 404
案例七 九号公司——首家 VIE+CDR+ 表决权差异的红筹企业 410
案例八 泽璟制药——科创板首家第五套标准 416
案例九 华业香料——二轮审核通过的“小而美”公司 421
案例十 创业黑马——创业服务第一股 425
案例十一 良品铺子——疫情期间湖北上市第一股 429
案例十二 线上线下——RCS 概念 IPO 第一股 433
案例十三 尤安设计——建筑设计行业创新型公司 437
案例十四 江苏租赁——A 股金融租赁第一股 442
案例十五 诺禾致源——NGS 科研服务第一股 + 三度闯关 IPO 446
案例十六 贝特瑞——北交所市值第一股 452
案例十七 连城数控——精选层第一只百元股 457
案例十八 厦钨新能——国内最大的正极材料企业 + 分拆上市 462
案例十九 极米科技——国内智能投影设备龙头 468
案例二十 广联航空——航空装备专精特新企业 473

1

首次公开发行股票(IPO)筹划和准备

在选定哪些公司做好了进入公开市场的准备方面，美国证券交易委员会是第一道防线，我们是第二道防线。美国证券交易委员会要求披露大量关于企业业绩、业务风险、运营风险和财务业绩的信息。

然后，纳斯达克要求企业补充更多的董事会和治理信息。我们专注于审查董事会成员的独立性，以及各委员会的组成；治理已经成为我们的专长领域。越来越多的证据表明，董事会多元化与两个领域的业绩改善相关，即风险控制和财务表现，前者对我们来说很重要，因为我们分外重视对投资者的保护。

如果公司不符合标准，它们唯一的义务就是披露不符合标准的原因，以便投资者做出知情选择；相关企业并不会被摘牌。

——阿德娜·弗里德曼(1969—)，美国，纳斯达克CEO

1.1 上市的价值与面临的挑战

IPO（Initial Public Offering），即首次公开发行，指一家股份有限公司（发行人）第一次将它的股份向社会公众投资者发售的行为。对于企业来讲，上市是一个全新的起点，企业可以依托资本市场实现高质量发展。

1.1.1 上市的价值

上市作为高效的直接融资渠道，能够在短时间内募集大量资金，且企业的价值通过资本市场有一个市值定价，实现了股东价值的提升，之后可以通过并购重组、再融资、股权激励等各类资本运作手段，进一步高效地为企业发展提供资本支持，构建产业、资本及人才优势，实现做优做强，成为更具社会价值的公众公司。

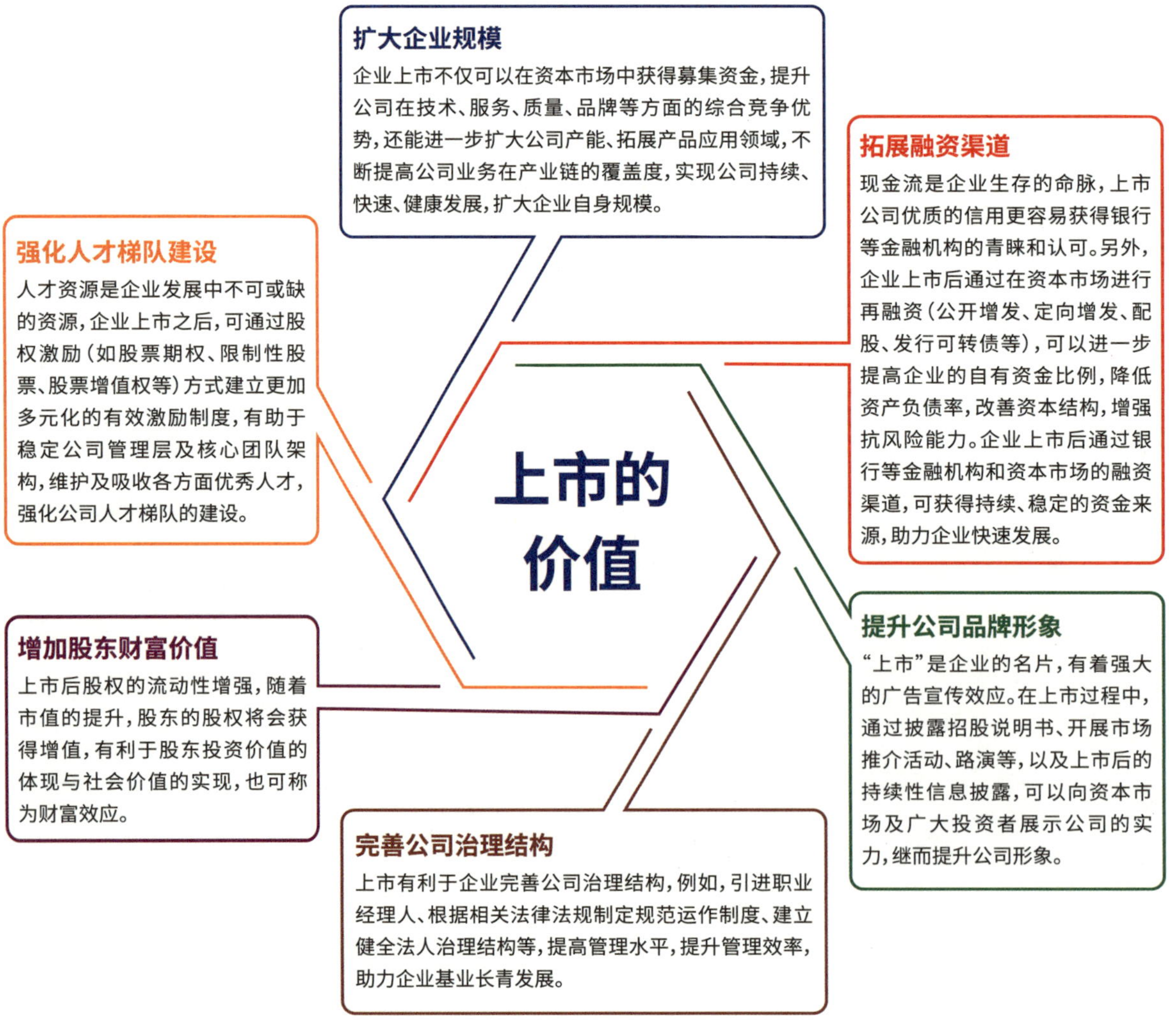

图 1-1　上市的价值

1.1.2 上市面临的挑战

从企业启动上市到逐步成为一家公众公司，整个过程中不仅需要承担上市所带来的各项成本支出，而且更要面对社会公众、监管机构等对公司、股东及公司管理层等各方面的持续监督。因此，在做出筹划上市决策之前，一定要对上市过程中所面临的挑战具备清醒的认识。

承担上市的成本

企业上市过程中需要支付中介机构费用、各类资质费用、推广辅助费用等各项费用；此外，企业上市的隐形规范运作成本也不容忽视，例如，企业改制时，可能会产生的税务成本、规范劳动用工问题而产生的社保成本增加，以及大量时间精力耗费等。

可能错失的机会成本

企业上市过程中的时间、机会成本是巨大的，在这一过程中企业发展会受到一定的约束。一方面，发行审核节奏与用时不确定、是否能够通过审核不确定；另一方面，在审核期内，企业的股权转让、并购重组等业务发展机会均会受到限制。

建立规范的公司治理结构

上市前及上市后，公司必须依照相应的法律法规，建立健全法人治理结构，完善公司内部控制体系，摒弃领导“一言堂”的决策风格，规范股东大会、董事会、监事会的运作程序，形成三会权责分工明确、各方利益主体之间相互制衡的机制。

履行信息披露义务

上市过程中必须进行充分的信息披露，因此，企业的商业模式、优势资源等原有的商业秘密也将成为公开信息；上市后需要履行持续性信息披露义务，必须接受监管机构、社会公众的监督。

接受对控股股东的约束

上市后控股股东对公司的持股比例降低，必须严格遵守相关行为指引，善意行使股东权利，严格履行各项承诺。

接受对董监高的约束

上市过程及上市后，公司董监高的行为受到法律法规的约束以及公众投资者的监督，公司董监高的决策应着眼于公司利益和长远的股东权益。

图 1-2　上市面临的挑战

上市对企业所带来的机遇和挑战是并存的，企业需要充分评判上市的利弊，树立正确的上市观。

上市是提升企业竞争力的重要途径，上市的最终目标是将企业做大做强，实现对股东、员工及社会的回报！

关于上市，企业准备好了吗？从股东到管理层，需要重点考虑的问题，如下所示。

图 1-3　需要重点考虑的问题

1.2 中国多层次资本市场概述

1.2.1 概述

建立健全的多层次资本市场是中国资本市场发展的重要目标，从 1990 年沪深交易所相继成立起，到 2021 年 9 月 2 日习近平总书记在 2021 年中国国际服务贸易交易会全球服务贸易峰会上宣布成立北京证券交易所（以下简称“北交所”），中国资本市场从无到有，形成了沪深北交易所、新三板及区域性股权市场错位发展、互联互通、协同互补的格局，进一步完善了我国多层次资本市场体系（见图 1-4）。

图 1-4 中国资本市场发展大事记

2021 年 9 月 2 日晚间，习近平总书记在中国国际服务贸易交易会全球服务贸易峰会上的致辞中宣布，将继续支持中小企业创新发展，深化新三板改革，设立北京证券交易所，打造服务创新型中小企业主阵地（见图 1-5）。

2013年　新三板成立

2013年1月16日，全国中小企业股份转让系统（俗称“新三板”）正式揭牌运营。新三板是经国务院批准设立的全国性证券交易场所。

新三板设立之初，个人投资者门槛需10个转让日的日均金融资产500万元以上。

2016年　首次改革，分为两层

2016年5月27日，新三板分层制度落地。自2016年6月27日起正式对新三板挂牌公司实施分层管理，分为基础层和创新层。

2019年　启动全面深化改革

2019年10月25日，中国证监会宣布启动全面深化新三板改革。重点推进优化发行融资制度、完善市场分层、建立转板上市机制等5项改革措施。

2020年　分为三层，设立精选层

2020年7月1日，设立新三板精选层，并降低投资者门槛。

精选层设立后，新三板形成了“精选层-创新层-基础层”的内部市场结构。精选层投资者门槛为100万、创新层投资者门槛为150万、基础层投资者门槛为200万。投资者门槛降低增加了新三板的市场流动性。

2021年　北交所成立

2021年9月2日，习近平总书记宣布设立北交所。北交所总体平移精选层各项制度，试点证券发行注册制。北交所与沪深交易所互联互通、错位发展。

北交所个人投资者门槛降至50万元。

图 1-5 北交所的设立历程

1.2.2 多层次资本市场的成效

1.2.2.1 中国资本市场已成为全球第二大资本市场

过往 30 余载的历程中，中国股市从零开始，时至今日已成为世界第二大资本市场，创造了世界金融史上的奇迹。

（1）上市公司数量：

截至 2021 年年末，A 股上市公司共有 4685 家，基本涵盖了国民经济 90 个行业大类。在近几年新上市的公司中，各种第一股更是层出不穷，例如，“芯片第一股”“AI 第一股”等新兴细分行业公司纷纷登场，亦昭示着中国上市公司行业构成正在发生重大变革，A 股市场将更具广泛性和包容性。

（2）上市公司市值：

中国资本市场市值规模也在不断扩大，2012—2021 年 A 股总市值规模年复合增长率达 16.65%，上市公司总市值由 22.87 万亿元人民币增长至 91.46 万亿元人民币（合 14.34 万亿美元），向百万亿级资本市场迈进，是全球继美国之后的第二大资本市场。具体如图 1-6 所示。

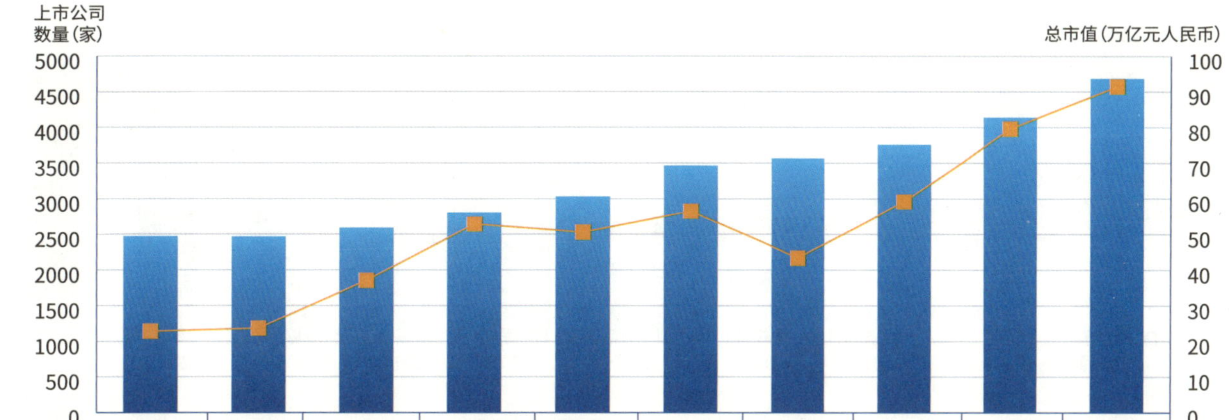

	2012年	2013年	2014年	2015年	2016年	2017年	2018年	2019年	2020年	2021年
上市公司数量(家)	2472	2468	2592	2808	3034	3467	3567	3760	4140	4685
总市值(万亿元人民币)	22.87	23.74	37.09	52.90	50.59	56.52	43.36	59.15	79.60	91.46

图 1-6　A 股上市公司家数与总市值统计（截至 2021 年 12 月 31 日）

中国资本市场结构和多层次市场体系日趋完善，30 余载的资本市场见证了中国经济从计划分配走向市场选择的过程，资本市场在改革中前进，在开放中成长，从无到有、从小到大，实现了中国现代金融体系历史性突破和跨越式发展。

1.2.2.2 上市公司通过 IPO 融资总额大幅提高

融资是资本市场最主要的功能之一，2021 年全球 IPO 募资额创新高，达 4217 亿美元。中国内地和香港市场仍然是全球资本市场的重要组成部分。具体如图 1-7 所示。

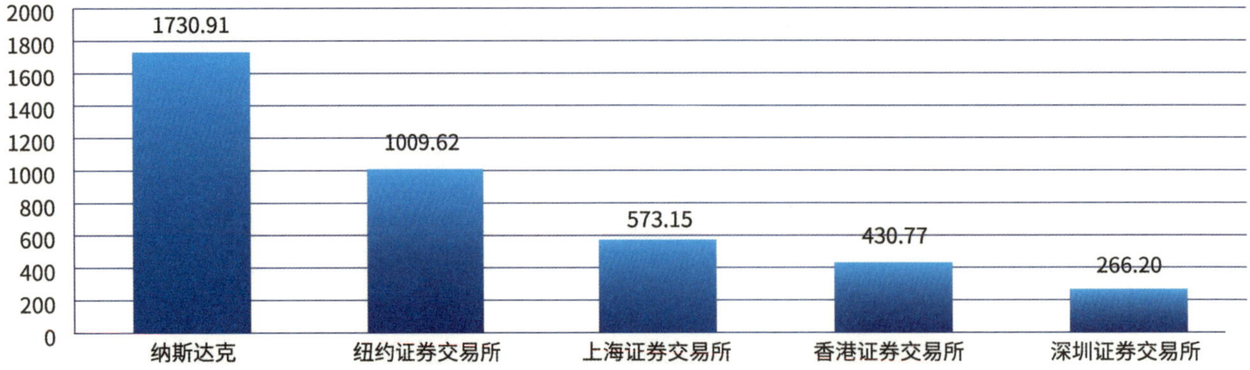

图 1-7　2021 年全球证券交易所 IPO 募集资金总额前五位

其中，A 股 IPO 募集资金总额逐年提高，并在 2021 年突破纪录达到 5543.58 亿元人民币。具体如图 1-8 和表 1-1 所示。

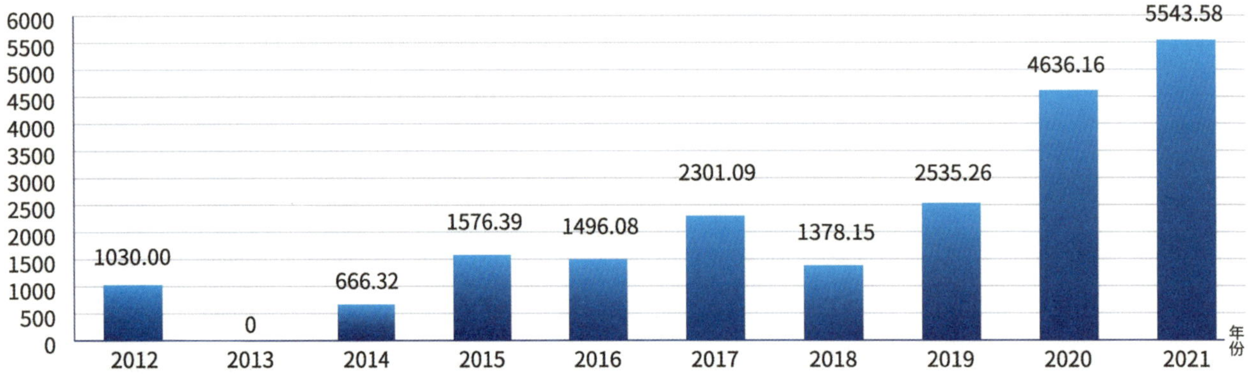

注：2013 年中国 A 股 IPO 业务暂停。

图 1-8　A 股 IPO 募集资金规模

表 1-1　2021 年 A 股各板块上市公司家数和 IPO 募集资金金额

	板块	上市公司数量（家）	IPO 募集资金金额（亿元人民币）
2021 年度	沪主板	1655	1617.13
	深主板	1481	222.08
	创业板	1090	1475.24
	科创板	377	2049.04
	北交所	82	180.09
	总数	4685	5543.58

数据来源：易董 IPO。

2021 年，中国资本市场 IPO 募集资金规模前十大公司募集金额共计 1401.53 亿元人民币。其中，中国电信（股票代码 601728）以募集资金 470.94 亿元人民币位列 2021 年全国 IPO 募集资金规模榜首。具体如图 1-9 所示。

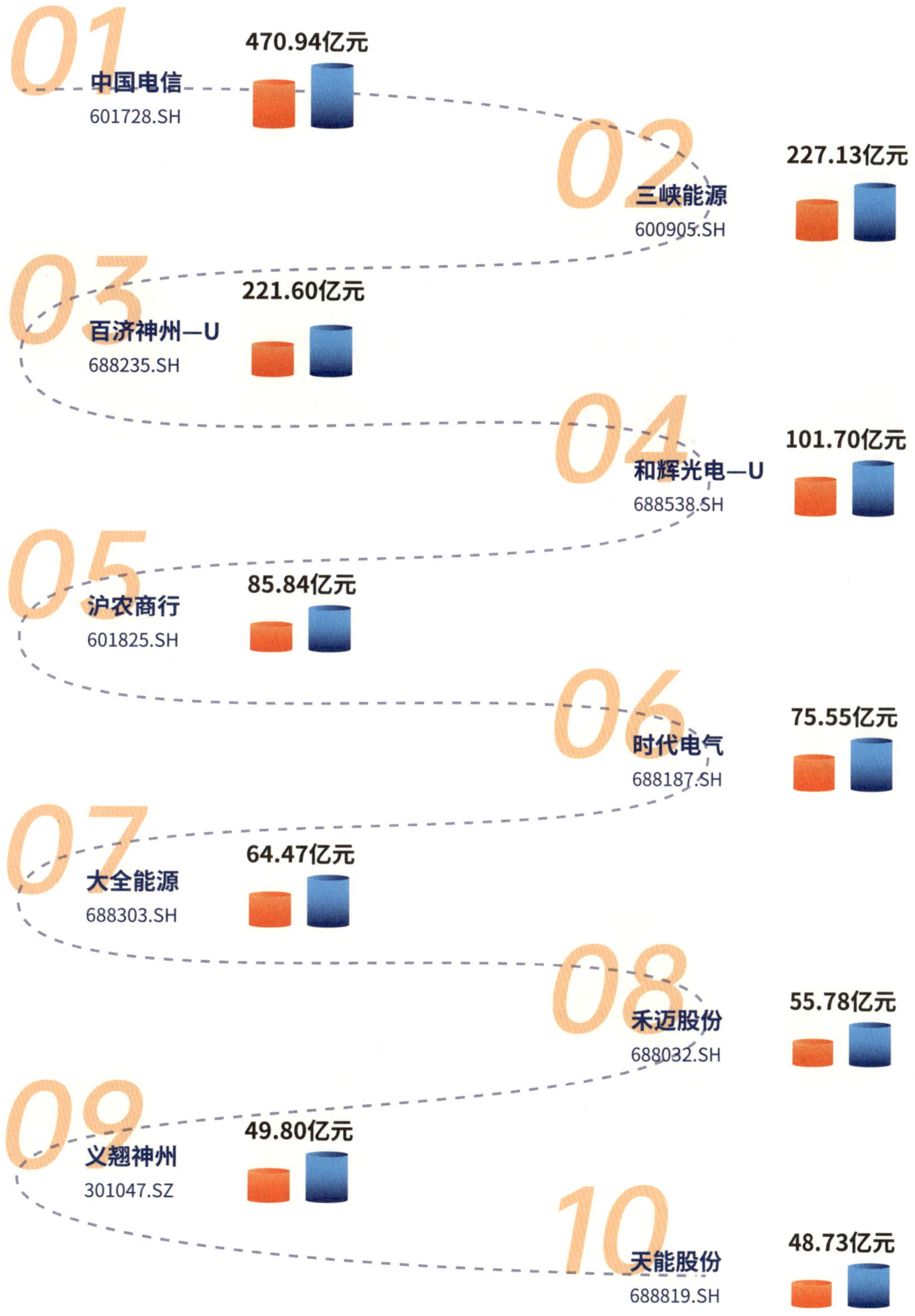

注：根据《关于科创板股票及存托凭证交易相关事项的通知》，发行人尚未盈利的，其股票特别标识为 U。

图 1-9　2021 年中国资本市场 IPO 募集资金规模前十大公司（币种：人民币）

1.3 我国多层次资本市场构成及定位

1.3.1 主板定位

上市主要企业为大型蓝筹企业以及商业模式稳定、具有规模效应和竞争优势的企业。

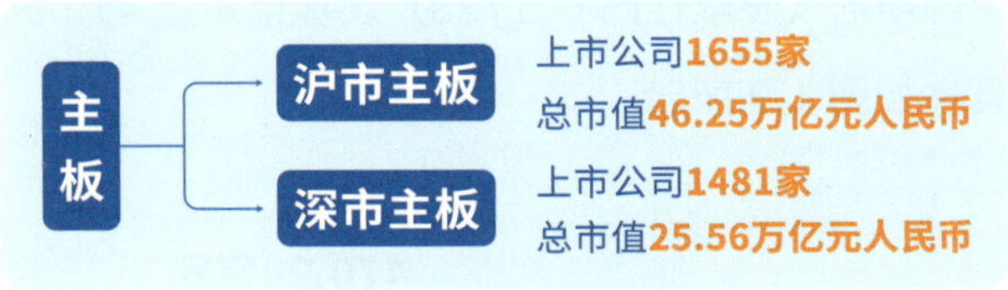

图 1-10 主板构成
（截至 2021 年 12 月 31 日）

表 1-2 深市主板总市值前五位的上市公司
（截至 2021 年 12 月 31 日）

首发上市日	证券简称	总市值（亿元人民币）
1998年04月27日	五粮液	8642.79
2011年06月30日	比亚迪	7805.36
2013年09月18日	美的集团	5156.78
2010年05月28日	海康威视	4884.49
1994年05月09日	泸州老窖	3718.57

表 1-3 沪市主板总市值前五位的上市公司
（截至 2021 年 12 月 31 日）

首发上市日	证券简称	总市值（亿元人民币）
2001年08月27日	贵州茅台	25752.05
2006年10月27日	工商银行	16501.61
2007年09月25日	建设银行	14650.64
2002年04月09日	招商银行	12284.59
2010年07月15日	农业银行	10289.50

1.3.2 科创板定位

面向世界科技前沿、面向经济主战场、面向国家重大需求，主要服务于符合国家战略、突破关键核心技术、市场认可度高的科技创新企业。重点支持新一代信息技术、高端装备、新材料、新能源、节能环保以及生物医药等高新技术产业和战略性新兴产业，推动互联网、大数据、云计算、人工智能和制造业深度融合的科技创新企业。科创板限制金融科技、模式创新企业在科创板上市，禁止房地产和主要从事金融、投资类业务的企业在科创板上市。

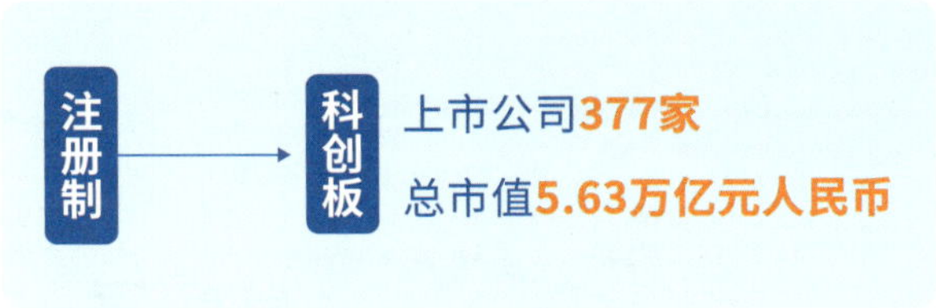

图 1-11 科创板构成
（截至 2021 年 12 月 31 日）

表 1-4 科创板总市值前五位的上市公司
（截至 2021 年 12 月 31 日）

首发上市日	证券简称	总市值（亿元人民币）
2020年07月16日	中芯国际	4188.25
2021年12月15日	百济神州-U	1924.10
2020年06月10日	天合光能	1636.12
2019年09月30日	传音控股	1257.85
2019年11月18日	金山办公	1221.65

投资者准入：

根据《上海证券交易所科创板股票交易特别规定》，个人投资者参与科创板股票交易，应当符合申请权限开通前20个交易日证券账户及资金账户内的资产日均不低于50万元人民币（不包括该投资者通过融资融券融入的资金和证券）、参与证券交易24个月以上及上海证券交易所规定的其他条件等。

上海证券交易所科创板股票交易特别规定

1.3.3 创业板定位

深入贯彻创新驱动发展战略，适应发展更多依靠创新、创造、创意的大趋势，主要服务成长性创新创业企业，支持传统行业与新技术、新产业、新业态、新模式深度融合。

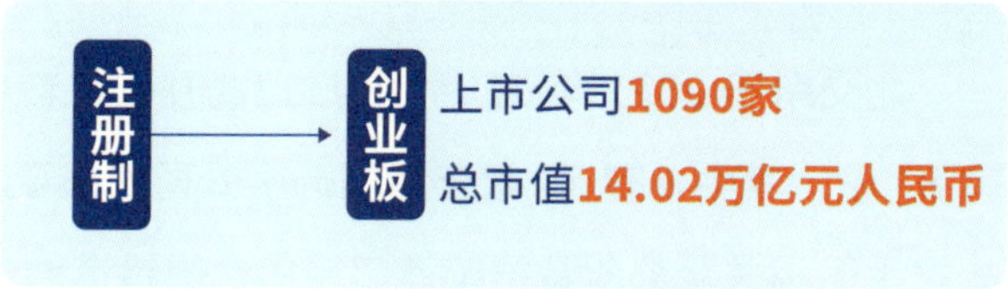

图 1-12　创业板构成
（截至 2021 年 12 月 31 日）

表 1-5　创业板总市值前五位的上市公司
（截至 2021 年 12 月 31 日）

首发上市日	证券简称	总市值（亿元人民币）
2018年06月11日	宁德时代	13705.41
2018年10月16日	迈瑞医疗	4629.35
2010年03月19日	东方财富	3846.94
2020年10月15日	金龙鱼	3411.81
2009年10月30日	爱尔眼科	2285.70

投资者准入：

根据《深圳证券交易所创业板投资者适当性管理实施办法》，个人投资者参与创业板股票交易，应当符合申请权限开通前20个交易日证券账户及资金账户内的资产日均不低于10万元人民币（不包括该投资者通过融资融券融入的资金和证券）、参与证券交易24个月以上。

深圳证券交易所创业板投资者
适当性管理实施办法

行业负面清单：

农林牧渔、农副食品加工、采矿、食品饮料、纺织服装、黑色金属、电力热力燃气、建筑、交通运输、仓储邮政、住宿餐饮、金融、房地产、居民服务和修理等传统行业，原则上不支持属于上述行业的企业申报创业板上市。创业板负面清单进一步规定，上述传统企业中与互联网、大数据、云计算、自动化、新能源、人工智能等新技术、新产业、新业态、新模式深度融合的创新创业企业仍可以在创业板上市。

1.3.4 北京证券交易所定位

北交所设立严格遵循《证券法》，按照分步实施、循序渐进的原则，总体平移精选层各项基础制度，坚持北京证券交易所上市公司由创新层公司产生，维持新三板基础层、创新层与北交所“层层递进”的市场结构，同步证券发行注册制。

北交所牢牢坚持服务创新型中小企业的市场定位，特别是为“专精特新”中小企业服务，“专精特新”，是指企业具有专业化、精细化、特色化、新颖化的发展特征。具体如图 1-13 所示。

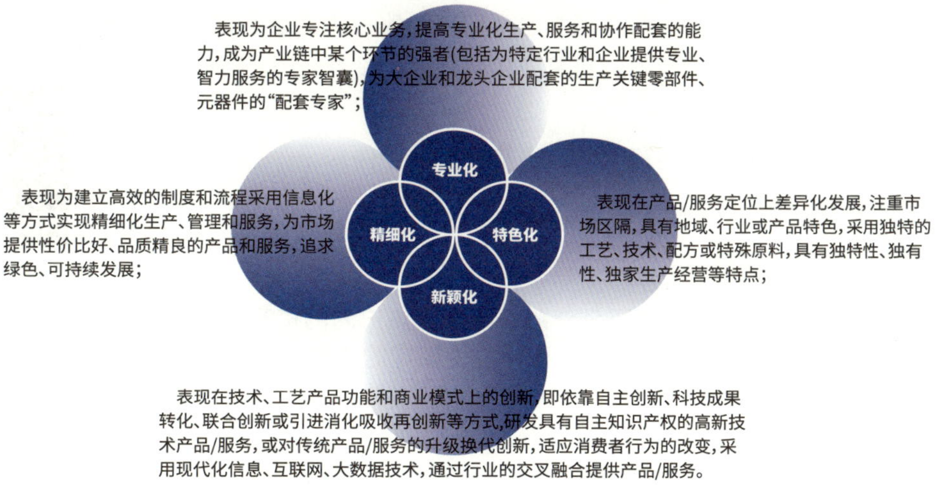

图 1-13　“专精特新”企业的表现

北交所于 2021 年 11 月 15 日正式开板，首批挂牌企业共有 81 家，其中，有 71 家存量精选层公司平移至北交所上市，故本手册相关北交所数据统计口径包含原精选层公司。

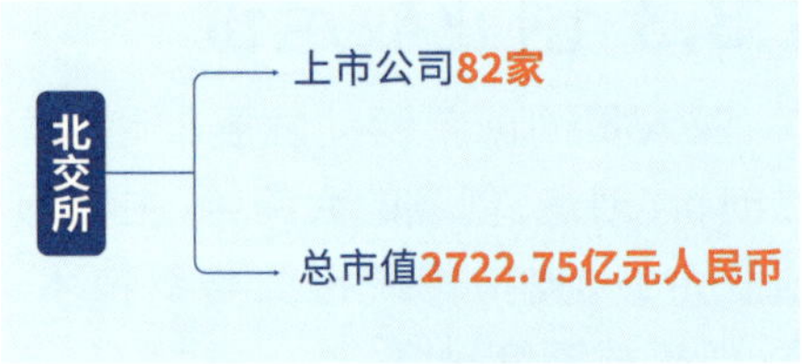

图 1-14　北交所构成
（截至 2021 年 12 月 31 日）

表 1-6　北交所总市值前五位的上市公司
（截至 2021 年 12 月 31 日）

首发上市日	证券简称	总市值（亿元人民币）
2020 年 07 月 27 日	贝特瑞	718.47
2020 年 07 月 27 日	连城数控	237.85
2021 年 08 月 31 日	吉林碳谷	182.74
2021 年 02 月 09 日	长虹能源	107.33
2020 年 07 月 27 日	森萱医药	75.14

投资者准入：根据《北京证券交易所投资者适当性管理办法（试行）》，个人投资者参与北交所股票交易，应当符合申请权限开通前 20 个交易日证券账户和资金账户内的资产日均不低于人民币 50 万元（不包括该投资者通过融资融券融入的资金和证券）、参与证券交易 24 个月以上。

北京证券交易所投资者适当性管理办法（试行）

1.3.5 全国中小企业股份转让系统定位

全国中小企业股份转让系统（以下简称“新三板”或“全国股转系统”）为中国资本市场的重要组成部分，是经国务院批准设立的全国性证券交易场所，主要为创新型、创业型、成长型和中小微的企业发展提供服务。新三板设立基础层、创新层，符合条件的股份公司可通过主办券商申请在新三板挂牌公开转让股份。

图 1-15　新三板构成
（截至 2021 年 12 月 31 日）

(1) 投资者申请参与创新层股票发行和交易应当符合下列条件：

①实收资本或实收股本总额100万元人民币以上的法人机构；

②实缴出资总额100万元人民币以上的合伙企业；

③申请权限开通前10个交易日，本人名下证券账户和资金账户内的资产日均人民币100万元以上（不含该投资者通过融资融券融入的资金和证券），且具有相关规定的投资经历、工作经历或任职经历的自然人投资者。

(2) 投资者申请参与基础层股票发行和交易应当符合下列条件：

①实收资本或实收股本总额200万元人民币以上的法人机构；

②实缴出资总额200万元人民币以上的合伙企业；

③申请权限开通前10个交易日，本人名下证券账户和资金账户内的资产日均人民币200万元以上（不含该投资者通过融资融券融入的资金和证券），且具有相关规定的投资经历、工作经历或任职经历的自然人投资者。

全国中小企业股份转让系统
投资者适当性管理办法

1.4 境内外市场的比较

境内公司赴境外上市的主要路径：

①香港主板
②香港创业板

①新加坡交易所
②韩国证交所
③东京证交所

①美国纽约证交所
②美国纳斯达克
③伦敦证交所
④德国证交所
⑤英国AIM市场

图 1-16　境内公司赴境外上市的主要路径

现以香港市场为例，对境内外市场进行简单比较。

1.4.1 香港资本市场概况

香港以其优越的地理位置和金融地位，多年来都是大多数中国内地企业境外上市的优先选择，例如，腾讯、小米、比亚迪等企业已在港股上市。香港股票市场为有意上市的企业提供主板和 GEM（简称“创业板”）两个板块。主板上市的公司规模较大、财务基础较良好，净利润为正。GEM 则没有行业类别和公司规模的限制，并且不设盈利要求。

图 1-17 为香港资本市场相关机构：

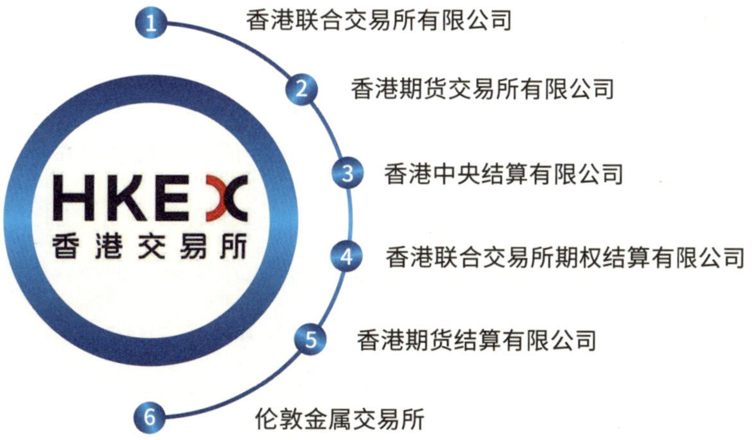

图 1-17　香港资本市场相关机构

香港资本市场的特点和趋势：

（1）香港资本市场的机构投资者相对占比高。

A 股中散户投资者占比较高，投资风格偏好小市值、高成长性股票，往往超额配售新兴产业，而忽视低股息率、高市盈率等负面特点；而港股的成交金额中机构投资者占主体，投资风格偏爱低市盈率、高股息率、大市值股票，往往超额配售银行、食品饮料和家电行业，对成长型公司则较为保守。

(2) 为增加流动性，香港交易所接连推出港股通（深/沪）和全流通。

近年来，联交所进行了多项上市规则的最新修订，为香港的证券市场带来了更多新机遇。除了2014年和2016年分别推出的沪港通和深港通外，又于2019年11月正式宣布全面推出H股“全流通”，市场反响热烈，认为H股“全流通”将会为内地发行人和投资人带来极大便利，解决流动性限制、估值普遍低等问题。

除此之外，港交所于2020年3月宣布将推出“沪深港通”北向交易优化措施——SPSA集中管理服务，以进一步提升香港与内地股票市场互联互通机制；连同恒生系列指数规则调整，有机会进一步吸引北水南下，同时也增加了对各地不同类型公司在港上市的可行性和吸引力，当中对在海外上市的“中国概念股（又称中概股）”回归香港市场进行第二上市尤为具有优势。

(3) 香港上市新趋势——推出各项新兴及创新产业公司上市制度。

香港在中美关系紧张和新冠病毒疫情的影响下，仍能在IPO资金募集规模中取得理想的成绩，得益于香港近年来对多项上市规则的修订，如接受同股不同权（以下简称“WVR”）的新经济公司和无收入的生物科技公司在香港上市等。

2018年4月，港交所允许未有收益的生物科技公司赴港上市，使得香港市场成为生物科技医药公司进行上市募资的热门之选，成就了香港作为全球第二大生物科技企业上市中心的地位。同年4月，港交所修订了WVR的上市规则。规则的修订对新兴科技、初创企业以及利用互联网切入实体经济和金融科技等行业的公司（如独角兽和TMT等）尤为具备吸引力，加快了上述企业赴港上市募资的步伐。及至2022年1月1日起，联交所进一步修订了对于双重主要上市和第二上市的要求，让现时拥有不合规的不同投票权（WVR）及/或可变利益实体（VIE）架构的“获豁免的大中华发行人”和“非大中华发行人”，亦可直接申请在香港作双重主要上市。另外，对有意来港第二上市而不具有WVR架构的发行人，联交所也相应取消了“创新产业公司“的规定以及降低其发行人的市值要求，务求吸引更多发行人，尤其是传统行业的大中华发行人。联交所还将对所有发行人采用同一套核心股东保障水平。

此外，在中美关系日益紧张、美国纳斯达克交易所逐步收紧上市规则以及国外资本多次狙击赴美上市内地企业等大背景下，不少中概股企业主动回流香港上市或第二上市，促进了香港市场的繁荣。

2021年12月17日，联交所公布引入新规，在香港设立SPAC上市机制，并于2022年1月1日起生效。SPAC全称为Special Purpose Acquisition Company，即特殊目的收购公司，是一种先由发起人设立主体并集资上市后再对其他非上市企业进行并购、整合的资本运作方式。SPAC发起于美国，其市场自2020年以来迅速壮大，在数量和募集资金规模方面已与传统IPO市场相当。港交所希望通过引进SPAC上市机制，使得经验丰富、信誉良好的SPAC发起人能够物色新兴和创新产业公司作为并购目标，以此扶植富有潜力的企业发展壮大。从而将进一步提升港交所的整体融资能力、核心竞争力和国际影响力，也为内地上市制度的改革提供了先导与示范作用。

1.4.2 赴港上市的内地公司架构

对于主要业务和背景在中国内地的公司，香港联交所接受灵活多样的上市架构选择，主要包括：

（1）红筹架构——上市主体是境外控股公司，以境内股权或资产注入境外控股公司间接实现境外上市，红筹架构又包含两种模式：

大红筹 中国内地的企业、资产或业务的实际控制人通常是某个政府机构，又称国企红筹；

小红筹 中国内地的企业、资产或业务的实际控制人通常是某个个人，又称民企红筹。

（2）H 股架构——上市主体是在中国内地注册成立的股份有限公司，境内股权直接在香港联交所上市。H 股上市架构下又包含 4 种可行的方式：

先A后H 已在中国内地上市的公司可凭借A股公司身份赴香港作双重上市；

先H后A 如公司先在香港联交所上市，之后还可以再回到中国内地A股上市；

A+H同时进行 公司同时申请在内地A股和香港联交所H股上市并同时挂牌交易；

新三板+H 已经在内地新三板挂牌的公司毋须事先摘牌即可申请到香港联交所上市。

（3）分拆上市——已经在香港、内地或海外上市的公司也可以分拆子公司或一部分业务在香港上市。

1.4.3 企业赴港上市的优势

01 根据IPO和审查流程的复杂性，香港上市一般需要6—9个月时间，与境内核准制相比相对高效；

02 发行公司赴港上市不仅建立了国际融资平台，而且也能提升国际形象；

03 发行公司可通过吸引大型长线基金、行业专门基金和知名企业的投资而拥有更广泛的股东基础；

04 港交所对上市发行公司严格的披露标准要求，可以促进公司进行信息和运作系统管控的改善，更加透明的公司治理也可以增强投资者的信心。

1.4.4 香港上市公司市值排名前五位

表 1-7　香港资本市场总市值前五位的上市公司

序号	股票代码	证券简称	总市值（亿港元）
1	00700.HK	腾讯控股	43891.07
2	09988.HK	阿里巴巴 -SW	25786.21
3	01398.HK	工商银行	15681.88
4	03968.HK	招商银行	15270.62
5	03690.HK	美团 -W	13830.42

注：数据截止日期为 2021 年 12 月 31 日。

1.5 A 股 IPO 总体情况

1.5.1 IPO 审核情况

截至 2021 年 12 月 31 日，A 股 IPO 市场在审情况具体如表 1-8 所示。

表 1-8　　　　A 股 IPO 市场在审情况

	创业板（家）	科创板（家）	深市主板（家）	沪市主板（家）	北交所（家）	合计（家）
受理	75	31	10	14	11	141
已问询	64	28	33	31	22	178
已回复	172	34	58	56	15	335
发审会 / 上市委会议	29	12	2	8	2	53
中止	12	7	2	0	16	37
提交注册	62	48	0	0	0	110
合计	414	160	105	109	66	854

根据易董数据统计，2019 年 1 月 1 日至 2021 年 12 月 31 日，中国证券监督管理委员会（以下简称“中国证监会”）/ 沪深交易所共计审核 1351 家，过会 1258 家，平均过会率 93.12%。具体如图 1-18 所示。

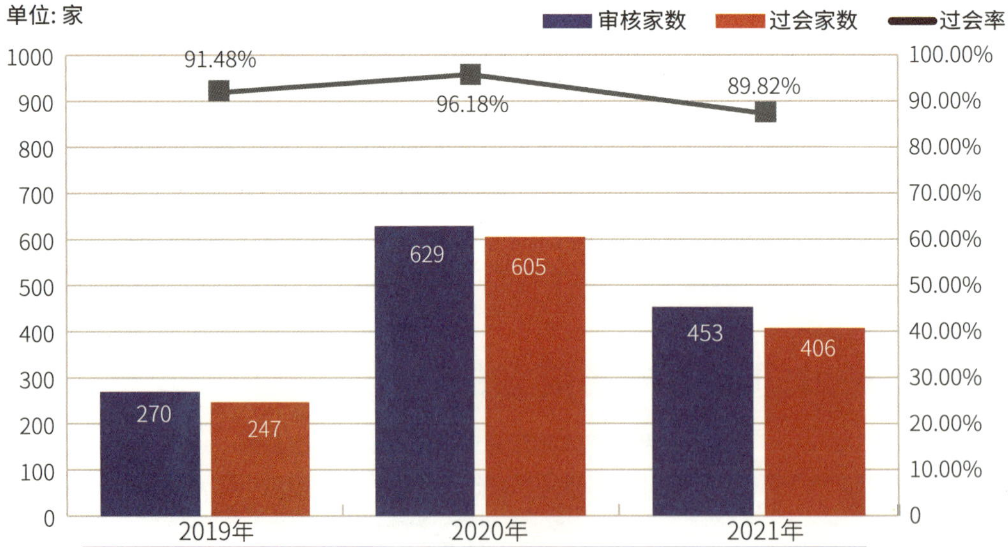

审核结果	2019年(家)	2020年(家)	2021年(家)
通过	247	605	406
未通过	19	9	29
取消审议	10	10	10
暂缓表决	4	15	17
过会率	91.48%	96.18%	89.82%

资料来源：易董 IPO。

图 1-18　近 3 年首发审核情况及过会率

根据易董数据统计，2020 年 6 月 10 日至 2021 年 12 月 31 日，全国股转公司 / 北京证券交易所共计审核 97 家，过会 88 家，平均过会率为 90.72%。具体如图 1-19 所示。

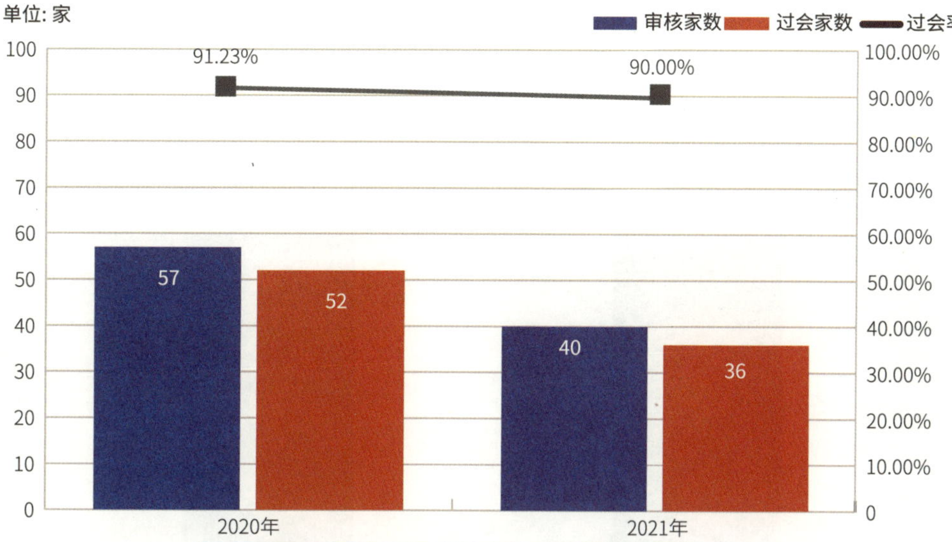

审核结果	2020年(家)	2021年(家)
通过	52	36
暂缓表决	5	4
过会率	91.23%	90.00%

注：2020 年 6 月 10 日为全国中小企业股份转让系统挂牌委员会第一次审议会议日期。

图 1-19　近 2 年全国股转公司 / 北交所审核情况及过会率

1.5.2 IPO 募集资金情况

根据易董数据统计，2019 年 1 月 1 日至 2021 年 12 月 31 日共计 1076 家公司在沪深交易所上市，共计募集资金 12513.64 亿元人民币。具体如图 1-20 所示。

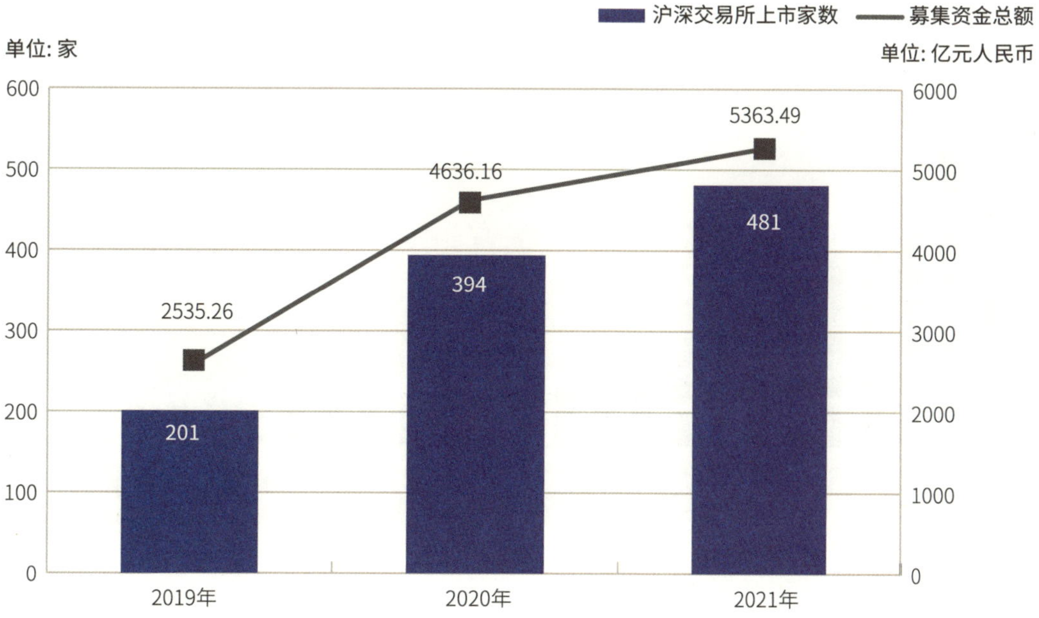

注：数据为新增上市公司家数。

图 1-20　近 3 年在沪深交易所首发上市公司家数与募集资金情况

根据易董数据统计，2020 年 7 月 27 日至 2021 年 12 月 31 日，共计 82 家公司在北交所上市，共计募集资金 180.09 亿元人民币。具体如图 1-21 所示。

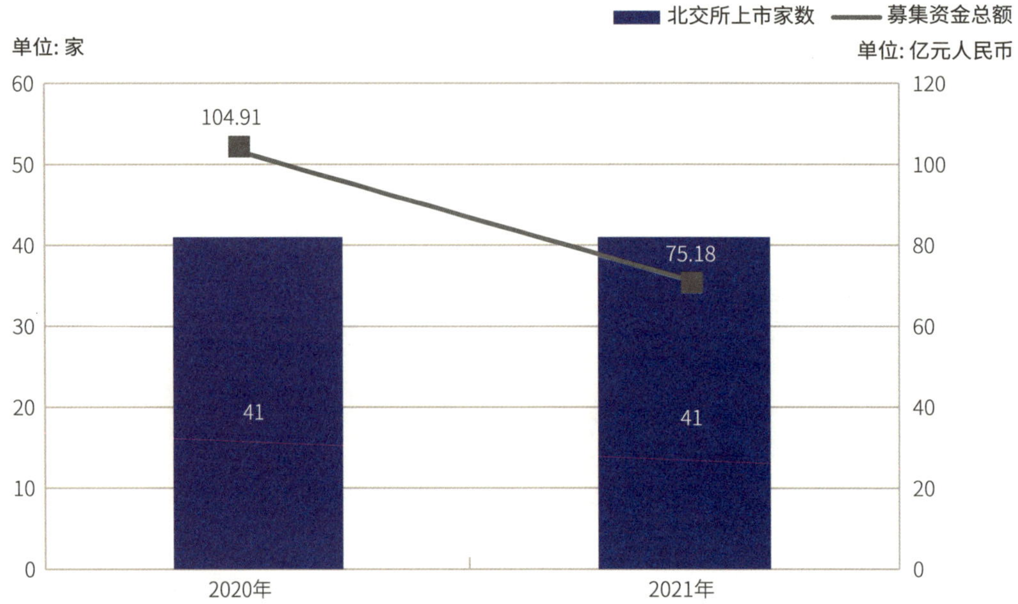

注：2020 年 7 月 27 日为首批精选层挂牌企业的挂牌日期，下同。

图 1-21　近 2 年内北交所上市家数及募集资金总额

1.5.3 IPO 行业分布情况

根据易董数据统计，2019 年 1 月 1 日至 2021 年 12 月 31 日，在沪深交易所首发上市的公司申万行业排名前五的分别为机械设备、电子、医药生物、基础化工、电力设备。具体如图 1-22 所示。

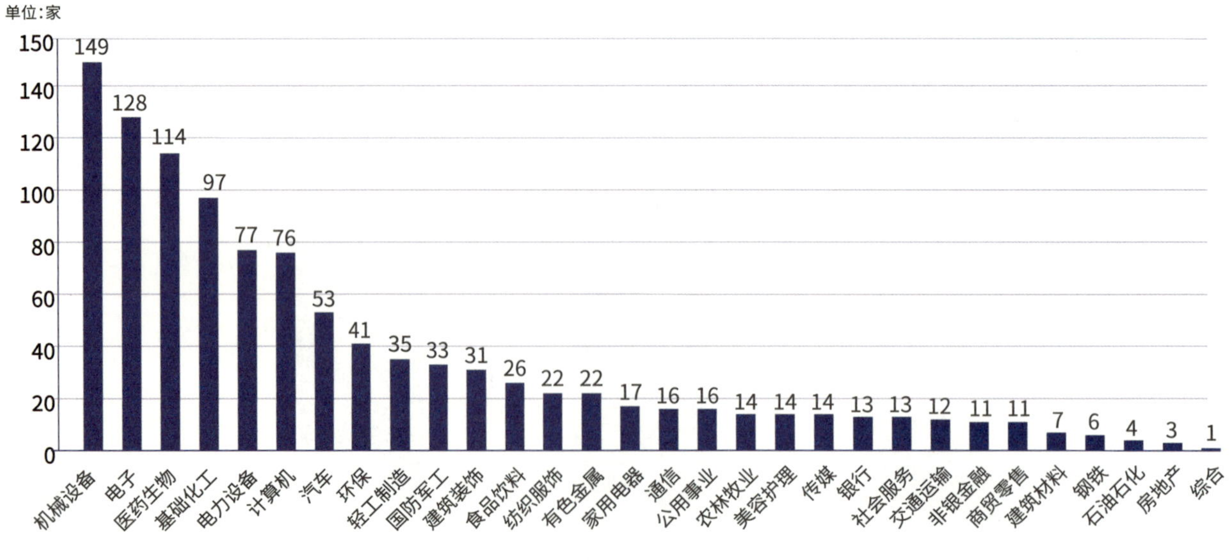

注：数据为新增上市公司家数。

图 1-22　近 3 年沪深上市公司申万行业分布情况

根据易董数据统计，2020 年 7 月 27 日至 2021 年 12 月 31 日，在北交所首发上市的公司申万行业排名前五的是机械设备、医药生物、计算机、汽车、基础化工。具体如图 1-23 所示。

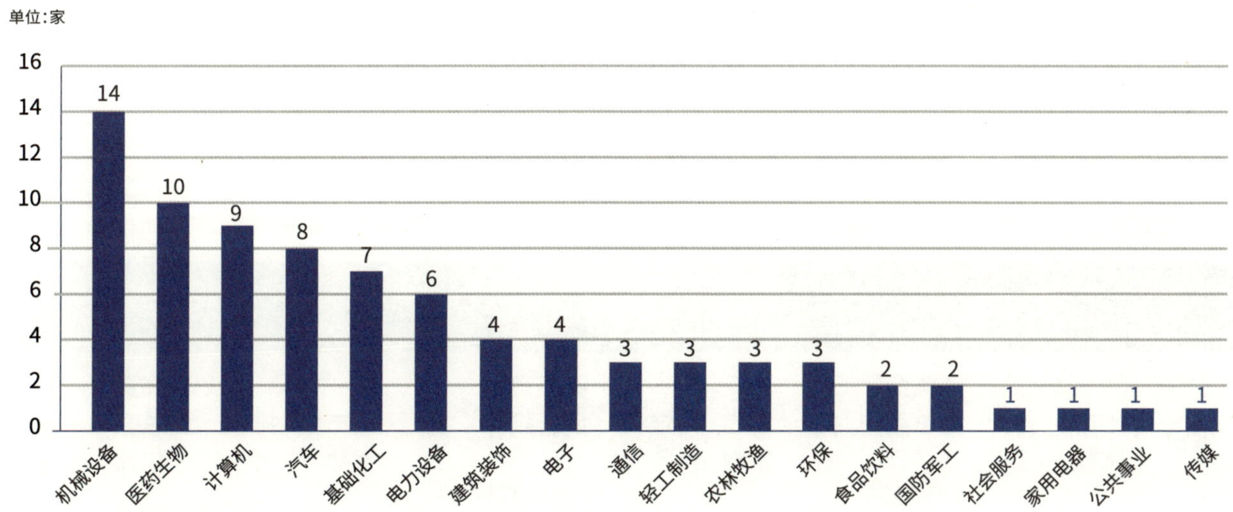

注：数据为新增上市公司家数。

图 1-23　北交所上市公司申万行业分布情况

1.5.4 各地区上市情况

数据显示，自 2019 年 1 月 1 日至 2021 年 12 月 31 日，全国在沪深交易所首发上市的公司共计 1076 家。其中，2021 年 1 月 1 日至 12 月 31 日，上市家数排名前五的省份分别是浙江省、广东省、江苏省、上海市、北京市，共计 329 家，募集资金共计 3618.86 亿元人民币，具体如表 1-9 所示。

近 3 年全国在沪深交易所首发上市的公司所在地区前十名情况：

表 1-9　近 3 年全国在沪深交易所首发上市的公司排名前十的地区

省份	2021 年				2020 年				2019 年			
	上市家数	排名	募集资金总额（亿元人民币）	排名	上市家数	排名	募集资金总额（亿元人民币）	排名	上市家数	排名	募集资金总额（亿元人民币）	排名
浙江	86	1	682.30	3	62	1	392.51	5	25	4	314.98	3
广东	84	2	697.50	2	60	2	487.71	3	34	1	400.74	2
江苏	79	3	593.43	5	60	3	481.90	4	30	2	246.96	4
上海	46	4	665.77	4	38	5	664.81	2	22	5	208.31	5
北京	34	5	979.86	1	41	4	916.11	1	28	3	685.58	1
山东	33	6	268.40	6	17	7	161.10	6	16	6	174.01	6
安徽	17	7	114.98	9	20	6	129.60	7	3	9	12.08	9
四川	15	8	129.96	8	10	9	80.37	9	7	7	36.62	7
湖南	13	9	232.26	7	11	8	118.95	8	1	10	10.13	10
湖北	11	10	109.26	10	8	10	58.18	10	4	8	29.25	8

根据易董数据统计，自 2020 年 7 月 27 日至 2021 年 12 月 31 日，在北交所上市的公司共有 82 家。其中，2021 年 1 月 1 日至 12 月 31 日，上市家数排名前五的省份分别是广东省、江苏省、北京市、山东省、四川省，共计募集资金 46.39 亿元人民币。具体如表 1-10 所示。

表 1-10　　近 2 年全国在北交所上市的公司地区排名

	2021 年				2020 年			
地区	上市家数	排名	募集资金总额（亿元人民币）	排名	上市家数	排名	募集资金总额（亿元人民币）	排名
广东	8	1	12.74	2	2	5	17.08	2
江苏	7	2	15.73	1	6	2	8.56	4
北京	4	3	6.62	3	7	1	22.87	1
山东	3	4	5.07	5	4	3	4.76	8
四川	3	5	6.23	4	1	10	2.93	12
河南	2	6	2.13	11	1	11	2.71	14
吉林	2	7	3.88	7				
安徽	1	8	2.50	10	4	4	9.34	3
辽宁	1	9	1.24	15	1	14	5.68	5
浙江	1	10	0.81	18	2	9	5.07	6
上海	1	11	3.57	8	2	6	4.89	7
湖北	1	12	1.43	14	2	7	4.48	9
重庆	1	13	1.73	12	1	13	3.52	10
河北	1	14	1.14	16	2	8	3.15	11
陕西	1	15	5.00	6	1	12	2.39	16
湖南	1	16	0.99	17	1	15	1.19	18
山西	1	17	2.69	9				
广西	1	18	1.68	13				
江西	1	19	0.17	19				
内蒙古					1	18	2.90	13
宁夏					1	16	2.49	15
福建					1	19	1.84	17
云南					1	17	0.96	19

1.5.5 上市公司企业性质

统计数据显示，自 2019 年 1 月 1 日至 2021 年 12 月 31 日，在沪深交易所首发上市的公司主要以民营企业为主，占比超过了 74.91%，由此可见，民营企业在推动中国资本市场发展壮大历程中起到了十分重要的作用。具体如图 1-24 所示。

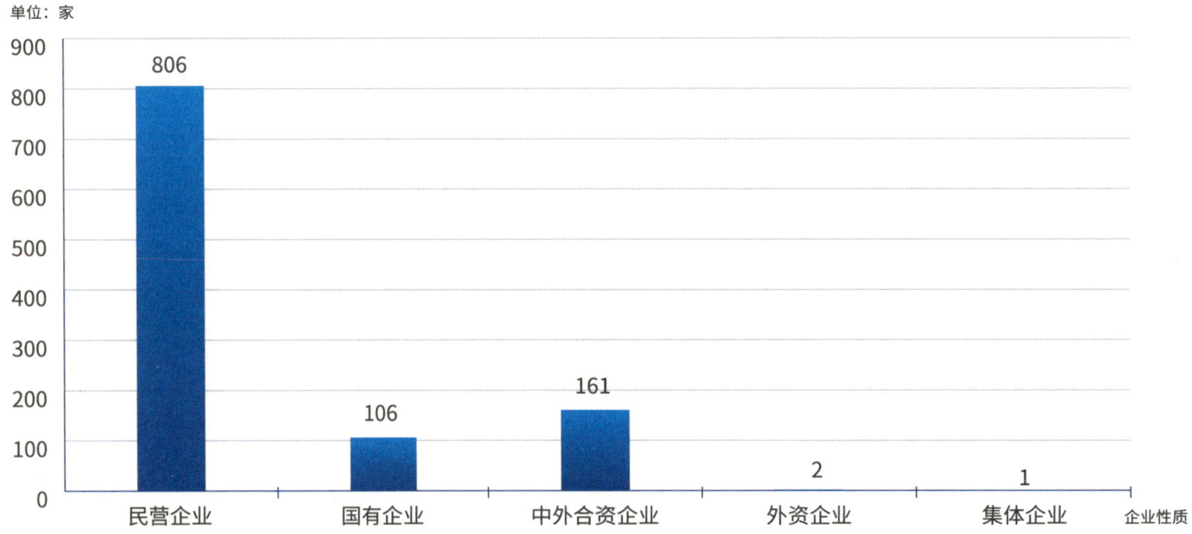

注：数据为新增上市公司家数。

图 1-24　近 3 年在沪深交易所首发上市公司企业性质情况

根据易董数据统计，自 2020 年 7 月 27 日至 2021 年 12 月 31 日，在北交所上市的公司主要以民营企业为主，占比达到了 87.80%。具体如图 1-25 所示。

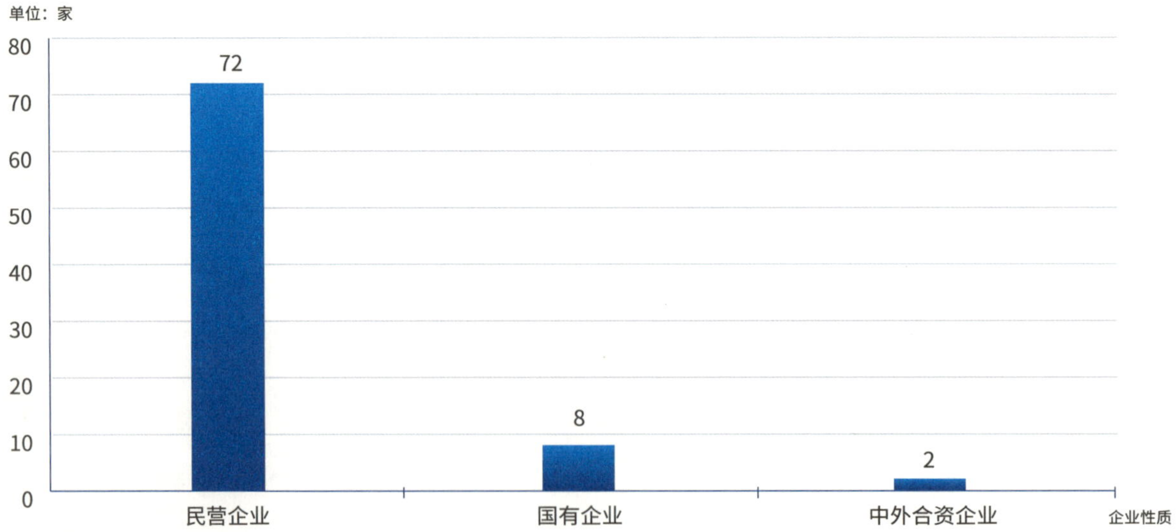

注：数据为新增上市公司家数。

图 1-25　近 2 年在北交所上市公司企业性质情况

1.5.6 注册制下 IPO 各类上市标准申报情况

1.5.6.1 注册制下 IPO 申报及上市情况

截至2021年12月31日，注册制下一般企业申报与上市情况，具体如图1-26、图1-27和图1-28所示。

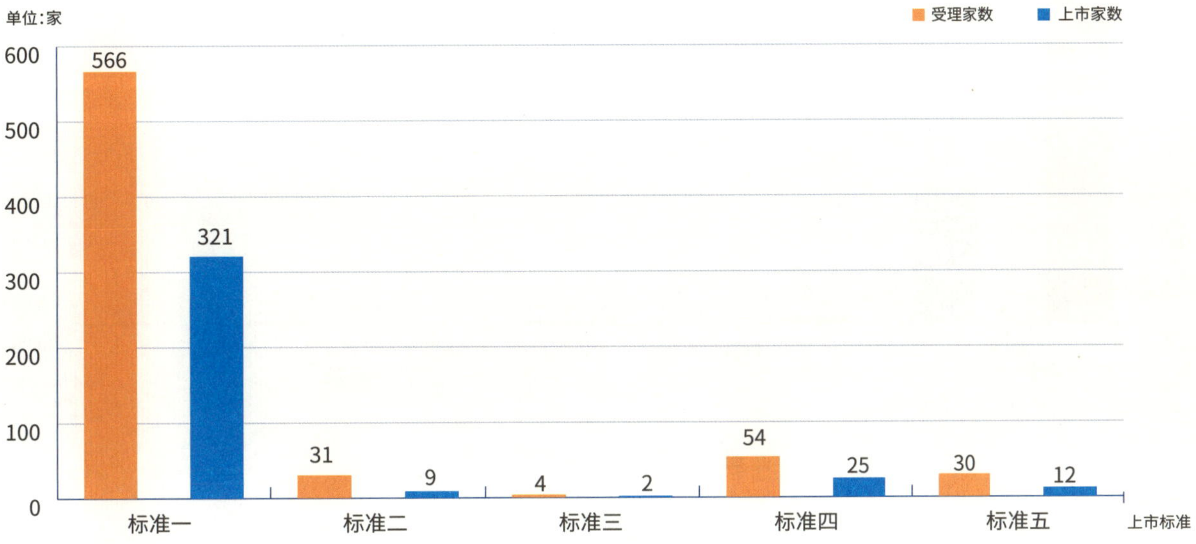

注：数据为新增申报和上市企业家数。

图 1-26　科创板一般企业上市条件申报情况

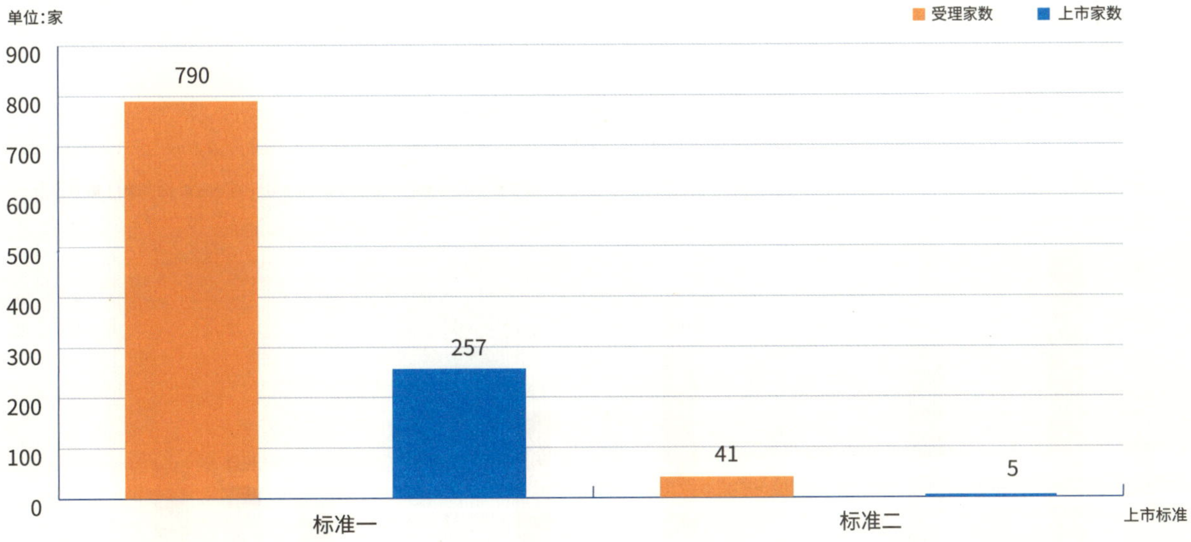

注：数据为新增申报和上市企业家数。

图 1-27　创业板一般企业上市条件申报情况

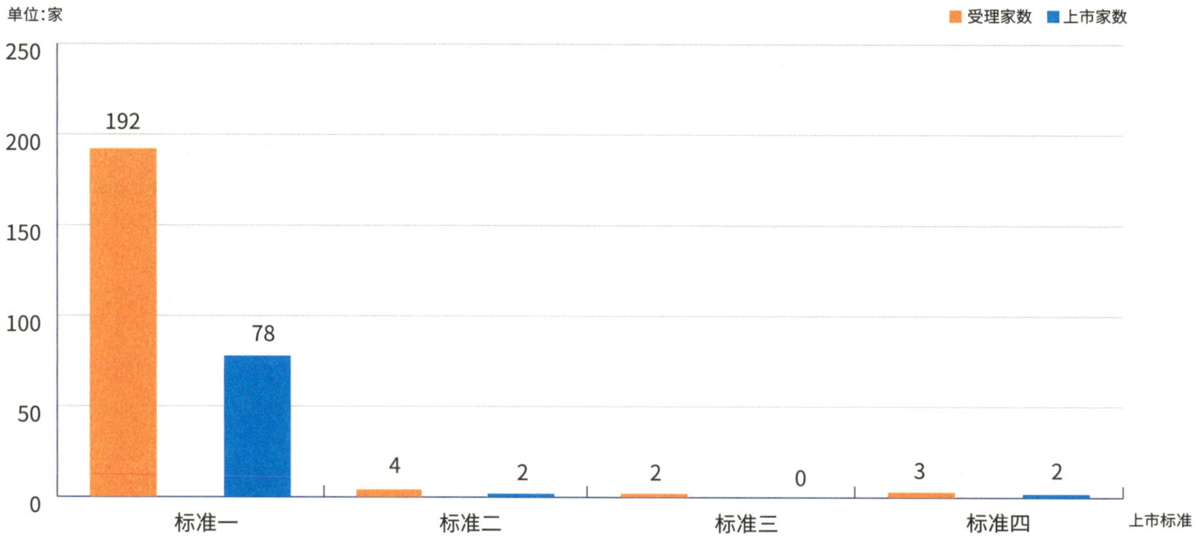

注：数据为新增申报和上市企业家数。

图 1-28　北交所申报情况

截至 2021 年 12 月 31 日，以标准二申报拟在创业板上市的企业共 41 家，其中，最早申报的企业为迈普医学（2020 年 7 月 6 日申报）和国人科技（2020 年 7 月 6 日申报）。截至目前，迈普医学已成功发行并在创业板上市，而国人科技因主动撤回申报而处于终止状态；另外，美柚股份选择表决权差异适用第二套标准申报创业板，目前已处于终止状态。

与核准制相比，2020 年时注册制下的审核速度更快，到 2021 年之后，基本上平均审核时长相当。

根据易董数据统计，近 3 年平均审核时长对比情况，具体如图 1-29 所示。

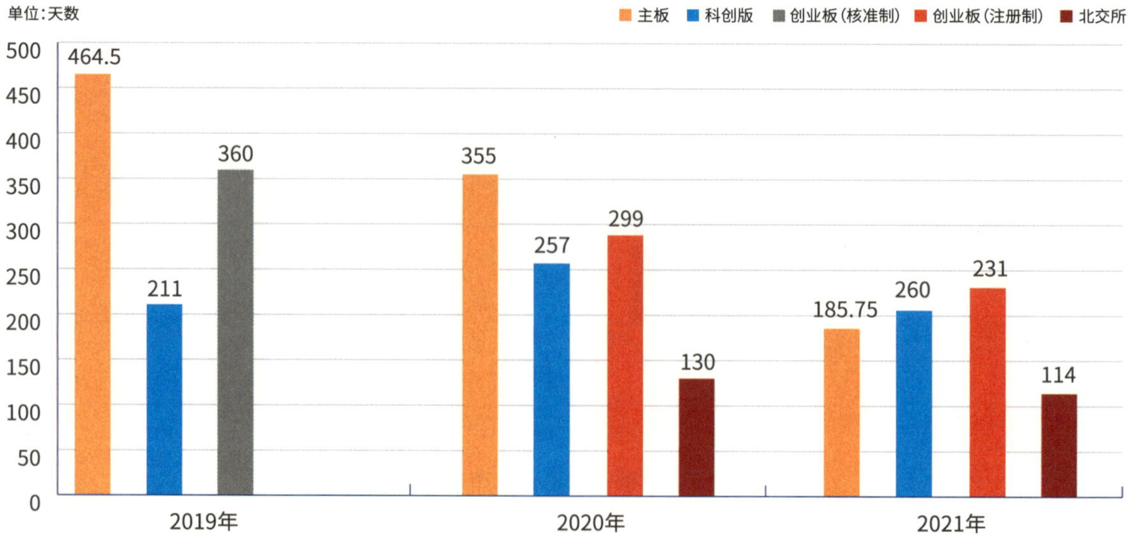

注：数据为新增申报和上市企业家数。

图 1-29　近 3 年审核时长对比情况

1.5.6.2 注册制发行情况

截至 2021 年 12 月 31 日，在注册制下，科创板 + 创业板 + 北交所共有 **721 家**企业发行上市，具体如图 1-30 所示。

科创板已发行 **377家企业**　共计募资 **5036.75亿元人民币**
首发市盈率最高 **1737.49倍**　最低 **7.44倍**　平均市盈率为 **63.59倍**

创业板注册制已发行 **262家企业**　共计募资 **2137.11亿元人民币**
首发市盈率最高 **156.93倍**　最低 **7.98倍**　平均市盈率为 **30.98倍**

北交所已发行 **82家企业**　共计募资 **180.09亿元人民币**
首发市盈率最高 **90.43倍**　最低 **9.54倍**　平均市盈率为 **24.29倍**

	科创板	创业板注册制	北交所
平均市盈率	63.59 倍	30.98 倍	24.29 倍

截至 2021 年 12 月 31 日，注册制下企业 IPO 整体情况：

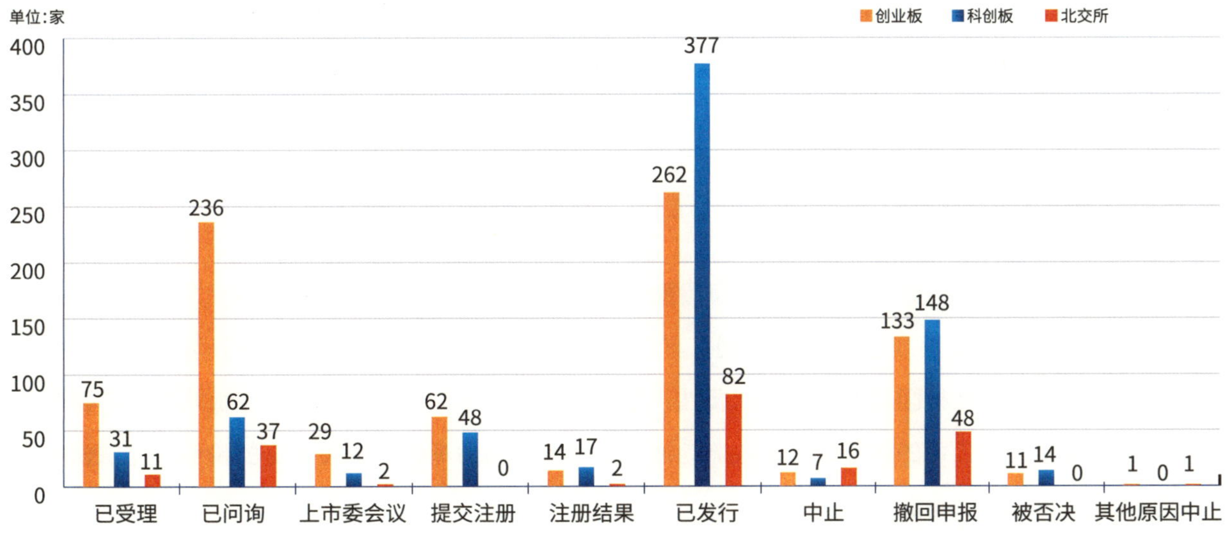

注：数据为新增企业家数。

图 1-30　注册制下企业 IPO 整体情况

1.6 如何选择上市板块？

资本市场的不断发展与完善为企业提供了强大的资本运作平台，在多层次的资本市场体系下，企业上市板块的可选项越来越多，各板块功能和服务的错位发展，也更好地适应了不同领域、不同发展阶段的企业的上市需求。如何选择合适的上市板块，对拟上市企业来说是 IPO 成功的关键，既关系到上市的时间和成本，更决定着上市的收益和企业在资本市场的持续发展，需考虑的因素主要如下：

1.6.1 板块定位与发行条件

企业选择上市都必须满足合法合规运作、具备持续经营能力等基本条件，同时从自身行业定位、业务规模、成长性等指标出发考虑是否符合各板块定位，例如，科创板对科创属性的要求、创业板行业负面清单等，比对市值、营收、净利润、总资产、研发投入等数据是否达到相应板块的发行条件要求。

境内主要上市地各板块定位

板块 / 交易所	板块定位
沪深主板	以传统产业和成熟行业为主，多为大型蓝筹企业
创业板	定位“三创”“四新”，主要服务成长性创新创业企业
科创板	聚焦“硬科技”，重点支持战略新兴产业领域的企业
北交所	服务创新型中小企业，特别是专精特新企业

1.6.2 发行市盈率

市盈率亦称本益比，是股票价格除以每股盈利的比率。作为衡量股票价值的指标之一，目前主板发行市盈率均受市盈率上限（23 倍）的限制，其他板块没有限制性规定，总体上采取可浮动的市场化机制确定发行价格，科创板因其独特的科创属性，整体市盈率高于创业板及北交所。板块发行市盈率在一定程度上体现了上市公司的质量以及板块流动性，但随着市场逐渐重视个股本身的价值，无法仅考虑板块的差异而使得个股获得高估值。

1.6.3 板块流动性

流动性是资本市场存在的基础，代表着市场的整体活跃度和资本运作效率。良好的流动性能够增强投资者的信心，促使交易的高效达成从而实现财富增值。

影响流动性的一个因素是投资者参与门槛。目前，主板没有对投资者设置门槛，创业板要求 10 万元（指投资者前 20 个交易日日均资产量下限），科创板、北交所要求 50 万元。但随着 A 股市场机构投资者占比越来越大，主要针对个人投资者的门槛限制对于市场流动性的影响会减小。此外，政策导向、各板块交易机制等都会对流动性有所影响。

1.6.4 上市后估值预计

估值水平决定了企业上市时的募集资金规模，对于高成长行业和新兴行业的大规模企业，境外市场往往能给予较高的估值；对于规模相对较小的公司而言，国内 A 股市场最大的优势在于市场估值的整体水平相对境外较高。

除此之外，也应当结合上市成本（包括初始上市成本以及后续维护成本）、上市所需时间、企业上市后的监管成本和监管环境等因素综合考虑。选择上市板块的核心并不是简单地选择交易所，而是选择企业的股东和市场，这样才能使企业的发展与资本市场的发展相得益彰。

《首次公开招股（IPO）筹划与准备》最新数据

《IPO 公司总体情况》最新数据

2

IPO申请条件及流程

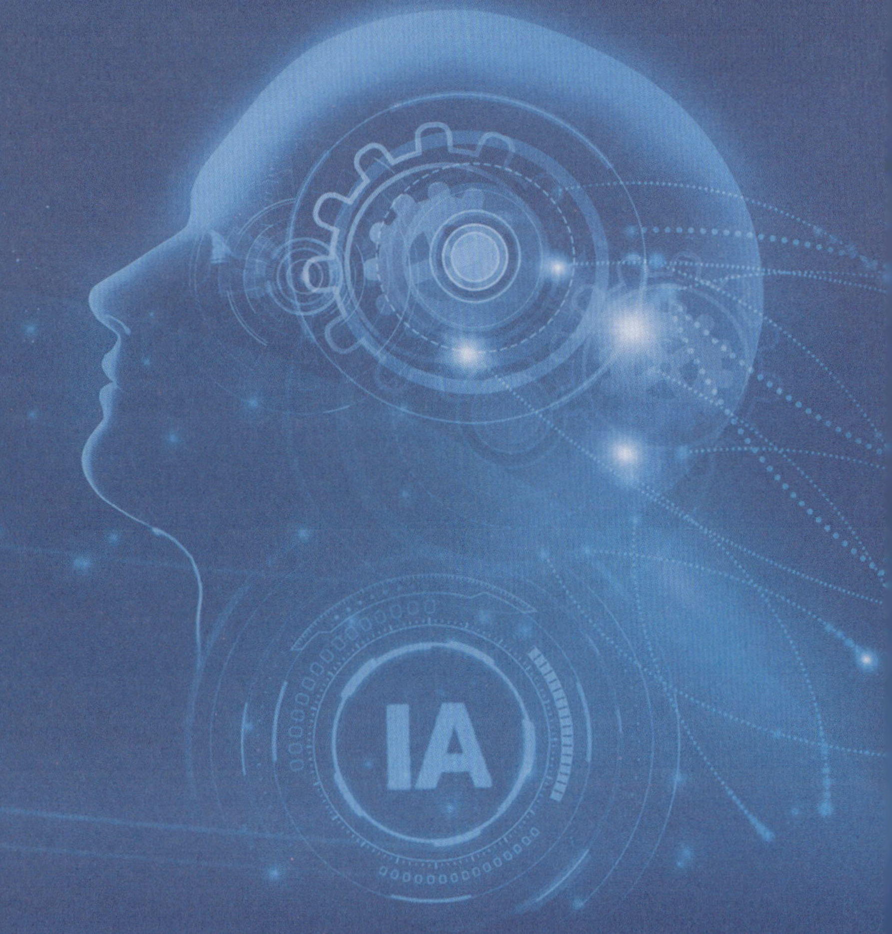

解决无效管理，首先要在思想观念上树立以几何级数去提高工作效果的信心；其次，要有创新是无止境的观念，创新的空间存在于每个地方、每个人、每件事上。

观念创新就是目标创新，目标创新就是提出别人认为不可能到达的目标，并用创新的办法实现它。

创新的目标是创造有价值的订单；创新的本质是创造性的破坏，破坏所有阻碍创造有价值订单的枷锁；创新的途径是创造性的模仿和借鉴，即借力。

——张瑞敏（1949—），中国，海尔集团创始人、全球50大管理思想家之一

2.1 沪深交易所上市条件与流程

2.1.1 主板上市条件

表 2-1　　沪深主板上市条件

	净利润	现金流量净额 / 营业收入	无形资产	弥补亏损
财务与会计	最近3年均>0，且累计>人民币3000万元，净利润以扣除非经常性损益前后较低者为计算依据。	最近 3 个会计年度经营活动产生的现金流量净额累计超过人民币 5000 万元；或者最近 3 个会计年度营业收入累计超过人民币 3 亿元。	最近一期末无形资产（扣除土地使用权、水面养殖权和采矿权等后）占净资产的比例不高于 20%。	最近一期末不存在未弥补亏损。
主体资格	依法设立且合法存续的股份有限公司。			
经营年限	依法设立且持续经营 3 年以上的股份有限公司，有限责任公司按原账面净资产值折股整体变更为股份有限公司的，持续经营时间可以从有限责任公司成立之日起计算。			
股本要求	发行前股本总额≥人民币 3000 万元，发行后股本总额≥人民币 5000 万元。			
主营业务	生产经营符合法律、行政法规和公司章程的规定，符合国家产业政策；最近 3 年内主营业务没有发生重大变化。			
规范运行	发行人已经依法建立健全股东大会、董事会、监事会、独立董事、董事会秘书制度，相关机构和人员能够依法履行职责。			
控制权和管理团队	最近 3 年内董事、高级管理人员没有发生重大变化，实际控制人没有发生变更。			

表 2-2　　主板近 3 年申报情况（2019 年 1 月 1 日至 2021 年 12 月 31 日）

单位：家

板块	受理家数	过会家数	获批平均时长	被否家数	撤材料家数
上交所主板	275	221	442.15 天	10	60
深交所主板	208	108	410.49 天	12	37

表 2-3　　主板近 3 年过会企业财务情况（2019 年 1 月 1 日至 2021 年 12 月 31 日）

		近 3 年累计营业收入			近 3 年累计净利润			近 3 年累计现金流量净额		
拟上市板块	过会家数	平均值（亿元）	最大值（亿元）	最小值（亿元）	平均值（亿元）	最大值（亿元）	最小值（亿元）	平均值（亿元）	最大值（亿元）	最小值（亿元）
上交所主板	221	263.53	22508.06	4.82	36.49	3147.54	1.08	39.31	7615.03	-1269.04
深交所主板	108	47.65	1055.00	4.88	6.39	238.29	1.56	8.45	519.64	-62.99

表 2-4　　主板近 3 年被否企业财务情况（2019 年 1 月 1 日至 2021 年 12 月 31 日）

		近 3 年累计营业收入			近 3 年累计净利润			近 3 年累计现金流量净额		
拟上市板块	被否家数	平均值（亿元）	最大值（亿元）	最小值（亿元）	平均值（亿元）	最大值（亿元）	最小值（亿元）	平均值（亿元）	最大值（亿元）	最小值（亿元）
上交所主板	10	23.56	70.99	2.18	2.43	5.66	1.07	3.65	9.57	0.56
深交所主板	12	82.63	416.25	6.01	3.55	16.12	0.99	6.39	44.39	1.26

表 2-5　　主板近 3 年撤材料企业财务情况（2019 年 1 月 1 日至 2021 年 12 月 31 日）

		近 3 年累计营业收入			近 3 年累计净利润			近 3 年累计现金流量净额		
拟上市板块	撤材料家数	平均值（亿元）	最大值（亿元）	最小值（亿元）	平均值（亿元）	最大值（亿元）	最小值（亿元）	平均值（亿元）	最大值（亿元）	最小值（亿元）
上交所主板	60	153.39	2697.78	3.68	3.97	332.49	-510.25	5.37	271.20	-238.16
深交所主板	37	40.15	217.04	4.97	2.56	9.72	0.51	2.67	22.14	-7.20

2.1.2 创业板上市条件

表 2-6　　创业板注册制上市条件

企业类型	上市条件	预计市值（人民币）	净利润（人民币）	营业收入（人民币）	行业竞争
一般企业	标准一		最近 2 年均 >0，且累计≥ 5000 万元		
	标准二	≥ 10 亿元	最近 1 年 >0	最近 1 年≥ 1 亿元	
	标准三	≥ 50 亿元		最近 1 年≥ 3 亿元	
红筹企业（境外未上市）	标准一	≥ 100 亿元	最近 1 年 >0	快速增长	拥有自主研发、国际领先技术，同行业竞争中处于相对优势地位的企业。
	标准二	≥ 50 亿元	最近 1 年 >0	快速增长，最近 1 年≥ 5 亿元	
	标准三	≥ 200 亿元	最近 1 年 >0	最近 1 年≥ 30 亿元	
红筹企业（境外已上市）	标准一	≥ 2000 亿元	最近 1 年 >0		
	标准二	≥ 200 亿元	最近 1 年 >0		拥有自主研发、国际领先技术，科技创新能力强，同行业竞争中处于相对优势地位的企业。
表决权差异	标准一	≥ 100 亿元	最近 1 年 >0		
	标准二	≥ 50 亿元	最近 1 年 >0	最近 1 年≥ 5 亿元	

营业收入快速增长，指符合下列标准之一：

（一）最近 1 年营业收入不低于人民币 5 亿元的，最近 3 年营业收入复合增长率 10% 以上；

（二）最近 1 年营业收入低于人民币 5 亿元的，最近 3 年营业收入复合增长率 20% 以上；

（三）受行业周期性波动等因素影响，行业整体处于下行周期的，发行人最近 3 年营业收入复合增长率高于同行业可比公司同期平均增长水平。

处于研发阶段的红筹企业和对国家创新驱动发展战略有重要意义的红筹企业，不适用“营业收入快速增长”的规定。

主体资格	依法设立且合法存续的股份有限公司。
经营年限	依法设立且持续经营 3 年以上的股份有限公司，有限责任公司按原账面净资产值折股整体变更为股份有限公司的，持续经营时间可以从有限责任公司成立之日起计算。
股本要求	发行后股本总额不低于人民币 3000 万元。
定位 / 主营业务	深入贯彻创新驱动发展战略，适应发展更多依靠创新、创造、创意的大趋势，主要服务成长型创新创业企业，支持传统产业与新技术、新产业、新业态、新模式深度融合；最近 2 年内主营业务没有发生重大不利变化。
规范运行	发行人已经依法建立健全股东大会、董事会、监事会、独立董事、董事会秘书制度，相关机构和人员能够依法履行职责。
控制权和管理团队	最近 2 年内董事、高级管理人员没有发生重大不利变化，实际控制人没有发生变更。

表 2-7　　创业板注册制申报企业情况（2020 年 6 月 12 日至 2021 年 12 月 31 日）

单位：家

上市标准	受理家数	过会家数	获批平均时长	被否家数	撤材料家数
一般企业标准一	790	370	269.07 天	10	125
一般企业标准二	41	11	337.71 天	0	4
表决权差异安排标准二	1	0	0	0	1
红筹企业（境外未上市）标准二	1	0	0	0	0

注：2020 年 6 月 12 日为创业板注册制第一批申报企业申请受理日期。

表 2-8　　创业板注册制过会企业财务情况（2020 年 7 月 13 日至 2021 年 12 月 31 日）

上市标准	过会家数	近 2 年累计净利润			近 1 年营业收入		
		平均值（亿元）	最大值（亿元）	最小值（亿元）	平均值（亿元）	最大值（亿元）	最小值（亿元）
一般企业标准一	370	3.32	254.23	0.86	18.81	1707.43	1.53
一般企业标准二	11	1.75	6.06	0.64	3.55	10.84	1.24

注：2020 年 7 月 13 日为创业板注册制第一次上市委会议召开日期。

表 2-9　　创业板注册制被否企业财务情况（2020 年 7 月 13 日至 2021 年 12 月 31 日）

上市标准	被否家数	近 2 年累计净利润			近 1 年营业收入		
		平均值（亿元）	最大值（亿元）	最小值（亿元）	平均值（亿元）	最大值（亿元）	最小值（亿元）
一般企业标准一	10	2.06	7.95	0.76	7.55	20.66	2.17

表 2-10　　创业板注册制撤材料企业财务情况（2020 年 6 月 12 日至 2021 年 12 月 31 日）

上市标准	撤材料家数	近 2 年累计净利润			近 1 年营业收入		
		平均值（亿元）	最大值（亿元）	最小值（亿元）	平均值（亿元）	最大值（亿元）	最小值（亿元）
一般企业标准一	125	3.61	254.23	0.57	15.67	996.01	1.49
一般企业标准二	4	0.24	1.34	-1.43	14.31	38.48	2.07

2.1.3 科创板上市条件

表 2-11 　　**科创板注册制上市条件**

企业类型	上市条件	预计市值（人民币）	净利润（人民币）	营业收入（人民币）	研发投入（人民币）	经营性现金流（人民币）	行业竞争
一般企业	标准一	≥ 10 亿元	最近 2 年净利润均 >0 且累计净利润≥ 5000 万元，或者最近 1 年净利润 >0 且营业收入≥ 1 亿元				
	标准二	≥ 15 亿元		最近 1 年≥ 2 亿元	最近 3 年累计研发投入占最近 3 年累计营业收入≥ 15%		
	标准三	≥ 20 亿元		最近 1 年≥ 3 亿元		最近 3 年累计≥ 1 亿元	
	标准四	≥ 30 亿元		最近 1 年≥ 3 亿元			
	标准五	≥ 40 亿元	主要业务或产品需经国家有关部门批准，市场空间大，目前已取得阶段性成果。医药行业企业需至少有一项核心产品获准开展二期临床试验，其他符合科创板定位的企业需具备明显的技术优势并满足相应条件。				
红筹企业（境外未上市）	标准一	≥ 100 亿元		快速增长			拥有自主研发、国际领先技术，同行竞争中处于相对优势地位。
	标准二	≥ 50 亿元		营业收入快速增长，最近 1 年≥ 5 亿元			
	标准三	≥ 200 亿元		最近 1 年≥ 30 亿元			

续表

企业类型	上市条件	预计市值（人民币）	净利润（人民币）	营业收入（人民币）	研发投入（人民币）	经营性现金流（人民币）	行业竞争
红筹企业（境外已上市）	标准一	≥ 2000 亿元					拥有自主研发、国际领先技术，科技创新能力较强，同行业竞争中处于相对优势地位。
	标准二	≥ 200 亿元					
表决权差异	标准一	≥ 100 亿元					
	标准二	≥ 50 亿元		最近 1 年 ≥ 5 亿元			
营业收入快速增长，指符合下列标准之一： （一）最近 1 年营业收入不低于人民币 5 亿元的，最近 3 年营业收入复合增长率 10% 以上； （二）最近 1 年营业收入低于人民币 5 亿元的，最近 3 年营业收入复合增长率 20% 以上； （三）受行业周期性波动等因素影响，行业整体处于下行周期的，发行人最近 3 年营业收入复合增长率高于同行业可比公司同期平均增长水平。 处于研发阶段的红筹企业和对国家创新驱动发展战略有重要意义的红筹企业，不适用“营业收入快速增长”的规定。							
科创属性	一、支持和鼓励科创板定位规定的相关行业领域中，同时符合下列 4 项指标的企业申报科创板上市： （1）最近 3 年研发投入占营业收入比例 5% 以上，或最近 3 年研发投入金额累计在 6000 万元以上； （2）研发人员占当年员工总数的比例不低于 10%； （3）形成主营业务收入的发明专利 5 项以上； （4）最近 3 年营业收入复合增长率达到 20%，或最近 1 年营业收入金额达到 3 亿元。 采用《上海证券交易所科创板股票发行上市审核规则》第二十二条第（五）款规定的上市标准申报科创板的企业可不适用上述第（4）项指标中关于“营业收入”的规定；软件行业不适用上述第（3）项指标的要求，研发投入占比应在 10% 以上。						

续表

企业类型	上市条件	预计市值（人民币）	净利润（人民币）	营业收入（人民币）	研发投入（人民币）	经营性现金流（人民币）	行业竞争
科创属性	二、支持和鼓励科创板定位规定的相关行业领域中，虽未达到前述指标，但符合下列情形之一的企业申报科创板上市： （1）发行人拥有的核心技术经国家主管部门认定具有国际领先、引领作用或者对于国家战略具有重大意义； （2）发行人作为主要参与单位或者发行人的核心技术人员作为主要参与人员，获得国家科技进步奖、国家自然科学奖、国家技术发明奖，并将相关技术运用于公司主营业务； （3）发行人独立或者牵头承担与主营业务和核心技术相关的国家重大科技专项项目； （4）发行人依靠核心技术形成的主要产品（服务），属于国家鼓励、支持和推动的关键设备、关键产品、关键零部件、关键材料等，并实现了进口替代； （5）形成核心技术和主营业务收入的发明专利（含国防专利）合计 50 项以上。 三、限制金融科技、模式创新企业在科创板上市。禁止房地产和主要从事金融、投资类业务的企业在科创板上市。						
主体资格	依法设立且合法存续的股份有限公司。						
经营年限	依法设立且持续经营 3 年以上的股份有限公司；有限责任公司按原账面净资产值折股整体变更为股份有限公司的，持续经营时间可以从有限责任公司成立之日起计算。						
股本要求	发行后股本总额不低于人民币 3000 万元。						
定位 / 主营业务	主要服务于符合国家战略、突破关键核心技术、市场认可度高的科技创新企业。重点支持新一代信息技术、高端装备、新材料、新能源、节能环保以及生物医药等高新技术产业和战略性高新产业；最近 2 年内主营业务没有发生重大不利变化。						
规范运行	发行人已经依法建立健全股东大会、董事会、监事会、独立董事、董事会秘书制度，相关机构和人员能够依法履行职责。						
控制权和管理团队	最近 2 年内董事、高级管理人员及核心技术人员没有发生重大不利变化，实际控制人没有发生变更。						

表 2-12　　科创板申报情况（2019 年 3 月 22 日至 2021 年 12 月 31 日）

单位：家

上市标准	受理家数	过会家数	获批平均时长	被否家数	撤材料家数
一般企业标准一	566	380	233.09 天	9	120
一般企业标准二	31	15	247 天	2	8
一般企业标准三	4	3	178 天	0	1
一般企业标准四	54	36	252.36 天	1	5
一般企业标准五	30	18	256.93 天	1	6
红筹企业（境外已上市）标准二	6	3	159.50 天	0	2
红筹企业（境外未上市）标准一	4	2	0	0	1
红筹企业（境外未上市）标准二	4	3	358.33 天	0	0
表决权差异标准一	6	1	0	0	4
表决权差异标准二	7	7	366.25 天	0	0

注：2019 年 3 月 22 日为科创板第一批申报企业申请受理日期。

表 2-13　　科创板过会企业财务情况（2019 年 6 月 5 日至 2021 年 12 月 31 日）

上市标准	过会家数	近 2 年累计净利润			近 1 年营业收入			近 3 年累计研发投入		
		平均值（亿元）	最大值（亿元）	最小值（亿元）	平均值（亿元）	最大值（亿元）	最小值（亿元）	平均值（亿元）	最大值（亿元）	最小值（亿元）
一般企业标准一	380	2.36	202.28	-8.49	11.01	1206.18	1.08	1.96	222.97	0.19
一般企业标准二	15	-3.03	1.55	-15.05	5.30	31.54	2.28	4.35	24.06	1.35
一般企业标准三	3	5.97	14.95	1.46	36.24	93.11	5.08	4.14	7.37	1.87
一般企业标准四	36	6.13	71.54	-29.10	63.15	427.44	3.54	9.73	51.74	0.68
一般企业标准五	18	-6.20	1.36	-15.73	1.36	7.75	0.01	5.68	17.60	0.88

续表

上市标准	过会家数	近 2 年累计净利润			近 1 年营业收入			近 3 年累计研发投入		
		平均值（亿元）	最大值（亿元）	最小值（亿元）	平均值（亿元）	最大值（亿元）	最小值（亿元）	平均值（亿元）	最大值（亿元）	最小值（亿元）
红筹企业（境外未上市）标准一	2	-55.49	-11.29	-99.69	8.25	13.91	2.59	17.90	26.40	9.40
红筹企业（境外未上市）标准二	3	-2.24	11.33	-22.59	48.74	64.56	21.84	8.98	12.43	5.32
红筹企业（境外已上市）标准二	3	13.88	208.71	-183.35	407.59	981.39	21.20	131.47	201.27	65.22
表决权差异标准二	7	-4.59	5.19	-22.59	19.94	45.86	5.78	6.24	15.66	1.84

注：2019 年 6 月 5 日为科创板第一次上市委会议召开日期。

表 2-14　科创板被否企业财务情况（2019 年 6 月 5 日至 2021 年 12 月 31 日）

上市标准	被否家数	近 2 年累计净利润			近 1 年营业收入			近 3 年累计研发投入		
		平均值（亿元）	最大值（亿元）	最小值（亿元）	平均值（亿元）	最大值（亿元）	最小值（亿元）	平均值（亿元）	最大值（亿元）	最小值（亿元）
一般企业标准一	9	2.22	11.25	0.15	6.32	27.80	0.80	0.76	2.54	0.12
一般企业标准二	2	-1.12	-1.08	-1.15	4.25	6.07	2.43	2.12	2.64	1.61

表 2-15　　科创板撤材料企业财务情况（2019 年 3 月 22 日至 2021 年 12 月 31 日）

上市标准	撤材料家数	近 2 年累计净利润			近 1 年营业收入			近 3 年累计研发收入		
		平均值（亿元）	最大值（亿元）	最小值（亿元）	平均值（亿元）	最大值（亿元）	最小值（亿元）	平均值（亿元）	最大值（亿元）	最小值（亿元）
一般企业标准一	120	1.24	13.56	-2.27	5.86	59.71	0.88	0.99	11.67	0.18
一般企业标准二	8	-1.62	-0.26	-5.05	2.82	3.99	2.19	3.17	9.42	0.80
一般企业标准四	5	-7.73	3.05	-38.69	12.90	36.94	3.16	2.93	8.66	0.75
一般企业标准五	6	-3.58	-2.34	-4.76	0.20	0.57	0.00	2.30	4.50	2.09
红筹企业（境外已上市）标准二	2	175.75	208.71	142.79	2548.79	4116.20	981.39	201.40	337.58	65.22
表决权差异标准一	4	-14.81	9.01	-48.16	48.74	182.03	2.27	19.83	53.88	2.60

2.1.4 沪深交易所上市流程

② 确定中介机构

企业上市过程中需要确定中介机构，分别是保荐机构及承销商、会计师事务所、律师事务所等。选择中介机构的标准可考虑其业务资质、声誉、对公司的重视程度等。详情可见本手册第6章。

③改制与设立

股改的目标是为了满足上市的条件和要求，中介机构协助企业制定改制方案，协助企业设立股份有限公司。详情可见本手册第7章。

① 企业上市准备阶段

拟上市企业需要进行自我评估，充分权衡上市的利弊，并且需要组建内部上市团队，做好上市之路的人才储备和知识构建。

⑩合规发展与持续督导

上市公司应当全面理解发行上市有关法律法规、证券市场规范运作和信息披露的要求；树立进入证券市场的诚信意识、法制意识。保荐机构将在企业上市当年及其后（主板是上市其后2个完整会计年度，科创板和创业板是上市后3个完整会计年度）进行持续督导。详情可见本手册第15章。

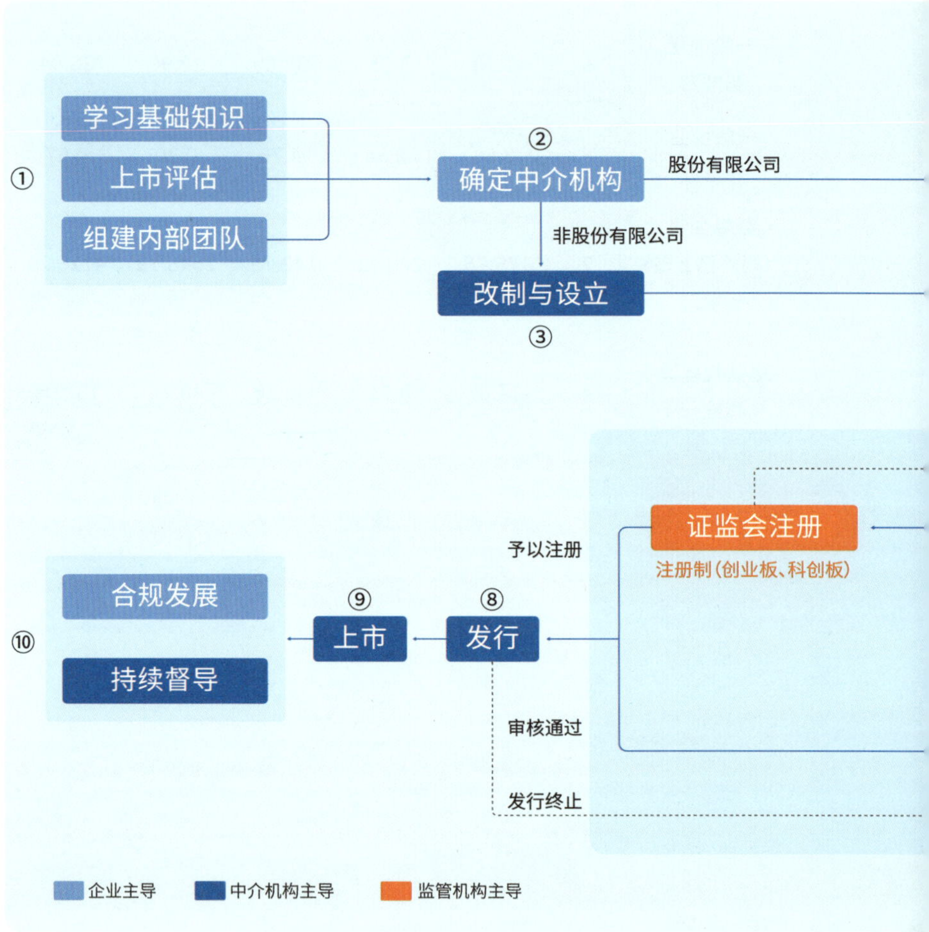

⑧⑨发行及上市

企业取得IPO批文之后即进入发行环节，可以通过向网下投资者询价的方式确定股票发行价格，也可以通过发行人与主承销商自主协商直接定价等其他合法可行的方式确定发行价格。发行人和主承销商应当在招股说明书和发行公告中披露本次发行股票的定价方式。

企业公开发行股票向证券交易所提交上市申请，在登记结算公司办理股份的托管与登记，在证券交易所正式挂牌上市。详情可见本手册第13章。

④尽调与整改

各方中介机构针对拟上市企业的历史沿革、生产经营、财务情况等进行全面的尽职调查，充分了解发行人的经营情况及其面临的风险和问题。详情可见本手册第3章。

企业上市过程中需要借力政务服务实现合规上市，例如，因为企业申报上市需要借助政府部门的合规证明佐证企业及相关人员无违法违规行为，所以企业可向地方金融办申请上市备案（如适用），获得协调函（如适用）后，结合实际情况提前合理规划取得企业合规证明，助力企业上市。更多实操经验分享详见本手册第4章。

⑤辅导和验收

股份有限公司设立后应由保荐机构对其进行上市前辅导，同时报中国证监会下属地方证监局备案。辅导的总体目标是使辅导对象符合进入证券市场的基本要求和条件，辅导验收合格后方能申报材料。详情可见本手册第10章。

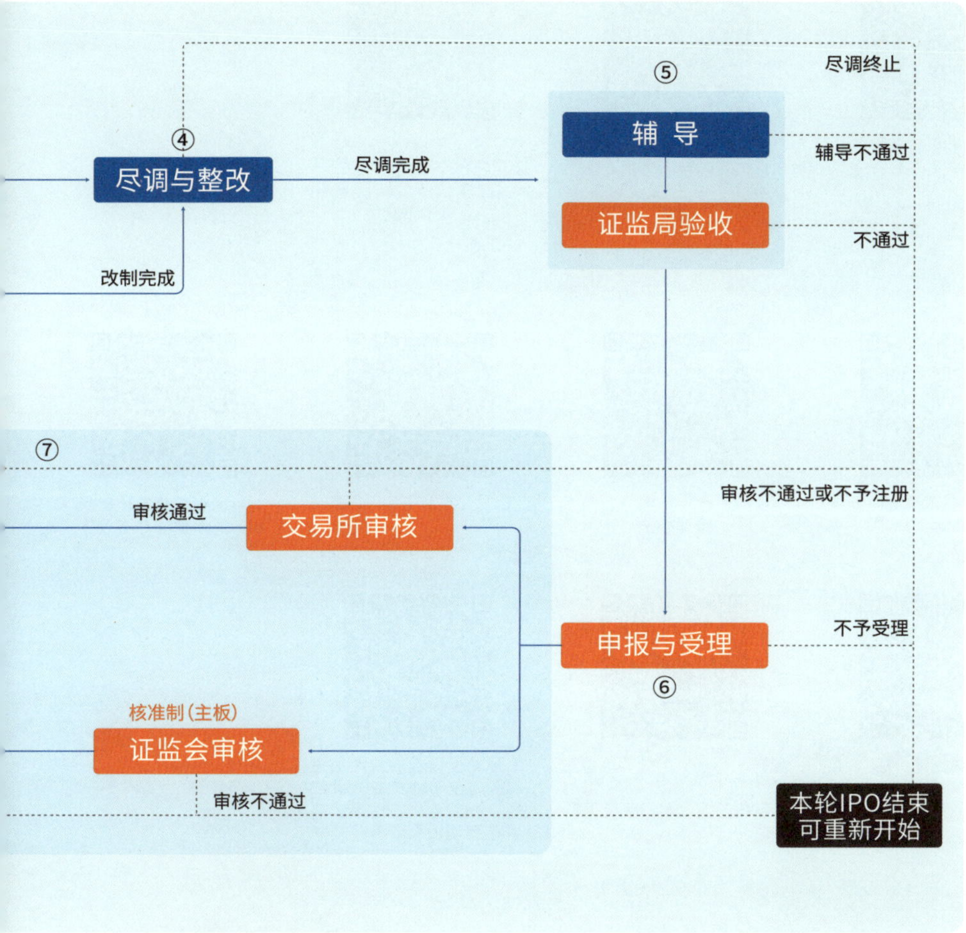

⑥⑦申报和受理、审核

目前，上交所和深交所主板上市申请仍实行的是由中国证监会审核的核准制，而上交所科创板及深交所创业板实行注册制，由交易所审核，报中国证监会注册。详情可见本手册第11章。

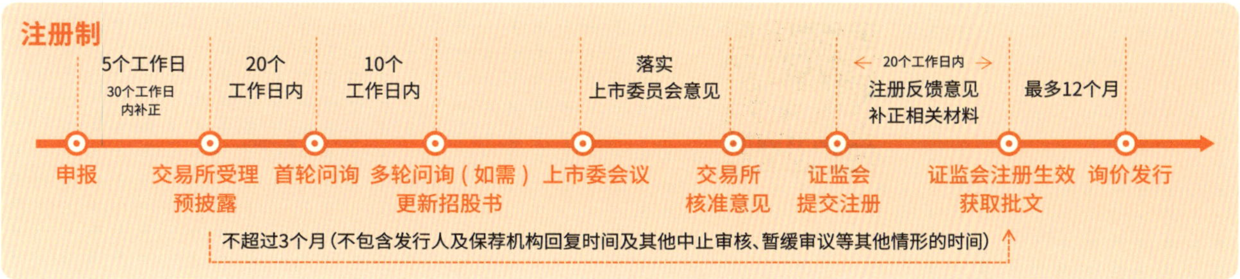

表 2-16　　IPO 主要适用法规汇编

基本法律	板块	中国证监会层面			
中华人民共和国公司法	主板	证券发行与承销管理办法	证券发行上市保荐业务管理办法	首发业务若干问题解答	首次公开发行股票并上市管理办法
		中国证券监督管理委员会发行审核委员会办法	公开发行证券的公司信息披露内容与格式准则第1号——招股说明书	公开发行证券的公司信息披露内容与格式准则第9号——首次公开发行股票并上市申请文件	
中华人民共和国证券法	科创板	证券发行与承销管理办法	证券发行上市保荐业务管理办法	首发业务若干问题解答	科创板首次公开发行股票注册管理办法（试行）
		科创属性评价指引（试行）	公开发行证券的公司信息披露内容与格式准则第41号——科创板公司招股说明书	公开发行证券的公司信息披露内容与格式准则第42号——首次公开发行股票并在科创板上市申请文件	
	创业板	证券发行与承销管理办法	证券发行上市保荐业务管理办法	首发业务若干问题解答	创业板首次公开发行股票注册管理办法（试行）
		创业板首次公开发行证券发行与承销特别规定	公开发行证券的公司信息披露内容与格式准则第28号——创业板公司招股说明书	公开发行证券的公司信息披露内容与格式准则第29号——首次公开发行股票并在创业板上市申请文件	

续表

交易所层面

主板

深圳证券交易所股票发行与承销业务指引第1号——主板上市公告书内容与格式

上海证券交易所股票上市公告书内容与格式指引

上海证券交易所证券发行上市业务指引

科创板

上海证券交易所科创板股票发行上市审核规则

上海证券交易所科创板企业发行上市申报及推荐暂行规定

上海证券交易所科创板股票发行上市审核问答

上海证券交易所科创板股票发行上市申请文件受理指引

上海证券交易所科创板上市委员会管理办法

上海证券交易所科创板股票发行上市审核问答（二）

创业板

深圳证券交易所创业板上市委员会管理办法

深圳证券交易所创业板发行上市申请文件受理指引

深圳证券交易所创业板股票发行上市审核规则

深圳证券交易所创业板股票首次公开发行上市审核问答

深圳证券交易所创业板企业发行上市申报及推荐暂行规定

2.2 北交所上市条件与流程

2.2.1 北交所上市条件

表 2-17　　北交所注册制上市条件

上市条件	标准	预计市值（人民币）	净利润（人民币）	营业收入（人民币）	研发投入（人民币）	经营性现金流（人民币）	净资产（人民币）
上市条件	标准一	≥ 2 亿元	最近 2 年均≥ 1500 万元且加权平均净资产收益率平均≥ 8%，或者最近 1 年≥ 2500 万元且加权平均净资产收益率≥ 8%				
	标准二	≥ 4 亿元		最近 2 年平均≥ 1 亿元且最近 1 年营业收入增长率≥ 30%		最近 1 年 > 0	最近 1 年期末≥ 5000 万元
	标准三	≥ 8 亿元		最近 1 年≥ 2 亿元	最近 2 年研发投入合计占最近 2 年营业收入合计比例≥ 8%		
	标准四	≥ 15 亿元			最近 2 年研发投入合计≥ 5000 万元		
主体资格	在全国股转系统连续挂牌满 12 个月的创新层挂牌公司。						
发行股份数量	向不特定合格投资者公开发行的股份不少于 100 万股，发行对象不少于 100 人。						
股本要求	公开发行后，公司股本总额不少于人民币 3000 万元。						
股东人数及持股比例	公开发行后，公司股东人数不少于 200 人，公众股东持股比例不低于公司股本总额的 25%；公司股本总额超过 4 亿元的，公众股东持股比例不低于公司股本总额的 10%。						
发行条件	符合中国证监会规定的发行条件。						
其他	北交所规定的其他上市条件。						

表 2-18　　北交所申报情况（2020 年 4 月 28 日至 2021 年 12 月 31 日）

单位：家

上市标准	受理家数	过会家数	获批平均时长	被否家数	终止家数
标准一	192	85	128.83 天	0	45
标准二	4	2	167.5 天	0	0
标准三	2	0	0	0	2
标准四	3	2	63 天	0	0

注 :2020 年 4 月 28 日为原精选层第一批申报企业申请受理日期。

表 2-19　　北交所过会企业财务情况分析（2020 年 6 月 10 日至 2021 年 12 月 31 日）

上市标准	过会家数	近 2 年累计净利润			近 2 年营业收入			近 2 年累计研发投入		
		平均值（亿元）	最大值（亿元）	最小值（亿元）	平均值（亿元）	最大值（亿元）	最小值（亿元）	平均值（亿元）	最大值（亿元）	最小值（亿元）
标准一	85	1.13	12.24	0.40	4.78	57.64	0.80	0.45	4.23	0.02
标准二	2	0.30	0.42	0.18	2.41	2.68	2.14	0.17	0.18	0.17
标准四	2	1.30	3.37	-0.76	5.11	10.13	0.09	0.71	0.90	0.53

注：2020 年 6 月 10 日为原精选层第一次挂牌委会议召开日期。

表 2-20　　北交所撤材料企业财务情况分析（2020 年 4 月 28 日至 2021 年 12 月 31 日）

上市标准	撤材料家数	近 2 年累计净利润			近 2 年营业收入			近 2 年累计研发投入		
		平均值（亿元）	最大值（亿元）	最小值（亿元）	平均值（亿元）	最大值（亿元）	最小值（亿元）	平均值（亿元）	最大值（亿元）	最小值（亿元）
标准一	45	1.04	4.31	0.27	30.14	1089.24	0.69	35.29	1574.47	0.02
标准三	2	-0.65	0.33	-1.64	3.50	4.27	2.72	1.56	2.64	0.47

2.2.2 北交所上市流程

北交所上市条件总体平移精选层各项基础制度，坚持上市公司由创新层公司产生。精选层企业可以整体平移至北交所直接上市，而在全国股转系统连续挂牌满 12 个月的创新层挂牌公司可以申请进入北交所实现上市。非三板企业可以选择在新三板基础层或创新层挂牌，满足条件后申请进入北交所实现上市。

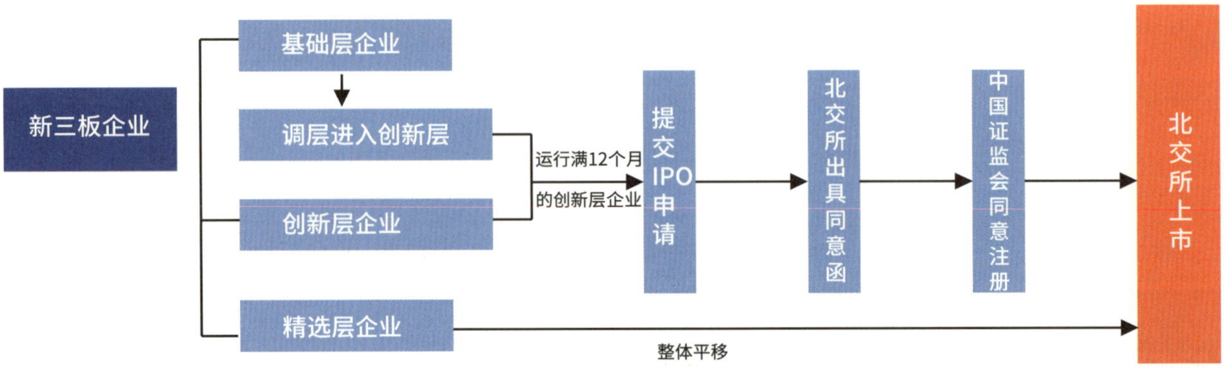

图 2-1　北交所上市流程

2.2.3 基础层挂牌条件

股份有限公司申请股票在全国股份转让系统挂牌，不受股东所有制性质的限制，不限于高新技术企业，应当符合下列条件：

经营年限	依法设立且存续满两年。有限责任公司按原账面净资产值折股整体变更为股份有限公司的，存续时间可以从有限责任公司成立之日起计算。
营运记录	业务明确，具有持续经营能力： 1. 公司应在每一个会计期间内形成与同期业务相关的持续营运记录，不能仅存在偶发性交易或事项。 2. 最近两个完整会计年度的营业收入累计不低于 1000 万元；因研发周期较长导致营业收入少于 1000 万元，但最近一期末净资产不少于 3000 万元的除外。 3. 报告期末股本不少于 500 万元。 4. 报告期末每股净资产不低于 1 元 / 股。
公司治理	公司治理机制健全，合法规范经营。
股权相关	股权明晰，股票发行和转让行为合法合规。
持续督导	主办券商推荐并持续督导。
其他	全国股份转让系统公司要求的其他条件。

2.2.4 基础层挂牌公司进入创新层条件

基础层挂牌公司符合创新层进入条件的，经申请可调入创新层。挂牌公司进入创新层的条件如下：

财务与会计	符合下列条件之一： （1）最近 2 年净利润均不低于 1000 万元，最近 2 年加权平均净资产收益率平均不低于 8%，股本总额不少于 2000 万元。 （2）最近 2 年营业收入平均不低于 6000 万元，且持续增长，年均复合增长率不低于 50%，股本总额不少于 2000 万元。 （3）最近有成交的 60 个做市或者集合竞价交易日的平均市值不低于 6 亿元，股本总额不少于 5000 万元；采取做市交易方式的，做市商家数不少于 6 家。
发行融资金额	公司挂牌以来完成过定向发行股票（含优先股），且发行融资金额累计不低于 1000 万元。
合格投资者要求	符合全国股转系统基础层投资者适当性条件的合格投资者人数不少于 50 人。
净资产要求	最近 1 年期末净资产不为负值。
公司治理	公司治理健全，制定并披露股东大会、董事会和监事会制度、对外投资管理制度、对外担保管理制度、关联交易管理制度、投资者关系管理制度、利润分配管理制度和承诺管理制度；设立董事会秘书。
其他	中国证监会和全国股转公司规定的其他条件。

2.2.5 申请挂牌公司直接进入创新层条件

申请挂牌公司同时符合挂牌条件和下列条件的，自挂牌之日起进入创新层：

财务与会计	符合下列条件之一： （1）最近 2 年净利润均不低于 1000 万元，最近 2 年加权平均净资产收益率平均不低于 8%，股本总额不少于 2000 万元。 （2）最近 2 年营业收入平均不低于 6000 万元，且持续增长，年均复合增长率不低于 50%，股本总额不少于 2000 万元。 （3）在挂牌时即采取做市交易方式，完成挂牌同时定向发行股票后，公司股票市值不低于 6 亿元，股本总额不少于 5000 万元，做市商家数不少于 6 家，且做市商做市库存股均通过本次定向发行取得。
融资金额	完成挂牌同时定向发行股票，且融资金额不低于 1000 万元。
合格投资者要求	完成挂牌同时定向发行股票后，符合全国股转系统基础层投资者适当性条件的合格投资者人数不少于 50 人。
净资产要求	最近 1 年期末净资产不为负值。
公司治理	公司治理健全，制定并披露股东大会、董事会和监事会制度、对外投资管理制度、对外担保管理制度、关联交易管理制度、投资者关系管理制度、利润分配管理制度和承诺管理制度；设立董事会秘书。
禁入情形	不存在禁止挂牌公司进入创新层的情形。
其他	中国证监会和全国股转公司规定的其他条件。

2.2.6 北交所转板条件

2022 年 3 月 4 日，沪深交易所分别发布《北京证券交易所上市公司向上海证券交易所科创板转板办法（试行）》《深圳证券交易所关于北京证券交易所上市公司向创业板转板办法（试行）》，进一步明确北交所上市公司向科创板 / 创业板转板相关事宜。

转板公司申请转板至科创板 / 创业板上市的，应当在北交所连续上市一年以上。转板公司在北交所上市前，已在全国中小企业股份转让系统原精选层挂牌的，原精选层挂牌时间与北交所上市时间合并计算。同时应当符合以下条件：

创业板、科创板适用	（一）符合《科创板 / 创业板首次公开发行股票注册管理办法（试行）》（以下简称《注册办法》）规定的发行条件。 （二）公司及其控股股东、实际控制人不存在最近 3 年受到中国证监会行政处罚，因涉嫌违法违规被中国证监会立案调查且尚未有明确结论意见，或者最近 12 个月受到全国中小企业股份转让系统有限责任公司、北交所公开谴责等情形。 （三）股本总额不低于人民币 3000 万元。 （四）股东人数不少于 1000 人。 （五）社会公众持有的公司股份达到公司股份总数的 25% 以上；公司股本总额超过 4 亿元的，社会公众持股的比例达到 10% 以上。 （六）董事会审议通过转板相关事宜决议公告日前 60 个交易日（不包括股票停牌日）通过竞价交易方式实现的股票累计成交量不低于 1000 万股。 （七）市值及财务指标符合《上市规则》规定的上市标准，具有表决权差异安排的转板公司申请转板，表决权差异安排应当符合《上市规则》的规定。 （八）上交所及深交所规定的其他上市条件。
科创板适用	符合《科创板首次公开发行股票注册管理办法（试行）》规定的科创板定位。 转板公司应当结合《科创属性评价指引（试行）》《上海证券交易所科创板企业发行上市申报及推荐暂行规定》等相关规定，对其是否符合科创板定位进行自我评估，提交专项说明。 保荐人推荐转板公司转板的，应当对转板公司是否符合科创板定位、科创属性要求进行核查把关，出具专项意见。
创业板适用	符合《创业板首次公开发行股票注册管理办法（试行）》等规定的创业板定位。

	中国证监会层面	中国交易所层面
北交所	北京证券交易所向不特定合格投资者公开发行股票注册管理办法(试行)	北京证券交易所上市公司证券发行上市审核规则(试行)
	公开发行证券的公司信息披露内容与格式准则第46号——北京证券交易所公司招股说明书	北京证券交易所向不特定合格投资者公开发行股票并上市审核规则(试行)
	公开发行证券的公司信息披露内容与格式准则第47号——向不特定合格投资者公开发行股票并在北京证券交易所上市申请文件	北京证券交易所向不特定合格投资者公开发行股票并上市业务办理指南第1号——申报与审核

2.3 境外上市的条件和流程①

2.3.1 香港主板及 GEM（简称“创业板”）上市的基本资格及要求②

表 2-21　　香港主板及创业板上市条件

主板			GEM（前称创业板）
财务要求（须符合下列 3 项财务准则其中一项）			财务要求
盈利测试	市值 / 收入测试	市值 / 收入 / 现金流量测试	
最近一年的股东应占盈利不得低于 3500 万港元，及其前两年累计的股东应占盈利亦不得低于 4500 万港元； 过去 3 个财政年度累计盈利至少 8000 万港元； 市值至少达 5 亿港元。	最近一个经审计财政年度收入至少 5 亿港元； 上市时市值至少 40 亿港元。	最近一个经审计财政年度收入至少 5 亿港元； 上市时市值至少 20 亿港元； 前 3 个财政年度来自营运业务的现金流入合计至少 1 亿港元。	前 2 个财政年度来自营运业务的现金流入合计至少达 3000 万港元； 上市时市值至少达 1.5 亿港元。
公众持股量要求			
• 无论任何时候公众人士持有的股份须占发行人已发行股份总数的至少 25%，并且公众持股市值不少于 1.25 亿港元（如公司市值逾 100 亿港元，可经联交所酌情减至 15%）； • 股东须至少 300 人； • 上市时由公众人士持有的证券中，由持股量最高的 3 名公众股东实益拥有的百分比，不得超过 50%。			• 无论任何时候公众人士持有的股份须占发行人已发行股份总数的至少 25%，并且公众持股之市值不少于 4500 万港元（如市值逾 100 亿港元可经联交所酌情减至 15%）； • 股东须至少为 100 人； • 上市时由公众人士持有的证券中，由持股量最高的 3 名公众股东实益拥有的百分比，不得超过 50%。

① 联交所指港交所，两词均互相通用。

② 以上摘自香港交易所《香港联交所的新股上市流程和重点》

续表

主板	GEM（前称创业板）
一般要求	
• 在至少前 3 个财政年度管理层大致维持不变； • 在至少最近 1 个经审计财政年度拥有权和控制权大致维持不变； • 最少委任 3 名独立董事及占不少于 1/3 的董事会成员。	• 在至少前 2 个财政年度管理层大致维持不变； • 在至少最近 1 个经审计财政年度拥有权和控制权大致维持不变； • 最少委任 3 名独立董事及占不少于 1/3 的董事会成员； • 委任 1 位监测主任。

注：其他有关不同投票权、矿业公司、生物科技公司、海外发行人、中国注册成立的发行人以及合资格发行人第二上市的相关要求载录于《上市规则》第 8A、18、18A、19、19A 及 19C 章内，第 9A 章则载录有关 GEM 发行人转往主板上市的规则及规定。

其他要求：

（1）会计师报告。

①一般按照香港财务报告准则、国际财务报告准则或中国企业会计准则（只适用于中国发行人）编制；

②在主板上市的公司至少覆盖招股书公布前的3个完整财政年度，而在GEM上市的公司则为2个完整财政年度；

③会计期间的结算日期距离上市文件刊发日期不得超过6个月。

（2）上市主体公司的成立地点。

①例如，中国香港、中国大陆、百慕大群岛、开曼群岛和其他获接纳的海外司法地区（包括英属处女群岛）；

②第二上市的其他司法管辖区域也会考虑（详情可参考《联合政策声明》及《上市规则》第19C章）。

（3）对控股股东的限制。

①在招股书发行日起到上市后首6个月内不能改变股权，如减持；

②在上市后的第7—12个月内，已为控股股东的人士或一组人士不可转售上市公司股份，令该名人士或该组人士不再成为控股股东。

（4）其他。

①新发行的股票必须全部包销；

②在上市后首6个月内不允许发行新的股票。

表 2-22　新兴及创新产业公司上市制度

	生物科技	同股不同权	第二上市
特点	• 主要从事生物科技产品、流程或技术研发、应用或商业化发展； • 至少有一项核心产品通过概念阶段； • 上市前最少 12 个月一直从事核心产品的研发。	• 创新产业，应用了新科技的核心业务；创新理念；及 / 或新业务模式，以此令该公司有别于现有行业竞争者；研究及开发是主要活动亦贡献预期价值；其成功有赖于独有业务特点或知识产权；及 / 或无形资产极高； • 不同投票权受益人只限于上市时是发行人董事及上市后留任董事的人士； • 不同投票权股份所附带的投票权不得超过普通股投票权的 10 倍。	若海外公司在认可证券交易所主要上市；及其大部分证券在香港以外地方买卖，可申请在本所主板作“第二”上市。第二上市所须遵守的联交所规定一般较联交所主要上市宽松，该等发行人大致还是受其主要上市所在司法权区的规定及机关规管。
外界认可	在建议上市日期的至少 6 个月前已得到至少 1 名资深投资者提供相当数额的投资（且至进行首次公开招股时仍未撤回投资）。	曾得到最少 1 名资深投资者提供相当数额的第三方投资（且至进行首次公开招股时仍未撤回投资）。	—
预期市值	至少 15 亿港元。	• 市值至少 400 亿港元；或 • 市值至少 100 亿港元及最近 1 个年度收益至少为 10 亿港元。	同股同权的大中华及非大中华发行人： • 最少 30 亿港元。 同股不同权发行人： • 市值至少 400 亿港元；或 • 市值至少 100 亿港元及收益至少 10 亿港元。
业绩记录	• 在上市前最少 2 个财政年度一直从事现有业务； • 最少两个财政年度管理层大致相同。	有高增长业务的记录。	至少最近 5 个（同股不同权：则需 2 个）完整财政年度于合资格交易所[②]上市的合规记录良好。
股份名称结尾后的独特股份标记	B	W	S
可适用范围	药剂、生物制药、医疗器材等公司	创新类公司	已于合资格交易所上市的公司

联交所于近期公布引入新规则，在香港设立全新特殊目的收购公司 (SPAC) 上市机制，并于 2022 年 1 月 1 日起生效。SPAC 上市规则仅允许专业投资者认购和买卖 SPAC 证券，且有关证券持有人须至少有 75 名专业投资者，当中至少 20 名机构专业投资者，而此等机构专业投资者必须持有至少 75% 的待上市证券；同时设置首次融资门槛为 10 亿港元；并规定任何由特殊目的收购公司发起人提名加入特殊目的收购公司董事会的董事必须是特殊目的收购公司发起人的高级人员；支持经验丰富、声誉良好、致力物色优质并购目标的 SPAC 发起人进行 SPAC 上市。

2.3.2 上市准备工作及流程

2.3.2.1 上市准备工作

表 2-23　企业在香港主板及创业板上市的准备工作

上市之前	• 决定组成拟上市集团的业务或公司实体范围； • 准备集团重组计划； • 引入战略投资者； • 决定上市或寻找其他形式的集资途径； • 预算通过上市募集的资金。
上市过程中	• 成立内部的上市专责团队； • 聘请外部的专业团队； • 准备和提交上市文件； • 回复由法定机构根据上市文件提出的问题； • 出席上市聆讯并得到上市委员会批准上市； • 召开新闻发布会及路演； • 刊发招股书； • 招股； • 定价。

2.3.2.2 上市流程

表 2-24　企业在香港主板及创业板上市的流程

序号	上市流程	流程安排	预计所需时间
1	上市筹备	• 进行上市前的计划； • 进行尽职调查； • 预备招股书申请稿及其他上市文件。	所需时间至少 6 个月
2	上市申请及审批	• 递交上市申请并取得上市聆讯审批。	所需时间至少 2 个月
3	上市聆讯	• 通过上市聆讯； • 取得印制招股书的审批。	所需时间至少一般约 1 个月

续表

序号	上市流程	流程安排	预计所需时间
4	开始和结束公开发售	• 注册和派发招股书； • 路演； • 开始和结束公开发售； • 完成上市程序； • 在联交所挂牌上市。	所需时间一般约 1 个月

2.3.3 企业赴港上市的申报及审核流程

香港证监会在市场监管方面及上市规管的若干范畴扮演着领导的角色。并且在涉及企业失当行为的个案中，通过行使其法定调查及执法权力，肩负起相辅相成的角色。香港证监会的法定责任之一是监督及监察香港联交所履行其与上市事宜有关的职能和职责。香港联交所与香港证监会的职员会定期开会讨论与上市有关的事宜。根据双重存盘制度，香港联交所会将由上市申请递交的资料副本送交香港证监会。假如香港证监会认为相关上市资料内所做的披露载有虚假或误导性的内容，香港证监会可以否决有关上市申请。香港证监会亦会定期稽核香港联交所在规管与上市有关的事宜方面的表现。

香港联交所遵循披露为本的审核理念，审核基本程序透明，审核时间表可预期。根据法例（《证券及期货条例》），香港联交所负责在合理、切实可行的范围内，确保香港市场是公平、有秩序和信息透明的。香港联交所涉及上市事宜的职能由上市部及上市委员会执行，包括制定、发布和执行《上市规则》。此外，所有就《上市规则》所作的修订及强制执行或应用范围广泛的政策决定，均须获香港证监会的批准。

审核流程概览

企业发展到一定阶段后，如有赴港发行上市的意愿，则从前期的筹划考虑，到中期的上市申请（A1 申请表）审核，再到后期的上市聆讯，最后成功发行并挂牌上市，大致需要经历图 2-2 所示的各个阶段。

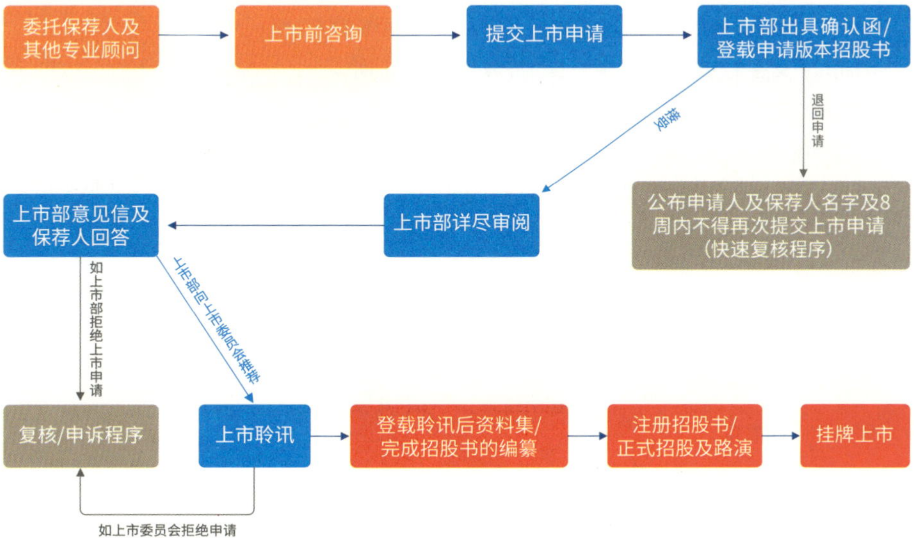

注：摘自香港交易所《香港联交所的新股上市流程和重点》。

图 2-2　香港联交所新股上市流程

由于 IPO 和审查流程的复杂性，香港上市一般需时 6—9 个月，但与境内核准制相比，相对高效，确定性强。

2.3.4 参与上市过程的团队①

表 2-25 香港上市涉及的专业机构

专业机构	要求	职责分工
保荐人	拟申请在香港联交所主板上市的公司，必须委任至少一名具备独立性的香港证券及期货事务监察委员会（简称“香港证监会”）持牌（SFC Licensed）保荐人以协助其处理上市申请。不论是否已经提交上市申请，保荐人一经委任或解聘，须尽快书面通知香港联交所。自保荐人获正式委任起两个月，新申请人方可向香港联交所提交上市申请。	• 上市的总体筹划及协调； • 协助公司制订融资方案； • 进行合理的尽职调查； • 审阅公司准备的盈利预测和现金流预测； • 深度并密切参与编制公司的上市申请材料； • 代表公司与监管机构联系，并陪同参加会议。
承销商	承销商主要从股票的发行及销售角度参与 IPO 过程，尤其在发行规模较大或市况承压时，引入不同类别的承销商可以在一定程度上分担销售压力，降低发行风险。	• 协助公司准备路演材料； • 安排分析师撰写研究报告； • 为公司寻找并锁定潜在投资者； • 组织路演及市场推介； • 公开发售及国际配售； • 必须全数发行 IPO 拟供投资者认购的新股； • 协助公司确定发行价格； • 为股价提供后市价格稳定支持。
律师	由于内地及香港两地适用的法规体系不同，因此，申请香港上市的过程中一般需要涉及四方律师团队，分别是发行人律师（分别聘请境内律师及境外律师）及保荐人与承销商律师（分别聘请境内律师及境外律师）。	• 起草招股书； • 协助完成公司重组和股改； • 协助尽职调查工作； • 就上市要求，在尽职调查过程中对公司法律问题发表意见； • 就公司合规事宜向保荐人与承销商提供法律意见； • 协助公司及保荐人回答监管机构问询。
会计师	申请人须聘请专业会计师审核财务报告及协助公司 IPO 事务。	• 准备审计报告； • 协助公司处理税务事项（如果公司没有聘请独立的税务顾问）； • 审阅公司准备的盈利预测和现金流预测； • 协助保荐人回答监管机构问询。

① 以上摘自香港交易所《香港联交所的新股上市流程和重点》。

此外，香港 IPO 过程中还可能涉及以下机构提供的专业服务：

行业顾问

主要负责行业资料调研并撰写行业分析报告等。

物业评估师

负责对上市申请人的物业权益或其他资产出具估值报告等。

专项资产评估

如矿产等特殊专项资产的评估等。

印刷商

主要负责招股书的校对、翻译和印刷等。

公司秘书服务供应商

协助公司架构重组事宜、设立并维护非香港公司、提供合格的人士担任授权代表及公司秘书、提供营业地址等。

公关公司

主要负责发行路演、媒体对接、上市仪式安排等。

股票过户登记处

在香港设置股东名册。

合规顾问

任期由上市之日起至首个完整财政年度的财务业绩的结算日止。主要负责确保上市公司遵从所有适用法例和规则，陪同上市公司出席与联交所举行的会议，与上市公司商讨有关更改首次公开招股所得款项用途、营运表现及财务状况、任何豁免的条款及条件、任何盈利预测或盈利估计、董事的承诺或未能履行承诺的补救措施、拟进行交易（可能是须予公布的交易或关联交易），包括发行股份及回购股份等事项。

2.4 境内外上市的差异与成本

2.4.1 境内外上市的差异

境内外上市的途径和标准根据上市地的不同，大致可以分为境内上市和境外上市，两种上市类型的差异总结如下：

（1）上市审核条件不同。

境内上市财务审核标准适用中华人民共和国财政部的企业会计准则，而境外上市审核标准采用的是国际通用会计准则。

（2）上市审核对上市企业偏好不同。

在中国境内上市审核过程中，沪深主板面向的主要是重大固定资产类型的传统制造业，例如，沪深主板上市条件中有一条为“要求最近一期期末无形资产占净资产的比例不高于 20%”；北交所支持中小企业发展，特别是“专精特新”企业；对于新兴互联网企业来讲，因其商业模式不容易被理解且难以对其发展前景做出判断，很容易作为风险点被高度关注，这也是中国阿里巴巴、拼多多等大型互联网企业远赴海外上市的原因之一。

（3）上市企业退出机制不同。

海外上市企业，以美国证券市场为例，由于发行新股手续简单，上市审核时间短，退市机制较为完善，企业在上市期间低于上市标准后，短期内可以完成退出程序，而国内上市流程相对较长且退市制度尚处于不断调整完善的过程。

2020 年 12 月 31 日，沪深交易所正式发布修订后的《股票上市规则》，2021 年 10 月 30 日，北交所也发布了《北京证券交易所股票上市规则（试行）》，对退市标准进行了调整和优化，这对提高上市公司质量、改善资本市场整体环境、加速优胜劣汰、强化投资者风险意识、引导理性投资等方面具有积极的意义。

（4）市场交易规则不同。

境外市场大多采用 T+0 交易制度，且不设置涨跌幅限制，市场价格随外部信息变化较为灵敏，而境内市场采取 T+1 交易制度且设置涨跌幅限制，当出现影响证券价格的消息时，涨跌幅限制会使市场消息影响证券价格的变化及波动存在阻滞作用。

（5）发行市盈率有差异。

境外上市企业的发行市盈率相对比较严谨，以香港证券市场为例，最近十年港股平均首发市盈率为 43.65 倍，而 A 股为 54.24 倍；A 股首发市盈率高于 50 倍的比例超过 30%，而港股不到 10%，A 股市盈率小于 10 倍的不到 1%，而港股超过 10%。

A 股和港股首发市盈率区间占比统计具体如图 2-3 所示。

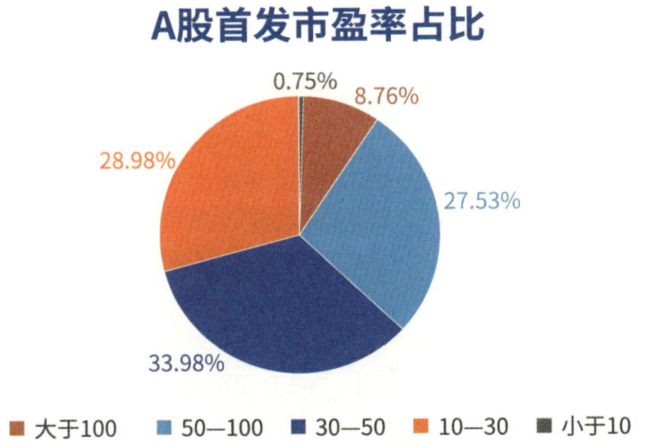

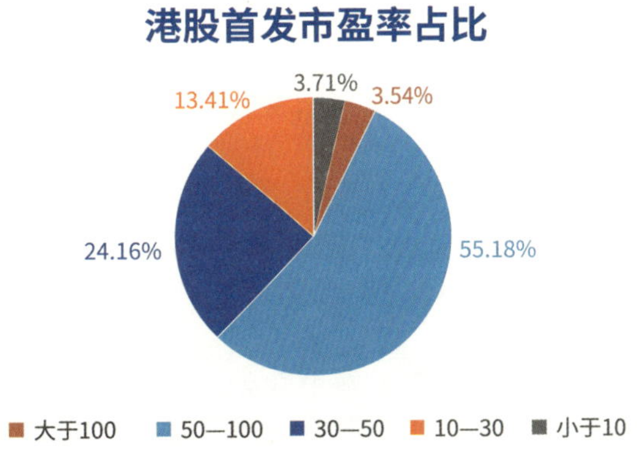

图 2-3　A 股和港股首发市盈率分布

2.4.2 境内外上市的主要成本

境内外上市过程中所涉及的费用不同，以中国 A 股、港股为例，具体如表 2-26 所示。

表 2-26　企业境内外上市过程中所涉及的相关费用

	费用类别	港交所	沪深交易所	北交所
前期辅导及发行费用	保荐人	根据发行的规模和包装、推介的难度来确定，约在募资额的 1%—10% 之间不等。	参照行业标准由双方协商确定，保荐与证券承销费用一般在募资额的 2.5%—10% 之间。	参照行业标准由双方协商确定。 根据已挂牌的精选层企业来统计，保荐与证券承销费用一般在募资额的 4.3%—10.8% 之间。
	会计师事务所	香港比较著名的会计事务所，项目收费大约都在 100 万港元之上，且费用按进度制收费。	参照行业标准由双方协商确定，一般在募资额的 0.2%—2% 之间。	参照行业标准由双方协商确定。 根据已挂牌的精选层企业来统计，审计费一般在募资额的 0.3—3.6% 之间。
	律师事务所	通常在公开发行融资费用的 2%—3.75% 之间。	参照行业标准由双方协商确定，一般在募资额的 0.1%—1.2% 之间。	参照行业标准由双方协商确定。 根据已挂牌的精选层企业来统计，律师费一般在募资额的 0.2%—2% 之间。

续表

	费用类别	港交所	沪深交易所	北交所
上市初费	股票/证券登记费（登记结算公司）	股份过户处需收取不超过20万港元的股份过户费。	按所登记的股份面值收取，5亿股（含）以下为1‰，超过5亿股的部分，费率为0.1‰，金额超过300万元人民币以上部分免收。	按所登记的股本面值的0.1‰收取。 注：挂牌公司转板至上海或深圳交易所上市的，跨市场转登记按转入市场与新三板市场证券登记费的差额收取。
	股票上市费/挂牌费（证券交易所）	香港首次上市费用：根据股本证券市值，主板上市公司需缴纳15万港元至65万港元不等，创业板公司需缴纳10万港元至20万港元不等。	自2020年1月1日起，暂免收取总股本在4亿元（含）以下的上市公司上市年费，总股本在4亿元以上的上市公司的上市年费按现行标准减半收取。主板上市初费在12.5万至17.5万元之间；创业板/科创板上市初费在6.25万至8.75万元之间。	（1）挂牌公司总股本2000万股（含）以下，收费2万元； （2）挂牌公司总股本2000万—5000万股（含），收费5万元； （3）挂牌公司总股本5000万至1亿股（含），收费8万元； （4）挂牌公司总股本1亿股以上，收费10万元。
上市后维护费用	上市年费/挂牌年费（证券交易所）	香港上市每年年费：根据股本证券市值，主板上市公司需缴纳14.5万港元至118.8万港元不等；创业板公司需缴纳10万港元至20万港元不等。	主板上市年费在5万至7.5万之间；创业板/科创板上市年费在2.5万至3.75万之间。	（1）挂牌公司总股本2000万股（含）以下，每年收费2万元； （2）挂牌公司总股本2000万—5000万股（含），每年收费3万元； （3）挂牌公司总股本5000万至1亿股（含），每年收费4万元； （4）挂牌公司总股本1亿股以上，每年收费5万元。
	登记结算年费/信息查询服务费（登记结算公司）	股东登记咨询服务费由香港中央结算公司向上市公司按季度收取，具体收费金额由结算公司客服向上市公司提供。	股东人数200名（含）以下，每年收费10000元人民币； 股东人数201—2000名，每年收费20000元人民币； 股东人数2001名（含）以上，每年收费30000元人民币。	1200元人民币/年

续表

费用类别		港交所	沪深交易所	北交所
上市后维护费用	上市后其他中介机构维护费用	按照香港上市规则，每年会有一些维护上市地位的费用产生，主要包括年度审计费用、律师费和印刷费，有的公司还会找外聘公司秘书服务供应商、财经公关或合规顾问。 具体收费标准由双方协商确定。	按照境内上市规则，每年也会产生一些上市维护费用，主要包括年度审计费用、常年法律顾问费和法定披露媒体信息披露费，有的公司还会找财经公关或合规顾问进行持续督导。 具体收费标准（人民币）由双方协商确定。	一般来讲，主办券商持续督导费用在 10 万 / 年左右，其他维护费用如年度审计费用、法律顾问费等由双方协商确定。

注：以上上市年费等收费标准均整理自联交所、沪深交易所、中登结算公司等网站；各中介机构的收费标准仅供参考，具体收费情况需由双方协商确定。

《IPO 上市条件》最新规则要求

特色业务：打造首发员工战略配售最佳综合服务商

中信建投证券投资银行业务均衡全能、行业领先。根据Wind数据统计，2021年完成3024家股票及债权主承销项目，主承销金额15036.30亿元，均位居行业第2名，公司债主承销家数和金额连续7年蝉联行业第一名。

中信建投证券依托强大的投行业务，结合监管法规要求，通过超过1000余家上市公司客户服务的实战经验总结，形成市场中独具特色的上市公司综合金融服务体系，从准备上市阶段入手，在不同阶段提供综合金融服务方案，成为客户身边专属的资本市场金融服务顾问。

丰富的项目经验

2021年全年落地27单员工战略配售资管计划，行业遥遥领先，成功承做多家券商保荐企业的首发员工战略配售。

定制化的高管及核心员工宣讲方案及产品方案

贴心的上门服务及友好便捷的认购路径

多部门协同的项目组

全周期管家式综合服务

特定股份管理系统助力上市公司合规发展

中信建投证券
CHINA SECURITIES

香蜜湖(深圳)产融创新/上市加速器
Shenzhen Industry & Finance Innovation / IPO Accelerator

香蜜湖（深圳）产融创新/上市加速器

香蜜湖(深圳)产融创新/上市加速器(以下简称香蜜湖加速器)是以2018年深圳市人民政府与深圳证券交易所签署之《战略合作框架协议》为指引，由深圳证券交易所与福田区人民政府发起共建，深圳上市公司协会领衔运营的拟上市梯队企业专业服务平台。

香蜜湖加速器由“产融创新加速器”与“上市培育加速器”复合而成。通过加速公司治理规范、加速金融服务创新、加速产业资源融合、加速政策精准投放、加速科研要素转化，打造产融创新“样板间”，探索上市培育新模式，让企业享受从“出生”到上市的完整配套链支持。

随着深圳拟上市资源版图不断扩展，香蜜湖加速器将作为深圳市“星耀鹏城”中小企业培育战略的重要探索，迈向新的高度。

加速金融服务创新

集合基石服务联盟金融机构、深交所资源，打造“投融资超市”，为拟上市梯队企业提供“一企一策”定制化融资方案。

加速产业资源融合

依托深上协上市公司产业资源，打造拟上市梯队企业与上市公司产业链、供应链、研发技术链、资本链加速融合的产业生态体系，夯实上市的产业根基。

加速科研要素转化

围绕拟上市梯队企业发展急需解决的重大关键技术难题，推动开展院(校)企联合攻关，助力深圳市内外院校科研、技术资源的挖掘、导入与转化，推动产学研用深度融合。

加速政策精准投放

推动市（区）政府加速“点对点”政策投放，助力拟上市梯队企业及时获取政府政策的上市扶持。

香蜜湖加速器微信公众号

深上协官方微信公众号

加速公司治理规范

通过基石服务联盟大数据分析系统归集梳理的深沪证交所IPO海量问询问题以及监管机构、基石服务联盟专家老师的专题授课，为拟上市梯队企业进行前移式IPO问询“对账、销账”，帮助拟上市梯队企业树立合规意识，筑牢健康发展的安全线。

3

IPO中介机构尽职调查

竭力尊重有能力的人，而让没有能力的人滚蛋。

对高级人才只要认为值得，付出绝不吝啬。

始终使用最顶尖的业务人才，不惜代价挖到手。

在用人方面，头脑里没有任何桎梏，完全打破等级、门户、辈分之见。

让优秀的人才在公司的主战场和第一线感受他们自己的价值。

——杰克·韦尔奇（1935—2020），美国，通用电气前CEO

3.1 尽职调查概述

3.1.1 尽职调查的类型与作用

尽职调查是指中介机构对拟上市企业进行全面深入调查，充分了解企业的经营情况及其面临的风险和问题，判断企业是否符合上市条件，梳理企业面对上市可能存在的问题并给出解决方案。尽职调查分为以下两种:

（1）上市前的尽职调查。

企业在启动上市流程并聘请中介机构之后，中介机构将会对发行人进行全面的尽职调查，这是IPO上市过程中必经的流程。

（2）上市咨询服务。

对于暂时未达到上市条件，又希望未来能够实现上市的企业，为避免在发展过程中走弯路，亦可在前期聘请相关中介机构，对公司进行尽职调查，提供上市咨询，规范公司运作。

尽职调查可以使中介机构全面、深入了解发行人在业务、技术、财务等方面的详细情况，同时尽职调查也是中介机构起草招股说明书及其他文件的基础，保障了披露文件的真实、准确和完整。

3.1.2 尽职调查的分工与责任

尽职调查工作中中介机构各司其职，会计师负责财务部分的尽职调查，律师负责法律部分的尽职调查，而券商作为企业保荐人，需要进行独立、审慎的全面尽职调查。

律师的法律尽职调查和会计师的财务尽职调查由各自开展，两者的调查范围不同，对同一事件的调查角度也不同。律师应当在充分核查验证的基础上，对相关事项明确发表结论性意见，例如，发行人发行上市的主体资格，发行人的独立性，发行人的业务，关联交易和同业竞争等。

会计师在尽职调查时，主要侧重财务数据的真实性和准确性、内部控制的有效性等。

3.1.3 企业在尽职调查中的责任和义务

拟上市企业即发行人作为信息披露第一责任人，要始终遵循诚实守信的行为准则，在中介机构尽职调查过程中，企业应当全力配合中介机构开展尽职调查工作。总的来说，尽职调查是一个循序渐进、持续深入的过程，需要中介机构和企业充分重视以及相互配合。

3.2 尽职调查的主要方式及各阶段调查重点

3.2.1 尽职调查的主要方式

中介机构开展尽职调查的主要方式具体如图 3-1 所示。

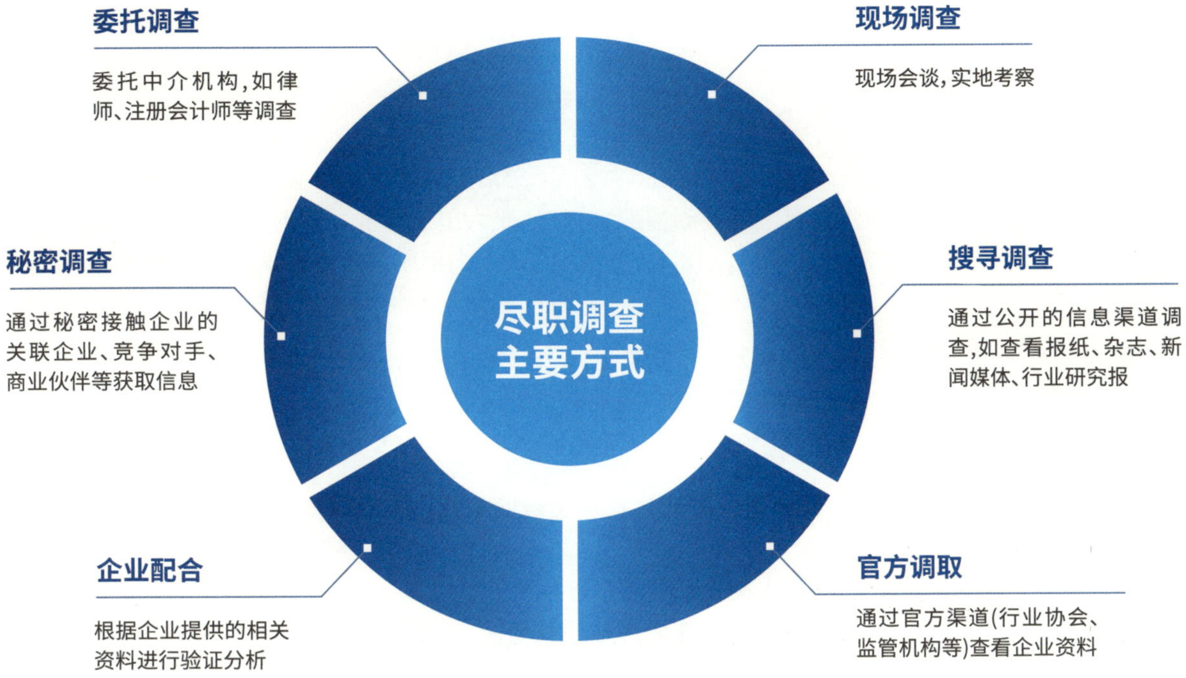

图 3-1　中介机构开展尽职调查的主要方式

3.2.2 尽职调查的各阶段目标及调查重点

第一阶段目标：将企业改制成股份有限公司。

调查重点：企业的历史沿革情况、出资情况、重大股权变动情况、主营业务和主要资产的构成及真实性、合法性，业务、财务、人员独立性以及同业竞争、关联交易等。

第二阶段目标：股票发行及上市。

调查重点：从企业的主体资格、规范运作、财务与会计、募集资金使用（如募集资金投向产生的关联交易）等方面进行全面尽职调查。

3.3 尽职调查清单

根据中国证监会颁布的《保荐人尽职调查工作准则》的规定，保荐人应当从发行人基本情况、业务与技术等方面进行尽职调查。保荐人将根据发行人的行业、业务、融资类型的不同，在不影响尽职调查质量的前提下，调整、补充、完善尽职调查工作的具体内容。基本内容具体如表 3-1 所示。

保荐人尽职调查工作准则

表 3-1　　保荐人尽职调查的工作内容

发行人基本情况调查	（1）改制与设立情况；（2）历史沿革情况；（3）发起人、股东的出资情况；（4）重大股权变动情况；（5）重大重组情况；（6）主要股东情况；（7）员工情况；（8）独立情况；（9）内部职工股等情况；（10）商业信用情况。
业务与技术调查	（1）行业情况及竞争情况；（2）采购情况；（3）生产情况；（4）销售情况；（5）核心技术人员、技术与研发情况。
同业竞争与关联交易调查	（1）同业竞争情况；（2）关联方及关联交易情况。
高管人员调查	（1）高管人员任职情况及任职资格；（2）高管人员的经历及行为操守；（3）高管人员胜任能力和勤勉尽责；（4）高管人员薪酬及兼职情况；（5）报告期内高管人员变动；（6）高管人员是否具备上市公司高管人员的资格；（7）高管人员持股及其他对外投资情况。
组织结构与内部控制调查	（1）公司章程及其规范运行情况；（2）组织结构和“三会”运作情况；（3）独立董事制度及其执行情况；（4）内部控制环境；（5）业务控制；（6）信息系统控制；（7）会计管理控制；（8）内部控制的监督。
财务与会计调查	（1）财务报告及相关财务资料；（2）会计政策和会计估计；（3）评估报告；（4）内控鉴证报告；（5）财务比率分析；（6）销售收入；（7）销售成本与销售毛利；（8）期间费用；（9）非经常性损益；（10）货币资金；（11）应收款项；（12）存货；（13）对外投资；（14）固定资产、无形资产；（15）投资性房地产；（16）主要债务；（17）现金流量；（18）或有负债；（19）合并报表的范围；（20）纳税情况；（21）盈利预测。
业务发展目标调查	（1）发展战略；（2）经营理念和经营模式；（3）历年发展计划的执行和实现情况；（4）业务发展目标；（5）募集资金投向与未来发展目标的关系。
募集资金运用调查	（1）历次募集资金使用情况（如有）；（2）本次募集资金使用情况；（3）募集资金投向产生的关联交易。
风险因素及其他重要事项调查	（1）风险因素；（2）重大合同；（3）诉讼和担保情况；（4）信息披露制度的建设和执行情况；（5）中介机构执业情况。

尽职调查新增重点解读：资金流水与股东穿透问题

为了提高拟上市企业信息披露质量，便于各中介机构履职尽责，中国证监会颁布了《首发业务若干问题解答》，对拟上市企业和中介机构在首发审核中所涉及的相关法律法规及准则的理解和适用情况做了专业指导。下面以《首发业务若干问题解答》中的第 54 条，就中介机构对发行人、董监高相关银行账户资金流水进行核查应关注哪些方面做了详尽的说明为例。

首发业务若干问题解答

发行人及其控股股东、董监高等应按照诚实守信原则，向中介机构提供完整的银行账户信息，配合中介机构核查资金流水。在符合银行账户查询相关法律法规的前提下，资金流水核查范围除发行人银行账户资金流水以外，还可能包括控股股东、实际控制人、发行人主要关联方、董事、监事、高管、关键岗位人员等开立或控制的银行账户资金流水，以及与上述银行账户发生异常往来的发行人关联方及员工开立或控制的银行账户资金流水。

最终保荐机构和申报会计师还应结合资金流水核查情况，就发行人内部控制是否健全有效、是否存在体外资金循环形成销售回款、承担成本费用的情形发表明确核查意见。

中国证监会在 2021 年 2 月 5 日颁布的《监管规则适用指引——关于申请首发上市企业股东信息披露》中要求：发行人的自然人股东入股交易价格明显异常的，中介机构应当核查该股东基本情况、入股背景等信息；发行人股东的股权架构为两层以上且为无实际经营业务的公司或有限合伙企业的，如该股东入股交易价格明显异常，中介机构应当对该股东层层穿透核查到最终持有人；保荐机构、证券服务机构等中介机构应当勤勉尽责，依照本指引要求对发行人披露的股东信息进行核查。中介机构发表核查意见不能简单以相关机构或者个人承诺作为依据，应当全面深入核查，包括但不限于股东入股协议、交易对价、资金来源、支付方式等客观证据，保证所出具的文件真实、准确、完整。

监管规则适用指引——关于申请首发上市企业股东信息披露

福田区是深圳市中心城区，市委市政府所在地，以河套深港科技创新合作区、香蜜湖新金融中心、环中心公园活力圈为载体，重点发展科创、金融、时尚等产业，着力打造中央创新区、中央商务区、中央活力区。福田区总部经济高度发达，聚集着深圳约70%的持牌金融总部、70%以上的工业设计总部、70%的物流总部、60%的安防企业总部、50%的创投机构总部。拥有平安集团、招商银行、正威集团和深投控4家世界500强企业，福田培育的上市企业总数突破100家，成为全市上市企业的孵化基地。2021年，福田区实现地区生产总值约5300亿元，社会消费品零售总额2250亿元，连续第17年居全市第一，税收总额1833亿元，获评“2021年赛迪投资竞争力百强区”第二，商事主体总量超50万，创业密度全国第一，市场经济活力强大，成为高质量发展的典型样本。

福田区投资推广和企业服务中心作为政府服务企业的综合响应平台和综合支援中心，是政府联系企业的统一出口和入口，集投资推广、企业服务和产业发展服务三位一体的部门，为企业从落地发展到壮大提供全链条、全周期、一站式服务，以暖心、贴心、细心服务，助力企业高质量发展，努力打造市场化、法治化、国际化营商环境。

福田区投资推广和企业服务中心微信公众号

福田区企业服务智能系统平台网址https://qfzx.szft.gov.cn/

联系方式：福田区投资推广和企业服务中心综合部，0755-88910601、88910602

福田区投资推广和
企业服务中心微信公众号

4

用好政务服务
让企业上市
水到渠成

无论是大银行还是小银行，最重要的是要发展成为一家具有强大活力的公司。一旦有了强大的活力，你自己就有了选择余地，可以选择买别人，也可以选择卖掉自己。要是没有这种基本活力，你就没有选择，一切也就无从谈起。

工作和接受关于工作的教育是你的责任。商学院只能灌输那么多，学习知识是一生的追求——这是你的责任。

生活中最重要的一件事是选择正确的合作者，不管是婚姻、友谊还是商业活动。工作的部分内容是为你尊重的人。我记得有一个辩论是关于工作和几千美元工资差距的话题。几千美元真的是差距吗？能和诚心帮你成就的人共事才是最重要的。

——杰米·戴蒙（1956—），美国，摩根大通CEO，世界上最令人敬畏的银行家

郑淇泽
湖北省上市工作指导中心
上市发展总监
湖北省企业上市发展促进会
常务副秘书长

郑淇泽博士个人微信

本章总结了作者本人从事一线企业上市服务工作 4 年多的经验，从拟上市企业如何合理借力政务服务实现合规上市的角度出发，通过合规发展和监管逻辑，阐述了为什么企业上市过程中离不开政府部门的支持，以及作为企业主体，如何用好政务资源实现合规上市。

同时，也希望各级地方政府及其相关职能部门在为企业提供上市服务的过程中，既能够从企业角度出发提供深度服务，使得政务合规办理结果符合监管系统对于企业上市的相关要求，又能够在具体操办过程中依法依规防范经办人员自身面临的政务合规风险。

4.1 常见的两个误区

误区一：企业上市是市场行为，不需要政务服务

有人认为企业上市是高度专业化、市场化的行为，不需要寻求政务服务，这种观念显然是错误的。一家企业从设立到上市，或多或少都会遇到“合理但不合规”的事项，这既不是企业的问题，也不是政府主管部门的失职，这是由于我们处在社会主义初级阶段，很多法律法规不健全，特别是资本市场的相关政策、制度及法规，几乎每年都有大的变化，拿现在的标准去度量当年的是非，忽略当时的历史背景和实际，必然会产生相关矛盾。

借力上市政务服务，不能把坏企业变成好企业，但能够让好企业上市少走弯路。在企业规模较小时，政府主管部门本着“因地制宜”的原则，以发展为主线，忽略了很多合规的事项，但到上市前，作为资本市场主体，企业必须补课，让治理运作规范合规。

上市政务服务主要处理什么事项？

过去4年，作者本人办结了大大小小130多项上市政务服务事项，需要上市办协调的事项多少都存在“瑕疵”，其中办结54项，也有很多是无法解决的事项。总体来说，上市政务服务主要处理以下4类事项：

（1）信息不对称的事项。

例如，企业或中介机构在与政府职能部门沟通的过程中，没有把事情的背景说清楚，或者是只站在企业的角度解释问题，造成了政府职能部门的误解。针对这类问题，通过召开协调会的方式，让双方充分沟通。再如，政府职能部门岗位刚刚调整，新来的同事不了解情况，针对这类问题，通过主动与中介机构对接，摆事实，找依据，与政府职能部门多沟通、多解释的方式，最终问题一般都能得到解决。

（2）需要担责的事项。

特别是跨部门协调的事项，很多部门之间的制度没有衔接好，没有上市干部的协调，就会陷入死循环。例如，一家企业有外资股东，需要做工商变更，但在工商局办理有一个前置条件，需要商务部门开具相关证明，企业跑到商务部门，商务部门说这类证明去年“放管服”改革取消了，现在不能开了，这就陷入了死循环，最后多个部门协调通过“一事一议”的方式不仅帮企业解决了问题，而且还推动了制度的进步。其实，上市政务服务过程中，可办可不办的事项并不是政府职能部门不想办，而是需要其承担法律责任，通过讲道理，做工作，让政府职能部门相关人员意识到上市政务服务的重要性，以及对他自身而言，按照规定给企业办理相关事项是合规的，没有风险的。

（3）没有参考的新兴事项。

例如，很多制度只有方向，没有明确的定义，这个时候通过政务服务就可以弥补相关制度缺陷。上交所科创板刚刚启动时，定位于支持七大战略新兴产业上市，其中，“生物医药企业”是指生物技术企业和医药制造企业，还是指用生物技术制药企业？当时并没有明确的规定，因此，存在一定的争议。2019年年初，本辖区辅导的一家企业申报上市，其主营业务是通过生物技术进行医药中间体的生产，在审核时，审核员认为该公司主要生产医药中间体，应该放到传统行业，不属于战略新兴产业。针对这一问题，通过发改委部门组织了行业专家进行反复论证企业的科创属性，最终说服了审核人员认可其科创属性。后面科创板给出了科创属性的标准，其中，就有研发投入和发明专利等明确要求，这方面由政府部门协助，主观判断的情况就减少了。

（4）明显违法违规的事项。

如企业高管被人民法院判决商业贿赂或报告期内企业出现重大的安全生产事故，高管被认定为需承担主要责任等，遇到这类事项，政府部门往往会告诉企业不要再去做无谓的努力，所谓的“找关系”都是解决不了的。但会鼓励企业等3年再次申报，利用这段时间练好内功，在业务、财务上多下功夫，争取下次报审通过。

误区二：企业上市最重要的是跑关系，跑通了就上了

有很多中介机构在做服务的过程中，喜欢对企业讲“监管机构”某个曾经从事审核的人员在

我们公司，目的就是想让企业早点签署辅导协议。确实，历史上在上市审核“指标制”时代，有少数企业通过“跑关系”上市了，但在现行的审核规则和注册制下，笔者负责任地告诉大家，这几乎不可能！

那么，大家要问证监局、交易所等监管机构还要不要去？

当然要去！

但不是通过“私人”关系去，一定是联系地方政府部门上市干部，在他们的带领下，通过“公对公”的渠道，证监局、交易所对口服务的人员可对企业提供政策上的咨询并给予专业上的指导。同时，上市服务做得好的地方，沪深交易所会设立服务基地进行本地化服务，例如，上交所设立的中部基地、深交所设立的湖北基地，都为本地拟上市的企业提供培训、咨询、一对一指导、走进交易所等系统性服务。

4.2 政务服务助力企业合规上市的底层逻辑

政务部门为什么愿意提供政务服务？从地方政府发展的逻辑和监管系统监管的逻辑来讲，旨在于帮助企业家更好地理解政务服务是如何助力企业合规上市的意义。

从发展角度来讲，主要是弥补企业在发展过程中的历史缺陷，企业规模较小时，扶持其发展是主要矛盾，企业为了“活下去”，政府部门只能“睁一只眼，闭一只眼”，很多事项并没有规范，例如，税收、社保、公积金缴纳等，但在上市时，企业做大做强了，有责任回馈社会，政府部门也有义务帮助企业补课，解决各类事项的历史沿革问题，实现规范化发展。

从监管角度来讲，实施监管的目标是为资本市场建立信心，留下守规矩的，清退破坏规矩的，从而维持整个市场良好地运行下去。实施监管的前提是“看得透”，我们知道要证明企业有问题，监管机构只需质疑并举出反例即可，但要证明企业没问题，监管机构没有时间也没有能力去对单个企业的所有历史沿革进行核查，所以必须由中介机构帮助企业规范，必要的时候也需要政府部门提供相应证明文件。事实上，经历过上市的企业才可以说是一个具备自主规范意识的企业，从另外一个角度来讲，上市过程中，监管系统帮助企业实现了规范化发展。

实施监管的结果就是要“管得住”，因此，审核系统需要地方政府共同承担企业“带病”上市对资本市场造成的不良影响，这就理解了注册制改革为什么并没有改变企业到处开证明的局面。

4.3 上市干部能够做什么？

误区三：干部是搞行政出身的，不懂专业，不能在企业上市中帮助企业

这种观点显然也是错误的，政府部门开展上市工作的核心就是四个字——沟通协调，而沟通和协调就是上市干部最擅长的事。

沟通协调的目的主要是让参与企业上市的各个主体在信息和思想上达成一致。对内上市干部可以沟通中介机构和企业内部组建的上市团队（董秘、财务总监、上市业务组、上市财务组、上市法务组等），协调内部资源和团队力量，确保上市资源；对外上市干部可以帮忙沟通政府部门、交易所、投资机构和信披媒体等，协调外部资源为企业所用。

中介机构则要计算服务成本，面临大的困难或者政策变化时，考虑是否撤退，但对于上市干部，只要企业不放弃，那么就会服务到底。因此，上市干部可以成为企业上市的好帮手，帮助企业上市不走弯路。

4.4 企业在哪些阶段需要政务服务

误区四：上市工作越早越好，越快越好

企业从产生上市的想法到能够成功上市会经历3个阶段，即“为什么要上”阶段到“能不能上”阶段”，最后才是“怎么上”阶段。很多企业没有想清楚上市的目的和需要付出的代价，就盲目启动上市，最后企业被上市拖垮了。而用好政务服务资源，可以让企业合理把握上市节奏，帮助企业顺利达到各阶段的目标。

在“为什么要上”阶段，上市干部会给企业提供各类公益培训和会议活动，通过参加培训或者向上市干部咨询，帮助企业了解上市的好处和面临的约束，审视企业上市是否好处大于约束，回答企业老板和股东心中“为什么要上”的问题。

在“能不能上”阶段，与中介机构以营利为目的、让企业尽快签署上市服务协议不同的是，上市干部可以和企业一起结合企业自身情况，从业务可行性、财务基础条件、法务合规性3个维度对企业上市的时间和成本（特别是除中介机构费用以外的隐性成本）进行评估，并结合政策估算上市所需要的时间和成本，回答“能不能上”的问题。

在“怎么上”阶段，上市干部可以帮助企业沟通协调中介机构和内部团队，在上市过程中的每个环节沟通所涉及的政府部门和监管部门，帮助企业确立上市主体、搭建治理框架，助推企业成功上市。

4.5 上市政务合规实操解析

最后，笔者本人用通俗、可理解的语言对企业上市过程中各部门涉及的政务服务进行梳理，阐述监管部门对此类问题的审核态度以及关注的重点，并给出可行的解决方案，让初入资本市场的相关人士也能够迅速掌握解决问题的“窍门”，依法依规处理各类上市问题。

同时，也从服务企业上市事项概述、主要事项详解（要做什么）、相关法律法规的要求（为什么要做）、服务过程中如何控制风险（怎样控制政府部门自身风险）、相关文件的建议模板（文件该怎么出）等角度进行政务实操说明，便于各职能部门在服务企业上市过程中做好与企业的沟通。

适用企业	相关部门	主要对接事项及出具的意见
所有企业	省地方金融监督管理局(省上市办)	指导企业上市；协调地方各业务部门；维护金融稳定
	省发展改革委	出具募集资金投资项目的审批；投资项目历史瑕疵确认；核查是否存在投资主管部门处罚；出具不属于重大违法违规证明文件
	省人力资源和社会保障厅	提供企业社保缴纳相关数据；核查是否存在社保行政处罚；出具不属于重大违法违规证明文件
	省市场监督管理局	提供工商、质量技术、食品药品审批服务；接受中介机构访谈,提供相关文件；核查是否存在工商行政处罚；出具不属于重大违法违规证明文件
	国家税务总局省税务局	税收优惠政策服务；纳税数据提供；核查是否存在税务处罚；出具不属于重大违法违规证明文件；出具股权转让、架构重组税收优惠确认文件
	住房公积金管理部门	住房公积金数据提供；核查是否存在住房公积金行政处罚；出具不属于重大违法违规证明文件
外贸、外资企业	省商务厅	进出口业务审批；外商投资企业历史股权变更瑕疵确认；核查是否存在商务部门处罚；出具不属于重大违法违规证明文件
	国家外汇管理局省分局	境外架构调整审批；外汇数据提供；核查是否存在外汇处罚；出具不属于重大违法违规证明文件

办理前置条件
企业需提供工商档案　生产经营资质　公司实际控制人承诺函　内部证明材料说明等文件
企业提供工商登记档案　投资项目备案证　公司实际控制人承诺函　内部证明材料说明等
企业提供员工花名册　劳动合同　工资表　社保相关支付凭证　公司实际控制人承诺函　内部证明材料说明等
企业提供营业执照　食品生产许可证　药品生产许可证　产品质量认证证书　产品质量保险的相关文件和资料　公司实际控制人承诺函　内部证明材料说明等
企业提供营业执照　税务登记证　年度财务报告　税收缴纳凭证　公司实际控制人承诺函　内部证明材料说明等
企业提供员工花名册　工资表　住房公积金相关支付凭证　公司实际控制人承诺函　内部证明材料说明等
若省上市后备企业涉及进出口业务的，需向省商务厅办理备案登记手续
对企业境外架构调整　境外投资等事项出具专项核查意见，对境外架构搭建等法律瑕疵风险由各方进行充分的论证

适用企业	相关部门	主要对接事项及出具的意见
生产经营性企业	省自然资源厅	建设用地审批服务；土地权证审批；核查是否存在瑕疵土地；出具不属于重大违法违规证明文件；核查是否存在城乡建设和土地行政处罚
	省生态环境厅	环保审批；接受中介机构访谈，提供相关文件；环评核查
	省应急管理厅	接受中介机构访谈，提供相关文件；核查是否存在安监处罚；出具不属于重大违法违规证明文件
	省住房与城乡建设厅	房产权证审批；出具不属于重大违法违规证明文件
国资企业	省人民政府国有资产监督管理委员会	国有股权认定及国有股权上市划转社保基金会豁免；协助上市后备企业进行国有资产处置工作；核查是否存在改制瑕疵；核查是否存在国有股权转让瑕疵；出具不属于重大违法违规证明文件
外贸企业	海关部门	进出口数据提供；核查是否存在海关行政处罚；出具不属于重大违法违规证明文件
传媒企业	省广播电视局	广电审批；核查是否存在广电处罚；出具不属于重大违法违规证明文件
涉农企业	省农业农村厅	接受中介机构访谈，提供相关文件；核查是否存在农业部门处罚；出具不属于重大违法违规证明文件

办理前置条件

企业提供全部土地登记档案文件　批准文件　土地使用权证书　国有土地使用权证　土地出让金支付收据　国有土地租赁合同　国有土地使用权证　租金支付凭证　农用地转为建设用地的政府批件　转让合同　租赁合同　转让价款或租金的支付凭证　公司实际控制人承诺函　内部证明材料说明等

企业提供建设项目清单　建设项目所涉及的环境影响报告书　环境影响报告表　环评审批文件　环保设施检测报告或者环境保护验收调查报告　建设项目环保验收批准文件　公司出具的关于环保设施建设、运转使用情况的说明　排污申报登记和排污许可证　第三方中介机构的检测报告　公司实际控制人承诺函　内部证明材料说明等

企业提供法人证明　安全生产经营许可证　项目立项批复　项目安全设施“三同时”备案文件　安全生产管理制度　安全管理台账　公司实际控制人承诺函　内部证明材料说明等

企业提供营业执照　商品房预售许可证　不动产权证书　公司实际控制人承诺函　内部证明材料说明等

国有企业提供改制方案　职工代表大会意见　验资报告　审计报告　资产评估报告　国有资产评估项目备案表　国有股权转让批复文件　公司实际控制人承诺函　内部证明材料说明等

企业提供客户情况说明函　公司实际控制人承诺函　内部证明材料说明等

企业提供广播电视节目制作经营许可证　信息网络传播视听节目许可证　广播电视节目传送业务经营许可证　公司实际控制人承诺函　内部证明材料说明等文件

企业提供种畜禽生产经营许可证　动物防疫（条件）合格证、粮食收购许可证　公司实际控制人承诺函　内部证明材料说明等

中国魅力城市——襄阳

“中华腹地的山水名城，这才是一座真正的城！古老的城墙依然完好，凭山之峻，拒江之险，没有帝王之都的沉重，但借得一江春水，赢得十里春光，外揽山水之秀，内得人文之胜，自古就是商贾会聚之地，今天已成为内陆地区重要的交通和物流枢纽，聚集山水精华。”

——金庸

襄阳是一座有着2800多年建城史的国家历史文化名城，是楚文化、汉水文化、三国文化的主要发源地，是国家确定的中部地区重点城市、汉江流域中心城市和省域副中心城市，被省委省政府赋予引领襄十随神城市群协同发展的重任。现辖3县、3市、3区和3开发区（包括国家级高新区和国家级经开区）。全市版图面积1.97万平方公里，户籍人口589万，2021年经济总量达到5309.43亿元，稳居全省第二位和全国城市50强。

襄阳是国家重点打造的综合交通枢纽。现已建成米字型高铁枢纽，已开通直达北京、上海、广州、深圳等47个城市的高铁线路；襄阳机场通达34个国内主要城市；在水运方面，与深圳盐田港合作，正全力打造汉江流域的航运中心；中国（湖北）自贸区襄阳片区是湖北省三大自贸片区之一，成功获批襄阳综合保税区和国家跨境电商综合试验区，现已开通5条中欧货运国际专列和4条铁海联运专线。

襄阳是重要的现代产业聚集地。襄阳已形成了以汽车产业为龙头，装备制造、电子信息、医药化工、新能源新材料、农产品深加工为支柱的现代产业体系。目前，我们正在加快建设13条先进制造业产业链和10条农业重点产业链，全力打造中部地区重要的先进制造业基地和国家现代农业示范基地。现在的襄阳是东风中高端乘用车、轻型商用车、新能源汽车的重要生产基地，“天籁”、“天翼”、“楼兰”、“御风”、日产豪华车英菲尼迪均在这里生产。集聚了一大批知名跨国公司和世界500强企业。

今后一个时期，襄阳将项目化工程化具体化推进“五城共建（区域性中心城市、区域性科技创新中心、全国性综合交通枢纽城市、国家物流枢纽承载城市、区域消费中心城市）”，加快建设美丽襄阳、率先实现绿色崛起，力争2026年经济总量突破8000亿元，全国50强城市位次继续前移，全力打造中西部非省会龙头城市和汉江流域中心城市。

经济的发展离不开金融的支持，特别是资本市场的支持。近年来，襄阳市委、市政府把推进企业上市融资作为支持我市疫后重振和推动经济高质量发展的重要抓手，先后建立了“无申请兑现”企业首发上市分阶段奖励1200万元（其中，省级财政奖励400万元，市级财政奖励800万元）等工作机制，成立了襄阳资本市场学院、深交所湖北基地“襄十随神”培育中心。疫情发生以来，已困境逆袭，连续新增了4家A股上市公司，还有1家注册待发，一批企业在审、在辅以及赴境外上市。

感谢深圳价值在线信息科技股份有限公司提供的书面交流平台。在此，襄阳市委、市政府预祝各位企业家早日登陆资本市场，襄阳将以一流的营商环境，一流的产业配套，一流的金融服务，诚邀各位企业家来襄布局IPO募投项目以及上市再融资投资项目。（联系人：襄阳市地方金融工作局党组书记、局长肖茂林17771237767）

5

IPO企业内部组织及业务架构

帮助员工知道他们可以有作为的关键是，培养他们自己做决定的能力，不能自主决定无异于犯罪。做决定比说“不”要好得多，如果你能帮助员工做到这一点，你就解放了公司的精神面貌。我现在就可以告诉你，我们公司已经具备了这种精神风貌。

所以我们是有机会能够让国家、文化以及商业走到一起，这样的一个重要性是非常需要来强调的，可以试想新的丝绸之路可以让中国更加开放、更加的现代化，同时能够加入到贸易走廊的打造过程中，希望这样的走廊能够更加具有标准，更加具有统筹性。

——彭安杰(1959—) ,印度,万事达卡CEO

5.1 IPO 企业内部组织架构

为统筹规划和组织企业发行上市，拟上市企业内部需要组建专门的上市组织机构（简称“上市团队”），同时选择合适的外部中介机构，两者完美配合，助力企业成功上市。就企业自身而言，尽管不同主体情况略有差异，但是基于实践情况，多数企业计划 IPO 上市过程中涉及到的以下角色和部门较为关键，具体如图 5-1 所示。

图 5-1 企业 IPO 上市过程中涉及的关键角色和部门

5.1.1 决策方

通常情况下，企业计划 IPO 上市时，决策方一般会涉及企业实际控制人以及股东（大）会、董事会、监事会、经营管理层（简称“三会一层”）。其中，企业上市意愿核心决策方一般涉及企业实际控制人，实际控制人应根据本企业整体经营战略规划，决策企业是否计划申请上市；企业上市重要的决策方包括“三会一层”，其主要职责在程序性事项决议，重点审核上市方案以及组织方案的执行与实施。决策方以实际控制人为主导，整体协调股东、董事和经营管理层工作，明确企业上市意向，确定外部中介机构（保荐机构、律师事务所、会计师事务所、评估师事务所等），确定上市方案，并在关键时刻统筹大局。

5.1.2 总协调人

通常情况下，企业申请 IPO 上市外部的总协调工作由保荐代表人承担，企业内部的总协调人由董事会秘书担任。由于董事会秘书在政府部门、监管部门、投资者、股东等外部力量与企业内部“三会一层”之间发挥着“上传下达”的沟通纽带作用，岗位属性十分关键。

5.1.3 财务负责人

尚处于发展初期的企业财务基础和内部控制基础往往较为薄弱，而根据实践情况，财务方面的内容恰恰是企业申请 IPO 上市过程中工作量最大、最为复杂的一项工作。因此，企业对财务负责人（一般指财务总监）的选任具备较高的标准，一般要求其具备深厚的财务专业知识，拥有扎实的财务功底和实践案例经验，能够对会计准则进行精准理解和灵活应用。同时，财务负责人还应具备一定的内外部沟通协调和人际交往能力。

5.1.4 参与方

企业上市是一项系统性工程，需要各方力量的共同参与和协作方可完成。为实现治理合规这一目标，企业内部自查和外部中介机构尽调核查的程序必不可少。企业内部需要包括总经办、董事会办公室、财务部门、法律合规部门、生产部门、采购部门、研发部门、销售部门、运营宣传部门、人事行政部门、运维部门等相关部门的全力配合，企业外部需要包括保荐机构、律师事务所、会计师事务所、评估师事务所等中介机构们的共同协作，各方针对尽职调查发现的问题和风险及时提出合理整改及风险预防措施，并积极协调内外部资源，消除风险隐患，最终助力企业成功上市。

5.2 上市过程商业模式的确立与治理规范要求

为实现企业长足发展的愿景，需要探索一条适合企业自身发展的良性发展道路并建立良好的商业运营模式。一个企业成功的商业运营模式要求实现客户价值最大化，企业需要有效地整合内外部资源，形成一个完整的具有独特核心竞争力的运行系统，并通过提供产品和服务，达成持续盈利目标的整体解决方案。为顺利实现这一目标，需要企业内部各部门的一致努力，各部门通力协作，相互配合。在上市过程中，企业内部包括“三会一层”以及生产部门、采购部门、研发部门、销售部门、后台部门（董事会办公室、财务部门、法律合规部门、人事行政部门、运营品宣部门、运维部门）等各部门需重点关注各自领域的工作重点和核查要点，各方通力协作，构建一套良性的现代化企业治理模式，通过对各个流程节点的合理规控，形成一套完整的规范流程控制体系，最终助力企业顺利实现上市目标，并建立一套良好的商业运营模式。基于不同的行业属性，各部门职责略有差异，但基于实践情况，各部门具体工作的重点内容简要概述如下：

三会一层

整体关注内部控制治理以及公司整体运行发展的合法合规性，重点履行相应审议决策程序，着力于建设一套行之有效的公司内部控制管理体系。

生产部门

重点关注公司的生产模式、技术运用、产能产量、关键资源使用、质量管理、安全生产、环境保护、土地保护等方面的情况。生产及质量控制流程规范体系建立情况；生产建设涉及的环保、土地问题以及有效防护措施制定情况；生产建设相应许可程序以及相关政府批文取得情况；生产的产品品质状况，涉及相关卫生标准、行业标准和国家标准等。

采购部门

重点关注原材料、辅助材料、其他能源动力、数据、产品、技术工具等采购情况以及定价合理性，与供应商可能构成上下游关系核查。同时，关注公司与供应商历史合作情况以及公司、主要股东、高级管理人员与供应商存在股权关系、其他利益关系核查，构成关联交易情况核查等。

研发部门

重点关注公司研发模式、研发组织、研发技术的先进性以及信息技术系统安全建设情况。分析是否存在良好的技术创新机制以及技术替代方案；信息技术系统安全建设概况，相应技术认证体系构建情况；软件后门及系统重大漏洞情况核查；数据来源、技术工具使用合法性核查；技术储备与核心技术人才奖励政策梳理，以及核心技术人员竞业限制约束机制建立情况；公司技术秘密、客户秘密等有效防护及技术隔离措施建立情况以及出现研发事故建立风险处置机制情况等。

销售部门

了解行业及市场情况，关注市场竞品。跟进并明确客户需求，并将需求及时反馈，促进公司产品及业务结构的完善与更新，引导公司产品及业务合理定价，注意避免出现不正当竞争情形以及其他扰乱市场秩序情形；注意客户商业秘密的有效保护措施建立情况；关注销售产品与客户构成上下游关系核查，是否存在利益输送情形等。同时，注重引导建立CRM管理系统，做好客户信息管理和服务追踪管理。

后台部门

董事会办公室

关注公司历史沿革及独立性，包括业务、资产、人员、财务和机构独立；关注关联交易和同业竞争，控股股东和其他关联方通过不正当、不公允的关联交易侵犯公司利益情况核查，同业竞争影响公司的盈利能力和持续经营能力情况核查，重点查阅公司营业执照、股权结构图、公司章程、相关协议以及有关内部审议决策程序及文件；公司对外投资及交易情况核查；股权激励计划实施以及必要审议决策程序履行情况核查；投融资尽调报告及投资可行性研究报告撰写以及必要投资决策程序履行情况核查；公司三会治理文件完备性审查；公司章程合规性审查等。

法律合规部门

关注公司历史纠纷及诉讼处罚情况，通过查阅相关诉讼、仲裁法律文件，跟踪进展情况以及是否构成重大不利影响；核查历史融资协议对赌条款及其他不利上市条款；关注各类合同涉及的知识产权、违约责任、赔偿条款设定的合理性；关注公司软件著作权、专利（发明专利、实用新型专利、外观设计专利）在内的知识产权体系建设情况。

后台部门

财务部门

关注与财务相关的内部控制体系建设的完备性，包括确认收入前相关手续履行完备性，例如，货物出库单、入库单、签收单，培训会议签到登记表、行程单、验收单完备性核查，建设工程交付验收证明取得情况核查；控股股东、董事、高级管理人员、监事在内的相关人员银行流水核查，关注异常流水及形成原因，涉及体外、账外支付情形核查；会计政策和会计估计的执行稳定性和合理性核查；资产负债结构、盈利能力等主要财务指标合理性核查；主要资产权属情况及争议核查，资产减值准备情况核查；逾期未偿还债务、潜在债务以及重大债务违规担保情形核查；区分不同的合同执行税种、税率合理性；关联交易履行必备审议决策程序核查；股权激励股份支付成本充分计提情况核查；历史股权出资实缴到账以及历史股权转让足额缴纳税款情况核查；企业日常经营活动涉及欠缴税款以及被税务机关处罚情形核查等。

人事行政部门

关注人力薪酬结构的合理性，是否突破当地最低工资标准，与同行业重大差异情形核查；社保公积金缴纳标准合法合规性核查，是否存在未缴、漏缴、少缴情形；员工劳动合同的签署覆盖面及完备性核查，是否存在未签署劳动合同用工以及员工存在双重劳动合同情形；人力外包或者人力借用情形核查，劳务合同签署情况核查；员工保密协议及核心人员竞业限制协议签署情况核查；办公场所、员工宿舍租赁手续核查，是否履行备案手续核查；异地办公设立分支机构情况以及履行必备的审议决策程序核查；历史文件用印内部控制登记审批程序核查；公司业务开展必备资质取得情况核查；公司工商年报报送及资质证书年审情况核查；员工持股平台设立情况核查等。

运营宣传部门

关注相关公司宣传推广材料真实、准确性审查，公司官方媒介（如官网、微信公众号、微信视频号、微博、抖音号等）是否存在夸大或误导性宣传，宣传推文使用字体、图片、视频等是否涉嫌侵权；涉及对第三方宣传报道是否取得授权许可以及可能构成侵犯他人合法权益情形核查；涉及有关文章对竞争对手的报道客观、公正性核查，是否存在不正当竞争情形等。

运维部门

关注公司运行系统的安全性和稳定性，公司服务器容量及稳定性核查；公安部门等安全认证测评以及相应认证证书取得情况核查，公司网站备案情况核查；公司办公软件正版化情况核查；涉及提供线上产品服务的，客户信息安全相应保障机制建设情况等。

针对不同的商业运营模式，各部门应齐心协力，互相配合，构建良好协作共同体，认实现公司长足发展的目标。

示例 1：针对产品直接面向机构用户（ToB 模式）。运营宣传部门需要对外提供公司真实、合法、合规的宣传介绍材料。销售部门向机构用户推荐产品、业务、定制化开发项目，同时了解客户对产品、业务和项目的需求，调研市场同类产品、业务及项目定价，最终引导公司运营部门对产品合理定价，并跟踪开发项目验收证明文件签署情况。研发部门根据销售部门反馈情况，搜集客户定制化开发（建设工程）项目需求并进行工作说明书拟制以及后续开发实施工作，进行内部项目立项，初步报价；法务部门根据销售部门、研发部门反馈草拟相关合作合同，明确合同金额及支付细节、知识产权归属、违约责任及赔偿条款，提前协调相关部门准备软件源代码、用户说明书、申请表等文件申请产品软件著作权证书；财务部门根据具体的业务模式明确税种、税率和开票信息，关于相关项目退税政策及实际情况审查等。运维部门保障系统运行的稳定性和安全性。

示例 2：针对产品直接面向终端用户（ToC 模式）。销售部门向终端用户推荐产品，需要运营宣传部门提供真实、合法、合规的宣传材料，同时结合客户需求，调研市场同类产品定价，最终引导公司运营管理部门对产品合理定价。研发部门根据销售部门反馈的客户使用需求不断丰富完善公司产品体系结构，提高技术运用水平，储备先进技术和技术人才资源。财务部门创新价格收费机制，探索利用线上二维码收费并确定线上收费财务会计处理方式。法务部门草拟线上收费相关协议并进行充分法律揭示，保障线上收费合法合规。人事行政部确定涉及线上收费资质取得情况。运维部门保障系统运行的稳定性和安全性。

示例 3：针对产品直接面向政府机构（ToG 模式）。ToG，即客户群体面向政府机构，产品的使用人群通常是政府机构的公职人员，从某种意义上来说，属于特殊的 ToB。销售部门要事先了解政府机构的特性，包括立项背景、政策导向、办公现状及审批意见等，通过对政府客户的需求进行采集，进而反馈给研发部门跟进具体的产品需求设计，重点关注合作背景、建设目标及定位、方案详述等。研发部门需事先研判政府机构客户对信息安全、本地化部署、成本预算等方面的关注并加以项目立项综合考虑，提升项目整体管理水平。基于信息安全，运维部门保障系统运行的稳定性和安全性。基于政府项目公开招投标的程序性要求，运营及行政部门应该事先做好项目投标准备工作，同时申办好公司各项资质证书，尤其是信息安全类资质证书，保证项目投标顺利。基于政府机构项目周期较长，销售及财务部门应及时跟踪好项目验收文件以及客户付款进度。法务部门应根据政府机构客户特性，加强沟通与交流，争取在政府格式化合同中维护公司权益，重点注意违约赔偿责任限额、知识产权成果归属等。

5.3 董事会秘书——IPO 过程中重要角色

企业实现将未来多年的预期利润变成现有的资产，提升资本流动性，促进企业快速成长，途径之一就是 IPO 上市。而在这一过程中，董事会秘书这一角色十分重要。

根据相关法律法规的规定，董事会秘书是上市公司高级管理人员，由董事会聘任，对上市公司和董事会负责，履行“勤勉尽责”的义务，主要承担包括公司治理机制建设、信息披露事务管理、投资者关系管理、股东关系及股权管理、资本市场发展战略制定、监管沟通、政府关系、市值管理、合规培训等工作。董事会秘书是企业内横跨实业和资本领域的重要枢纽。

董事会秘书应该具备综合学科知识，并能够将各项知识合理运用，促进企业治理水平提升。具体而言：

第一，具备一定的经济学、管理学知识。

能够熟练地分析国内外经济形势，深刻理解国际经济新阶段和中国经济新业态，促进管理层合理商业决策。基于行业和地域差异，必须熟悉本行业的发展情况，包括行业发展趋势、竞争对手、产业政策、奖励政策等。

第二，具备专业的法律知识和技能。

作为公司治理决策的重要参与方，整体统筹公司治理决策程序，促进公司治理机制建设，应该熟悉掌握《中华人民共和国公司法》《中华人民共和国证券法》等法律法规以及证券交易所发布的系列业务规则、业务指南等，勤勉尽责履职。

中华人民共和国公司法

中华人民共和国证券法

第三，掌握一定的财务知识。

实践中，企业所有经营活动最终都要通过财务数据展现出来。作为企业信息披露管理事务负责人，必须熟悉会计准则和公司内部控制规范，理解公司的业务和财务之间的契合关系。

第四，拥有一定的金融和证券知识。

企业上市的红利之一在于实现资本的有效流动。作为企业融资的主要负责人，必须掌握一定的金融、证券知识，通过与资本的交往，洞悉市场情况，促进企业投融资、投资并购、资产重组等系列资本化运作，提升企业的资本整合能力。

第五，具备一定的新闻学和心理学知识。

企业上市，必定成为社会关注的焦点，董事会秘书应善于与各类财经媒体打交道，有效管理企业舆情。同时，加强与不同层次的投资者交流，做好情绪引导和管理，需具备一定的心理学知识。

第六，拥有良好的口才和沟通协调能力。

作为企业与外部机构之间沟通的纽带桥梁，董事会秘书是资本圈中各方利益的交汇点与关注点，角色特殊，责任重大，影响深远。除了具备扎实的专业知识外，拥有良好的沟通协调能力和人际交往能力，能应对各种突发情况，是董事会秘书出色完成企业赋予神圣使命的关键。

第七，拥有丰富的执业经验。

具有相关从业背景，有过IPO上市实践经验的董事会秘书一直以来都是市场关注的焦点，尤其成为同行业计划上市企业垂涎的对象。具备丰富实践经验的董事会秘书能让企业上市事半功倍。

综上所述，董事会秘书是企业IPO过程中的重要角色，通过持续的知识积累，并不断提升自我综合能力，赋能企业IPO上市，成为资本市场参与主角之一。

华泰证券
HUATAI SECURITIES
科技定义
股份管理新价值
股份管理一体化平台
竞价交易 · 合规交易 · 股份回购 · 股权激励

PAN-CHINA 天健
专业报国 服务社会
天健会计师事务所成立于1983年12月，是由一批资深注册会计师创办的首批具有A+H 股企业审计资格的全国性大型专业会计审计中介服务机构。综合实力位列内资所前茅，全球排名前二十位。
A Shared Future
微信关注我们

6

如何选择确定中介机构

企业的经营活动，必须带动整个社会的繁荣。如只有自己的公司得到发展，社会成长却不能相配合，这样的企业终究是不能长久的。企业与社会必须一起繁荣，共存共荣，否则必不能得到真正的发展，这是自然的法则。

企业为了扩展它的事业活动，就要靠和它有往来的企业或人。如买方、卖方、消费者以及提供资金的股东或银行，甚至于地区、社会大众等，彼此以各种形态保持关系。如果牺牲有关系的一方来图谋自己公司的发展，就是一件不可原谅的事，最后必会导致自我毁灭。因此经常考虑和有交易往来的对方共存共荣，可以说是企业维持长久发展的惟一道路。基于共存共荣的理想，就必须充分考虑对方的立场和利益。优先考虑对方利益，不仅是为对方着想，更是为了自己，结果是双方都能得到利益。

——松下幸之助（1894—1989），日本，日本松下电器创始人根据相关法律法规的要求，企业申请 IPO 前，应当聘请具有保荐业务资格的证券公司履行保荐职责，同时，对企业在申请上市过程中所出具的相关文件，中介机构（见图 6-1）需要履行勤勉尽责的义务，保证出具的相关文件真实、准确、完整。

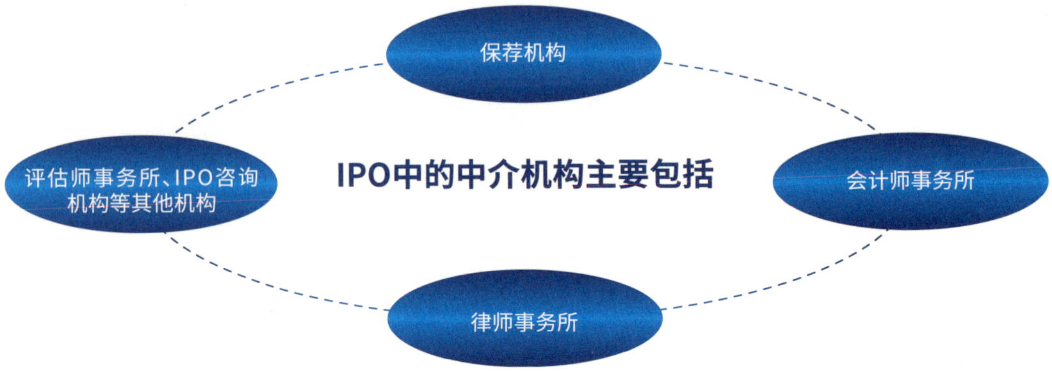

图 6-1　企业 IPO 的主要中介机构

6.1 保荐机构

6.1.1 保荐机构与承销机构

6.1.1.1 保荐机构

保荐机构的职责由证券公司的投资银行部门来承担，在“尽职调查”“股改”“辅导”过程中，保荐机构会对公司的董事、监事和高级管理人员等进行系统性培训，携手会计师事务所、律师事务所解决财务和法律上的问题；在 IPO 的申报审核阶段，保荐机构管理 IPO 进程，与监管机构联络沟通，与会计师事务所、律师事务所一起回复监管机构的问询。

2021 年 1 月，中国证监会出台了《首发企业现场检查规定》，进一步督促保荐机构勤勉尽责、审慎执业，提高企业信息披露质量。

首发企业现场检查规定

6.1.1.2 保荐代表人

根据相关法律规定，保荐机构履行保荐职责，应当指定具有一定项目实践经验的保荐代表人具体负责保荐工作。保荐代表人需要在整个 IPO 过程中随时关注并解决过程中出现的各种问题，为各个中介机构提供专业意见，并与监管机构和政府部门及时沟通。

保荐代表人除了应当具备的法律、会计、财务管理、税务、审计等专业知识外，还需满足如下要求：

（1）最近 5 年内具备 36 个月以上保荐相关业务经历、最近 12 个月持续从事保荐相关业务；

（2）诚实守信，品行良好，无不良诚信记录，最近 3 年未受到中国证监会的行政处罚；

（3）未负有数额较大到期未清偿的债务；

（4）中国证券业协会规定的其他条件。

《证券发行上市保荐业务管理办法》第二条

6.1.1.3 承销机构

承销机构的选任，一般由保荐机构担任，也可以由其他具有保荐承销业务资格的证券公司与该保荐机构共同担任。保荐承销机构需要对发行人申请文件、证券发行募集文件进行核查，向监管机构出具保荐意见，保证出具文件的真实、准确和完整。

从目前来看，拟上市企业在获得 IPO 批文之后，就进入了承销机构发力的发行阶段。经验和资源丰富的承销机构可以在询价和路演等阶段，沟通机构投资者、表明企业商业价值，并根据信息与经验进行合理发行定价，促使企业获得更多募集资金。

《证券发行上市保荐业务管理办法》第七条

2021 年 1 月 1 日至 2021 年 12 月 31 日，A 股市场上市公司发行市盈率最高和最低的前五名公司具体如表 6-1 和表 6-2 所示。

表 6-1　2021 年 1 月 1 日至 2021 年 12 月 31 日 A 股市场上市公司发行市盈率最高的前五名公司

沪市主板		科创板		深市主板		创业板		北交所	
证券简称	发行市盈率（倍）	证券简称	发行市盈率（倍）	证券简称	发行市盈率（倍）	证券简称	发行市盈率（倍）	证券简称	发行市盈率（倍）
浙江新能	30.03	东芯股份	760.38	中铁特货	50.69	百诚医药	156.93	三元基因	52.15
三峡能源	28.87	概伦电子	575.28	华亚智能	22.99	优宁维	104.09	科达自控	45.34

续表

沪市主板		科创板		深市主板		创业板		北交所	
证券简称	发行市盈率（倍）	证券简称	发行市盈率（倍）	证券简称	发行市盈率（倍）	证券简称	发行市盈率（倍）	证券简称	发行市盈率（倍）
龙版传媒	26.07	盛美上海	398.67	中农联合	22.99	华兰股份	101.40	云创数据	39.88
圣泉集团	22.99	炬光科技	362.33	楚天龙	22.99	光庭信息	99.42	驱动力	32.84
冠石科技	22.99	嘉和美康	259.60	征和工业	22.99	中红医疗	94.99	德源药业	29.27

表 6-2　2021 年 1 月 1 日至 2021 年 12 月 31 日 A 股市场上市公司发行市盈率最低的前五名公司

沪市主板		科创板		深市主板		创业板		北交所	
证券简称	发行市盈率（倍）	证券简称	发行市盈率（倍）	证券简称	发行市盈率（倍）	证券简称	发行市盈率（倍）	证券简称	发行市盈率（倍）
东航物流	10.93	宏华数科	14.48	真爱美家	19.02	万事利	11.16	志晟信息	10.93
沪农商行	10.65	铁建重工	10.54	长江材料	18.78	百川畅银	11.07	华阳变速	10.65
齐鲁银行	10.28	灿勤科技	10.43	盛航股份	17.78	中环海陆	10.53	盖世食品	10.28
重庆银行	8.97	博拓生物	8.58	顺控发展	15.95	深水规院	9.7	国义招标	10.11
汇通集团	8.24	安旭生物	7.44	东瑞股份	11.78	晓鸣股份	7.98	五新隧装	9.54

承销机构很大程度上影响着企业上市的发行市盈率，因此，选择合适的团队是上市流程中很重要的一步。

6.1.1.4 持续督导机构与人员

实践中，持续督导机构由保荐机构担任。保荐机构应当针对发行人的具体情况，确定证券发行上市后持续督导的内容，督导发行人履行有关上市公司规范运作、信守承诺和信息披露等义务，持续督导机构和督导人员须履行“勤勉尽责”义务，践行职业道德，认真审阅信息披露文件及其向中国证监会、证券交易所提交的其他文件，并承担下列工作：

《证券发行上市保荐业务管理办法》第二十八条

（1）督导发行人有效执行并完善防止控股股东、实际控制人、其他关联方违规占用发行人资源的制度；

（2）督导发行人有效执行并完善防止其董事、监事、高级管理人员利用职务之便损害发行人利益的内控制度；

（3）督导发行人有效执行并完善保障关联交易公允性和合规性的制度，并对关联交易发表意见；

（4）持续关注发行人募集资金的专户存储、投资项目的实施等承诺事项；

（5）持续关注发行人为他人提供担保等事项，并发表意见；

（6）中国证监会、证券交易所规定及保荐协议约定的其他工作。

持续督导期届满，如有尚未完结的保荐工作，保荐机构应当继续完成。

保荐机构在履行保荐职责期间未勤勉尽责的，其责任不因持续督导期届满而免除或者终止。

6.1.1.5 持续督导期限

首次公开发行股票并在主板上市的，持续督导的期间为证券上市当年剩余时间及其后 2 个完整会计年度；主板上市公司发行新股、可转换公司债券的，持续督导的期间为证券上市当年剩余时间及其后 1 个完整会计年度。

《证券发行上市保荐业务管理办法》第二十九条

首次公开发行股票并在创业板、科创板上市的，持续督导的期间为证券上市当年剩余时间及其后 3 个完整会计年度；创业板、科创板上市公司发行新股、可转换公司债券的，持续督导的期间为证券上市当年剩余时间及其后 2 个完整会计年度。

首次公开发行股票并在创业板上市的，持续督导期内保荐机构应当自发行人披露年度报告、中期报告之日起 15 个工作日内在符合条件的媒体披露跟踪报告，对上市公司涉及募集资金、关联交易、委托理财、为他人提供担保等重大事项进行分析并发表独立意见。发行人临时报告披露的信息涉及募集资金、关联交易、委托理财、为他人提供担保等重大事项的，保荐机构应当自临时报告披露之日起 10 个工作日内进行分析并在符合条件的媒体发表独立意见。

首次公开发行并在北交所上市的，持续督导期间为股票上市当年剩余时间及其后 3 个完整会计年度；

上市后发行新股的，持续督导期间为股票上市当年剩余时间及其后 2 个完整会计年度。持续督导期间自股票上市之日计算。

北京证券交易所股票上市规则（试行）

6.1.1.6 保荐职责

保荐机构的保荐职责主要包括：

（1）保荐机构应当尽职推荐发行人证券发行上市。发行人证券上市后，保荐机构应当持续督导发行人履行规范运作、信守承诺、信息披露等义务。

（2）保荐机构推荐发行人证券发行上市，应当遵循诚实守信、勤勉尽责的原则，按照中国证监会对保荐机构尽职调查工作的要求，对发行人进行全面调查，充分了解发行人的经营状况及其面临的风险和问题。

《证券发行上市保荐业务管理办法》第三章

（3）保荐机构在推荐发行人首次公开发行股票并上市前，应当对发行人进行辅导，辅导内容包括，对发行人的董事、监事和高级管理人员、持有 5% 以上股份的股东和实际控制人（或者其法定代表人）进行系统的法规知识、证券市场知识培训，使其全面掌握发行上市、规范运作等方面的有关法律法规和规则，知悉信息披露和履行承诺等方面的责任和义务，树立进入证券市场的诚信意识、自律意识和法制意识。

（4）保荐机构辅导工作完成后，应由发行人所在地的中国证监会派出机构进行辅导验收。发行人所在地在境外的，应当由发行人境内主营业地或境内证券事务机构所在地的中国证监会派出机构进行辅导验收。

（5）对发行人申请文件、证券发行募集文件中有证券服务机构及其签字人员出具专业意见的内容，保荐机构可以合理信赖，对相关内容应当保持职业怀疑、运用职业判断进行分析，存在重大异常、前后重大矛盾，或者与保荐机构获得的信息存在重大差异的，保荐机构应当对有关事项进行调查、复核，并可聘请其他证券服务机构提供专业服务。

（6）对发行人申请文件、证券发行募集文件中无证券服务机构及其签字人员专业意见支持的内容，保荐机构应当获得充分的尽职调查证据，在对各种证据进行综合分析的基础上，对发行人提供的资料和披露的内容进行独立判断，并有充分理由确信所作的判断与发行人申请文件、证券发行募集文件的内容不存在实质性差异。

6.1.2 保荐与承销相关法规

表 6-3　　企业证券发行上市保荐与承销相关法规

法规名称	发文部门	文号	颁布日期	涉及条文	法规二维码
《证券发行上市保荐业务管理办法（2020 年修订）》	中国证券监督管理委员会	证监会令第 170 号	2020 年 06 月 12 日	全文	
《证券公司保荐业务规则》	中国证券业协会	中证协发〔2020〕246 号	2020 年 12 月 04 日	第三章	
《证券发行与承销管理办法（2018 年修订）》	中国证券监督管理委员会	证监会令第 144 号	2018 年 06 月 15 日	全文	

6.1.3 选择合适的保荐机构和承销机构

保荐机构是上市过程中最重要的中介机构，负责统领和协调整个 IPO 过程。选择合适的机构和保荐代表人完成企业的保荐和承销，是 IPO 过程中的重中之重。可以通过机构综合实力、承做团队能力、承销能力这 3 个方面来选择。

6.1.3.1 机构综合实力

合适的保荐机构或承销机构，既要有较强的综合实力，又要足够重视本公司的上市项目。保荐机构或承销机构本身的综合实力、声誉、项目运作机制影响着承做机构的上限；资源投入情况以及对项目的重视程度影响着承做机构的下限。

承做项目数量一定程度上体现了保荐机构或承销机构的综合实力。

根据易董数据，2018 年 1 月 1 日至 2021 年 12 月 31 日，保荐机构保荐承销沪深上市家数排名情况具体如表 6-4 所示。

表 6-4　2018 年 1 月 1 日至 2021 年 12 月 31 日保荐机构保荐承销沪深上市家数排名

序号	机构简称	2018 年（家）	2019 年（家）	2020 年（家）	2021 年（家）	上市合计（家）	在审企业（家）
1	中信证券	9	24	32	58	123	101
2	中信建投	9	19	35	36	99	61
3	中金公司	5	5	23	34	67	43
4	海通证券	8	15	23	19	65	46
5	华泰联合证券	10	6	20	28	64	44
6	民生证券	2	6	23	30	61	41
7	招商证券	7	11	17	18	53	20
8	国金证券	4	5	19	19	47	31
9	国泰君安	3	8	15	18	44	58
10	国信证券	2	12	12	17	43	28
11	东兴证券	1	5	17	11	34	16
12	光大证券	1	9	12	11	33	15
13	安信证券	3	7	6	16	32	24
14	长江承销保荐	2	6	8	16	32	19
15	广发证券	7	16	6	0	29	11

续表

序号	机构简称	2018 年（家）	2019 年（家）	2020 年（家）	2021 年（家）	上市合计（家）	在审企业（家）
16	兴业证券	2	2	13	10	27	14
17	东方证券承销保荐	1	2	9	13	25	7
18	东吴证券	3	3	9	10	25	17
19	国元证券	3	3	7	9	22	12
20	中泰证券	0	5	3	10	18	11

表 6-5　2020 年至 2021 年 12 月 31 日保荐机构保荐承销北交所上市家数排名

序号	机构简称	2020 年（家）	2021 年（家）	上市合计（家）	在审企业（家）
1	中信建投	7	5	12	3
2	安信证券	2	5	7	4
3	申万宏源承销保荐	4	2	6	7
4	开源证券	3	2	5	7
5	国元证券	4	1	5	0
6	东北证券	1	3	4	3
7	中信证券	2	2	4	0
8	中泰证券	2	1	3	3
9	长江承销保荐	2	1	3	0
10	天风证券	1	1	2	2
11	中国银河	0	2	2	1

续表

序号	机构简称	2020年（家）	2021年（家）	上市合计（家）	在审企业（家）
12	招商证券	1	1	2	0
13	西部证券	0	1	1	3
14	中德证券	0	1	1	2
15	申港证券	0	1	1	2
16	海通证券	0	1	1	2
17	华安证券	0	1	1	2
18	华创证券	0	1	1	1
19	东兴证券	0	1	1	1
20	华金证券	0	1	1	1

6.1.3.2 承做团队能力

一般来讲，每个上市项目的具体事项由机构中的某个团队负责，而不是整个机构一起承做。因此，除了机构综合能力外，还要考虑对应的承做团队的能力。因为承做团队负责具体操作，也是项目中实际对接的人。

6.1.3.3 承销团队能力

承销是证券发行人委托具有证券销售资格的金融机构，按照协议由金融机构向投资者募集资金并交付证券的行为和制度，是证券经营机构基本职能之一。根据证券经营机构在承销过程中承担的责任和风险不同，承销可以分为包销和代销两种形式。实践中，证券承销主要由证券经营机构（实践中一般指证券公司）的具体承销团队负责，团队的实力强弱直接影响拟上市企业募集资金的能力与水平高低。因此，选择专业的、具备良好市场口碑和业务承做能力的承销团队至关重要。

6.2 会计师事务所

会计师事务所是企业上市过程中重要的中介机构之一，负责整个 IPO 过程的财务审核及问题处理，出具审计报告、内部控制鉴证报告等文件。同时，积极配合其他中介机构工作，协调沟通监管机构工作等。会计师事务所的独立性、专业性、团队实力、沟通协作能力、突发问题处理能力等对企业 IPO 上市至关重要。

6.2.1 会计师事务所与签字会计师

6.2.1.1 会计师事务所

会计师事务所需要依据自己的专业能力，协助保荐机构处理公司财务问题，在需要时进行审计并出具审计报告。

在“尽职调查”“股改”阶段，会计师事务所会派出注册会计师对公司进行财务方面的调查，指导公司梳理财务，审计公司资产和财务报告，并出具审计报告；在“申报与审核”等阶段则会协助回复监管机构的问询。

2020 年，新《中华人民共和国证券法》虽然取消了证券业务对会计师事务所资格的限制，原则上企业可以聘请没有证券从业资格的会计师事务所担任审计机构；但是在实践中，考虑到会计业务的复杂性和专业性，考虑会计师事务所团队的实力和市场口碑，建议企业还是选择具有证券资格的会计师事务所从事相关审计工作。

6.2.1.2 签字会计师

为证券发行出具专项文件的注册会计师及其所在机构，应当履行“勤勉尽责”义务，在包括招股说明书、审计报告、内部控制鉴证报告等文件上签字、盖章确认，保证出具的相关文件真实、准确、完整，并声明承担相应的法律责任。

实际上，企业在 IPO 过程中，审计报告、内部控制鉴证报告等专业报告的签字人一般为会计师事务所主管项目的合伙人以及项目的现场负责经理，并加盖企业印章。签字会计师应承诺遵守相应会计职业道德，保证出具的文件合法合规。

6.2.1.3 会计师事务所上市过程中的作用

企业发行上市必须获得会计师事务所出具的无保留结论的内部控制鉴证报告和无保留意见的审计报告等文件。

会计师事务所核查企业财务状况，对企业的经营实际和财务处理进行综合性判断，确认企业运作过程中的财务合法合规性。同时，协助梳理企业内部控制制度并进行有效评估，及时督促企业整改内部控制缺陷问题，提出合理整改措施并组织实施，最终保障企业内部控制在所有重大方面是有效的，财务报表的编制和披露符合企业会计准则和相关信息披露规则的规定，在所有重大方面公允地反映企业的真实财务状况、经营成果和现金流情况。最终助力企业成功发行上市。

6.2.2 会计责任相关法规

表 6-6 企业证券发行上市会计责任相关法规

法规名称	发文部门	文号	颁布日期	涉及条文	法规二维码
《中华人民共和国证券法（2019年修订）》	全国人民代表大会常务委员会	中华人民共和国主席令第三十七号	2019 年 12 月 28 日	第十章	
《中华人民共和国注册会计师法（2014 年修正）》	全国人民代表大会常务委员会	中华人民共和国主席令第十四号	2014 年 08 月 31 日	全文	

6.2.3 选择合适的会计师事务所

6.2.3.1 综合能力

根据易董数据，2018 年 1 月 1 日至 2021 年 12 月 31 日，会计师事务所服务沪深上市家数排名情况，具体如表 6-7 所示。

表 6-7 2018 年 1 月 1 日至 2021 年 12 月 31 日会计师事务所服务沪深上市家数排名

序号	机构简称	2018 年（家）	2019 年（家）	2020 年（家）	2021 年（家）	上市合计（家）	在审企业（家）
1	天健会计师事务所	19	29	84	85	217	157

续表

序号	机构简称	2018 年（家）	2019 年（家）	2020 年（家）	2021 年（家）	上市合计（家）	在审企业（家）
2	立信会计师事务所	16	43	57	72	188	88
3	容诚会计师事务所	2	11	34	45	92	83
4	大华会计师事务所	9	8	25	25	67	62
5	信永中和会计师事务所	4	12	22	24	62	37
6	致同会计师事务所	6	13	17	26	62	32
7	中汇会计师事务所	4	3	16	27	50	44
8	天职国际会计师事务所	5	4	16	25	50	31
9	大信会计师事务所	3	3	13	15	34	21
10	普华永道中天会计师事务所	7	6	13	6	32	17
11	安永华明会计师事务所	3	9	10	10	32	22
12	瑞华会计师事务所	4	15	10	2	31	2
13	中审众环会计师事务所	3	3	10	12	28	16
14	天衡会计师事务所	3	3	7	14	27	11
15	德勤华永会计师事务所	3	5	8	8	24	7

续表

序号	机构简称	2018 年（家）	2019 年（家）	2020 年（家）	2021 年（家）	上市合计（家）	在审企业（家）
16	广东正中珠江会计师事务所	2	11	5	0	18	0
17	毕马威华振会计师事务所	3	8	3	4	18	20
18	公证天业会计师事务所	1	3	8	5	17	8
19	华兴会计师事务所	0	2	2	10	14	9
20	众华会计师事务所	0	3	8	1	12	6

表 6-8　2020 年至 2021 年 12 月 31 日会计师事务所服务北交所上市家数排名

序号	机构简称	2020 年（家）	2021 年（家）	上市合计（家）	在审企业（家）
1	天健会计师事务所	5	8	13	7
2	信永中和会计师事务所	5	4	9	7
3	容诚会计师事务所	4	4	8	6
4	大华会计师事务所	1	6	7	8
5	天职国际会计师事务所	4	1	5	3
6	立信会计师事务所	3	1	4	9
7	中审众环会计师事务所	3	1	4	3

续表

序号	机构简称	2020 年（家）	2021 年（家）	上市合计（家）	在审企业（家）
8	大信会计师事务所	2	2	4	3
9	中汇会计师事务所	3	0	3	6
10	致同会计师事务所	1	2	3	2
11	中兴华会计师事务所	1	2	3	0
12	公证天业会计师事务所	2	0	2	3
13	天衡会计师事务所	1	1	2	2
14	中审华会计师事务所	0	2	2	0
15	华兴会计师事务所	0	2	2	0
16	苏亚金诚会计师事务所	1	0	1	2
17	亚太（集团）会计师事务所	0	1	1	1
18	中喜会计师事务所	0	1	1	0
19	中审亚太会计师事务所	1	0	1	0
20	和信会计师事务所	1	0	1	0

6.2.3.2 与公司团队相处融洽程度

会计师事务所工作需要与公司财务人员频繁沟通。会计师事务所和公司团队关系比较近，会更愿意在项目中投放资源。

6.3 律师事务所

律师事务所是企业上市过程中重要的中介机构之一，负责处理整个 IPO 过程的法律咨询，处理企业发展过程中的法律问题，提出有效整改措施和方案，并就相关事项出具法律意见书等文件。同时，积极配合其他中介机构工作，协调沟通监管机构工作等。律师事务所的独立性、专业性、团队实力等对企业 IPO 上市至关重要。

6.3.1 律师事务所工作重点

律师事务所的主要工作是提供法律咨询，解决 IPO 过程的法律问题，例如，判断公司股份改制方案、历史沿革、股权结构、内部控制治理、资本运作、公司独立性、关联交易、资金使用等是否合法等。同时，律师事务所也为上市过程中涉及的各项法律文件出具法律意见书和律师工作报告。

6.3.1.1 签字律师

签字律师是作为拟首次公开发行股票并上市的公司专项法律顾问（简称“律师”）。为证券发行出具专项文件的律师及其所在机构，应当履行“勤勉尽责”义务和“诚实信用”原则，在包括《招股说明书》《法律意见书》等相关法律文件上签字盖章确认，并声明承担相应的法律责任。

律师事务所指派的经办签字律师，是律师事务所现场负责人，主要工作职责如下：

（1）律师应通过对有关法律文件的审查，调查拟上市企业股票发行过程中的各种法律事实（包括历史沿革、独立性、股权结构、股权激励、投融资、投资并购等），并提出合理整改措施或处理意见。

（2）律师应根据《证券法》《公司法》等有关法律、法规、中国证监会和证券交易所的有关规定，按照律师行业公认的业务标准、道德规范和勤勉尽责原则，出具《法律意见书》。同时，还应就法律意见书形成过程撰写《律师工作报告》。

（3）律师应承诺已依据法律意见书规则的规定及法律意见书出具日以前已发生或存在的事实和中国现行法律、法规、中国证监会和证券交易所的有关规定，并结合拟上市企业实际和丰富的实践案例经验发表专业法律意见。

（4）律师应承诺已严格履行法定职责，遵循了勤勉尽责和诚实信用原则，对拟上市企业的行为以及服务项目的合法、合规、真实、有效进行了充分的核查验证，保证《法律意见书》和《律师工作报告》不存在虚假记载、误导性陈述和重大遗漏。

6.3.1.2 律师事务所上市过程中的作用

律师事务所作为拟上市公司上市过程中的重要协作中介机构之一，其作用贯穿公司整个 IPO 流程。包括开始准备上市、初步尽职调查阶段，辅导阶段，申报阶段和发行上市阶段。通过在不同的阶段提供专业法律意见和辅导，及时发现问题并整改，辅助公司各项内控治理合规，保障公司规范化运作。同时，就公司的未来发展提出合规性建设意见，是公司上市过程中的“把门人”和引路人，作用举足轻重。

6.3.2 律师责任相关法规

在实践中，《中华人民共和国证券法》《中华人民共和国律师法》《律师事务所证券法律业务执业规则（试行）》、各省律师协会出台的工作指引等法律法规及相关规定均有律师职责及其承担法律责任的阐述和规定，一致要求律师执业必须遵守宪法和法律，恪守律师职业道德和执业纪律必须以事实为根据，以法律为准绳。

律师事务所从事证券法律业务，应当建立、健全内部业务质量和执业风险控制机制，确保出具的法律意见书内容真实、准确、完整，逻辑严密、论证充分。

同时，律师违反相关执业法规和职业道德的，须承担相应的法律责任。

表 6-9　　　　企业证券发行上市律师责任相关法规

法规名称	发文部门	文号	颁布日期	涉及条文	法规二维码
《中华人民共和国证券法（2019 年修订）》	全国人民代表大会常务委员会	中华人民共和国主席令第三十七号	2019 年 12 月 28 日	全文	
《中华人民共和国律师法（2017 年修正）》	全国人民代表大会常务委员会	中华人民共和国主席令第七十六号	2017 年 09 月 01 日	全文	

续表

法规名称	发文部门	文号	颁布日期	涉及条文	法规二维码
《律师事务所从事证券法律业务管理办法》	中华人民共和国司法部、中国证券监督管理委员会	中国证券监督管理委员会、中华人民共和国司法部令第41号	2007年03月09日	全文	
《律师事务所证券法律业务执业规则（试行）》	中华人民共和国司法部、中国证券监督管理委员会	中国证券监督管理委员会、中华人民共和国司法部公告〔2010〕33号	2010年10月20日	全文	

6.3.3 选择合适的律师事务所

根据中国证监会、中华人民共和国工业和信息化部、司法部、财政部颁布的《证券服务机构从事证券服务业务备案管理规定》第五条的规定，律师事务所从事相关证券业务应向中国证监会和国务院有关主管部门备案。

《证券服务机构从事证券服务业务备案管理规定》第五条

选择律师事务所需要关注律师事务所的综合能力、团队实力、成功案例、市场口碑、资源优势、沟通协作等，一个具有良好市场口碑的律师事务所对企业上市作用重大。

根据易董数据，2018年1月1日至2021年12月31日，律师事务所服务沪深上市家数排名情况具体如表6-10所示。

表6-10　　2018年1月1日至2021年12月31日律师事务所服务沪深上市家数排名

序号	机构简称	2018年（家）	2019年（家）	2020年（家）	2021年（家）	上市合计（家）	在审企业（家）
1	国浩律师事务所	12	30	46	68	156	88
2	中伦律师事务所	5	21	39	51	116	93

续表

序号	机构简称	2018 年（家）	2019 年（家）	2020 年（家）	2021 年（家）	上市合计（家）	在审企业（家）
3	锦天城律师事务所	6	16	33	45	100	82
4	金杜律师事务所	10	17	27	31	85	52
5	国枫律师事务所	8	10	27	29	74	37
6	德恒律师事务所	6	8	26	29	69	54
7	信达律师事务所	3	7	14	18	42	30
8	君合律师事务所	4	11	10	13	38	32
9	康达律师事务所	7	5	17	9	38	24
10	天元律师事务所	1	6	13	16	36	20
11	天册律师事务所	7	3	9	13	32	25
12	嘉源律师事务所	1	7	10	10	28	18
13	海润天睿律师事务所	2	5	8	11	26	12
14	世纪同仁律师事务所	3	5	10	7	25	20
15	通力律师事务所	2	5	4	11	22	13
16	广发律师事务所	4	3	4	10	21	9

续表

序号	机构简称	2018 年（家）	2019 年（家）	2020 年（家）	2021 年（家）	上市合计（家）	在审企业（家）
17	启元律师事务所	3	2	8	7	20	13
18	竞天公诚律师事务所	0	1	9	10	20	11
19	大成律师事务所	2	6	4	6	18	15
20	金诚同达律师事务所	0	8	5	2	15	14

表 6-11　2020 年至 2021 年 12 月 31 日律师事务所服务北交所上市家数排名

序号	机构名称	2020 年（家）	2021 年（家）	上市合计（家）	在审企业（家）
1	锦天城律师事务所	6	4	10	8
2	国浩律师事务所	3	7	10	6
3	康达律师事务所	4	2	6	2
4	大成律师事务所	2	3	5	5
5	中伦律师事务所	2	3	5	3
6	天元律师事务所	3	1	4	0
7	天禾律师事务所	2	1	3	2
8	海润天睿律师事务所	2	1	3	0
9	德恒律师事务所	1	1	2	5

续表

序号	机构名称	2020 年（家）	2021 年（家）	上市合计（家）	在审企业（家）
10	国枫律师事务所	2	0	2	3
11	中银律师事务所	1	1	2	2
12	金杜律师事务所	0	2	2	0
13	天衍禾律师事务所	2	0	2	0
14	通力律师事务所	1	1	2	0
15	盈科律师事务所	1	0	1	3
16	华商律师事务所	0	1	1	2
17	德和衡律师事务所	0	1	1	2
18	启元律师事务所	0	1	1	1
19	浩天信和律师事务所	0	1	1	1
20	安杰律师事务所	1	0	1	1

6.4 其他中介机构

企业上市过程中，除了须聘请保荐机构（承销机构）、会计师事务所、律师事务所外，还涉及评估师事务所、IPO 咨询机构等。

评估师事务所主要负责对公司整体的资产进行评估，并配合其他中介机构的工作。

IPO 咨询机构主要负责规划企业发展前景、设计募投项目，一个良好的企业发展规划及项目建设目标，直接影响公司募集资金的规模。实践中，IPO 咨询机构主要撰写招股说明书中涉及“募集资金运用”和“业务与技术”两大核心章节的内容，提供建设性意见和建议。

选择 IPO 咨询机构时，应当考虑以下 3 点：

（1）机构是否具有强大的研究能力；

（2）机构对本行业的了解程度；

（3）机构是否有相关行业的成功经验。

《中介机构》最新数据

6.5 中介机构费用

企业为实现 IPO 上市需要支付与发行上市相关的费用中，中介机构费用占比最高，占整个发行上市费用的 90 % 以上，其中，保荐机构费用中的保荐与证券承销费用又占中介机构费用的 80% 以上。

根据易董数据，2021 年公司首发上市时中介机构平均费用具体如表 6-12 所示。

表 6-12　　2021 年 1 月 1 日至 2021 年 12 月 31 日 A 股市场中介机构平均费用

	沪市主板	科创板	深市主板	创业板	北交所
保荐机构承销费用（万元）	5522.99	6604.32	4478.79	5361.31	1102.27
会计师事务所审计费用（万元）	1039.23	926.33	1002.62	915.89	238.14
律师事务所律师费用（万元）	545.37	544.74	529.41	508.22	130.09

捷创资本
JIE CHUANG CAPITAL
捷创资本是一家聚焦中国战略新兴产业，关注具有科创基因的成熟期项目为主的私募股权投资机构。我们聚焦“科创”，重点围绕军工、半导体、新能源、智能制造等硬科技行业，凭借团队深厚的产业资源和丰富的基金管理经验，发掘并帮助具有独特创新优势的细分行业龙头企业取得阶段成功，登陆资本市场，打造围绕上市公司的高端制造生态圈。公司总部位于上海，在北京、深圳、成都设有分支机构。
聚焦科创
专业为长
微信关注我们

7

公司股份制改造与股权架构设计

我们将会持续注重聘雇与留用有才能的员工，以股票选择权而非现金来衡量他们的贡献。我们知道成功将奠基于我们是否能吸引人才，并建立一个积极进取的人才库。因为每个员工都必须像个老板一样去思考，因此员工本身必须就是Amazon的老板，这就是为什么我们提供员工股票选择权。

关注长期发展。我们深信，衡量成功的根本标准是我们为股东创造多少长期价值。我们拓展和巩固市场领先地位的能力，将会直接成为我们的长期价值。我们的市场领先地位越强大，我们的商业模式就越强大。市场领先地位可以直接解读为更高的收益、更强的获利能力、更快的资本周转速度，和更高的资本投资回报。

——杰夫·贝索斯(1964—)，美国，亚马逊创始人

7.1 股份制改造

公司股份制改造（也称“股份改制”），是指普通企业按照《中华人民共和国公司法》等法律规定，通过对业务、治理结构、财务等方面的改革和重组，将组织形式由有限责任公司或其他组织形式变更为股份有限公司。拟上市企业需要满足的发行条件中最基础的一项是：发行人为依法设立且持续经营 3 年以上的股份有限公司（主板、创业板、科创板适用。北交所要求发行人需是在全国股转系统连续挂牌满 12 个月的创新层挂牌公司）。因此，股份改制对于非股份制企业来说非常之重要。

股份改制的目的在于建立产权清晰、权责分明、政企分离、管理科学的现代企业制度，并为企业成功上市融资提供体制基础及实体资质。

7.1.1 股份改制的基本要求

股份改制并非简单地将公司组织形式变更为股份有限公司，拟上市企业在股改阶段的设计关乎到日后上市进程的顺利与否，企业改制后应该达到以下基本要求：

01 主营业务突出，符合上市标准，具备核心竞争力和持续经营能力；

02 未来申报时，符合拟申报板块关于核心技术、研发投入、业务成长性等相关要求；

03 独立经营，规范运作；

04 有效避免同业竞争（拟申报科创板/创业板的不存在构成重大不利影响的同业竞争），减少和规范关联交易。

7.1.2 股份有限公司的设立方式

股份有限公司的设立，可以采取发起设立或者募集设立的方式。

（1）发起设立：是指由发起人认购公司应发行的全部股份而设立公司。发起设立主要有两种情况：一是新设设立，即由 2 个以上 200 个以下的发起人出资新设立一个公司；二是变更设立，即有限责任公司以经审计的账面净资产值为限折成股份有限公司注册资本的设立方式，有限责任公司的股东根据自身的出资比例作为股份有限公司的发起人。

（2）募集设立：是指由发起人认购公司应发行股份的一部分，其余股份向社会公开募集或者向特定对象募集而设立公司。以募集设立方式设立股份有限公司的，发起人认购的股份不得少于公司股份总数的 35%。经国务院批准，有限责任公司依法变更为股份有限公司时，可以采用募集设立方式公开发行股票。

在实践中，多数公司采取的是发起设立中的变更设立方式，即由有限责任公司整体变更为股份有限公司后，再申请发行股票。

7.1.3 股份改制的流程

7.1.3.1 准备阶段

01 主发起人初步拟订股份有限公司方案，包括设立方式、发起人数量、注册资本、股本规模和业务范围等；

02 对改制方案进行可行性研究；

03 拟引入新投资者的，需物色并邀请其他发起人；

04 选择中介机构，包括保荐机构、会计师事务所、律师事务所和评估机构等。

7.1.3.2 实施阶段

01 有限责任公司召开股东会，审议的主要事项有：同意整体变更为股份有限公司，审议股份有限公司的预核准名称，确定本次股改相关的中介机构，确定本次股改审计及评估的基准日；

02 初步确定改制方案，制定改制工作时间表；

03 成立改制筹备小组，对接中介机构，提供各类文件和资料；

04 保荐机构作为总协调人，协调各方中介机构按照时间表稳步推进改制工作：律师事务所主要负责保证改制过程中的合法合规性，会计师事务所主要负责改制过程中对资产的审计工作，评估机构主要负责改制过程中对资产的评估工作；

05 公司确定发起人，签署发起人协议，明确各自在公司设立过程中的权利和义务；

06 公司取得政府主管部门筹备设立股份有限公司的批复，由全体发起人指定的代表或共同委托的代理人向公司登记机关申请办理股份有限公司名称预核准；

07 发起人制定公司章程，按照公司章程规定缴纳出资，并依法办理以非货币性财产出资的财产权转移手续，会计师事务所进行验资并出具验资报告；

08 召开职工代表大会，选举职工代表监事；

09 召开创立大会，审议的主要事项有：同意整体变更为股份有限公司，通过公司章程，并选举董事、监事组成第一届董事会和监事会；

10 由董事会向公司登记机关报送公司章程、验资报告、企业名称预先核准通知书等法律法规规定的各类文件，申请设立登记。

注：如为国有企业或外商投资企业，需取得相关国资主管部门、外资主管部门的批复。

7.1.4 股份改制的注意事项

7.1.4.1 上市主体

企业在改制过程中确定合适的上市主体，这是 IPO 成功最核心的环节。上市主体的选择应符合中国证监会规定的主体资格、股本要求、独立性、规范运作以及财务与会计等各方面的发行条件，根据《首次公开发行股票并上市管理办法》《科创板首次公开发行股票注册管理办法（试行）》《创业板首次公开发行股票注册管理办法（试行）》《北京证券交易所向不特定合格投资者公开发行股票注册管理办法（试行）》，主体资格主要有以下要求：

01 发行人的注册资本已足额缴纳，发起人或者股东用作出资的资产的财产权转移手续已办理完毕，发行人的主要资产不存在重大权属纠纷；

02 发行人的生产经营符合法律、行政法规和公司章程的规定，符合国家产业政策。拟上市企业应注意各相关行业的要求，以及规避不能上市的行业；

03 发行人业务完整，具有直接面向市场独立持续经营的能力；

04 发行人最近3年内主营业务和董事、高级管理人员没有发生重大变化，实际控制人没有发生变更（科创板、创业板和北交所要求2年）；

05 发行人的股权清晰，控股股东和受控股股东、实际控制人支配的股东持有的发行人股份不存在重大权属纠纷；

06 不存在涉及主要资产、核心技术、商标等的重大权属纠纷，重大偿债风险，重大担保、诉讼、仲裁等或有事项，经营环境已经或者将要发生重大变化等对持续经营有重大不利影响的事项。

在符合主体资格规范性要求的同时，上市主体应当考虑主营业务突出、资产规模大，并且市场估值高的行业或业务，在改制过程中，需剥离非经营性资产和不良资产，确保有一个资产结构、股权结构都规范且独立完整的经营主体，在此基础上建立合理、规范、高效的组织结构。

7.1.4.2 股东资格

能够作为股份有限公司股东的情形包括：能独立地承担民事责任的自然人、企业法人、机关法人、社会团体法人、事业单位法人、外商投资企业、具备法人条件并经依法登记为法人的农村集体经济组织、具有投资能力的城市居民委员会等。

拟上市企业的控股股东还须注意以下股东资格限制：

01 不属于契约型私募基金、资产管理计划和信托计划等“三类股东”；

02 职工持股会或工会持股。现行发行条件要求IPO申报企业股权清晰、控制权稳定，如果控股股东或实际控制人存在职工持股会或工会持股情形的，应当予以清理。

2021 年 2 月 5 日，中国证监会发布了《监管规则适用指引——关于申请首发上市企业股东信息披露》，对拟上市企业股东信息的核查、披露、新增股东的新增股份锁定等事项作出规范要求，对拟上市企业涉及的股份代持、异常入股、新进股东锁定期、多层嵌套等做了归总和明确。

监管规则适用指引——关于申请首发上市企业股东信息披露

7.1.4.3 出资瑕疵

拟上市企业在改制过程中涉及发起人出资的流程阶段，应避免出现出资瑕疵的情况，历史上存在出资瑕疵的，应当在申报前依法采取补救措施。出资瑕疵问题主要体现在以下几种情形：

（1）未及时出资。

现行《中华人民共和国公司法》允许分期出资，发起人应当在规定的期限内分期出资，及时办理出资权利转移、交付手续。

（2）出资权利瑕疵。

发起人不能委托他人出资或由他人代为出资，不符合股权清晰的规定。

（3）抽逃出资。

发起人出资到位，且公司成立后又将其出资全部或部分抽回，最后导致实际出资不到位。

(4)虚假出资价值。

发起人用实物资产、无形资产等出资时，评估作价比资产实际价值高。

(5)出资程序不合规。

程序上的瑕疵应关注验资报告和评估报告的问题，如验资报告形式不合规、验资不规范、未验资或虚假验资，出资的非货币资产未进行评估，验资报告或评估报告超过有效期。

(6)出资方式不合法。

使用法规不认可的出资方式，如劳务出资；或资产评估增值并计入资本公积，而后转增注册资本。

如果拟上市企业是国有企业、集体企业改制而来的或历史上存在挂靠集体组织经营的企业，还应关注是否造成国有资本或集体资产流失的重要问题，确认出资过程不存在向国有单位借款、以国有产权或国有资产作为标的物通过抵押、质押、贴现等方式筹集资金的情形。

7.1.4.4 同业竞争

如果拟上市企业的控股股东（或者实际控制人）及其近亲属还控制其他经营实体或者经营其他业务，且与拟上市企业的主营业务相同或相似，则易构成同业竞争。

拟申请在主板上市的企业，必须采取措施避免上市后出现同业竞争。

拟申请在科创板 / 创业板上市的企业，则不能存在对其构成重大不利影响的同业竞争。存在同业竞争情形的，竞争方的同类收入或毛利占拟上市企业主营业务收入或毛利的比例达 30% 以上的，如无充分相反证据，原则上应认定为构成重大不利影响。

拟申请在北交所上市的企业，应在招股说明书中对不存在对其构成重大不利影响的同业竞争作出合理解释，控股股东、实际控制人作出规范或避免同业竞争承诺的，应披露承诺的履行情况。

拟上市企业应考虑在改制过程中对同一公司控制权人下相同、类似或相关业务进行重组，避免同业竞争或消除构成重大不利影响的同业竞争，以满足首发上市的审核要求，实现主营业务整体发行上市、降低管理成本、发挥业务协同优势、提高企业规模经济效应。

重组方式遵循市场化原则，包括但不限于以下方式，具体如图 7-1 所示。

01	02	03	04
发行人收购被重组方股权	发行人收购被重组方的经营性资产	公司控制权人以被重组方股权或经营性资产对发行人进行增资	发行人吸收合并被重组方

图 7-1　拟上市企业重组方式

7.1.4.5 业务整合

《首次公开发行股票并上市管理办法》要求拟在主板上市的企业最近 3 年内主营业务没有发生重大变化（注：科创板、创业板和北交所的要求为最近 2 年内主营业务没有发生重大不利变化）。

改制过程中，拟上市企业在报告期内发生业务重组，要依据被重组业务与发行人是否受同一控制分别进行判断。实务中，通常按照以下原则判断重组行为是否引起发行人的主营业务发生重大变化。

(1)同一控制下业务重组。

同时符合下列条件,视为主营业务没有发生重大变化:

- 被重组方应当自报告期期初起即与发行人受同一公司控制权人控制,如果被重组方是在报告期内新设立的,应该自成立之日即与发行人受同一公司控制权人控制;
- 被重组进入发行人的业务与发行人重组前的业务具有相关性(相同、类似行业或同一产业链的上下游)。

(2)非同一控制下业务重组。

- 对于重组新增业务与发行人重组前业务具有高度相关性的,被重组方重组前一个会计年度末的资产总额、资产净额或前一个会计年度的营业收入或利润总额,达到或超过重组前发行人相应项目100%,则视为发行人主营业务发生重大变化;
- 对于重组新增业务与发行人重组前业务不具有高度相关性的,被重组方重组前一个会计年度末的资产总额、资产净额或前一个会计年度的营业收入或利润总额,达到或超过重组前发行人相应项目50%,则视为发行人主营业务发生重大变化。

7.2 上市前税务考量

税务合规、税务无违规证明在整个企业 IPO 环节中一直都是关注重点，同时，企业 IPO 环节中又属个人所得税最为复杂，其形式涉及股改时个人所得税、资本公积转增股本的个人所得税、引入战略投资者股权转让的个人所得税、非货币性资产出资个人所得税等。

7.2.1 改制时所涉个人所得税

改制时，自然人股东在此阶段是否足额纳税，一直都是 IPO 审核的关注重点。

7.2.1.1 应税项目分析

根据国家税务总局《关于进一步加强高收入者个人所得税征收管理的通知》（国税发〔2010〕54 号）（以下简称“54 号文”）的相关规定，拟上市企业在股份改制时，相关个人所得税纳税要求具体如图 7-2 所示。

关于进一步加强高收入者个人所得税征收管理的通知

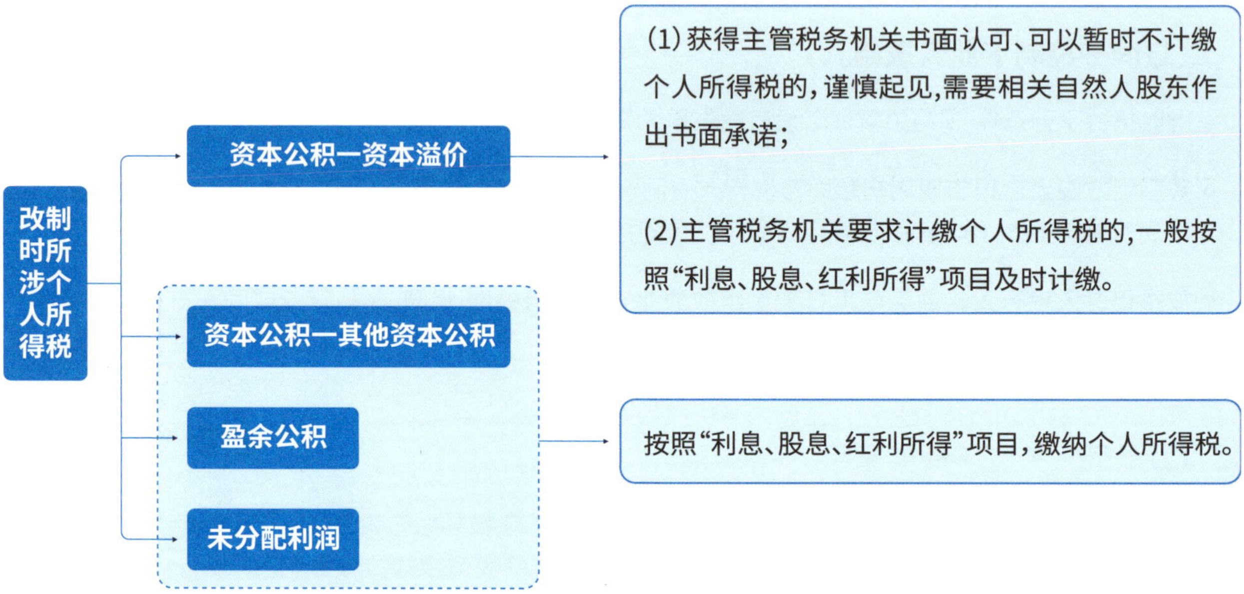

注：资本公积—资本溢价，来源于股东实际出资额超过实缴的注册资本金额，即股东出资溢价。

图 7-2　拟上市企业在股份改制时，相关个人所得税纳税要求

54 号文明确了股份有限公司溢价发行股份所形成的资本公积（即资本溢价）转增股本的，自然人股东不需要缴纳个人所得税；而有限责任公司在改制时用资本溢价转增股本，自然人股东是否需要计缴个人所得税，目前尚未有法规予以明确，实务操作中主要看各地主管税务机关具体的执行要求。

由于改制时将净资产转增股本的过程中，自然人股东并未取得任何现金收入，但涉及的纳税金额通常较大，导致自然人股东将承担较大的上市税务成本和缴税的资金压力。如果拟上市企业确有将资本溢价转增股本的需求，兼顾自然人股东税务负担及税务风险，可先进行改制，待改制成股份有限公司后，再择机完成资本溢价转增股本。

7.2.1.2 税收优惠政策

根据中华人民共和国财政部、国家税务总局《关于将国家自主创新示范区有关税收试点政策推广到全国范围实施的通知》（财税〔2015〕116 号）的相关规定，符合条件的中小高新技术企业在改制过程中，自然人股东一次缴纳个人所得税确有困难的，可以根据实际情况自行制定分期缴税计划，在不超过 5 个公历年度内分期缴纳。

关于将国家自主创新示范区有关税收试点政策推广到全国范围实施的通知

综上所述，拟上市企业在制定改制方案时，关于所涉个人所得税主要考量以下因素：

01 关于资本溢价转增股本，主管税务机关是否要求计缴个人所得税；

02 应缴个人所得税的股东分期纳税需求；

03 是否符合分期计缴个人所得税的条件。

7.2.2 自然人股东转让股权的个人所得税处理

根据国家税务总局《股权转让所得个人所得税管理办法（试行）》（国家税务总局公告 2014 年第 67 号）的相关规定，拟上市企业自然人股东转让股权时，应就股权转让所得（见图 7-3），在规定期限内按“财产转让所得”项目，缴纳个人所得税并取得主管税务机关的完税证明。

股权转让所得个人所得税管理办法（试行）

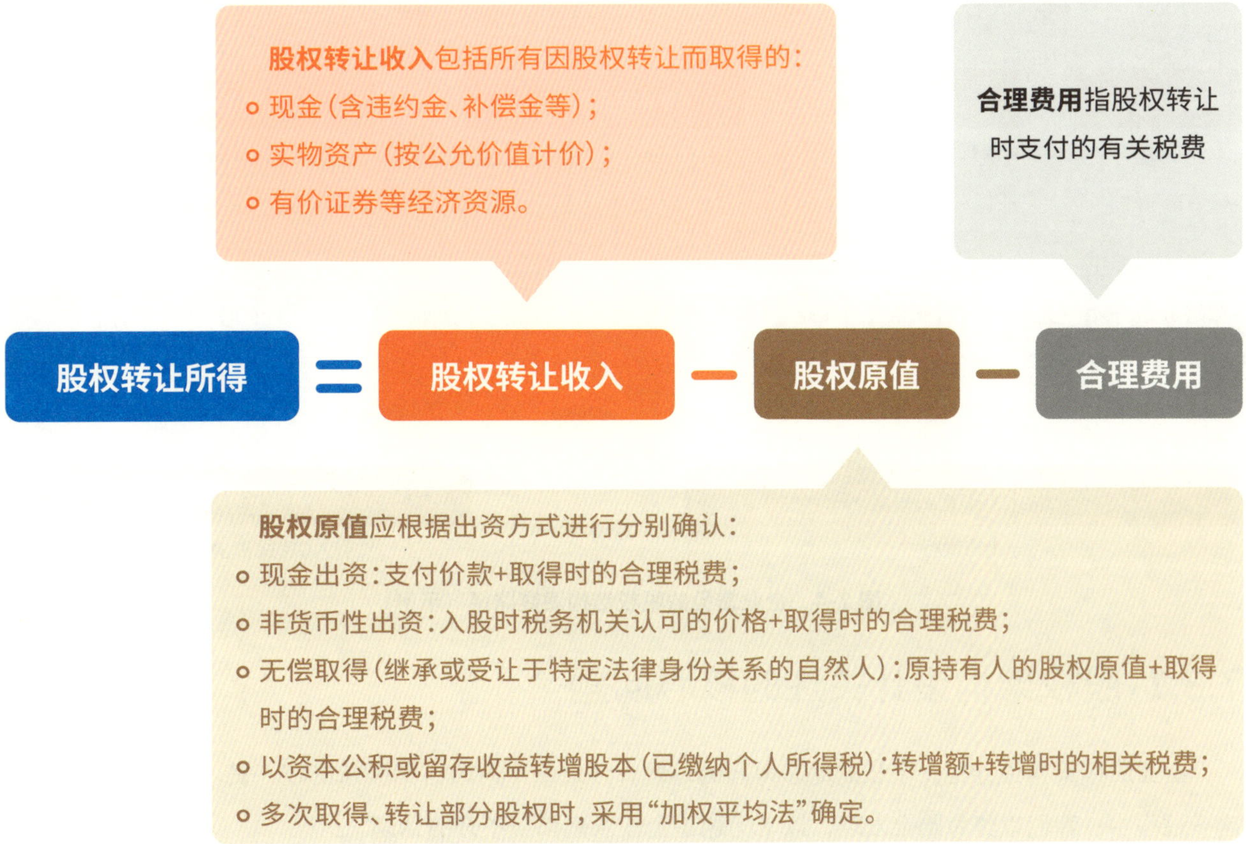

图 7-3　股权转让所得的构成和确认

7.2.3 自然人股东以非货币性资产出资的个人所得税处理

根据中华人民共和国财政部、国家税务总局《关于个人非货币性资产投资有关个人所得税政策的通知》（财税〔2015〕41 号）的相关规定，自然人股东以非货币性资产出资的，应按评估后的公允价值确认非货币性资产转让收入，减除其取得该非货币性资产原值及合理税费后，按照“财产转让所得”项目，缴纳个人所得税。

自然人股东以非货币性资产出资过程中如取得现金补价，现金部分应优先用于缴税；现金不足以缴纳的部分，可向主管税务机关申请分期缴纳。

7.3 股权架构设计与股权激励

股权架构设计是基于《中华人民共和国公司法》的股权规则设计，将公司股权对应的表决权和收益权在各类股东之间建立一种分配规则，从而帮助公司快速发展，实现股东利益最大化。对于公司创始人来讲，公司股权可以作为企业生产要素的交换工具，是公司的战略资源。运用得当，能够有效解决人的问题、钱的问题、资源的问题。具体如图 7-4 所示。

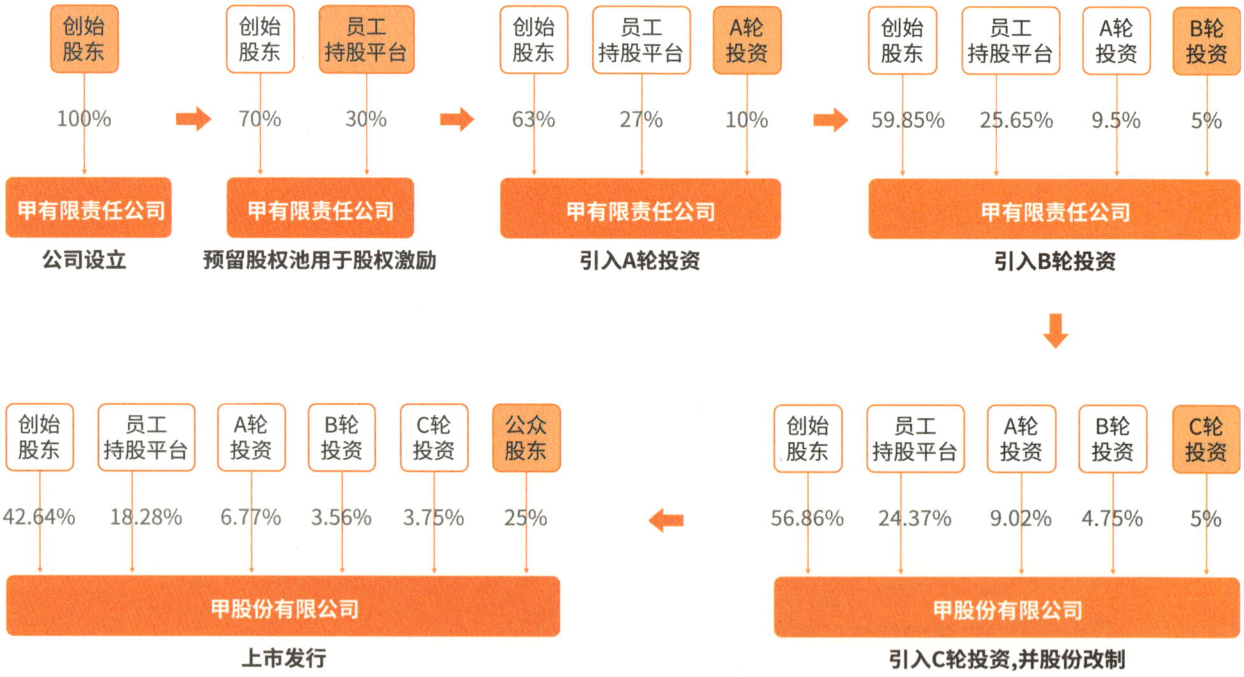

图 7-4 企业常见的股权结构演变路径（示例）

7.3.1 股权架构设计关注的核心问题

企业股权架构设计是一个长期动态博弈的过程，涉及每个阶段各类股东的权、责、利的再分配，在这一过程中，我们以终为始会发现，以下问题是企业永远都绕不开的话题。

7.3.1.1 如何保障公司的控制权？

公司上市需要向社会公众公开发行股份，根据各交易所《股票上市规则》的要求：公司股本总额超过人民币 4 亿元的，公开发行股份的比例为 10% 以上；公司股本总额在人民币 4 亿元以下的，公开发行股份的比例为 25% 以上。因此，在股权设计时，要充分考虑到公开发行后股份的稀释，保障控股股东对公司的控制权。

掌握公司控制权最为简单粗暴且有效的方法就是持有公司足够多的股权，通过股权控制需要关注以下几条股权控制生命线，具体如图 7-5 和图 7-6 所示。

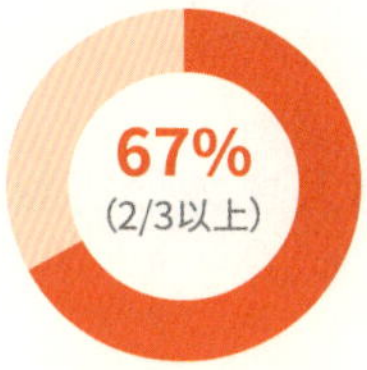

绝对控制线

对于公司重大事项决策时，需要经代表2/3以上表决权的股东通过。例如，修改公司章程、增加/减少注册资本、公司合并/分立/解散、变更公司形式等事项。

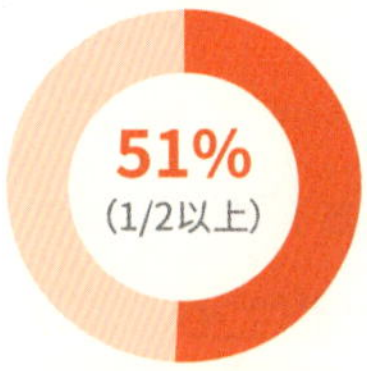

相对控制线

对于公司日常经营事务决策时，需要经代表1/2以上表决权的股东通过。例如，决定公司的经营方针和投资计划，选举和更换非由职工代表担任的董事、监事，决定有关董事、监事的报酬事项，审议批准公司的年度财务预算/决算方案等。

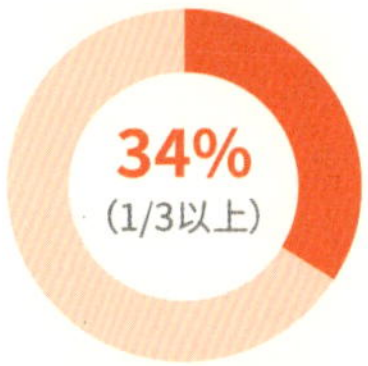

安全控制线

与绝对控制线相对应，在公司的重大事项决策时，相当于享有一票否决权。

图 7-5　股权控制生命线

图 7-6 为 2020—2021 年 A 股成功上市的企业在上市前其实际控制人控制的股权分布。

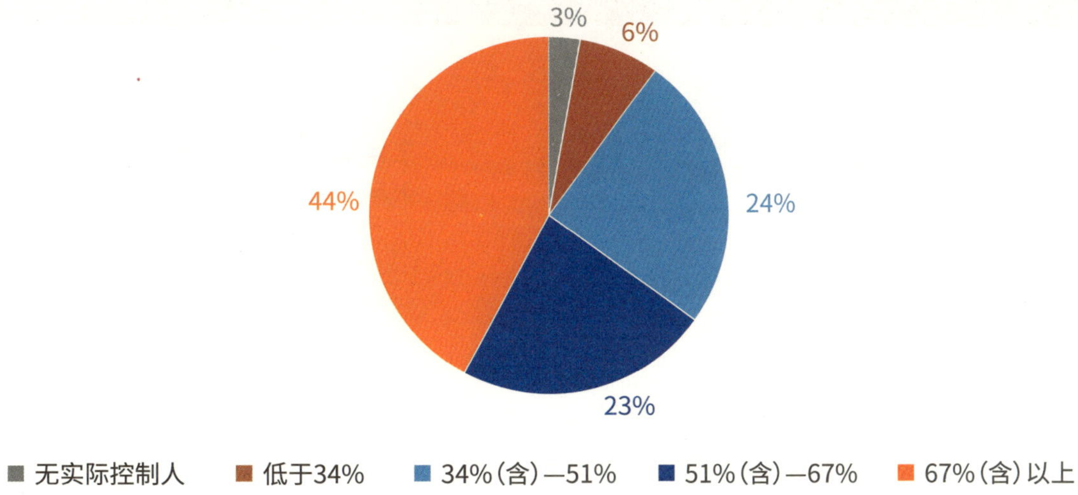

注：（1）数据来源于易董 IPO 股权架构案例库。（2）上图包括 2021 年 82 家北交所上市公司，下同。

图 7-6　2020—2021 年 A 股成功上市的 956 家企业上市前实际控制人控制的股份比例分布情况

基于上述股权控制规则，实操中还衍生出一系列保障公司控制权的方法。常见有：股东之间通过签署《一致行动协议》《表决权委托协议》实现控制，通过平台持股的结构设计实现对企业的控制等。

7.3.1.2 如何设计持股平台？

非上市公司通常都会采用持股平台进行股权激励，相对于自然人直接持股的方式，通过平台间接持股优势是显而易见的，主要表现为：

01 通过平台持股有利于控股股东决策权的集中，控股股东可以通过控制持股平台间接控制其持有主体公司对应的股权，扩大其对于主体公司的股份控制比例；

02 通过平台持股有利于主体公司股权结构的稳定，后续员工入股和退股时，均不涉及主体公司股权的变化；

03 通过平台持股有利于提升主体公司的决策效率，降低管理成本；

04 根据《中华人民共和国公司法》的规定：有限责任公司股东不得超过50人，通过平台持股，实际激励员工人数可超过上述安排。对于拟上市企业而言，股份有限公司股东一般不得超过200人。如通过平台持股的方式且平台符合法律相关规定的，员工股东人数可以按1名股东计算，即激励员工人数可以突破上述200人限制。

平台持股中，目前常见的方式主要有两种：一种是通过有限合伙企业作为持股平台，另一种是通过有限责任公司作为持股平台。主要区别具体如表 7-1 所示。

表 7-1　有限合伙企业和有限责任公司作为持股平台的主要区别

持股方式	通过有限合伙企业持股	通过有限责任公司持股
优势	转让股权时只需要缴纳个人所得税	主体公司的分红发到个人时才需要缴纳个人所得税
劣势	有限合伙企业的普通合伙人对合伙企业债务承担无限连带责任	转让股权时，需要缴纳企业所得税和个人所得税，存在双重纳税

7.3.2 如何推进公司股权激励计划？

随着时代发展，人力资本的价值日益凸显，股权激励作为凝聚人、激励人、发展人的长期激励机制已经被市场高度认同。根据易董股权激励案例库的数据统计，2021 年 A 股上市公司公告的股权激励方案数有 828 例，创 A 股市场历史新高，同比增长 83%；2020—2021 年成功上市的 956 家企业中，在上市前实施过股权激励的企业占比高达 82%。具体如图 7-7 所示。

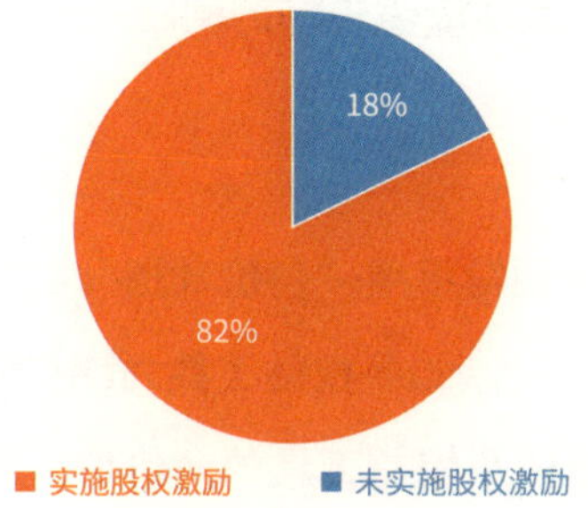

注：（1）数据来源于易董 IPO 股权架构案例库。（2）上图包括 2021 年 82 家北交所上市公司。

图 7-7　2020—2021 年 A 股成功上市企业上市前实施股权激励情况

公司推进股权激励计划的实施步骤：

(1) 明确目的

在实施股权激励之前，企业家应考虑清楚为什么实施股权激励？避免后续设计的方案与公司实际目的相背离，达不到预期的效果。

(2) 设计方案

方案包括：激励模式、持股方式、股份来源、激励对象标准、授予总量与个量、授予 / 行权价格、资金来源和出资方式、收益机制、退出机制等。

(3) 方案宣贯

在公开正式场合进行股权激励方案宣讲，解答员工疑问。让员工加深对股权激励方案的理解，清楚方案与自身的关系，从而真正激发员工的积极性。

(4) 签署协议

公司与员工签署股权激励相关的协议文件，明确双方的权利和义务，规避后续双方股权激励相关的争议和纠纷，保障双方的权益。

(5) 持续跟进

股权激励的持续管理和动态优化尤为重要。基于公司和员工考核情况，对股份数量、分红，甚至激励对象的维持资格进行动态调整。

7.3.3 拟上市企业股权激励核心问题之股份支付

股份支付，是指企业为获取职工和其他方提供服务而授予权益工具或者承担以权益工具为基础确定的负债的交易。如果一个公司以低于市场公允价值的价格给员工授予股份，那么员工授予股份的总价值与市场公允价值之间的差额由公司承担，并计入公司当期各项费用，从而影响公司当期利润，股份支付是拟上市企业实施股权激励最需关注的问题之一。

企业会计准则第11号——股份支付

7.3.3.1 如何计算股份支付

对于 IPO 中涉及计算股份支付费用通常采用“差价计提”的方式，计算公式为“股份支付费用 = 授予数量 ×（每股公允价值－授予价格）”，如果权益工具为期权则需考虑采用期权定价模型计算，但两种计算方式均需考虑授予数量、授予价格及权益工具公允价值。授予数量和授予价格在股权激励方案中都会约定，但权益工具公允价值的确定需要符合中国证监会《首发业务若干问题解答》的相关规定，充分考虑以下因素：

01 入股时间阶段、业绩基础与变动预期、市场环境变化；

02 行业特点、同行业并购重组市盈率水平；

03 股份支付实施或发生当年市盈率、市净率等指标因素的影响；

04 熟悉情况并按公平原则自愿交易的各方最近达成的入股价格或相似股权价格确定公允价值，如近期合理的PE入股价，但要避免采用难以证明公允性的外部投资者入股价；

05 采用恰当的估值技术确定公允价值，但要避免采取有争议的、结果显失公平的估值技术或公允价值确定方法，如明显增长预期下按照成本法评估的每股净资产价值或账面净资产。

发行人及申报会计师应在综合分析上述因素的基础上，合理确定股份支付相关权益工具的公允价值，充分论证相关权益工具公允价值的合理性。

结合实践案例，通常采用以下 3 种方式来确定权益工具的公允价值，具体如图 7-8 所示。

图 7-8　三种确定权益工具公允价值的方式

7.3.3.2 降低股份支付影响需关注的问题

（1）把握好推出股权激励计划的时机 。

公司应提前规划好实施股权激励的节奏，在公司上市申报的报告期之前股权激励实施完毕或绝大部分激励额度授予完毕，这样对于公司整体影响最小；其次是报告期第一年或第二年实施，尽量避免在报告期最后一年大规模实施股权激励。

（2）方案设计时充分考虑股份支付的影响。

股份支付费用与激励额度以及激励价格挂钩，如经测算后发现股份支付成本过高，可以通过降低激励额度或提高激励价格的方式降低股份支付费用，但在调整的过程中，还应考虑到激励计划的激励效果和公平性。

（3）合理的运用股份支付的分摊规则。

根据《首发业务若干问题解答》的规定，对设定服务期的股份支付，股份支付费用应采用恰当的方法在服务期内进行分摊，并计入经常性损益，发行人及中介机构应结合股权激励方案及相关决议、入股协议、服务合同等有关服务期的条款约定，充分论证服务期认定的依据及其合理性。

基于上述规定，公司可以结合实际情况，在设计股权激励方案时，合理设置服务期限，避免报告期内某一年份的公司股份支付费用过高，影响公司报告期内的净利润增长趋势。

7.3.4 是否可以带期权上市?

《首发业务若干问题解答》中明确规定: 发行人存在首发申报前制定、上市后实施的期权激励计划的，应体现增强公司凝聚力、维护公司长期稳定发展的导向。原则上应符合下列要求：

01 激励对象应当符合相关上市板块的规定；从目前来看，法规层面已放开各交易所/板块发行人带期权上市的限制。且科创板已有多家公司带期权成功上市，创业板亦有部分公司带期权申报上市。带期权申报在沪深主板发行上市的公司则较少；

02 激励计划的必备内容与基本要求，激励工具的定义与权利限制，行权安排，回购或终止行权，实施程序等内容，应参考《上市公司股权激励管理办法》的相关规定予以执行；

03 期权的行权价格由股东自行商议确定，但原则上不应低于最近一年经审计的净资产或评估值；

04 发行人全部在有效期内的期权激励计划所对应股票数量占上市前总股本的比例原则上不得超过15%，且不得设置预留权益；

05 在审期间，发行人不应新增期权激励计划，相关激励对象不得行权；最近一期末资产负债表日后行权的，申报前须增加一期审计；

06 在制定期权激励计划时，应充分考虑实际控制人稳定，避免上市后期权行权导致实际控制人发生变化；

07 激励对象在发行人上市后行权认购的股票，应承诺自行权日起3年内不减持，同时承诺上述期限届满后比照董事、监事及高级管理人员的相关减持规定执行。

以下是“首发申报前制定、上市后实施的期权激励计划”且成功上市的部分案例，具体如表 7-2 所示。

表 7-2 部分“带期权过会”且成功上市的案例

证券代码	证券简称	激励人数（人）	授予股票期权数量（份）	授予股票期权数量占发行前总股本比例（%）
688180	君实生物	268	6023000	0.768
688126	沪硅产业	267	95063400	5.87
688521	芯原股份	479	17739600	4.08
688097	博众精工	393	11010000	3.06
688316	青云科技	179	1773108	5.00

注：数据来源于易董 IPO 股权架构案例库。

7.4 引入外部投资者注意事项

7.4.1 上市前引入外部投资者的关注要点

公司不断发展的过程中，需要不断获取内外部资源的支持，来助推公司的快速发展，其中，外部资本尤为重要。在上市前，公司通常也会引进战略投资机构，主要方式是增发新股，该阶段引进战略投资机构的主要作用具体如图 7-9 所示。

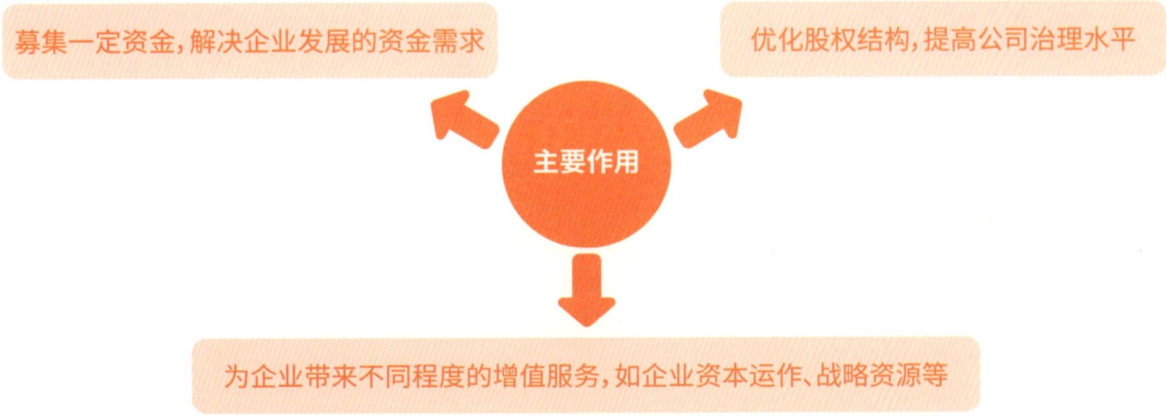

图 7-9　企业上市前引进战略投资机构的主要作用

企业如果决定在上市前引进投资人，需注意以下几个方面：

01 如果所引进的是企业所处行业上下游的产业投资者，且与公司有交易行为，一般应控制其持股比例在5%以下，避免新增关联交易。若持股比例超过5%，则需对关联交易进行核查并充分披露；

02 如果引进的是财务投资者，企业应对自身有合理定位和估值，避免签署影响发行上市的对赌协议条款，已签署对赌协议的，原则上应该在申报前进行清理，或对不符合发行审核要求的条款进行变更或终止；

03 对拟引进的私募投资机构需做合理审慎的调查。可以借助中介机构，对引进的投资者是否属于《私募投资基金管理人登记和基金备案办法（试行）》规范的私募投资基金以及是否按规定履行备案程序进行核查。此外，对于企业在新三板挂牌期间形成契约性基金、信托计划、资产管理计划等“三类股东”的，也须进行谨慎核查和披露；

04 在引进投资人时，还应关注是否存在中国证监会系统离职人员入股的情形，对存在系统离职人员入股情形的，需满足中国证监会于2021年5月28日发布的《监管规则适用指引——发行类第2号》的相关要求。

私募投资基金管理人登记和基金备案办法（试行）

监管规则适用指引——发行类第2号

7.4.2 引入投资人时，公司估值？

无论何时，在引进投资机构时，如何确定一个相对合理，且投资机构和公司股东都能接受的估值是一个难题。依据中国证券投资基金业协会颁布的《私募投资基金非上市股权投资估值指引（试行）》，非上市公司常见的估值方法具体如表 7-3 所示。

私募投资基金非上市股权投资估值指引(试行)

表 7-3　　非上市公司引进投资机构时常见的估值方法

估值方法	方法描述	适用企业
参考最近融资价格法	可采用被投资企业最近一次融资的价格对非上市公司股权进行估值。	通常适用于尚未产生稳定的收入或利润的初创企业。
PE 估值法	市盈率 PE= 企业股权价值 / 净利润，核心因素是公司的利润增长潜力。	适合具备持续盈利且拥有稳定净利润的企业。
PS 估值法	市销率 PS= 企业股权价值 / 主营业务收入，正常情况下，市销率越低，说明该企业目前的投资价值越大。	适用于暂时没有盈利或盈利失真的企业。
PB 估值法	市净率 PB= 企业股权价值 / 净资产，正常情况下，市净率越低，说明该企业估值被低估的可能性越大。	适用于盈利不太稳定，周期性明显的企业。
行业指标法	指某些行业中存在特定的与公允价值直接相关的行业指标，此指标可以作为被投资企业公允价值的参考依据。	通常适用于行业发展比较成熟及行业内各企业差别较小的情况。
现金流折现法	采用合理的假设预测被投资企业未来现金流及预测期后的现金流终值，并采用合理的折现率将上述现金流及终值折现至估值日得到被投资企业相应的企业价值。	可灵活使用。

7.4.3 首发上市企业股东股份锁定安排

表 7-4　　首发上市企业股东股份锁定安排

<table>
<tr><th colspan="2">适用对象</th><th>股份锁定期</th><th>主要涉及法规
扫码即可查看</th></tr>
<tr><td rowspan="4">控股股东、实际控制人及其一致行动人</td><td>沪深交易所</td><td>上市之日起锁定 36 个月。</td><td></td></tr>
<tr><td>科创板、创业板</td><td>公司上市时未盈利的，实现盈利前，股票上市之日锁定 3 个完整会计年度，且第 4 和第 5 个会计年度内，每年减持的首发前股份不得超过公司股份总数的 2%；
公司实现盈利后，可以自当年年度报告披露后次日起减持首发前股份，但应遵循自公司股票上市之日起锁定 36 个月的要求；
如转让双方存在控制关系或者受同一实际控制人控制的，自发行人股票上市之日起 12 个月后可以转让。</td><td>上海证券交易所科创板股票上市规则
深圳证券交易所创业板股票上市规则</td></tr>
<tr><td>北交所</td><td>自公开发行并上市之日起 12 个月内不得转让或委托他人代为管理。
公司上市时未盈利的，在实现盈利前，控股股东、实际控制人自公司股票上市之日起 2 个完整会计年度内，不得减持公开发行并上市前股份；公司实现盈利后，可以自当年年度报告披露后次日起减持公开发行并上市前股份。</td><td>北京证券交易所股票上市规则（试行）</td></tr>
<tr><td>无实际控制人时（沪深交易所）</td><td>股东按持股比例从高到低依次承诺其所持股份自上市之日起锁定 36 个月，直至锁定股份的总数不低于发行前股份总数的 51%。但员工持股计划、持股 5% 以下的股东、符合一定条件的创业投资基金股东除外。</td><td>首发业务若干问题解答</td></tr>
</table>

续表

适用对象		股份锁定期	主要涉及法规 扫码即可查看
控股股东、实际控制人及其一致行动人	无实际控制人时（北交所）	无控股股东、实际控制人的，上市公司第一大股东及其最终控制人应当参照适用关于控股股东、实际控制人的规定。	北京证券交易所股票上市规则（试行）
董监高、科创板核心技术人员	一般规则	上市之日起锁定 12 个月；董监高在任职期间每年转让的股份不得超过其截至上年度末所持有本公司股份总数的 25%；在任期届满前离职的，离职后锁定半年，且在其就任时确定的任期内和任期届满后 6 个月内每年转让的股份不得超过其所持有本公司股份总数的 25%。	中华人民共和国公司法
	科创板	公司上市时未盈利的，在公司实现盈利前，董监高及核心技术人员自公司股票上市之日起 3 个完整会计年度内，不得减持首发前股份；在前述期间内离职的，应当继续遵守本款规定； 公司实现盈利后，董监高自当年年度报告披露后次日起减持首发前股份，但需适用上述一般规则；核心技术人员须遵守以下规定：上市之日起锁定 12 个月，离职后锁定 6 个月；自所持首发前股份限售期满之日起 4 年内，每年转让的首发前股份不得超过上市时所持公司首发前股份总数的 25%，减持比例可以累积使用。	上海证券交易所科创板股票上市规则
	创业板	公司上市时未盈利的，在公司实现盈利前，董监高自公司股票上市之日起 3 个完整会计年度内，不得减持首发前股份；在前述期间内离职的，应当继续遵守本款规定； 公司实现盈利后，董监高自当年年度报告披露后次日起减持首发前股份，但需适用上述一般规则。	深圳证券交易所创业板股票上市规则

续表

适用对象		股份锁定期	主要涉及法规扫码即可查看
董监高、科创板核心技术人员	北交所	公司上市时未盈利的，在实现盈利前，董监高自公司股票上市之日起 2 个完整会计年度内，不得减持公开发行并上市前股份； 公司实现盈利后，可以自当年年度报告披露后次日起减持公开发行并上市前股份，但需适用上述一般规则。	北京证券交易所股票上市规则（试行）
其他股东		上市之日起锁定 12 个月。	
突击入股		申报前 12 个月内新增股东，所持新增股份自取得（工商变更完成）之日起 36 个月内不得转让。	监管规则适用指引——关于申请首发上市企业股东信息披露

7.4.4 引入投资人与股权激励的顺序安排

如果公司近期同时有引进投资人和股权激励的规划，在条件允许的情况下，建议先实施股权激励再引入投资人。主要考虑有：

（1）实施过股权激励的企业通常会更受资本的青睐。对于投资方而言，企业家愿意让利做股权激励，侧面说明其具备大格局；且实施股权激励可能会稀释原有股东的权益，任何投资人都不希望看到刚刚以高价入股，就被稀释的情况。

（2）对于拟上市企业而言，结合目前的审核尺度，建议股权激励计划实施完毕后满 6 个月再引进投资人。如果先引进投资人再实施股权激励，授予股权的公允价值会参照投资人入股价进行确定，从而会导致公司股份支付的成本过高，影响公司净利润。

8

公司治理及内部控制制度

想方设法应对发生的问题，就是解决问题。然而，解决问题的原意并不是应对已经发生的问题，这叫处理问题。而是深入研究问题的本质：为什么会出现这种问题，应当如何做才能防止这类问题的发生？继而解决问题。也就是说，应该确定真正的问题所在，然后明确解决真正问题的具体策略，并付诸实践，这才是解决问题。从根源上应对叫解决，应对表象只能叫处理。

假如遇到经过许多努力与尝试仍然无法解决的问题，也许是因为自己的内在还没有积累足够的能量。如果保持充足的能量，思维自然就会变得清晰，外表也会显得活力四射，散发出美丽。

——大岛祥誉，日本，《麦肯锡笔记思考法》作者根据经济合作与发展组织（OECD）的定义，公司治理是一种据以对工商公司进行管理和控制的体系。

狭义上的公司治理指所有者（主要是股东）对经营者的一种监督与制衡机制；主要通过股东（大）会、董事会、监事会和经营管理层所构成的公司治理结构的内部治理。

广义上的公司治理指通过一套包括正式或非正式的内部或外部的制度或机制来协调公司与所有利益相关者（股东、债权人、供应者、雇员、政府、社区）之间的利益关系。

拟上市企业应当按照《中华人民共和国公司法》《上市公司治理准则》及相关法规的要求，建立规范的法人治理结构，形成相互协调、彼此制衡、权责明确、各司其职、能够有效运行的现代企业制度；同时，拟上市企业还应当完善内部控制制度，确保股东（大）会、董事会和监事会等机构合法运作和科学决策。

8.1 公司治理架构和治理制度

8.1.1 公司治理架构

公司治理架构由股东（大）会、董事会、监事会和经营管理层组成。

其中，决策权、经营管理权、监督权分别属于股东（大）会、董事会和监事会，经营管理层主要执行董事会的相关决议，是公司的执行机构（见图 8-1）。

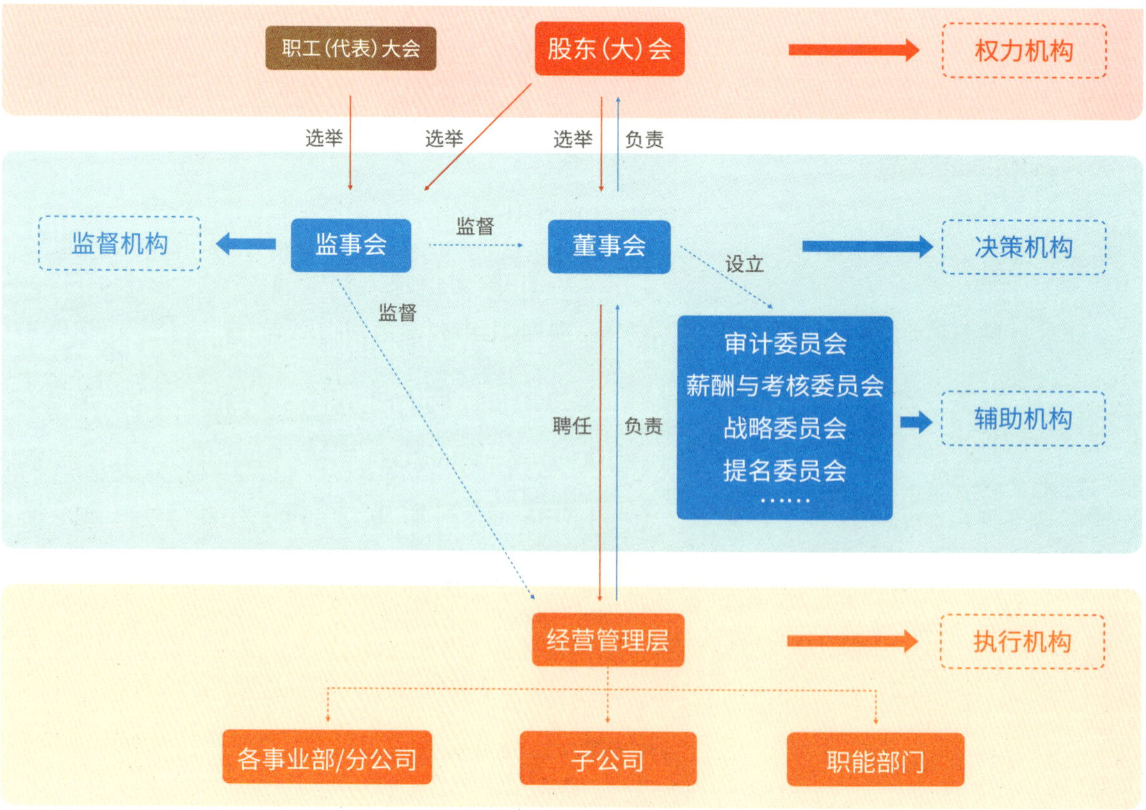

图 8-1　公司治理架构

股东（大）会

公司的股东（大）会由全体股东组成，是公司的最高权力机构和最高决策机构，其享有对公司一切重大事项的最终决策权，并行使对董事会、监事会的领导和监督的权力。股东（大）会可以由董事会、监事会及单独或者合计持有公司10%以上股份的股东提议召开，股东对提交股东（大）会审议的事项进行表决，股东（大）会决议分为普通决议和特别决议两种：

普通决议

股东（大）会作出普通决议，应当由出席股东（大）会的股东（包括股东代理人）所持表决权的1/2以上通过。

特别决议

股东（大）会作出特别决议，应当由出席股东（大）会的股东（包括股东代理人）所持表决权的2/3以上通过。

公司股东（包括股东代理人）以其所代表的有表决权的股份数额行使表决权，每一股份享有一票表决权。

董事会

董事会由股东（大）会选出的董事组成。董事会对股东（大）会负责，执行股东（大）会的决议。

董事会负责制订公司的经营计划和投资方案，根据《上市公司章程指引》的规定，将相关事项提交董事会审议，董事会决议的表决，实行一人一票制；对于董事会审议通过后，需要提交股东（大）会审议的事宜，应当提交股东（大）会审议。

董事会审议通过会议提案并形成相关决议，必须经全体董事过半数通过，根据相关法规的要求，对于有些事项需要董事会作出特别决议，必须经出席会议2/3以上董事同意。

董事会应当下设审计委员会（北交所不强制要求），并可以根据需要设立战略、提名、薪酬与考核等相关专门委员会，专门委员会成员全部由董事组成，其中，审计委员会、提名委员会、薪酬与考核委员会中独立董事应当占多数并担任召集人，审计委员会的召集人应当为会计专业人士。专门委员会对董事会负责，依照公司章程和董事会授权履行职责。

监事会

监事会由监事组成，监事会应当包括股东代表和适当比例的公司职工代表，其中，职工代表的比例不低于1/3。监事会中的职工代表由公司职工通过职工代表大会、职工大会或者其他形式民主选举产生。监事会可以提议召开股东（大）会并向股东（大）会提出提案，同时，需要按时向股东（大）会提交监事会工作报告，受股东（大）会领导。

经营管理层

公司经营管理层是指公司的经理层，经理由董事会聘任或解聘，对董事会负责，主要履行主持公司的生产经营管理工作、实施董事会决议、制定公司的具体规章等职权。公司应制定经理工作细则，充分发挥经营管理层对公司内部治理的作用。

8.1.2 公司治理制度

8.1.2.1 拟上市企业应当制定的规则

拟上市企业除了制定公司章程外，还应当制定股东（大）会、董事会及监事会的议事规则，详细规定各会议的召开程序和运作规范，另外还需制定相关的内部管理制度，不断提升公司的治理质量和运作效率。具体如表 8-1 所示。

表 8-1　　拟上市企业应当制定的规则

<table>
<tr><td rowspan="3">“三会”议事规则</td><td colspan="2">《股东（大）会议事规则》</td></tr>
<tr><td colspan="2">《董事会议事规则》</td></tr>
<tr><td colspan="2">《监事会议事规则》</td></tr>
<tr><td rowspan="5">公司内部管理制度</td><td>《总经理工作制度》</td><td>《独立董事工作制度》</td></tr>
<tr><td>《董事会秘书工作制度》</td><td>《审计委员会实施细则》</td></tr>
<tr><td>《战略委员会实施细则》</td><td>《提名委员会实施细则》</td></tr>
<tr><td>《薪酬与考核委员会实施细则》</td><td>《内部财务控制制度》</td></tr>
<tr><td>《投资者关系管理制度》</td><td>《对外投资 / 担保管理制度》</td></tr>
</table>

续表

公司内部管理制度	《内部审计制度》	《关联交易决策制度》
	《财务管理制度》	《信息披露制度》
	……	

8.1.2.2 公司章程

拟上市企业应当根据《中华人民共和国公司法》《上市公司章程指引》等相关法规的规定，建立健全公司章程，构建科学有效的公司治理体系。

公司章程是确定公司各方当事人权利、义务关系的内部制度文件，同时也是公司对外进行经营交往的基本依据。在公司融资过程中，各股东的权利均在公司章程中表达。公司章程内容是股东之间的约定事项，在符合有关法律法规的前提下，要充分体现“意思自治”原则，只要股东意思表示真实，不违反法律法规的强制性规定，公司章程内容即具备法律效力。公司章程对维护公司、股东和债权人的合法权益，规范公司的组织和行为有着重要指引作用。因此，公司章程的条款非常重要，制定公司章程应充分考虑公司自身实际情况，对可能考虑到的容易产生纠纷的情况进行清晰判断和作出详细规定，对法律法规没有规定或规定不够具体的内容进行细化和补充。在融资时，公司章程需要特别关注涉及对赌、回购、一票否决权、上市承诺等相关条款。在约定的条件下，如果公司未能实现对投资人的相关承诺，则投资人可以启动相关条款来保护自身的利益。例如，公司在筹备上市过程中，为了实现公司与投资方双方利益的最大化和确保投资方的及时退出，通常会在公司章程中规定股份回购条款，一旦公司未在承诺时间内完成上市，则投资方有权要求公司、控股股东（融资方）按照约定的价格回购股权，从而收回投资及收益并退出融资方公司。因此，公司在拟定公司章程时需要特别注意这些涉及公司及投资方之间利益的条款，在确保投资方利益的同时也需要考虑公司自身的合法权益。

8.1.3 公司治理相关法规

表 8-2　　公司治理相关法规

法律层面	《中华人民共和国公司法》
	《中华人民共和国证券法》
中国证监会层面	《上市公司治理准则》
	《上市公司章程指引》

续表

沪深北交易所层面	《上海证券交易所股票上市规则》《上海证券交易所上市公司自律监管指引第1号——规范运作》
	《上海证券交易所科创板股票上市规则》《上海证券交易所科创板上市公司自律监管指引第1号——规范运作》
	《深圳证券交易所股票上市规则》《深圳证券交易所上市公司自律监管指引第1号——主板上市公司规范运作》
	《深圳证券交易所创业板股票上市规则》《深圳证券交易所上市公司自律监管指引第2号——创业板上市公司规范运作》
	《北京证券交易所股票上市规则（试行）》

8.2 董监高义务与职责

董事、监事和高级管理人员是公司治理的主要主体，也是三会运作的相关人员。根据《首次公开发行股票并上市管理办法》的规定，发行人的董事、监事和高级管理人员应当做到已经了解与股票发行上市有关的法律法规，知悉上市公司及其董事、监事和高级管理人员的法定义务和职责。

8.2.1 董监高义务

8.2.1.1 忠实义务

忠实义务是基于公司对董事、监事和高级管理人员的合理信赖产生的义务。实践中指公司董事、监事、高级管理人员在执行公司业务时所承担的以公司利益作为自己行为和行动的最高准则，未经公司股东（大）会同意，不得利用职务便利追求自己和为他人谋取利益的义务。

拟上市企业董事、监事、高级管理人员需要注意，不得存在下列行为：

(1)利用职权收受贿赂或者其他非法收入，侵占公司的财产；

(2)挪用公司资金；

(3)将公司资金以其个人名义或者以其他个人名义开立账户存储；

(4)违反公司章程的规定，未经股东(大)会或者董事会同意，将公司资金借贷给他人或者以公司财产为他人提供担保；

(5)违反公司章程的规定或者未经股东(大)会同意，与本公司订立合同或者进行交易；

(6)未经股东(大)会同意，利用职务便利为自己或者他人谋取属于公司的商业机会，自营或者为他人经营与所任职公司同类的业务；

（7）接受他人与公司交易的佣金归为己有；

（8）擅自披露公司秘密；

（9）利用其关联关系损害公司利益；

（10）法律、行政法规、部门规章及公司章程规定的其他忠实义务。

《上市公司章程指引》
第九十七条

8.2.1.2 勤勉义务

勤勉义务是指董事、监事、高级管理人员处理公司事务必须出于善意，并尽到普通谨慎之人在相似的地位和情况下所应有的合理的谨慎、勤勉和注意。

董事、监事和高级管理人员应当对定期报告签署书面确认意见；保证公司所披露的信息真实、准确、完整；遵守法律、行政法规、部门规章及公司章程规定的其他勤勉义务。董事和监事还应当谨慎、认真、勤勉地行使公司赋予的权利；保证公司的商业行为符合规定；公平对待所有股东并及时了解公司状况等。董事和高级管理人员还应当如实向监事会提供有关情况和资料，不得妨碍监事会或者监事行使职权等。

《上市公司章程指引》
第九十八条

8.2.2 董监高职责

8.2.2.1 董事职责

董事会负责召集股东（大）会，执行股东（大）会决议并向股东（大）会报告工作、决定公司的经营计划和投资方案、决定公司内部管理机构的设置等。董事作为董事会成员，是公司内部治理的主要力量，对内管理公司事务，对外代表公司进行经济活动，应当以追求公司和全体股东的最大利益为目标，忠实、诚信、勤勉地履行职责，具体细化的主要职责如图 8-2 所示。

01 积极关注公司事务，通过多种形式，主动了解公司的经营、运作、管理和财务等情况；积极推动公司各项内部制度建设

02 积极推动公司规范运行，督促公司真实、准确、完整、公平、及时履行信息披露义务，及时纠正和报告公司违法违规行为

03 亲自出席董事会会议，因故不能亲自出席董事会的，可以以书面形式委托其他董事按其意愿代为投票

04 对证券发行文件及定期报告是否真实、准确、完整签署书面确认意见

05 重点关注决议程序合规问题、挪用资金等侵占公司利益的情形和公司重大事项，如对外担保情况、对外提供财务资助、重大投资等

06 严格执行并督促高管执行董事会决议、股东（大）会决议等相关决定

07 积极参加有关培训，了解董事的权利、义务和责任，熟悉有关法律法规，掌握作为董事应具备的相关知识

08 发现公司相关人员存在涉嫌违法违规行为的，应当要求相关方立即纠正或者停止，并及时向董事会报告，提请董事会进行核查

图 8-2　董事的主要职责

独立董事特别职责

根据相关法律法规及公司章程的规定，拟上市企业可以聘任适当人员担任独立董事。独立董事不在公司内部任职，并与公司或公司经营管理层没有重要的业务往来、关联关系或其他特殊关系，并对公司事务能作出独立判断。除需要履行董事的职责外，独立董事还需要对公司生产经营状况、管理和内部控制等制度的建设及执行情况、董事会决议执行情况等进行现场检查，客观地监督经营管理层，维护中小股东权益，防止控股股东及经营管理层利用特殊地位和身份对公司进行“内部控制”，从而损害公司整体利益。当股东和经营管理层发生利益冲突时，独立董事应公正、独立判断，尊重事实，维护中小股东权益。独立董事原则上最多在 5 家上市公司兼任独立董事，并确保有足够的时间和精力有效地履行独立董事的职责。

8.2.2.2 监事职责

监事对董事会、经营管理层及其成员的履职以及公司财务、公司内部控制、公司风险控制、公司信息披露等事项进行监督，以保护公司、股东、职工及其他利益相关者的合法权益，具体如图 8-3 所示。

监事职责

- **对公司财务、公司内部控制、公司风险控制、公司信息披露等事项进行监督**
- **监督董事会、高级管理层及其成员**
  对董事、高管遵守监管部门相关规定及执行公司职务的行为进行监督。
- **监督独立董事**
  对独立董事履行职责的情况进行监督，充分关注：
  （1）是否持续具备应有的独立性；
  （2）是否由足够的时间和精力有效履行职责；
  （3）履行职责时是否受到主要股东、实际控制人或者非独立董事、监事、高管的不当影响等。
- **监督董事会专门委员会**
  对董事会专门委员会的执行情况进行监督，检查董事会专门委员会成员是否按照董事会专门委员会议规则履行职责。
- **发现公司经营情况异常，可以进行调查**

图 8-3　监事的主要职责

8.2.2.3 高管职责

公司的高级管理人员是负责执行董事会决议的人员，对公司负有忠实义务和勤勉义务，除此之外，还需要履行以下职责，具体如图 8-4 所示。

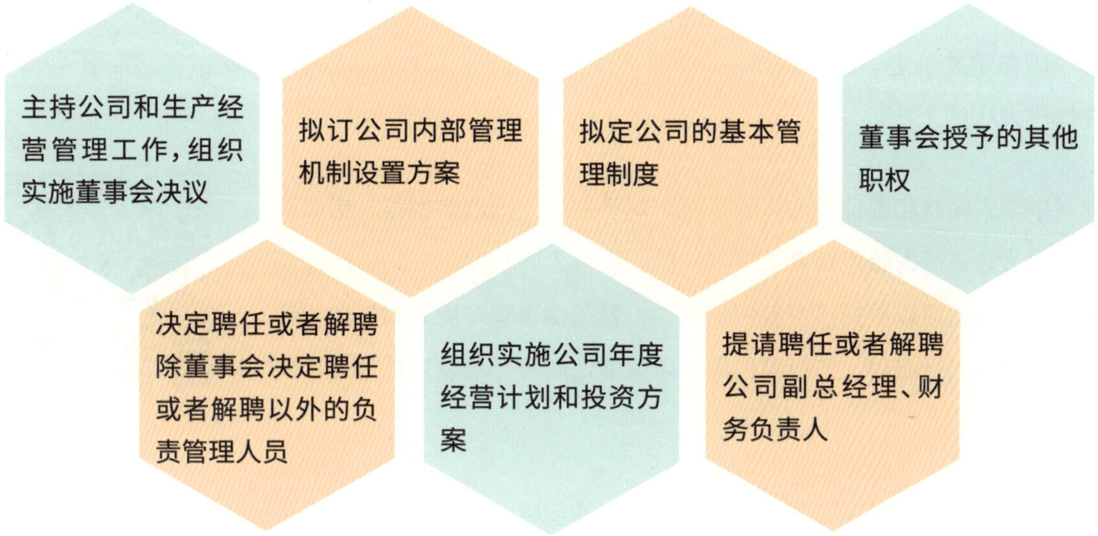

图 8-4　高级管理人员的主要职责

拟上市企业在制定公司章程时，可以按照公司内部管理要求增加高级管理人员的其他职责。

8.2.3 IPO 审核中针对董监高的关注问题

（1）关注董事、高级管理人员稳定性。

在 IPO 审核过程中，拟上市企业的董事、高级管理人员是否在报告期内发生重大变动，往往是关注的重点之一。

董事、高级管理人员重大变动的认定没有固定标准，主要是从质和量两个维度判断，即从变动的数量、原因、变动人员的岗位和职能、变动人员与控股股东和实际控制人的关系、相关变动对公司生产经营的影响等方面判断。并以“实质重于形式”为判断原则。在实务操作过程中，董事长、总经理以及 1/3 以上董事、高级管理人员发生变更往往更容易被认定为发生了重大的变动。

（2） 关注董事、监事、高级管理人员是否尽到义务和职责。

中介机构在辅导过程中，会高度关注董事、监事、高级管理人员的诚信问题，高度关注董事、监事、高级管理人员是否按照《中华人民共和国公司法》《首次公开发行股票并上市管理办法》《科创板 / 创业板首次公开发行股票注册管理办法（试行）》《北京证券交易所向不特定合格投资者公开发行股票注册管理办法（试行）》等规定履行忠实、勤勉义务，是否违反竞业禁止的规定和约定。

（3）避免欺诈发行和虚假陈述。

拟上市企业的董事、监事、高级管理人员应当保证披露信息真实、准确、完整，需要对证券发行文件签署书面确认意见，并承担信息披露的违法责任。

在拟上市企业上市过程中，欺诈发行和虚假陈述往往是最严重却最容易触犯的信息披露违法行为。近年来，我国政府部门对证券市场监管日渐趋严，对欺诈发行、信息披露违法等违法违规行为的处罚力度在不断加大，并加大了对实际控制人和董事、监事、高级管理人员等“关键少数”人员的追责力度。

《国务院关于进一步促进资本市场健康发展的若干意见》(八)完善退市制度

根据《国务院关于进一步促进资本市场健康发展的若干意见》的规定，对于存在欺诈发行的上市公司实行强制退市。

根据《中华人民共和国证券法》的规定，对于发行人因欺诈发行、虚假陈述或者其他重大违法行为给投资者造成损失的，发行人的控股股东、实际控制人、相关的证券公司可以委托投资者保护机构，就赔偿事宜与受到损失的投资者达成协议，予以先行赔付。先行赔付后，可以依法向发行人以及其他连带责任人追偿。

《中华人民共和国证券法(2019年修订)》第九十三条

根据《中华人民共和国刑法修正案（十一）》的规定，存在欺诈发行的，根据数额和后果的严重程度对企业、控股股东、实际控制人及其直接负责的主管人员和其他直接责任人员，判处相应的罚金、有期徒刑或者拘役等刑事处罚。

中华人民共和国刑法修正案(十一)

8.3 建立有效的内部控制制度

8.3.1 内部控制的目标与本质

内部控制，是公司为了保证其战略目标的实现，对公司战略制定和经营活动中存在的风险予以管理的相关制度安排。它是由公司董事会、监事会、经营管理层及全体员工共同参与的一项活动。实践中，企业内部控制制度的建立与实施至少要达到以下四大目标，具体如图 8-5 所示。

图 8-5 内部控制的四大目标

在现代企业制度下，所有权与经营权分离，随着企业规模的扩大和业务的扩展，企业需要通过内部控制来促进并提高企业治理水平，保障企业战略目标的实现。内部控制的本质也是一个监督、制衡以及激励的过程，具体如图 8-6 所示。

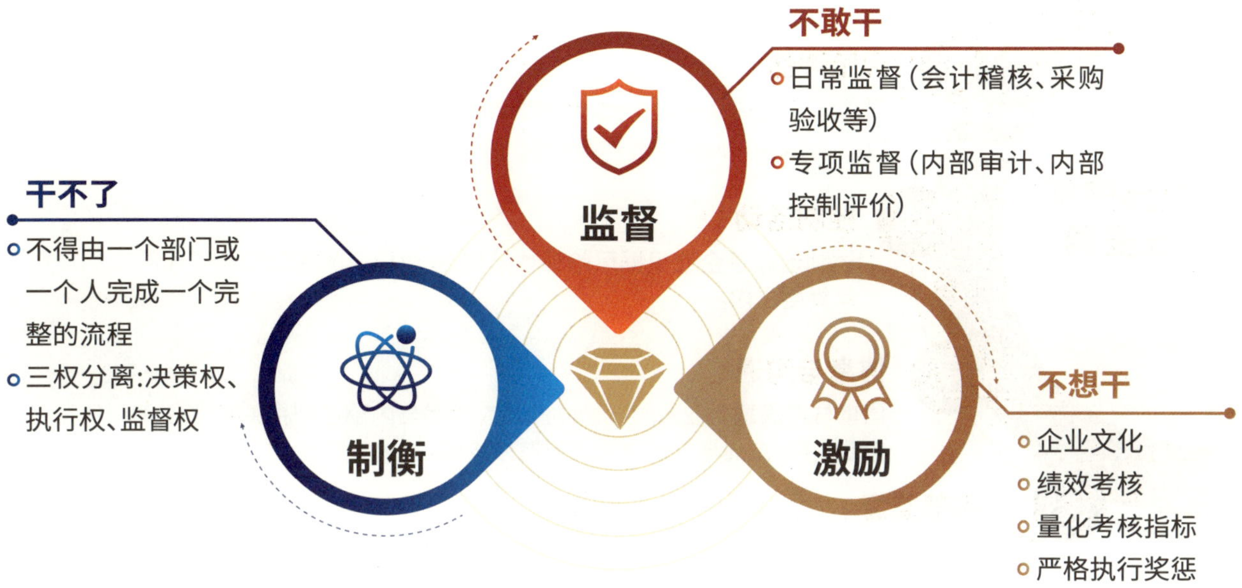

图 8-6　内部控制的本质

8.3.2 内部控制的原则及要素

企业建立与实施内部控制，应当遵循以下原则，具体如图 8-7 所示。

图 8-7　内部控制的原则

企业建立与实施有效的内部控制，应当充分考虑以下五要素，具体如图 8-8 所示。

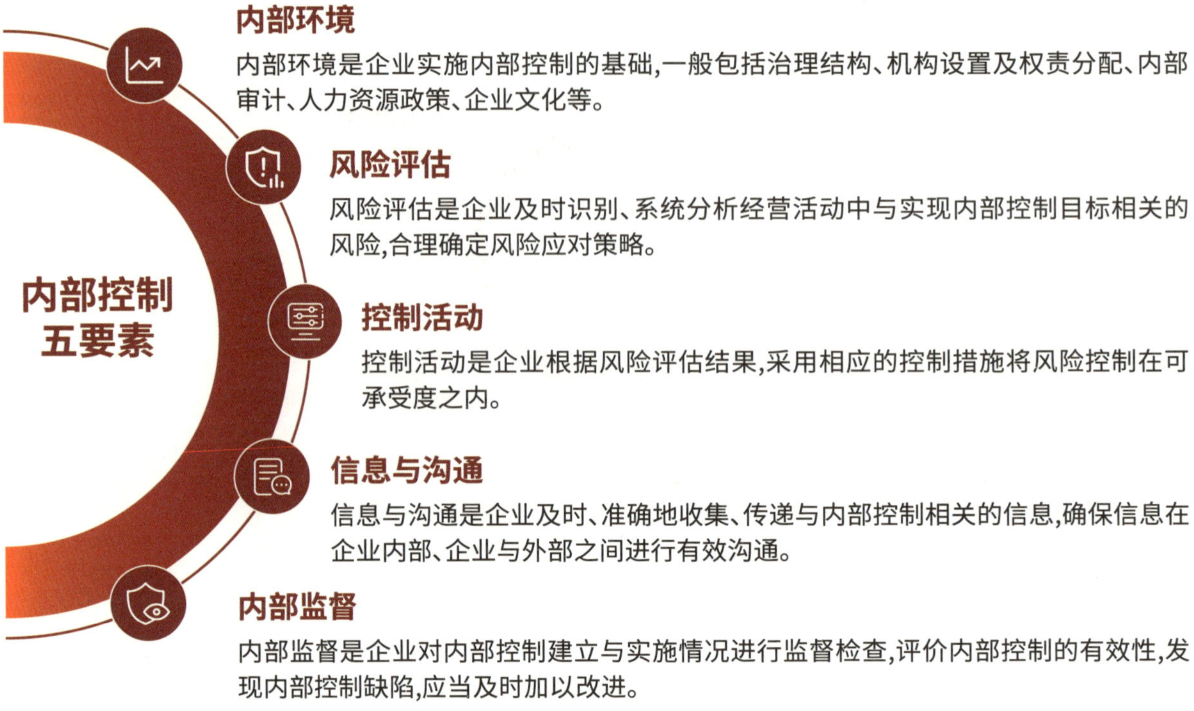

图 8-8　企业内部控制的五要素

8.3.3 内部控制体系设计

企业可以参照中华人民共和国财政部等五部委发布的 18 项内部控制应用指引和 1 项评价指引，并结合自身实际情况来搭建设计内部控制体系，具体如图 8-9 所示。

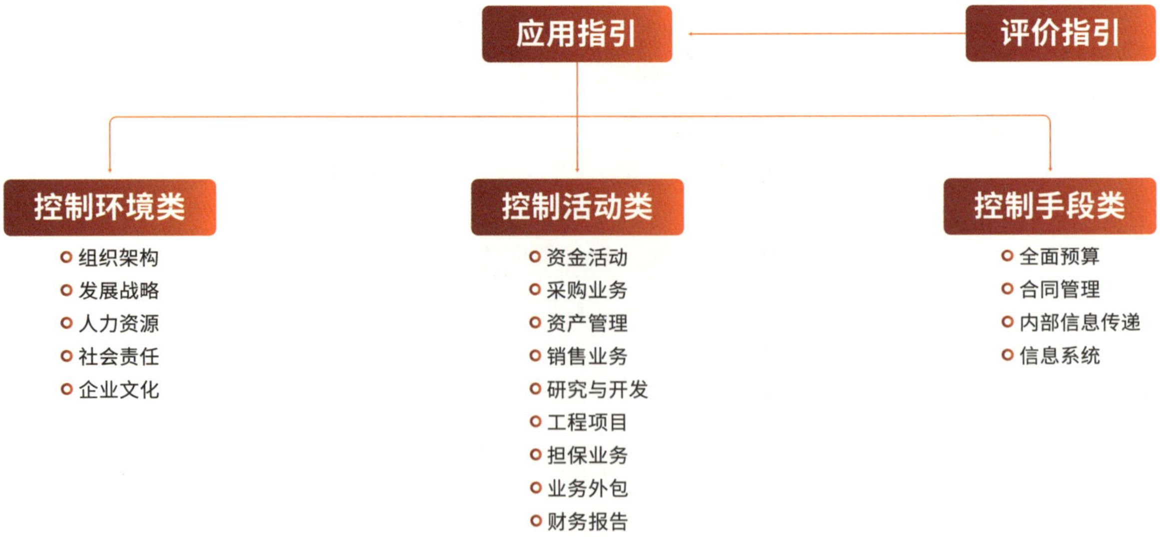

图 8-9　企业内部控制体系

8.3.4 拟上市企业内部控制常见问题

拟上市企业的内部控制缺陷包括设计缺陷和运行缺陷。

（1）设计缺陷，是指企业未建立企业实施目标所必需的内部控制制度，或现有内部控制设计不适当，即使正常运行，也难以实现预期的控制目标。

（2）运行缺陷，是指企业现在虽然建立了适当的内部控制制度但是没有按设计意图运行，或执行人员没有获得必要授权或缺乏胜任能力，无法有效实施内部控制。

拟上市企业在报告期内作为非公众公司，实践中，在内控方面存在不规范情形的，应通过中介机构上市辅导完成整改或纠正，达到与上市公司要求一致的内部控制水平。

IPO 审核过程中对拟上市企业的内部控制的关注重点在于合规目标和财务报告目标两个方面。例如，企业在合规经营上的内部控制缺失问题，应关注与控股股东、实际控制人等关联方之间是否做到资金、资产、人员和业务的独立；又如企业在财务资金管理规范性上的内部控制缺失问题，应关注企业是否存在大额现金交易以及第三方收付货款等问题（见图 8-10）。

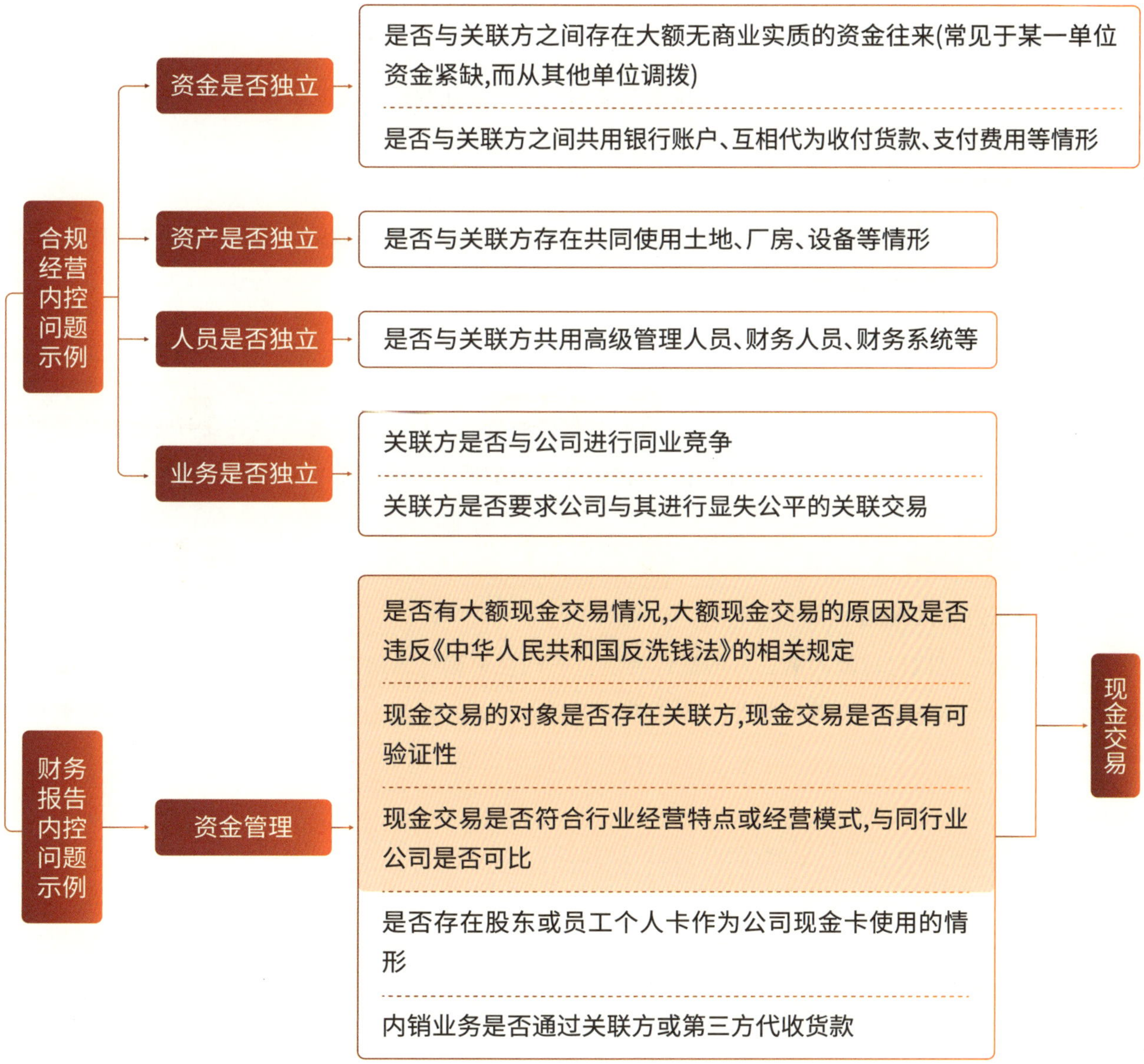

图 8-10　IPO 审核过程中对拟上市企业内部控制的关注重点示例

以下列举了部分拟上市企业在 IPO 审核过程中常见的内部控制问题：

（1）会计核算不规范。

具体表现为：会计基础薄弱，会计核算不规范；滥用会计政策或会计估计变更，导致重大会计差错更正，或操纵、伪造、篡改编制财务报表所依据的会计记录等。

（2）关联交易不规范。

具体表现为：关联方和关联交易的识别和披露不完整；未披露对控股股东及实际控制人等关联方的资金往来；与关联方直接进行资金拆借等。

（3）转贷行为。

具体表现为：为满足贷款银行受托支付要求，在无真实业务支持情况下，通过供应商等取得银行贷款或为客户提供银行贷款资金走账通道。

（4）违规票据融资。

具体表现为：向关联方或供应商开具无真实交易背景的商业票据，通过票据贴现后获取银行融资。

（5）违规担保。

具体表现为：未建立恰当的担保审批制度，将对外担保的决策权下放给经营管理层，在审议为股东或关联方提供担保的议案时关联股东未回避表决等。

（6）大额现金交易。

具体表现为：大额现金交易情形不符合行业经营特点或经营模式；现金管理制度与业务模式不匹配且未有效执行；现金交易不具有可验证性，存在体外循环或虚构业务情形；现金交易比例及其变动情况超出合理范围等。

（7）第三方收付货款。

具体表现为：收付货款的第三方与签订经济合同的往来客户或供应商不一致，且不符合行业经营特点，不具有商业合理性；收付货款的第三方与实际控制人、董监高等关联方存在关联关系或其他利益安排；合同签订时未明确约定由第三方收付货款，后续因第三方收付货款导致货款归属纠纷等。

8.3.5 内部控制建设的思路及措施

一般情况下，对于拟上市企业报告期内存在的内部控制问题，如果按照程序完成相关问题整改或纠正的，需确保整改后的内部控制制度已经合理、正常运行并持续有效，并且上市以后不会再出现同样或类似的问题。

企业在进行内部控制建设或整改时，至少要考虑以下方面：

- 建立规范的公司治理架构；
- 建立授权制度，对各级的审批范围进行明确分工；
- 对不相容的岗位实施相应的分离措施，例如，会计做账人员与出纳人员的分离；
- 明确会计基础工作规范，严格按照国家以及企业的会计政策进行核算，统一集团公司的核算口径；针对企业自身较为创新、复杂的业务模式尤其应当审慎进行恰当的会计核算；
- 加强对境内外控股子公司的管理，如建立对控股子公司的控制架构，督促子公司制定相关经营计划，制定子公司业绩考核与激励约束机制，制定子公司重大事项的内部报告制度，建立定期汇报机制，委托会计师事务所对子公司的财务报告进行审计等；
- 对企业经营活动中的所有业务环节建立相关制度，例如，销货及收款环节、采购及付款环节、生产环节、固定资产管理环节、货币资金管理环节等；
- 对于关联交易方面的管控，尤其警惕控股股东、实际控制人等关联方的资金占用；
- 在使用信息系统来收集和处理业务及财务信息，运用信息技术手段建立控制系统的同时，加强对信息系统本身的控制；
- 内部控制自评以及内部审计职能、举报机制的建立与落地实施。

建立健全有效的内部控制制度不仅是为了应对IPO审核的要求，而且对公司本身的长期发展也十分重要。内部控制制度的建设应当全面完整，企业可以通过聘请内审内控专业人员或聘请专业的中介机构梳理内部控制问题、建立健全内部控制制度。

发行申请材料中，需要由注册会计师出具无保留结论的内部控制鉴证报告。

8.4 总结

良好的公司治理是决定企业运作和发展质量的重要条件，拟上市企业应根据相关法规及公司章程的规定，建立“三会一层”及相关议事规则，制定有效的内部控制制度，确保股东（大）会、董事会、监事会及经营管理层各机构权责分明、各司其职、各尽所能、相互配合又相互制约，形成良好的运行机制。公司治理制度的有效建立对维护公司内部各方的合法利益和权利，以及对保障公司、公司“三会一层”科学、有效的决策和合理运行都具有重要意义，具体如图 8-11 所示。

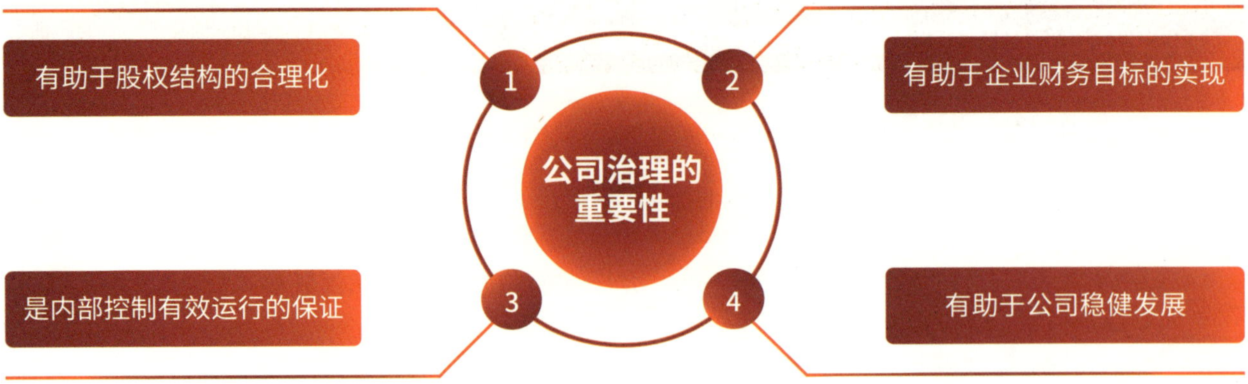

图 8-11　公司治理的重要性

价值在线 VALUEONLINE　易董

关于易董·价值平台

易董 · 价值平台借助人工智能、云计算、大数据、区块链等技术，为用户提供一站式建立自动化投关网站、投关管理信息化工具、活动系统、高清云视频会议解决方案、电子签名、ESG 数字化管理、可视化财报等数智化工具和综合解决方案。同时，采用 AI 智能分析系统，为用户一键生成股东 / 市值 / 财务 / 薪酬 / 投关全面深度的分析报告。

◉ 价值平台

构建全景式覆盖上市公司价值提升、可持续发展服务体系

◉ 四个层级

◇ 展示体系　◇ 分析决策体系　◇ 交流体系　◇ 生态体系

◉ 五个数据

◇ 投资者数据库　◇ 投资者关系活动数据库

◇ ESG数据库　◇ 产业链数据库

◇ 资本市场信息数据库

◉ 八个维度

◇ 投关展示　◇ 交流平台

◇ ESG　◇ 价值大数据

◇ 分析体系　◇ 产业链图谱

◇ 资本运作　◇ 价值管理

扫码查看价值在线小程序

价值在线IR专项服务

数字化沟通，做有价值的传播

作为资本市场数字经济基础设施的共建者，价值在线致力于服务资本市场投资者关系管理的全场景融合，为客户提供精准路演服务，降低沟通成本，提高沟通效率和质量。

价值在线“数字化IR”

旨在构建“信息化软件产品+投关大数据+综合服务能力”的全方位数字化IR服务体系

两个平台

◇ **易董·价值平台：** 助力上市公司建立“数智化”投关管理体系，提升价值

◇ **易董·价值在线：** 链接上市公司和资本市场分析师和投资者，传递价值

两个服务

IR活动服务：为您提供一站式投资者关系活动综合解决方案

投资者交流会： 精准对接投资者，直接触达

业绩说明会： 定向邀请参会，一键生成公告，一键导出活动记录

重大事项说明会： 高效合规组会，全程服务

IPO/再融资路演： 网上网下综合服务，大数据支撑，挖掘潜在投资者

股东大会： 支持线上召开，电子表决

IR管理服务：为您提供全方位数字化IR管理解决方案

投关网站建设： 个性化展示平台，投资者互动，自动化抓取数据、实时更新，后台便捷管理

ESG数字化管理： 搭建ESG关键指标体系，一键收集、统计数据，碳排放轻松计算，调查问卷一键发布

IR信息化管理： 一键管理投资者通讯录，自主发起路演活动，自动生成活动记录，数据检索，定制化报告，自主发起投资者活动，系统管理投资者活动记录，投关舆情监测，互动问答智能管理

五个支撑

◇ 信息化工具　◇ 投关数据库　◇ 线下路演厅

◇ 智能分析体系　◇ 产业链图谱

数字化IR解决方案

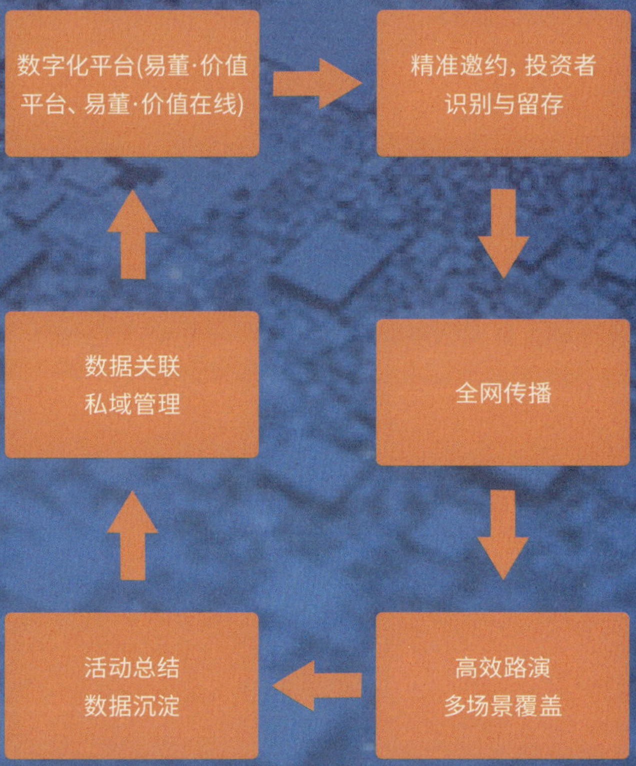

9

IPO募投项目设计与产业投资布局

动力来自想要创造一个东西的愿景，比如建立苏世民书院是为了在中国和世界间搭起桥梁，这样就能很好地解释很多事情。为了实现这个目标，就要全力以赴去努力，当然过程中会遇到不舒服、很艰难的事，需要向内心寻找力量。

永远要黑白分明、百折不回。你的诚信必须要毋庸置疑。当一个人不需要付出代价或承担后果的时候，坚持做正确的事情并非难事。但当必须得放弃一些东西时，你就很难保持信用记录。要始终言而有信，不要为了自己的利益误导任何人。

——苏世民（1947—），美国，黑石集团共同创始人

王晓玲

基业常青经济研究院董事长
时代伯乐执行合伙人

基业常青官方公众号

9.1 IPO 募集资金投向

9.1.1 IPO 募集资金投向设置依据及投向设计原则

9.1.1.1 IPO 募集资金投向设置依据

第一百零六条 发行人应披露：

（一）预计募集资金数额；

（二）募集资金原则上应用于主营业务。按投资项目的轻重缓急顺序，列表披露预计募集资金投入的时间进度及项目履行的审批、核准或备案情况；

（三）若所筹资金不能满足项目资金需求的，应说明缺口部分的资金来源及落实情况。

——《公开发行证券的公司信息披露内容与格式准则第 1 号——招股说明书（2015 年修订）》。

第八十三条 发行人应结合公司现有主营业务、生产经营规模、财务状况、技术条件、管理能力、发展目标合理确定募集资金投资项目，相关项目实施后不新增构成重大不利影响的同业竞争，对发行人的独立性不产生不利影响。

发行人应当披露募集资金的投向和使用管理制度，披露募集资金对发行人主营业务发展的贡献、对发行人未来经营战略的影响、对发行人业务创新创造创意性的支持作用。

——《公开发行证券的公司信息披露内容与格式准则第 28 号——创业板公司招股说明书（2020 年修订）》

第八十三条 发行人应结合公司现有主营业务、生产经营规模、财务状况、技术条件、管理能力、发展目标合理确定募集资金投资项目，相关项目实施后不新增同业竞争，对发行人的独立性不产生不利影响。

——《公开发行证券的公司信息披露内容与格式准则第 41 号——科创板公司招股说明书》

9.1.1.2 IPO 募集资金投向设计原则

根据证监会招股书披露的内容与格式指引，募集资金投向原则上应用于与发行人主营业务相关的方向，同时，募集资金投向也是发行人未来战略规划执行的重要组成部分，因此，在设计募集资金的投向时，需同时考虑发行人当前主营业务需求及未来主营业务战略规划的需求，合理规划募集资金投向。

9.1.2 IPO 募集资金投向内容

实务中，上市公司 IPO 募集资金投向一般按 2 个维度进行分类：

（1）按照与募集资金投向是否会产生直接效益维度，可分为有效益项目和无效益项目。

（2）按照用途维度，募集资金投向可大体分为产能建设类、研发及产业化类、信息化类、营销类、物流类、流动资金类、总部大楼建设及运营类、股权投资类及组合类等，具体内容如下：

①产能建设类：主要从产能建设角度规划公司募集资金用途，包括产能新建、扩产、升级、搬迁、购置固定资产、厂房、土地等项目；

②研发及产业化类：主要从研发及产业化角度规划公司募集资金用途，包括新 / 改 / 扩建研发 / 技术中心、实验室，进行具体项目研发及产业化等项目；

③信息化类：主要从采用互联网等信息化手段对公司管理 / 生产效率提升、流程改善等角度规划募集资金用途，包括信息化系统、数字化管理系统、云平台及其他平台建设等项目；

④营销类：主要从销售的职能规划募集资金用途，包括营销网络铺设、营销及运维服务体系建设、连锁门店铺设、产品展厅建设、品牌提升 / 建设等项目；

⑤物流类：主要从物流仓储、运输的角度规划募集资金用途，包括仓储、配送中心等建设及物流设备的购置等项目；

⑥总部大楼及运营类：主要从运营层面规划公司募集资金用途，包括综合总部大楼建设、运营中心建设等项目；

⑦流动资金类：主要从公司运营时流动资金的实际缺口来规划补充流动资金项目，包括补充流动/营运/运营资金，以及包括收购子公司、偿还银行贷款、供应链管理等视同流动资金项目；

⑧组合类：为以上两种或两种以上项目的组合项目。

9.1.3 IPO 募集资金投向分布

9.1.3.1 不同年度 IPO 募集资金投向分布

根据 2015—2021 年上市公司募集资金投向的样本量分析，不同年度募集资金投向的项目在产能建设类项目及流动资金类项目的投资总额占当年总募集资金总的比例维持在 65% 以上，为募集资金的主要投向方向，近 3 年产能建设占比逐年提升，流动资金占比则呈现逐年下降的趋势；研发及产业化项目募集资金投向占比自 2015 年至 2020 年呈现稳步扩大的趋势，2021 年占比与 2020 年相近；2021 年，信息化类项目投资占比显著提升。具体如图 9-1 所示。

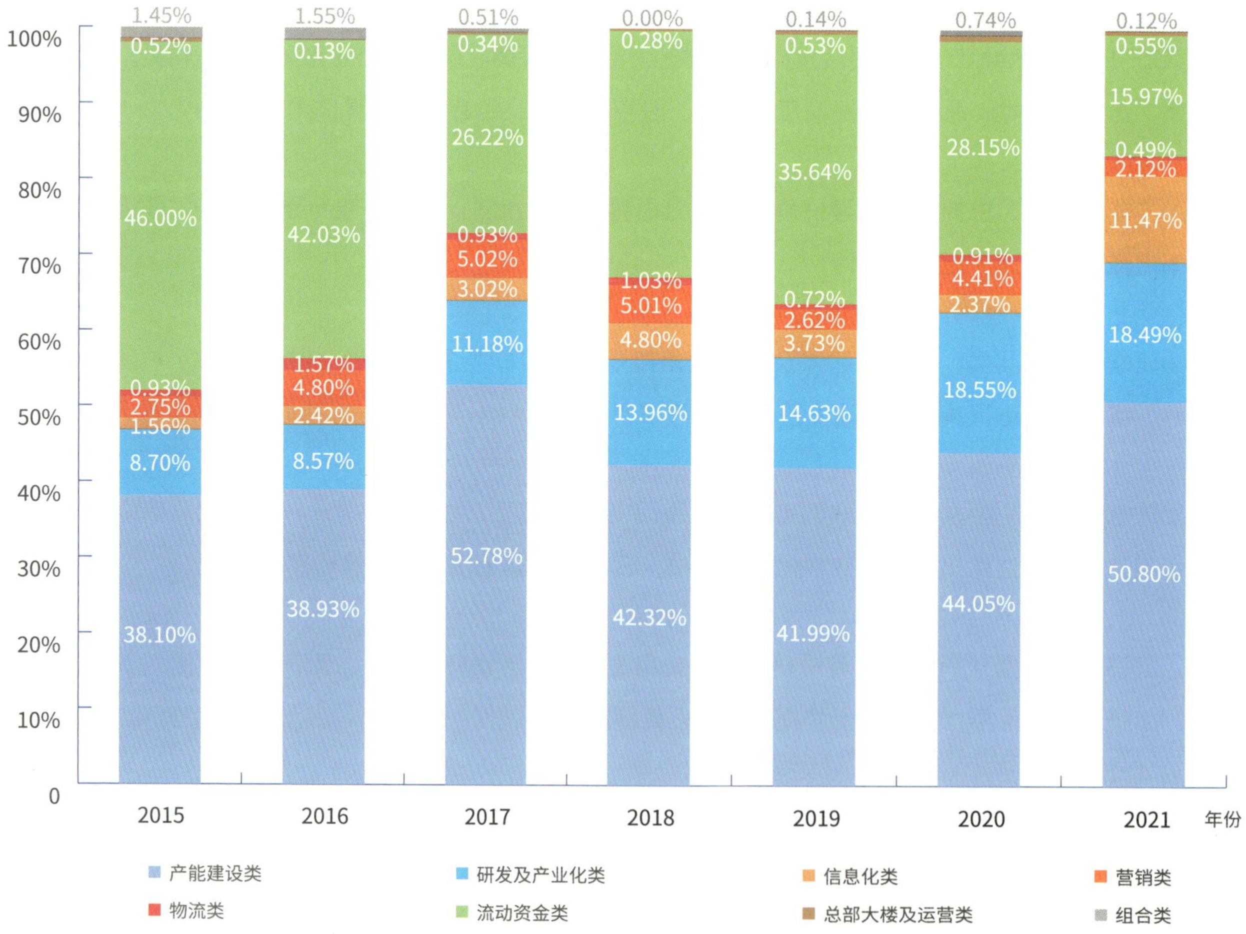

图 9-1　2015—2021 年不同年度募集资金投向项目分布（含超募资金）

9.1.3.2 不同行业 IPO 募集资金投向分布

2015 年至 2021 年不同行业募集资金的投向呈现不同分布情况，采矿业，电力、热力、燃气及水生产和供应业，房地产业、教育业、农、林、牧、渔业，文化、体育和娱乐业、信息传输、软件和信息技术服务业、制造业及租赁和商务服务业募集资金主要投向产能建设方面，建筑业、交通运输、仓储和邮政业、金融业、居民服务、修理和其他服务业、水利、环境和公共设施管理业募集资金主要投向为流动资金类；科学研究和技术服务业、信息传输、软件和信息技术服务业研发及产业化项目投入占比较高；批发及零售业、住宿和餐饮业在营销网络等营销类项目投入较大；教育、文化、体育和娱乐业及信息传输、软件、信息技术服务业及科学研究和技术服务业信息化投入占比较大。具体如图 9-2 所示。

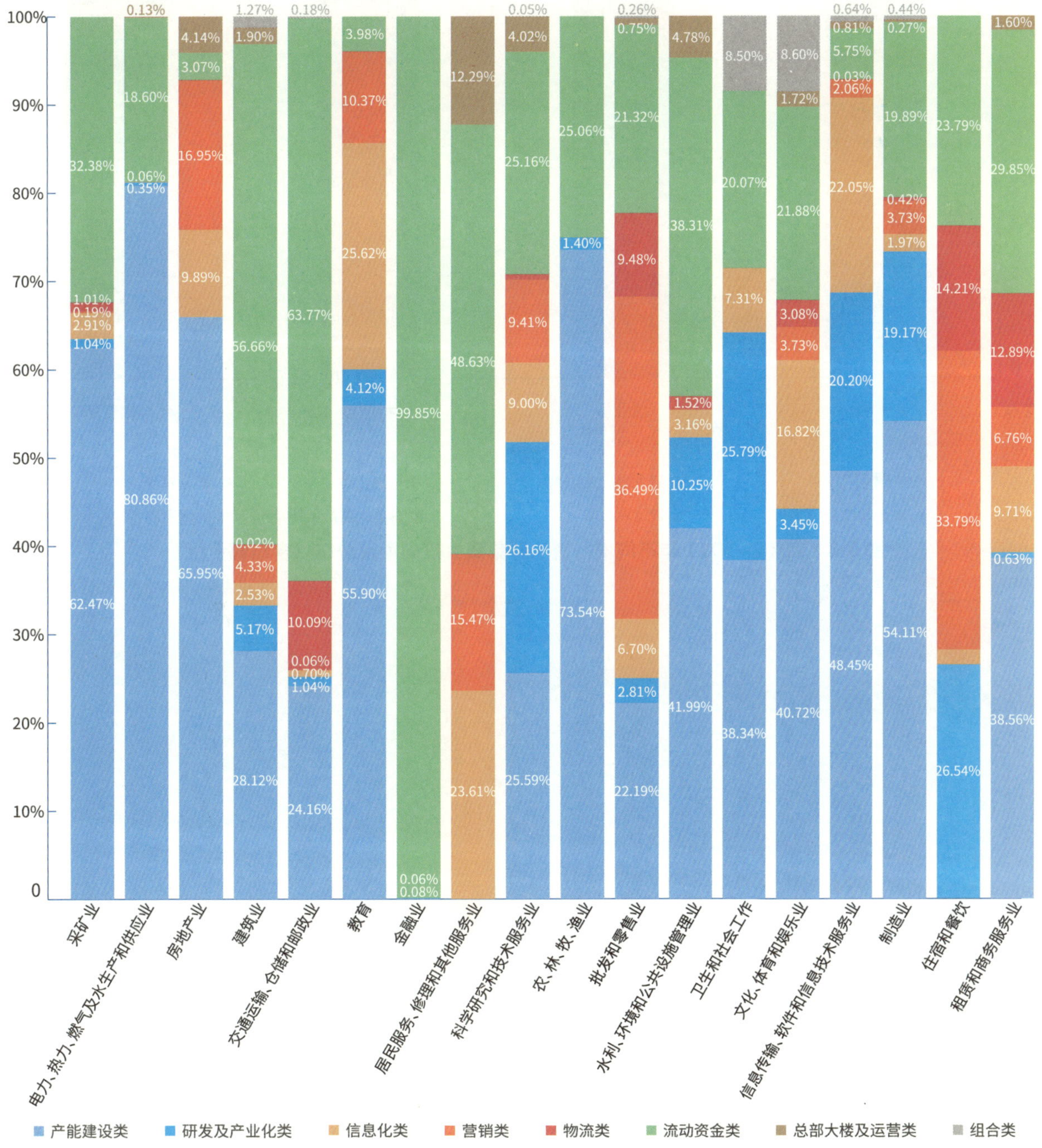

图 9-2　2015—2021 年不同行业募集资金投向项目分布（含超募资金）

9.1.3.3 不同发行板块 IPO 募集资金投向

根据 2015—2021 年数据统计分析，不同发行板块募集资金投向在产能建设、研发及产业化、营销类及补充流动资金等方面的分布存在一定差异，主板在补充流动资金项目上的力度远大于其他板块；创业板产能建设类占比最高；科创板由于其科创属性，募集资金在研发及产业化项目投向占比最大；北交所上市的企业研发及产业化项目占比仅次于科创板，产能建设项目占比与主板相近。具体如图 9-3 所示。

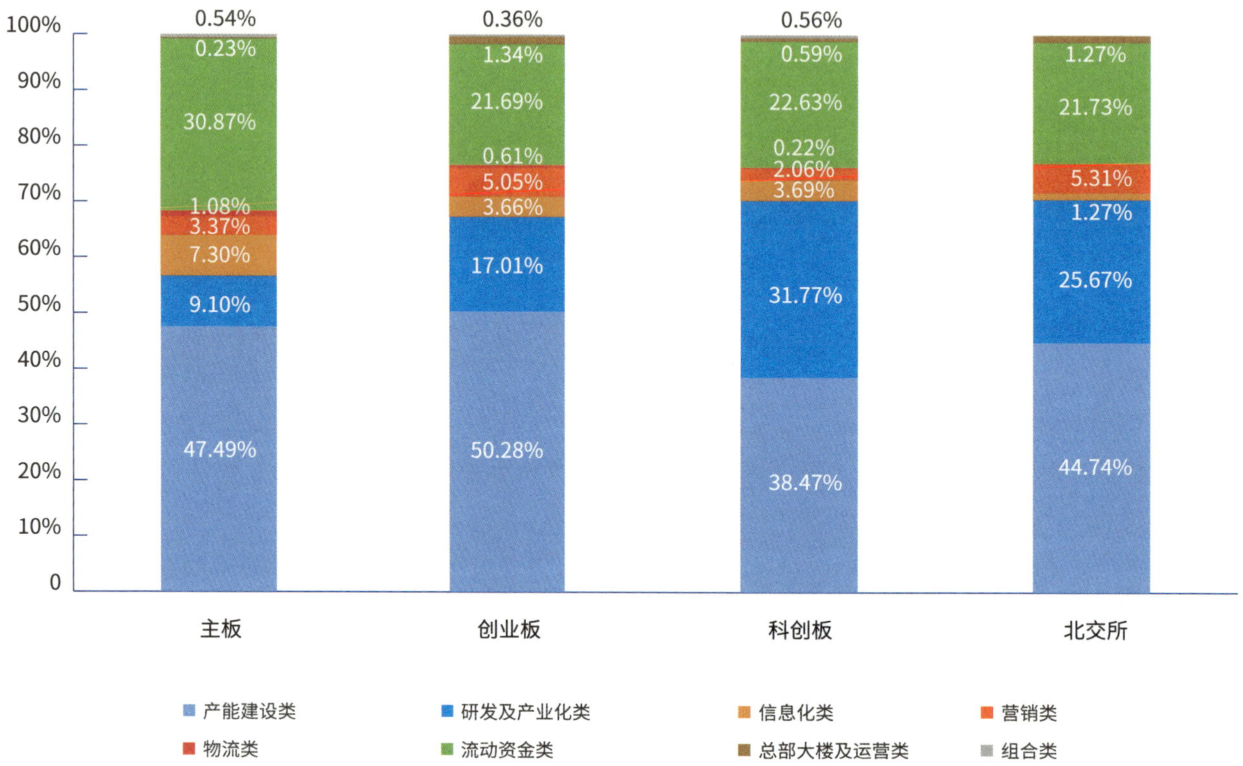

图 9-3　2015—2021 年不同发行板块募集资金投向项目分布（含超募资金）

9.2 上市公司产业布局

9.2.1 经济增长新常态和注册制背景下，中小市值公司面临挑战

（1）经济增长新常态下供给侧结构化调整，机会向优势企业集中

经济运行本质上是一个连续性系统，中国经济在经历了高速增长后，进入了经济新常态，在此背景下供给侧结构性改革提出。“供给侧结构性改革”体现了对中长期经济发展动力的转变，强调经济增长的效率提升与结构优化，为经济发展提供持久增长动力。然而，资本天然趋利，因此，经济增长新常态下，资本更倾向于稳定型企业，更加青睐市值较大的行业龙头企业。

（2）注册制下上市公司数量快速增长，上市公司数量在供给端快速增加

2020 年 1 月 1 日至 2021 年 12 月 31 日，已过会公司总数为 1099 家（主板 248 家，创业板 406 家，科创板 357 家，北交所 88 家）

（3）机构投资理性化，上市公司市值两极分化，强者恒强

随着个人投资者占比下降，机构投资理性化，投机性资金整体比例降低；一二级估值差消减，上市公司的市值提升变得理性；小公司市值的壳价值逐渐下降（随着退市制度逐渐完善，也有利于前端企业 IPO 加速），使得小市值公司的 PE 估值明显回落；占比不断提升的理性资金更加关注中长期，市值维度的马太效应显现。

9.2.2 产业投资布局有助于公司业绩持续增长

（1）市值增速百强上市公司，过去 3 年收入增长了 429%，1186 家低增速上市公司，市值过去 3 年下滑 19%。

过去 3 年市值增长最快的百强上市公司收入增长了 429%。而过去 3 年收入年化复合增长率在 [0，10%] 区间的上市公司，市值平均下降了 19%。这表明上市公司市值增长与业绩增长呈现正相关关系，且增速不高的企业，市值整体是下滑的。

（2） 而跨越“非连续性”是上市公司业绩持续增长的核心点，产业投资布局有助于打破线性成长思维，实现创新和突破。

如果企业一直停留在原有的主业上，在经历发展和成长阶段后，将不可避免地走向增速放缓的成熟乃至衰退阶段。在缺乏外力协助的情况下，上市企业易停留在自己的原有主业思维中，失去创新思维，从而难以跨越“非连续性”的破局点，也就难以长期持续获得第二曲线成长。

9.2.3 通过产业布局，获得第二成长曲线

（1）当前主业提升：强化规模效应；

（2）形成生态圈：没有新思维新技术新渠道，很容易停留在自己的原有主业思维中，将失去创新与突破的能力；

（3）预防颠覆：提前布局可能替代的新工艺新产品。

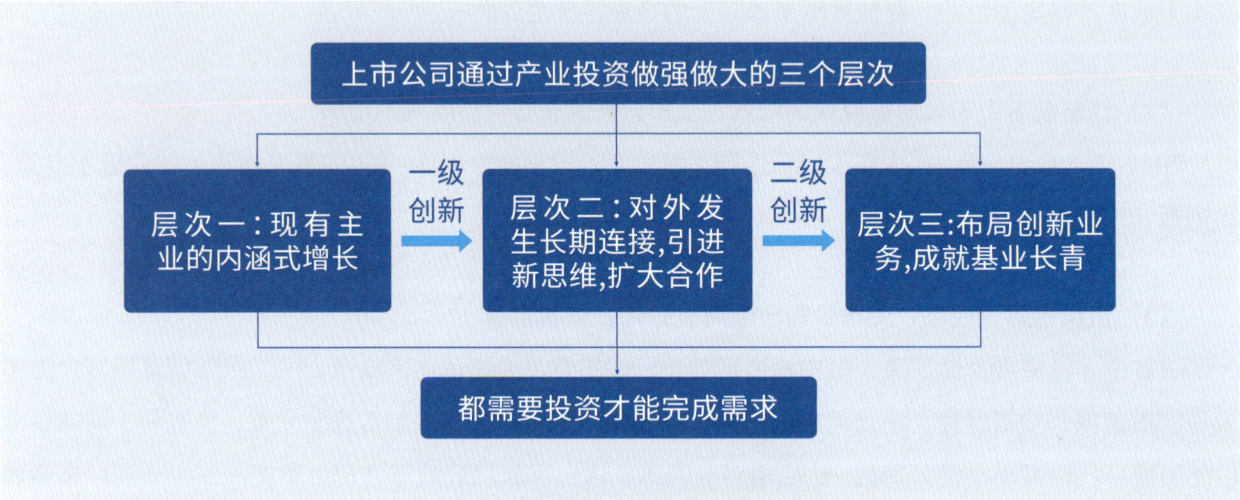

图 9-4　上市公司通过产业投资做大做强的三个层次

9.2.4 上市公司通过产业投资做强做大的三个层次

（1）连续性投资： 关注的是上市公司熟悉且精通的主营业务，是其完成上市的主要业务来源，是其能力圈。沿着连续性曲线进行投资，上市公司自身具备天然优势，不借助外部投资机构就可以胜任。具体如图 9-5 所示。

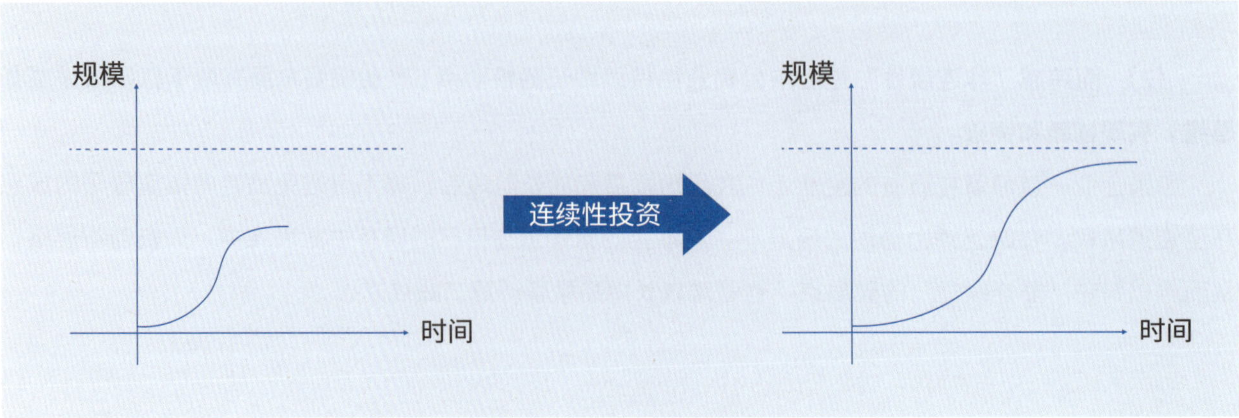

图 9-5　连续性投资

（2）连接性投资：涉及的领域，有一些是上市熟悉的，但是另一部分是上市公司未接触、不熟悉的领域，那么就需要专业机构投入专门的人员对行业细分赛道和项目来源渠道做持续积累。具体如图 9-6 所示。

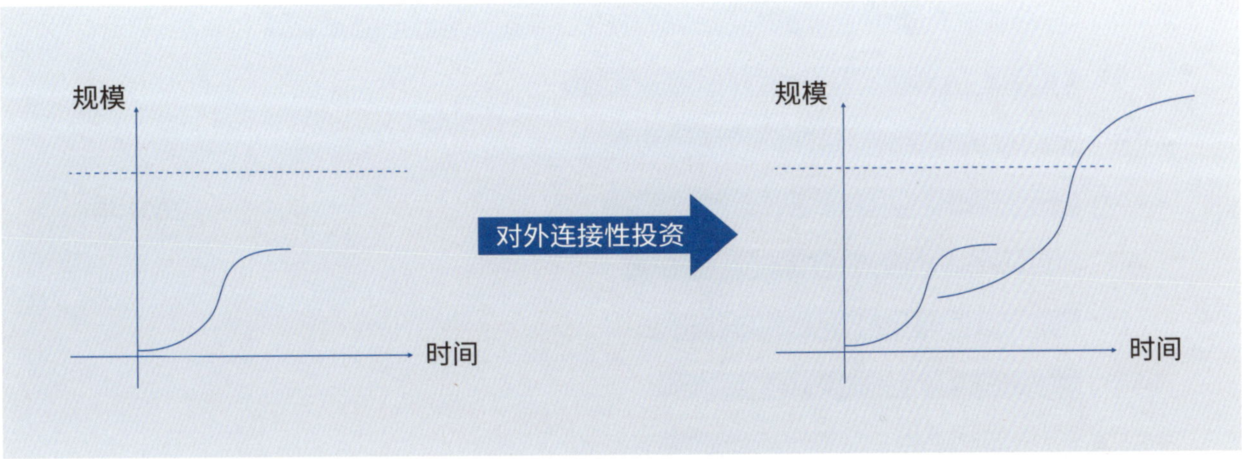

图 9-6　对外连接性投资

（3）颠覆式创新投资：关注的领域，基本都是上市公司未接触、不熟悉的领域。在不熟悉的细分领域中，原有产业成功的经验和思维此时大多数时候会失效，只能摸着石头过河。所以出现了大量的商誉减值。具体如图 9-7 所示。

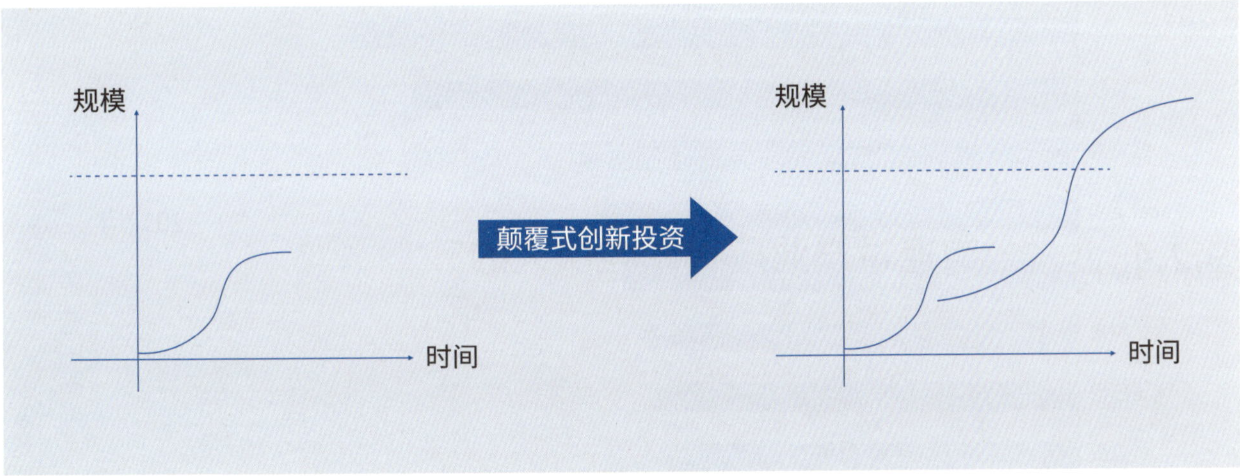

图 9-7　颠覆式创新投资

9.2.5 上市公司应加强以深度产业研究为基础的产业规划能力

未来科技的著潮流是不确定的，投资的核心在于判断趋势并找到合适的人，如果投资可以坐上时光穿梭机的话，那么，未来其实是可以预期的，而且这种预期出错的概率将降低。

2007 年，全球市值前十的公司中有 4 家是能源公司，到了 2017 年只剩下美孚一家；2007 年，全球市值前十的公司中有 3 家是信息技术公司，到了 2017 年有 7 家。在智能物联网时代下，2027 年的主流科技发展趋势会是什么，正是上市公司在做产业布局过程中需要深度了解和布局的。具体如图9-8所示。

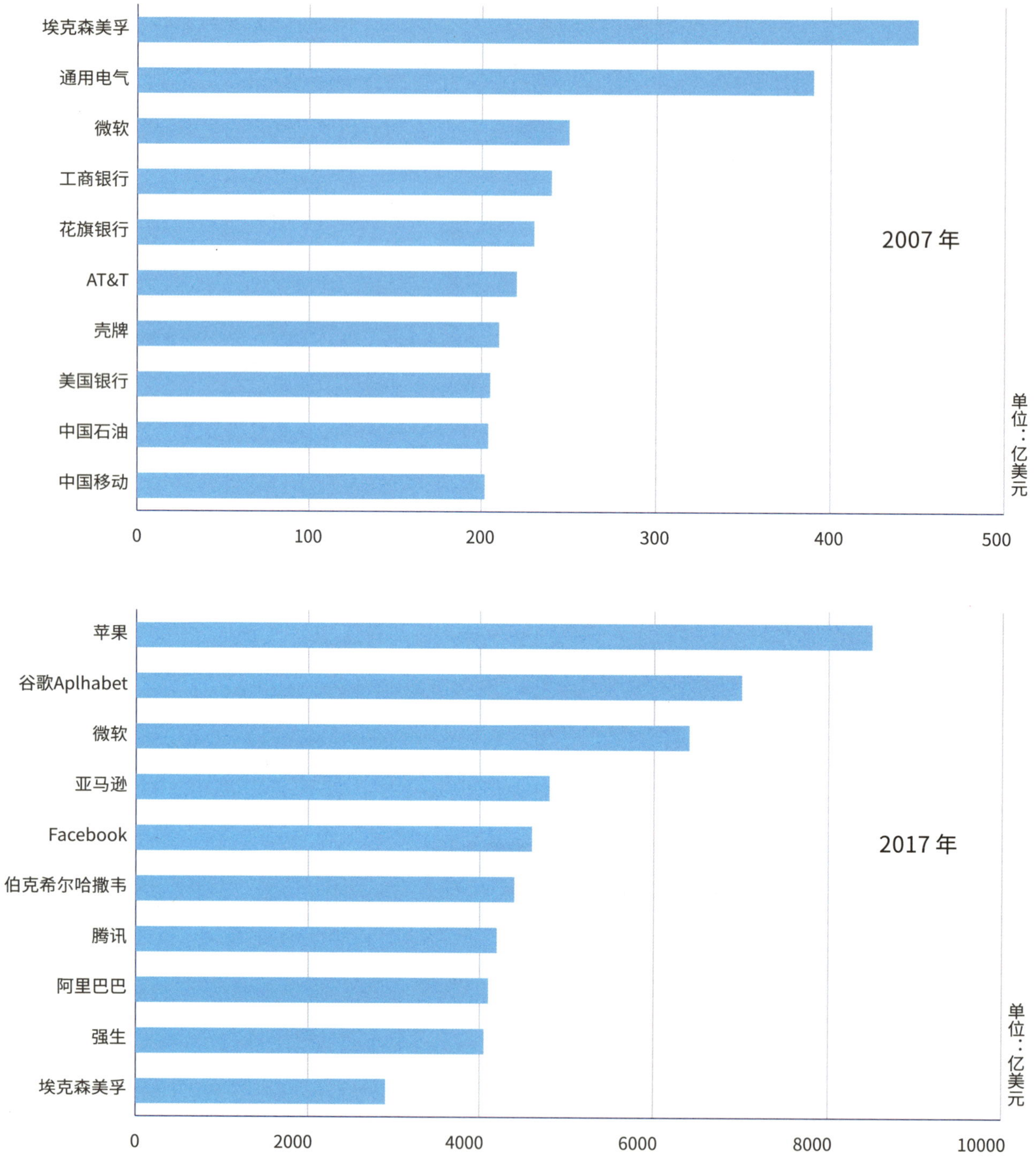

图 9-8　全球市值前十的公司 2007 年 vs 2017 年

9.2.6 借助专业投资机构，实现产业布局

投资也是一门专业，上市公司需要寻找战略合作投资机构进行产业布局，打造生态圈。时代伯乐作为一家股权投资机构，在过往的发展中，已经积累了丰富的产业投资布局的经验，具备支撑上市公司通过产业布局做强做大的能力。

（1）已有实操的上市公司实操案例。时代伯乐已经合作洲明科技、山鹰国际、共进电子、世纪华通、金马游乐等上市公司；

（2）设立直接孵化的产业研究院，深入行业研究，挖掘与上市公司协同的细分赛道与项目；

（3）过去 5 年新成立基金的投资项目拥有超 50% 的 IPO 成功率，且具备完善的风控机制与投资理念。

中国银河证券 | CGS

上市公司股权综合服务平台

为上市公司提供增减持合规交易、股份回购、股权激励、税收筹划等一站式综合服务

edu.chinastock.com.cn

中国银河证券上市公司股权综合服务平台是中国银河证券倾力为上市公司量身打造的一站式综合服务平台，结合自身平台和多年财富管理服务优势，通过专研究及优质资源整合，提供：1. 全方位高效的交易服务和个性化定制智能交易方案，为董监高增减持、上市公司回购业务保价护航；2. 精准解析《证券法》、持细则》等法律法规，通过技术手段让股东交易安全合规；3. 整合公司资源，为战略客户股权激励业务提供综合服务，通过功能全面的股权激励系统为上市公司激励对象赋能，按照实际交易金额扣税，解决大额资金长时间占用痛点。

高效平稳的交易服务

- 有效降低冲击成本
- 快速达到交易目的
- 提供金马甲代客交易服务
- 提供快速迭代定制开发服务

安全合规的风控体系

- 公告信息于股东智能关联
- 法律法规条文精准解析
- 提前验证交易合规性
- 实时校验交易行为

一站化股权激励服务

- 量身定制股权激励方案
- 上市公司一站式激励计划管理
- 激励对象轻量行权交易服务
- 高效管理，实现财富增值

特色税收优惠政策

- 根据客户情况定制税收方案
- 解读地方税收政策，为客户办理退税奖励
- 按照实际交易金额扣税，无需占用大额资金预缴

共识数信
CONSENSUS DATATRUST

北京共识数信科技有限公司主要面向金融机构、大型企业集团提供"区块链+"产品和服务。立足资本市场、做数字化生态可信基础设施及资产交易服务构建者。

2021年7月19日，中国证监会发布《关于注册制下督促证券公司从事投行业务归位尽责的指导意见》（以下简称"《意见》"），目的是保障注册制改革顺利推行，进一步压实保荐机构"看门人"作用。《意见》中明确提出完善激励约束机制，促进证券公司主动归位尽责。

协助中国证券业协会

1.制定数据报送规范与"证券业联盟链"技术对接。

2.基于投行业务电子底稿监管系统和"证券业联盟链"，建设投行业务质量评价系统。

3.采集评价数据，完成执业质量监管评价、内部控制质量评价、业务管理自律评价、调整项评价的全方位、全流程的管理。

4.处理评价数据，根据不同的数据来源进行数据复核计算分类、提供自评数据系统自动化监测，醒复核结果。

协助证券公司

1.为证券公司提供区块链基础设施，基于特定的技术架构及标准以自持节点方式快速接入"证联链"基础设施。

2.提供投行业务报送区块链应用，多种方式对接本地投行系统，实现投行数据自动化采集，智能监测报送数据完整性。

3.提供评价数据预自评功能，预自评结果与协会系统复核结果保持一致。

投行业务质量评价平台示意图

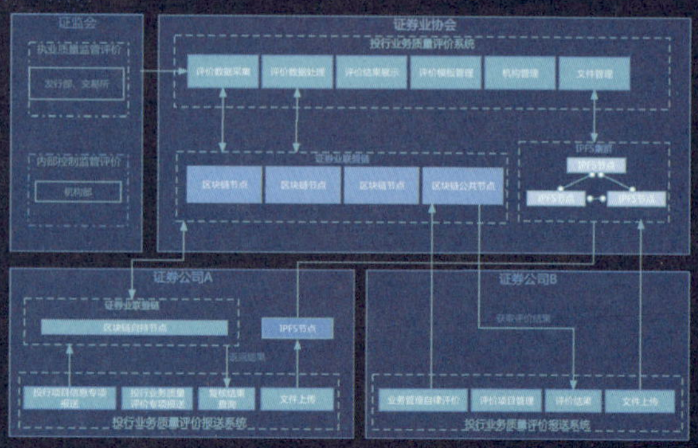

投行质量评价系统基于证券业协会的行业联盟链基础服务设施上搭建，利用区块链的数据可信、不可篡改、可溯源等特性实现整个业务流程，利用区块链P2P网络和区块监听服务实现端对端的数据交换。

10

上市辅导与验收

只有经历周期才能明白周期的力量，我们要持续性基业长青，就要理解周期的力量，优秀的企业是在不同的周期中历练成功的。

应对不确定性，我们要具备三个基本要素：一是领导力，有没有悬崖勒马、壮士断臂的能力；二是应变力，进行资源的重置和组织的能力；三是行动力，要坚决、要快，快速行动。

改变，就是应对复杂局面和挑战最简单的答案。敢于改变，是美的发展史上最重要的资产。美的从未惧怕改变，永远要在最好的时候主动改变。

——方洪波（1967—），中国，美的创始人上市辅导，是指辅导机构，即按照《证券发行上市保荐业务管理办法》（以下简称《保荐管理办法》）开展辅导工作的保荐机构，对拟申请首次公开发行股票并上市的公司（以下简称“辅导对象”）开展辅导工作，辅导对象、证券服务机构和相关从业人员配合辅导机构开展辅导工作，在辅导工作过程中，需要经过中国证券监督管理委员会（以下简称“中国证监会”）及其派出机构对辅导工作进行监督管理和辅导验收。

拟上市企业在此之前对上市后应履行的义务缺少系统的认知，而要成长为一家合格的上市公众公司，则需要严格遵照相关法律法规，并履行相应的信息披露义务。此外，根据《保荐管理办法》的要求，凡拟在中华人民共和国境内首次公开发行股票的股份有限公司，在提出首次公开发行股票并上市的申请前，应聘请辅导机构进行辅导。因此，上市辅导工作至关重要。

10.1 辅导中相关主体的责任

（1）监督主管机构：中国证监会及其派出机构。

中国证监会建立辅导监管系统，以满足辅导材料提交、辅导公文出具、信息共享等工作需要，并通过中国证监会政务服务平台向社会公开辅导监管信息；辅导对象所在地派出机构负责对辅导工作进行监管。

辅导监管信息包括辅导备案报告、辅导工作进展情况报告、辅导情况报告以及其他与辅导对象相关的基本信息。

辅导对象所在地在境外的，由辅导对象境内主营业地或境内证券事务机构所在地的派出机构进行监管。

（2）辅导机构：是指按照《保荐管理办法》开展辅导工作的保荐机构，负责组织辅导对象、证券服务机构及相关从业人员实施具体的上市辅导工作。

辅导机构指定参与辅导工作的人员中，保荐代表人不得少于两人。

（3）辅导对象，其中包括：

①拟上市公司的董事、监事和高级管理人员；

②持有 5% 以上股份的股东和实际控制人（或者其法定代表人），该股东为法人或其他组织形式的，辅导机构应当督促其法定代表人、基金管理人的法定代表人、执行事务合伙人参与辅导。

（4）其他中介机构：包括会计师事务所、律师事务所等证券服务机构，主要负责出具审计报告、内部控制专项报告、法律意见书或其他专业报告。

10.2 辅导内容与目的

2021 年 9 月 30 日，中国证监会正式颁布《首次公开发行股票并上市辅导监管规定》，明确了 IPO 辅导验收的主要内容，规定验收时应采取现场走访、约谈、检查或抽查保荐业务工作底稿等方式。以此进一步规范上市辅导相关工作，充分发挥派出机构属地监管优势，压实中介机构责任，从源头提高上市公司质量。

中国证监会表示，辅导工作应当促进辅导对象具备成为上市公司应有的公司治理结构、会计基础工作、内部控制制度，充分了解多层次资本市场各板块的特点和属性，树立进入证券市场的诚信意识、自律意识和法治意识。

首次公开发行股票并上市
辅导监管规定

辅导验收应当对辅导机构辅导工作的开展情况及成效作出评价，但不对辅导对象是否符合发行上市条件作实质性判断。

辅导内容：

辅导内容包括：对发行人的董事、监事和高级管理人员、持有 5% 以上股份的股东和实际控制人（或者其法定代表人）进行系统的法规知识、证券市场知识培训，使其全面掌握发行上市、规范运作等方面的有关法律法规和规则，知悉信息披露和履行承诺等方面的责任和义务，树立进入证券市场的诚信意识、自律意识和法制意识，以及中国证监会规定的其他事项。

辅导目的：

辅导工作促进辅导对象具备成为上市公众公司应有的公司治理结构、会计基础工作、内部控制制度，充分了解多层次资本市场各板块的特点和属性，树立进入证券市场的诚信意识、自律意识和法制意识。

10.3 辅导的相关程序

辅导的相关程序

STEP 01 聘请辅导机构

拟申请首次公开发行股票并上市的公司（辅导对象）需聘请辅导机构并签署辅导协议，辅导机构和辅导对象应当签订书面辅导协议，明确约定协议双方的权利、义务。

STEP 02 申请辅导备案

辅导机构与辅导对象签订辅导协议后5个工作日内，辅导机构应当向验收机构进行辅导备案。

STEP 03 完成辅导备案

验收机构应当在收到齐备的辅导备案材料后5个工作日内完成备案；确有必要进行当面沟通的，辅导对象、辅导机构可以预约验收机构工作人员进行当面沟通。

STEP 04 辅导期间

辅导期自完成辅导备案之日起算，至辅导机构向验收机构提交齐备的辅导验收材料之日截止。辅导期原则上不少于3个月。

STEP 05 申请辅导验收

辅导机构完成辅导工作，且已通过首次公开发行股票并上市的内核程序，应当向验收机构提交辅导验收材料。

STEP 06 辅导验收

辅导验收材料符合齐备性标准的，验收机构应当自收到齐备的辅导验收材料之日起20个工作日内出具验收工作函。

验收机构进行辅导验收，可以组织相关人员参加证券市场知识测试。

STEP 07 验收工作完成

辅导验收后，验收机构应当向辅导机构出具验收工作完成函。

验收工作完成函有效期为12个月。

图 10-1 上市辅导的相关程序

上市辅导过程中涉及的相关报送材料及验收程序

(1) 由保荐机构（辅导机构）与拟上市公司（辅导对象）签署辅导协议，辅导协议至少应当包括以下内容：

- 辅导人员的构成；
- 辅导对象接受辅导的人员范围；
- 辅导内容、计划及实施方案；
- 辅导方式、辅导期间及各阶段的工作重点；
- 辅导费用及付款方式；
- 双方的权利、义务；
- 辅导协议的变更与终止；
- 违约责任。

(2) 辅导机构办理辅导备案时，应当提交下列材料：

- 辅导协议；
- 辅导机构辅导立项完成情况说明；
- 辅导备案报告；
- 辅导机构和辅导人员的资格证明文件；
- 辅导对象即全体董事、监事、高级管理人员、持股5%以上股东和实际控制人（或其法定代表人）名单；
- 中国证监会要求的其他材料。

(3) 辅导机构完成辅导工作，且已通过首次公开发行股票并上市的内核程序，可以向验收机构提交下列辅导验收文件：

- 辅导情况报告，包括重点辅导工作开展情况、辅导过程中发现的问题及改进情况等；
- 辅导机构内核会议记录（或会议决议）及关注事项说明；
- 辅导对象近三年及一期财务报表及审计报告、经内核会议审定的招股说明书；
- 辅导工作相关底稿；
- 辅导对象的律师、会计师向辅导机构就辅导工作中遇到的问题所出具的初步意见；
- 中国证监会要求的其他材料。

（4）验收机构主要验收下列事项：

- 辅导机构辅导计划和实施方案的执行情况；
- 辅导机构督促辅导对象规范公司治理结构、会计基础工作、内部控制制度情况，指导辅导对象对存在问题进行规范的情况；
- 辅导机构督促辅导对象及相关人员掌握发行上市、规范运作等方面的法律法规和规则、知悉信息披露和履行承诺等方面的责任、义务以及法律后果情况；
- 辅导机构引导辅导对象及其相关人员充分了解多层次资本市场各板块的特点和属性，掌握拟上市板块的定位和相关监管要求情况。

（5）验收机构进行辅导验收，应当采取下列方式：

- 审阅辅导验收资料；
- 现场走访辅导对象、查阅公司资料、约谈有关人员等；
- 检查或抽查保荐业务工作底稿；
- 其他必要方式。

10.4 证监局对辅导验收重点关注的内容

10.4.1 与拟上市企业相关的内容

（1）财务问题，具体如图 10-2 所示。

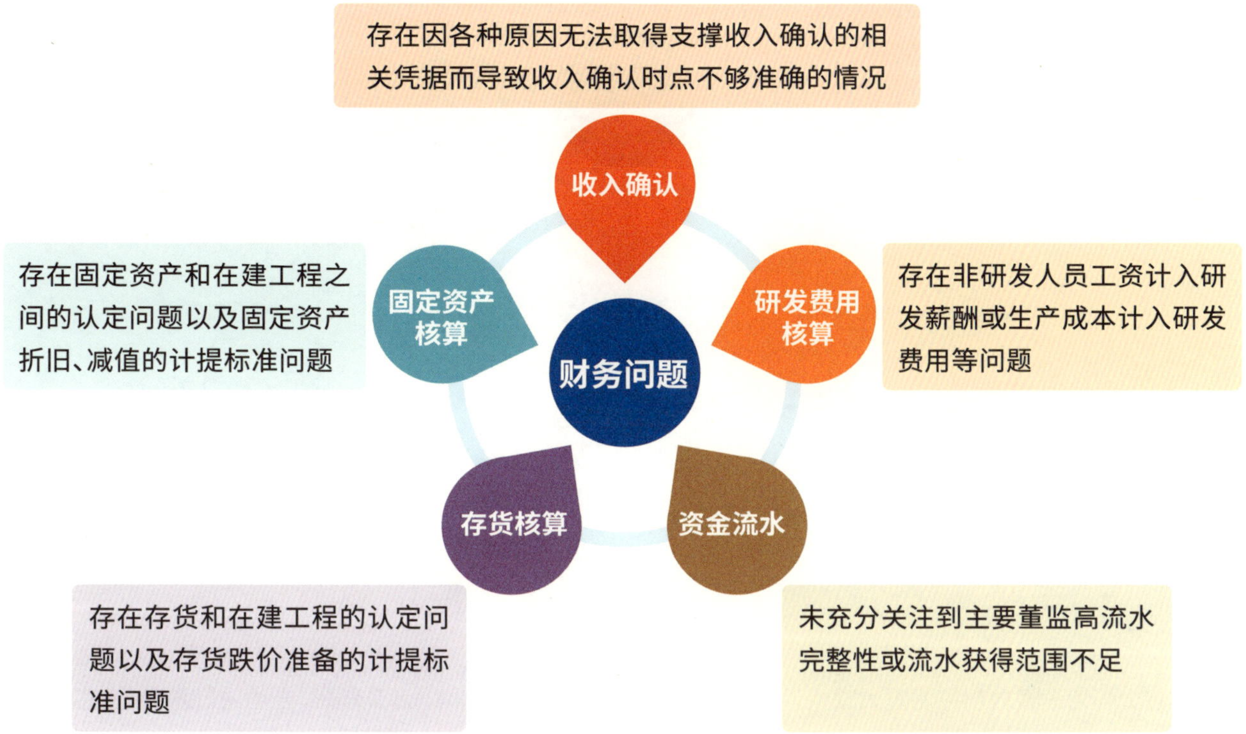

图 10-2　财务问题

（2）董监高问题，具体如图 10-3 所示。

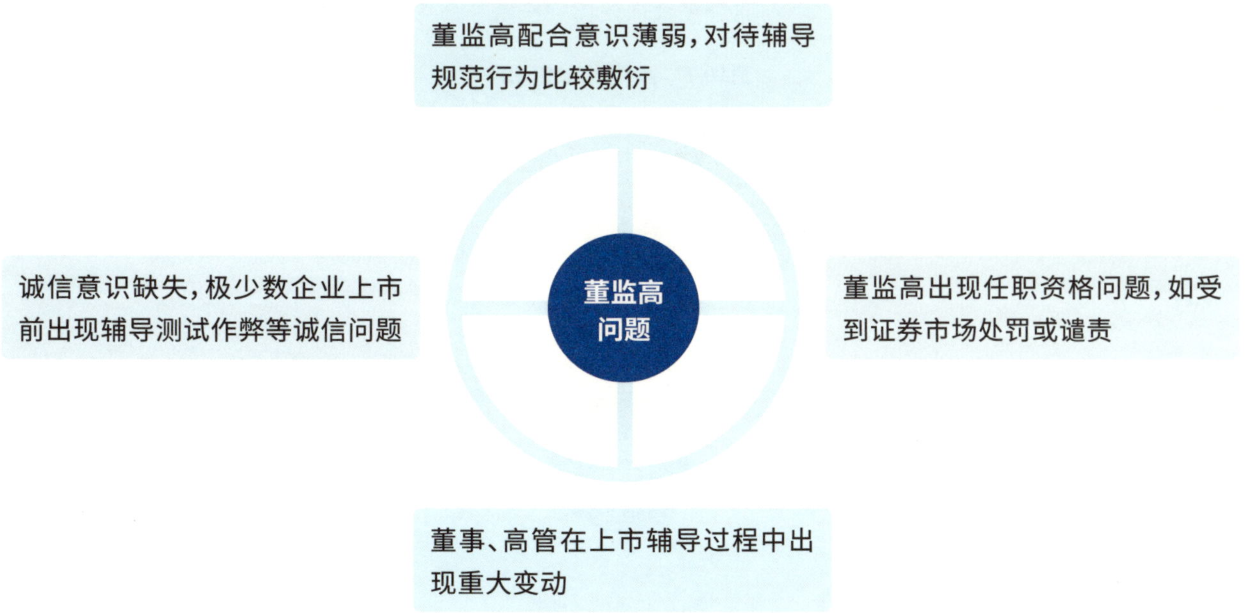

图 10-3　董监高问题

（3）独立性问题，具体如图 10-4 所示。

图10-4 独立性问题

（4）其他合规性问题，具体如图 10-5 所示。

图10-5 其他合规性问题

10.4.2 与辅导机构相关的内容

（1）工作投入问题，具体如图 10-6 所示。

图10-6 工作投入问题

（2）程序问题，具体如图 10-7 所示。

图10-7　程序问题

（3）其他执业问题。

负责上市辅导的现场工作人员不具备执业资格。

申万宏源承销保荐
SHENWAN HONGYUAN FINANCING SERVICES

关于我们

申万宏源承销保荐是申万宏源证券的全资子公司，主要从事证券承销（不含除可转换债券以外的债券品种）与保荐，与证券交易、证券投资活动有关的财务顾问。

作为国家主权财富基金中国投资有限责任公司直管企业的全资子公司，中央汇金投资有限责任公司是我们的控股股东，我们充分利用“投资控股集团+证券子公司”的双层架构优势，形成独具特色的“研究+投资+投行”的综合金融服务模式，帮助企业解决各类“疑难杂症”，并且勇于创新，为客户提供打造全业务链投行服务，成为“有信仰、敢担当”的国有一流金融服务商，这也是金融央企的重要使命。

业务介绍

投资银行业务：全价值链投资银行服务

股权融资 | 债权融资 | 并购重组 | 财务顾问

全价值链投资银行服务

- 股票发行和承销
- 企业债、公司债
- 战略引资
- 企业改制重组
- 收购兼并
- 境外债券发行
- 境外并购融资
- 财务顾问
- 公司治理战略发展咨询
- 境外股权融资
- 上市公司市值管理
- 股权激励计划设计

国内投资银行业务领域的领先者

国内证券业经验丰富的投资银行

- 为政府和企业筹集资金逾**万亿**
- 主承销股权业务逾**400家**
- 主承销IPO逾**200家**
- 主承销公司债券逾**2000支**
- 新三板挂牌逾**800家**

- 主承销第一张A股股票
- 主承销第一张B股股票
- 主承销第一张B股可转换债券
- 担当第一家H股财务顾问
- 首家股份报价转让系统公司挂牌主办券商
- 建立新中国第一个股票交易柜台
- 主承销国内首只民营企业公司债
- 首批获得银行同业拆借资格
- 编制第一个股票指数和第一本股票年报

突出的新三板/北交所业务优势

业务优势

- 新三板头部券商的地位（北交所主要由股转公司审核）
- 稳定专业的团队（挂牌督导保荐一体化）
- 遍布全国的服务网络（利于精选层发行承销）
- 全流程服务方案（更长远的资本规划）
- 强大的定价研究支持（有利于提供合理的IPO发行定价建议，提高发行成功率）

- 获得行业奖状最多
- 定向增值融资最多
- 首批获得业务资格
- 业务创新成果最多
- 配备专业人员最多
- 承做项目数量最多
- 最早并持续参与制度设计
- 创投战略合作伙伴最多

天职国际：突破会计师事务所做大做强瓶颈

天职国际一直强调并积极推行自上而下高度一体化的管理，实施“质量至上、行稳致远”的发展战略，不断完善质量管理体系，确保高标准的执业质量，为推动行业健康发展贡献力量。

天职国际会计师事务所（特殊普通合伙）简称天职国际，创立于1988年12月，总部北京，是一家专注于审计鉴证、资本市场服务、咨询服务、税务服务、法务与清算、企业估值的特大型综合性咨询机构。

全国排名前十的大型综合性咨询机构
在中国内地及中国香港特别行政区拥有近30家分支机构
专业人员6000余人 千余位注册会计师 近百位高端会计人才
全球排名前十的国际会计网络Baker Tilly中国地区唯一成员所
30余家中央企业集团年审客户 市场占有率领先
近300家上市公司 包括10余家H股 多家B股
500余家新三板挂牌客户
上百家IPO过会客户

一流的专业团队、一流的专业服务能力，是天职国际的奋斗目标。未来，在夯实原有客户服务基础上，天职国际将继续通过一体化管理优势、优化人力资源、提升执业质量、加强信息化建设，为客户提供更多附加值，成为客户最信赖的合作伙伴。

11

IPO申报受理与审核流程

创新才是谷歌的未来，而不仅仅是保持现有的实用性。很多公司一旦开始盈利，就会减少对研发的投入。的确，做你熟悉的事情确实非常容易。但是，过去的经验告诉我们，一旦停止创新，就很有可能被他人所超越。

人们是否在使用清洁能源、交通运输是否在优化、互联网是否在变得更好等等，这些工作都很重要。即使是少数人也可以影响这个世界。

——拉里·佩奇（1973—），美国，谷歌联合创始人

11.1 IPO 申报与受理

11.1.1 IPO 申报

拟上市企业在申报上市时，应召开董事会和股东大会对首次公开发行股票方案等相关事项进行审议。在提交发行上市申请文件前，对于重大疑难、无先例事项等涉及交易所业务规则理解与适用的问题，发行人及保荐人可以通过交易所发行上市审核业务系统进行咨询；确需当面咨询的，可以通过交易所发行上市审核业务系统预约（创业板、科创板、北交所适用）。拟上市企业应当按照相关法律法规的规定制作申请文件，由保荐人保荐并向中国证监会 / 交易所提交申请文件。

申请文件根据《公开发行证券的公司信息披露内容与格式准则第 9 号——首次公开发行股票并上市申请文件》、《深圳证券交易所创业板股票发行上市审核规则》第十一条、《上海证券交易所科创板股票发行上市审核规则》第十一条、《北京证券交易所向不特定合格投资者公开发行股票并上市审核规则（试行）》第十条规定报送。

以《深圳证券交易所创业板股票发行上市审核规则》第十一条为例：

第十一条 发行人申请股票首次发行上市，应当按照规定聘请保荐人进行保荐，并委托保荐人通过本所发行上市审核业务系统报送下列发行上市申请文件：

（一）中国证监会规定的招股说明书、发行保荐书、审计报告、法律意见书、公司章程、股东大会决议等注册申请文件；

（二）上市保荐书；

（三）本所要求的其他文件。

发行上市申请文件的内容与格式应当符合中国证监会和本所的相关规定。

另外，在 IPO 申报材料数量上，北交所 IPO 申报材料数量比沪深交易所各板块减少 50% 以上。沪深交易所各板块 IPO 申报材料差异较小，此处以创业板为例，对比创业板 IPO 申报文件与北交所 IPO 申报文件差异，具体如表 11-1 所示。

表 11-1　创业板 IPO 申报文件与北交所 IPO 申报文件差异

创业板 IPO 申报文件	北交所 IPO 申报文件	比较
一、招股文件	一、发行文件	
1-1 招股说明书（申报稿）	1-1 招股说明书（申报稿）	一致

续表

创业板 IPO 申报文件	北交所 IPO 申报文件	比较
二、发行人关于本次发行上市的申请与授权文件	二、发行人关于本次发行上市的申请与授权文件	
2-1 关于本次公开发行股票并在创业板上市的申请报告	2-1 发行人关于本次公开发行股票并在北交所上市的申请报告	一致
2-2 董事会有关本次发行并上市的决议	2-2 发行人董事会有关本次公开发行并在北交所上市的决议	一致
2-3 股东大会有关本次发行并上市的决议	2-3 发行人股东大会有关本次公开发行并在北交所上市的决议	一致
2-4 关于符合创业板定位要求的专项说明		减少
三、保荐人和证券服务机构关于本次发行上市文件	三、保荐人关于本次发行的文件	
3-1 保荐人关于本次发行上市的文件		
3-1-1 关于发行人符合创业板定位要求的专项意见		减少
3-1-2 发行保荐书	3-1 发行保荐书	一致
3-1-3 上市保荐书	3-2 上市保荐书	一致
3-1-4 保荐工作报告	3-3 保荐工作报告	一致
3-1-5 关于发行人预计市值的分析报告（如适用）保荐机构相关子公司参与配售的相关文件（如有）		减少
3-2 会计师关于本次发行上市的文件	四、会计师关于本次发行的文件	
3-2-1 财务报表及审计报告	4-1 最近三年及一期的财务报告和审计报告	一致
3-2-2 发行人审计报告基准日至招股说明书签署日之间的相关财务报表及审阅报告（如有）		减少
3-2-3 盈利预测报告及审核报告（如有）	4-2 盈利预测报告及审核报告（如有）	一致
3-2-4 内部控制鉴证报告	4-3 内部控制鉴证报告	一致
3-2-5 经注册会计师鉴证的非经常性损益明细表	4-4 经注册会计师鉴证的非经常性损益明细表	一致

续表

创业板 IPO 申报文件	北交所 IPO 申报文件	比较
	4-5 会计师事务所关于发行人前次募集资金使用情况的报告（如有）	新增
3-3 发行人律师关于本次发行上市的文件	五、律师关于本次发行的文件	
3-3-1 法律意见书	5-1 法律意见书	一致
3-3-2 律师工作报告	5-2 律师工作报告	一致
3-3-3 关于发行人董事、监事、高级管理人员、发行人控股股东和实际控制人在相关文件上签名盖章的真实性的鉴证意见	5-3 发行人律师关于发行人董事、监事、高级管理人员、发行人控股股东和实际控制人在相关文件上签名盖章的真实性的鉴证意见	一致
3-3-4 关于申请电子文件与预留原件一致的鉴证意见	5-4 关于申请电子文件与预留原件一致的鉴证意见	一致
四、发行人的设立文件		
4-1 发行人的企业法人营业执照	7-1 发行人营业执照及公司章程（草案）	一致
4-2 发行人公司章程（草案）		
4-3 发行人关于公司设立以来股本演变情况的说明及其董事、监事、高级管理人员的确认意见		减少
4-4 商务主管部门出具的外资确认文件（如有）		减少
五、与财务会计资料相关的其他文件		
5-1 发行人关于最近三年及一期的纳税情况及政府补助情况		
5-1-1 发行人最近三年及一期所得税纳税申报表		减少
5-1-2 有关发行人税收优惠、政府补助的证明文件		减少
5-1-3 主要税种纳税情况的说明		减少
5-1-4 注册会计师对主要税种纳税情况说明出具的意见		减少

续表

创业板 IPO 申报文件	北交所 IPO 申报文件	比较
5-1-5 发行人及其重要子公司或主要经营机构最近三年及一期发行人纳税情况的证明		减少
5-2 发行人需报送的其他财务资料		
5-2-1 最近三年及一期原始财务报表		减少
5-2-2 原始财务报表与申报财务报表的差异比较表		减少
5-2-3 注册会计师对差异情况出具的意见		减少
5-3 发行人设立时和最近三年及一期的资产评估报告（如有）		减少
5-4 发行人的历次验资报告或出资证明		减少
5-5 发行人大股东或控股股东最近一年的原始财务报表及审计报告（如有）	7-2 发行人控股股东、实际控制人最近一年及一期的财务报告及审计报告（如有）	基本一致
六、关于本次发行上市募集资金运用的文件	六、关于本次发行募集资金运用的文件	
6-1 发行人关于募集资金运用方向的总体安排及其合理性、必要性的说明		减少
6-2 募集资金投资项目的审批、核准或备案文件（如有）	6-1 募集资金投资项目的审批、核准或备案文件（如有）	一致
6-3 发行人拟收购资产（或股权）的财务报表、资产评估报告及审计报告、盈利预测报告（如有）	6-2 发行人拟收购资产（包括权益）的有关财务报告、审计报告、资产评估报告（如有）	一致
6-4 发行人拟收购资产（或股权）的合同或合同草案（如有）	6-3 发行人拟收购资产（包括权益）的合同或其草案（如有）	一致
七、其他文件	七、其他文件	
7-1 产权和特许经营权证书		
7-1-1 发行人拥有或使用的对其生产经营有重大影响的商标、专利、计算机软件著作权等知识产权以及土地使用权、房屋所有权等产权证书清单（需列明证书所有者或使用者名称、证书号码、权利期限、取得方式、是否及存在何种他项权利等内容）		减少

续表

创业板 IPO 申报文件	北交所 IPO 申报文件	比较
7-1-2 发行人律师就 7-1-1 清单所列产权证书出具的鉴证意见		减少
7-1-3 特许经营权证书（如有）		减少
7-2 重要合同		
7-2-1 对发行人有重大影响的商标、专利、专有技术等知识产权许可使用协议（如有）		减少
7-2-2 重大关联交易协议（如有）		减少
7-2-3 重组协议（如有）		减少
7-2-4 特别表决权股份等差异化表决安排涉及的协议（如有）		减少
7-2-5 高级管理人员、员工配售协议（如有）		减少
7-2-6 其他重要商务合同（如有）		减少
7-3 特定行业（或企业）的管理部门出具的相关意见（如有）	7-5 特定行业（或企业）管理部门出具的相关意见（如有）	一致
7-4 承诺事项	7-3 承诺事项	
7-4-1 发行人及其实际控制人、控股股东、持股 5% 以上股东以及发行人董事、监事、高级管理人员等责任主体的重要承诺以及未履行承诺的约束措施	7-3-1 发行人及其控股股东、实际控制人、持股 5% 以上股东以及发行人董事、监事、高级管理人员等责任主体的重要承诺及未履行承诺的约束措施	一致
7-4-2 有关消除或避免相关同业竞争的协议以及发行人的控股股东和实际控制人出具的相关承诺		减少
7-4-3 发行人全体董事、监事、高级管理人员对发行申请文件真实性、准确性、完整性的承诺	7-3-2 发行人及其控股股东、实际控制人、全体董事、监事、高级管理人员、保荐人（主承销商）、律师事务所、会计师事务所及其他证券服务机构对发行申请文件真实性、准确性、完整性的承诺书	基本一致
7-4-4 发行人控股股东、实际控制人对招股说明书的确认意见		

续表

创业板 IPO 申报文件	北交所 IPO 申报文件	比较
7-4-5 发行人监事对招股说明书的确认意见	2-4 发行人监事会对招股说明书真实性、准确性、完整性的书面审核意见	基本一致
7-4-6 发行人关于申请电子文件与预留原件一致的承诺函	7-3-3 发行人、保荐人关于申请电子文件与预留原件一致的承诺函	一致
7-4-7 保荐人关于申请电子文件与预留原件一致的承诺函		
7-4-8 发行人保证不影响和干扰审核的承诺函		减少
7-5 说明事项		
7-5-1 发行人关于申请文件不适用情况的说明		减少
7-5-2 发行人关于招股说明书不适用情况的说明		减少
7-5-3 信息披露豁免申请（如有）	7-4 信息披露豁免申请及保荐人核查意见（如有）	一致
7-6 保荐协议	7-6 保荐协议	一致
7-7 其他文件	7-7 其他文件	一致

注：北交所 IPO 申报材料数量为 29 项，相对创业板 IPO 申报材料少了行业定位、纳税及原始财务报表相关财务咨询等 32 项内容。

主板、创业板、科创板、北交所具体申报文件目录参考，具体如表 11-2 所示。

表 11-2　　主板、创业板、科创板、北交所上市申报文件目录参考法规

板块	法规名称	二维码
主板（沪市主板、深市主板）	《公开发行证券的公司信息披露内容与格式准则第 9 号——首次公开发行股票并上市申请文件》	

续表

板块	法规名称	二维码
创业板	《公开发行证券的公司信息披露内容与格式准则第 29 号——首次公开发行股票并在创业板上市申请文件》	
科创板	《公开发行证券的公司信息披露内容与格式准则第 42 号——首次公开发行股票并在科创板上市申请文件》	
北交所	《公开发行证券的公司信息披露内容与格式准则第 47 号——向不特定合格投资者公开发行股票并在北京证券交易所上市申请文件》	

11.1.2 IPO 受理

1. 企业申请在沪市主板、深市主板上市：保荐机构及发行人应当向中国证监会提交申请文件，中国证监会收到申请文件后，在 5 个工作日内作出是否受理的决定，申请文件正式受理后，发行人应当将招股说明书（申报稿）在中国证监会网站（eid.csrc.gov.cn）预先披露（见图 11-1）。

图 11-1　中国证监会招股说明书预披露网页

2. 企业申请在创业板、科创板、北交所上市：申请在创业板上市，应当向深交所申报；申请在科创板上市，应当向上交所申报；申请在北交所上市的，应当向北交所提交相关申请文件。交易所受理 IPO 申请后，对申请文件进行核对，发行上市申请文件与中国证监会和交易所规定的文件目录不相符、文档名称与文档内容不相符、文档格式不符合中国证监会和交易所要求、签章不完整或者不清晰、文档无法打开或者存在交易所认定的其他不齐备情形的，发行人应当予以补正，补正时限最长不超过 30 个工作日。

交易所正式受理发行上市申请当日，发行人应当在交易所网站（创业板：http://www.szse.cn/、科创板：http://www.sse.com.cn/、北交所：http://www.bse.cn/）预先披露招股说明书、发行保荐书、上市保荐书、审计报告和法律意见书等文件（见图 11-2、图 11-3、图 11-4）。

图 11-2　创业板发行上市预披露网页

图 11-3　科创板发行上市预披露网页

图 11-4　北交所发行上市预披露网页

11.2 IPO 审核流程

我国资本市场证券发行制度经历了审批制、核准制（通道制、保荐制）及注册制的变化过程。

2018 年，习近平总书记提出在上交所设立科创板并试点实施注册制，核准制与注册制并存，推动中国资本市场进一步发展。2020 年 6 月，深交所创业板借鉴上交所科创板的成功经验，审核制度也转变为注册制，推进发行、上市、信息披露、交易、退市等基础性制度改革，增强对创新企业的服务能力，更好促进经济高质量发展。

注册制下，监管机构对拟上市企业实行“限时审核”制度，创业板、科创板为自交易所受理发行上市申请文件之日起，交易所审核和中国证监会注册的时间总计不超过 3 个月，北交所为自交易所受理发行上市申请文件之日起 2 个月形成审核意见。发行人及其保荐人、证券服务机构回复交易所审核问询的时间总计不超过 3 个月（在计算时限时，中止审核、请示有权机关、落实上市委员会意见、暂缓审议、处理会后事项、实施现场检查、要求进行专项核查，要求发行人补充、修改申请文件等情形，不计算在前两款规定的时限内）。

规则不仅严格规定了总体时间，对每个环节也都有严格的时间限制。例如：

（1）首轮问询审核：交易所发行上市审核机构自受理之日起 20 个工作日内，通过保荐人（创业板、科创板）或审核系统（北交所）向发行人提出首轮审核问询。

（2）多轮问询审核：首轮审核问询后，存在下列情形之一的，交易所发行上市审核机构收到发行人回复后 10 个工作日内可以继续提出审核问询：

①首轮审核问询后，发现新的需要问询事项；

②发行人及其保荐人、证券服务机构的回复未能有针对性地回答交易所发行上市审核机构提出的审核问询，或者交易所就其回复需要继续审核问询；

③发行人的信息披露仍未满足中国证监会和交易所规定的要求；

④交易所认为需要继续审核问询的其他情形。

(3)上市委会议审议回复：发行人及其保荐机构、证券服务机构应当于上市委审议会议结束后10个工作日内汇总补充报送与审核问询回复相关的保荐工作底稿和更新后的验证版招股说明书(创业板、科创板适用)。

注册制审核程序相关法规，具体如表 11-3 所示。

表 11-3　　注册制审核程序相关法规

板块	法规名称	二维码
创业板	《深圳证券交易所创业板股票发行上市审核规则》	
科创板	《上海证券交易所科创板股票发行上市审核规则》	
北交所	《北京证券交易所向不特定合格投资者公开发行股票并上市审核规则（试行）》	

在核准制审核制度下，上市审核并没有设置严格的审核时间。

核准制和注册制的审核流程及差异，具体如表 11-5 所示。

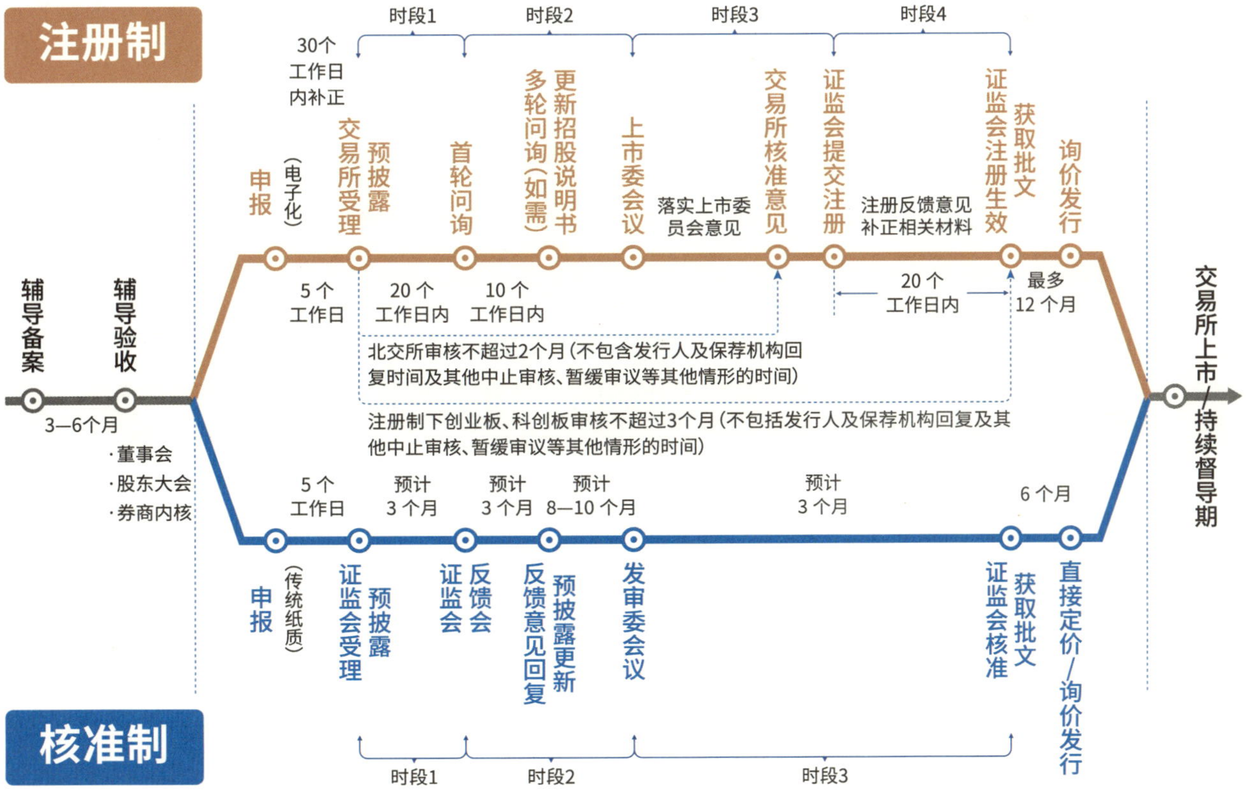

图 11-5　核准制和注册制的审核流程及差异

11.2.1 IPO 审核各阶段平均时间

随着注册制改革的推进，企业 IPO 时间正在逐步缩短。按企业获得发行批文的时间作为节点分段，计算 IPO 上市企业自申报受理到获得发行批文期间所经历的时间，具体统计如表 11-4 所示。

表 11-4　各板块历年审核平均历时

年份＼板块	主板（天）	创业板（核准制）（天）	科创板（天）	创业板（注册制）（天）	北交所（天）
2021	186	—	202	—	114
2020	358	—	260	267	136
2019	470	360	211	—	—
2018	504	442	—	—	—
2017	488	492	—	—	—

注：数据来源于易董，样本为 2017 年 1 月 1 日至 2021 年 12 月 31 日期间受理且现已获发行批文的企业。

根据易董数据的分析，注册制审核时长平均短于核准制审核，在注册制改革的背景下，核准制的审核时长也在逐年缩短，2021 年，核准制审核的时间已呈现短于注册制的趋势。

通过对审核阶段进行更细致的划分，统计不同口径下的平均历时可了解审核各阶段的时长与规律。根据不同审核制度下的审核程序、审核机构差异，可将 IPO 审核阶段细分归纳为以下四个时间段，具体如表 11-5 所示。

表 11-5　IPO 审核阶段细分情况

分类	核准制	注册制	北交所
时段 1	受理——首轮反馈	受理——首轮问询	受理——首轮问询
时段 2	首轮反馈——发审委会议	首轮问询——上市委会议	首轮问询——上市委会议
时段 3	发审委会议——获得发行批文	上市委会议——提交注册	上市委会议——提交注册
时段 4	—	提交注册——获得发行批文	提交注册——获得发行批文

截至 2021 年 12 月 31 日，根据易董数据统计，将 IPO 市场按照申报板块的不同划分，各审核阶段平均历时表现具体如表 11-6、图 11-6 所示。

表 11-6　　　　IPO 审核阶段细分情况

板块 分类	主板		创业板（核准制）		科创板		创业板（注册制）		北交所	
时段 1	192 天	41.92%	180 天	39.74%	24 天	10.17%	27 天	8.91%	30 天	22.56%
时段 2	218 天	47.60%	224 天	49.45%	133 天	56.36%	156 天	51.49%	90 天	67.67%
时段 3	48 天	10.48%	49 天	10.81%	28 天	11.86%	61 天	20.13%	4 天	3.01%
时段 4	—				51 天	21.61%	59 天	19.47%	9 天	6.76%
合计	458 天	100.00%	453 天	100.00%	236 天	100.00%	303 天	100.00%	133 天	100.00%

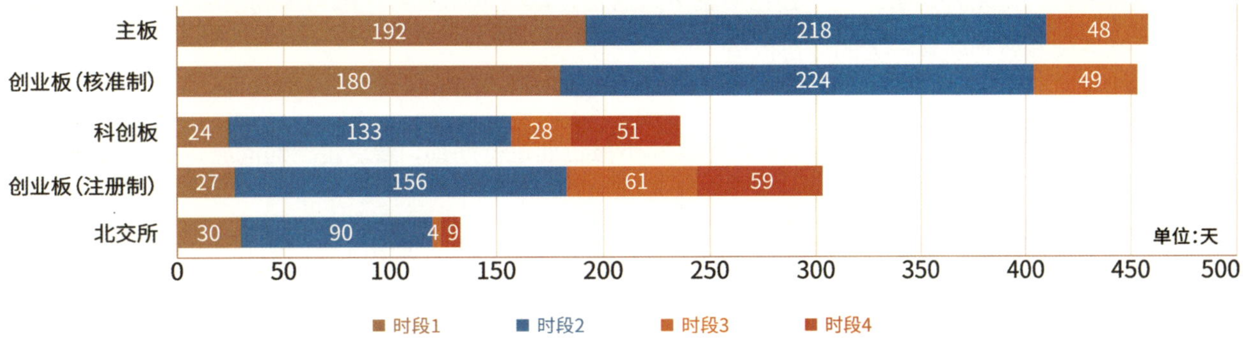

注：数据来源于易董，样本为 2017 年 1 月 1 日至 2021 年 12 月 31 日期间受理且现已获发行批文的企业。

图 11-6　各板块审核时段表现

根据易董数据分析，相同审核制度下的不同板块间各审核时段表现大致相同，不同审核制度下的相同审核时段差异较大，其中，注册制下的企业从受理到首次收到问询、从首次收到问询到上市委会议的时间均比核准制下企业从受理到首次收到反馈意见、从首次收到反馈意见到发审委会议的时间更短，但注册制下的企业自提交注册进入中国证监会审核时段后，到获得发行批文所经历的时间与核准制下企业自发审委会议通过后到获得发行批文所经历的时间大致相同，随着注册制改革的推进，各板块审核时间整体趋于平缓。

11.2.2 注册制下各板块平均问询次数

注册制下，拟上市企业在审核过程中，都会收到来自中国证监会 / 交易所的多轮问询，要求企业对问题进行详细的答复。影响企业审核时长的因素有很多，其中，问询次数是影响企业发行审核时长的重要因素之一，企业的规范性、信息披露质量做得好，IPO 问询的次数就会少一些。

据易董数据统计显示，自注册制实施以来，拟上市企业的问询情况具体如表 11-7 所示。

表 11-7　　注册制下拟上市企业的问询情况

板块	交易所审核问题		中国证监会注册反馈问题	
	平均问询次数（轮）	平均问询数量（个）	平均问询次数（轮）	平均问询数量（个）
创业板注册制	3.76	38	1.22	4
科创板	3.98	50	1.08	4

可以看到，科创板 IPO 企业平均问询次数达到 5.06 轮，平均问询数量接近 54 个；创业板 IPO 企业平均问询次数达到 4.98 轮，平均问询数量接近 42 个。问询轮次差异，可能与部分创业板企业原在中国证监会进行过一部分审核，在创业板注册制正式实施时，全部平移到深交所进行审核有关。注册制在关注发行条件、上市条件的基础上，强化信息披露监管，以问询促披露，推动提高信息披露质量，以便于市场主体能够有效判断发行人的投资价值。

在北交所审核过程中，北交所审核机构也会对申报企业进行问询，要求企业对问题进行详细的答复。

根据易董数据统计，截至 2021 年 12 月 31 日，北交所企业的问询情况具体如表 11-8 所示。

表 11-8　　北交所企业的问询情况

板块	交易所审核问题	
	平均问询次数（轮）	平均问询数量（个）
北交所	2.06	32

根据表 11-8 可以看出，北交所 IPO 企业平均问询次数在 2.06 轮，平均问题数量接近 32 个。北交所实施注册制后，在审核问询方面也会逐步向创业板、科创板靠拢，强化信息披露，推动提高信息披露质量。

11.2.3 专家咨询机构

1. 行业咨询专家库（创业板适用）

为推进创业板改革并试点注册制，准确把握企业所属行业特点，提高发行人业务与技术相关的信息披露质量，深交所设立行业咨询专家库（以下简称“专家库”），负责为创业板建设和发行上市审核提供专业咨询和政策建议。

专家库由从事与新技术、新产业、新业态、新模式紧密相关行业的权威专家、知名企业家、资深投资专家组成（均为兼职），并可根据行业设立不同咨询组别。

专家库专家就下列事项提供咨询意见：

01 发行上市申请文件中与发行人业务和技术相关的信息披露问题；

02 发行人是否符合创业板定位；

03 重组上市标的资产是否为符合国家战略的高新技术产业和战略性新兴产业资产；

04 国内外科技创新及产业化应用的发展动态；

05 深交所相关行业信息披露规则的制定；

06 深交所根据工作需要提请咨询的其他事项。

深圳证券交易所行业咨询专家库工作规则

2. 科技创新咨询委员会（科创板适用）

为更好地在执行层面把握科创板定位，推动科技创新企业及产业化应用发展，上交所设立科技创新咨询委员会（以下简称“咨询委员会”），为拟上市科创板企业提供专业咨询、政策建议，强化专业把关及引导作用。

咨询委员会负责向上交所提供专业咨询、人员培训和政策建议。委员由从事科技创新行业的权威专家、知名企业家、资深投资专家组成（均为兼职）。根据科技创新企业行业相关性，咨询委员会中设立不同咨询组别。

咨询委员会就下列事项提供咨询意见：

01 科创板的定位以及发行人是否具备科技创新属性、符合科创板定位；

02 《科创板企业上市推荐指引》等相关规则的制定；

03 发行上市申请文件中与发行人业务和技术相关的问题；

04 国内外科技创新及产业化应用的发展动态；

05 上交所根据工作需要提请咨询的其他事项。

上海证券交易所科技创新咨询委员会工作规则

3. 行业咨询委员会（北交所适用）

为进一步提升服务创新型中小企业的能力，促进股票发行上市工作，北交所设立了行业咨询委员会，负责为发行上市审核提供专业咨询和政策建议。

咨询委委员每届任期两年（可连任），由相关行业的权威专家、资深投资专家、知名企业家组成。所有委员均为兼职。

咨询委就下列事项提供咨询意见：

01 发行上市申请文件中与发行人业务、技术相关的信息披露问题；

02 国内外科技创新及产业化应用的发展动态；

03 北交所相关行业信息披露规则的制定；

04 北交所根据工作需要提请咨询的其他事项。

北京证券交易所行业咨询委员会管理细则

11.3 发行审核委员会 / 上市委员会

11.3.1 发行审核委员会（沪市主板、深市主板适用）

中国证监会设立发行审核委员会（以下简称“发审委”），发审委制度是发行审核中的专家决策机制。

发审委的具体审议程序为：

STEP 01 会议通知和参与委员确定

发审会召开5天前中国证监会发布会议公告，公布发审会审核的发行人名单、会议时间、参会发审委委员名单（每次参加发审委会议的发审委委员为 7 名）等。

STEP 02 召开首发发审会

由审核人员向委员报告审核情况，并就有关问题提供说明，委员发表审核意见，发行人代表和保荐代表人各2名到会陈述和接受询问，聆询时间不超过40分钟，聆询结束后由委员投票表决（发审会认为发行人有需要进一步披露和说明问题的，形成书面审核意见后告知保荐机构）。

STEP 03 投票表决

表决投票时，同意票数达到5票为通过，同意票数未达到5票为未通过。

发审委会议对发行人的股票发行申请投票表决后，中国证监会在网站上公布表决结果。

表 11-9　　发行审核委员会相关工作法规

序号	法规名称	二维码
1	《中国证券监督管理委员会发行审核委员会办法》	
2	《【行政许可事项】发行监管部首次公开发行股票审核工作流程》	

11.3.2 上市委员会（创业板、科创板、北交所适用）

交易所设立上市委员会（以下简称“上市委”），负责对审核部门出具的审核报告和发行人的申请文件提出审议意见。

上市委员会的具体审议程序为：

STEP 01　会议通知和参与委员确定

交易所于会议召开5个工作日前，公布审议会议的时间、拟参会委员名单（每次审议会议由5名委员参加，其中会计、法律专家至少各1名）、审议会议涉及的发行人名单等。

STEP 02　问询问题提交与通知

科创板/创业板拟参会委员应当于审议会议召开3个工作日前，将拟提问询问题提交会议召集人和上市委秘书处。

北交所要求拟参会委员应当于会议召开4个工作日前向秘书处回复是否参会。

上市委秘书处应当于审议会议召开2个工作日前，将经会议召集人汇总后的问询问题告知发行人及其保荐人、独立财务顾问。

STEP 03　会议合议

参会委员在拟提出问询的范围内，向发行人、保荐人等相关主体代表询问并要求其回答。

上市委审议会议采用合议制，召集人组织委员围绕审核报告内容和初步审核意见充分讨论，发表明确的审议意见，召集人根据讨论情况对委员意见进行提炼总结，经合议，按少数服从多数的原则形成审议意见。

STEP 04　审议意见处理

交易所结合上市委员的审议意见，出具发行人符合发行条件、上市条件和信息披露要求的审核意见或作出终止发行上市审核的决定。

表 11-10　　上市委员会相关工作法规

序号	法规名称	二维码
1	《深圳证券交易所创业板上市委员会管理办法》	
2	《深圳证券交易所创业板股票发行上市审核规则》	
3	《上海证券交易所科创板上市委员会管理办法》	
4	《上海证券交易所科创板股票发行上市审核规则》	
5	《北京证券交易所上市委员会管理细则》	
6	《北京证券交易所向不特定合格投资者公开发行股票并上市审核规则（试行）》	

注册制下，上市委审议会议采用合议制；核准制下，发审委会议采用投票表决制，这是两者重要的差异。

11.4 获得上市批文

11.4.1 核准制（沪市主板、深市主板适用）

当发行人通过发审会审核后且无重大会后事项或已履行完重大会后事项程序的，中国证监会将下发批文。根据《首次公开发行股票并上市管理办法》第三十七条规定，自中国证监会核准发行之日起，发行人应在 6 个月内发行股票；超过 6 个月未发行的，核准文件失效，须重新经中国证监会核准后方可发行（而在实操中，中国证监会近期核准主板首发上市的批复中明确指出“本批复自核准发行之日起 12 个月内有效”）。

11.4.2 注册制（创业板、科创板、北交所适用）

当发行人通过上市委会议审核后，交易所结合上市委审议通过的意见，向中国证监会报送同意发行上市的审核意见、相关审核资料和公司的申请材料。中国证监会依法履行发行注册程序，发行注册主要关注交易所发行上市审核内容有无遗漏，审核程序是否符合规定，以及发行人在发行条件和信息披露要求的重大方面是否符合相关规定。中国证监会认为存在需要进一步说明或者落实事项的，可以要求交易所进一步问询。

中国证监会在 20 个工作日内对发行人的注册申请作出予以注册或者不予注册的决定。发行人根据要求补充、修改注册申请文件，或者中国证监会要求交易所进一步问询，要求保荐人、证券服务机构等对有关事项进行核查，对发行人现场检查，并要求发行人补充、修改申请文件的时间不计算在内。

中国证监会的予以注册决定，自作出之日起 1 年内有效，发行人应当在注册决定有效期内发行股票，发行时点由发行人自主选择。

12

IPO审核重点关注问题与合理建议

如果早些年我就能够了解现在已经了解的知识的话，这恐怕不是一件好事情，那时候我就会恐惧，为什么？如果我当时了解这么多，可能就会意识到开一个公司是非常艰难的。我觉得对于任何人来说。年轻人最大的动力，或者最大的优势就在于，你一旦想做什么你就马上去做。说这是天真也好，甚至对一些事情的无知也好，有这种勇气和决心就应该去做。

人们浪费了太多来弥补没有进行模拟的事实。在元宇宙中，可以模拟所有工厂、植物以及现实世界的电网，如此一来，才可以减少浪费，这就是元宇宙对企业如此有利的原因。企业只要投资小笔资金，就能购买这种人工智能技术，但节省下来的钱有可能是几千亿美元。

——黄仁勋（1963—），美国，英伟达联合创始人

12.1 IPO 审核

12.1.1 IPO 审核的实质

IPO 审核的实质可分为定量审核 + 定性审核。定量审核，是审核判断拟上市企业是否符合《首次公开发行股票并上市管理办法》第二十六条规定的条件，拟申报科创板公司是否符合《科创板首次公开发行股票注册管理办法（试行）》《上海证券交易所科创板股票上市规则》的规定，拟申报创业板公司是否符合《创业板首次公开发行股票注册管理办法（试行）》《深圳证券交易所创业板股票上市规则》的规定，拟申报北交所公司是否符合《北京证券交易所向不特定合格投资者公开发行股票注册管理办法（试行）》《北京证券交易所股票上市规则（试行）》的规定。定性审核，是审核拟上市企业存在的“疑点”，这些“疑点”是否会对拟上市企业的生产经营、盈利能力、可持续发展产生重大的影响，例如，主体资格中出资和资产的合规性、股权是否清晰、控股股东持有的股份是否存在重大权属纠纷、拟上市企业是否具有完整的业务体系或直接面向市场独立经营的能力、拟上市企业的治理结构是否完善、能否具备规范运作的能力等等。另外，财务审核是 IPO 审核的核心，包括但不限于成长性、毛利率、收入确认、存货、销售费用、研发费用等。

12.1.2 IPO 审核的理念

核准制审核的理念是实质性审核，即监管部门总体上对拟上市企业发展前景以及投资价值、拟上市企业是否符合发行条件进行实质性地判断。拟上市企业能否通过审核是监管部门多因素综合考量的结果。

注册制审核理念是以信息披露为中心，强化信息披露监管，中介机构对拟上市企业信息披露的真实、准确、完整把关，监管部门对拟上市企业和中介机构的申请文件进行合规性审核，不判断企业盈利能力，在充分信息披露的基础上，由投资者自行判断企业价值和风险，自主投资决策。

目前，主板采用核准制审核，科创板、创业板、北交所采用注册制审核。两者的主要区别在于核准制审核是以强制性信息披露和合规性审查为核心；注册制审核是以信息披露为核心，强调的是充分披露，以及齐备性、一致性和可理解性。

12.2 大数据下 IPO 审核关注要点统计

注册制与核准制，除了在审核理念有区别外，注册制在审核机制流程上相对更加公开、透明。注册制明确各环节审核时限，充分公开审核规则、披露规则，实现受理、问询、回复、审议结果全公开；核准制审核的问询问题公开，但只有公司通过发审会审核后，在指定网站披露相关发行文件时，随发行文件披露部分回复的内容，如果未通过审核，就不会予以披露。

为了全面了解监管机构对拟上市企业的关注要点，易董数据库基于核准制和注册制在审核透明度有所区别的基础上，对自 2015 年 1 月 1 日至 2021 年 12 月 31 日期间，申报 IPO 的 3232 家公司被审核问询情况进行了不同维度的统计总结，共计 9260 封 IPO 问询函件，包括 154803 个问题、80484 个回复。本章统计数据包括在审企业、被否、撤回、发行中、已上市的所有被问询企业。

易董 IPO 函件数据库对问询的问题共分为三级类别，其中，一级类别 17 个业务点、二级类别 166 个业务点、三级类别 274 个业务点。在数据分析过程中，为了更好地展示各板块审核关注点的差异性，我们统一采取二级分类进行展示，同时对于问询率较高的三级类别，进行部分展示。具体如表 12-1 所示。

表 12-1　大数据下 IPO 审核关注要点

■ 问询率排名 1—5 名　■ 问询率排名 6—10 名　■ 问询率排名 11—20 名　■ 问询率排名 21—50 名

一级分类	二级分类	沪市主板 问询率	沪市主板 排名	深市主板 问询率	深市主板 排名	创业板 问询率	创业板 排名	科创板 问询率	科创板 排名	北交所 问询率	北交所 排名
业务与技术	采购	90.48%	5	90.95%	5	99.26%	2	98.22%	4	98.35%	4
	持续经营	89.26%	9	89.10%	9	98.08%	5	96.60%	10	100.00%	1
	客户与供应商	86.60%	12	88.17%	11	98.38%	4	97.89%	6	98.35%	4
	·客户集中度	29.82%	—	32.71%	—	51.10%	—	40.36%	—	40.11%	—
	资产权属及完整性	84.16%	15	82.83%	17	88.50%	19	97.08%	9	94.51%	9
	·专利	51.77%	—	52.20%	—	61.56%	—	89.79%	—	72.53%	—
	销售	83.83%	16	85.38%	15	94.25%	10	96.43%	11	98.35%	4
	公司产品及服务	83.28%	17	82.60%	18	95.72%	9	97.41%	7	96.70%	6
	行业情况	75.30%	25	72.85%	22	91.59%	14	98.70%	2	100.00%	1
	租赁	65.01%	31	68.91%	28	62.54%	42	59.64%	47	56.04%	37

续表

一级分类	二级分类	沪市主板		深市主板		创业板		科创板		北交所	
		问询率	排名	问询率	排名	问询率	排名	问询率	排名	问询率	排名
业务与技术	生产业务相关情况	64.45%	33	70.53%	25	85.40%	22	87.52%	23	86.81%	15
	经营资质	60.35%	36	62.41%	33	78.32%	26	71.64%	37	92.86%	11
	核心竞争力	51.05%	43	45.94%	47	82.45%	24	96.60%	10	94.51%	9
	主要经营业务情况	49.17%	45	48.96%	43	78.02%	27	72.93%	35	71.98%	25
	技术和研发	41.09%	56	47.33%	44	72.71%	33	97.24%	8	93.41%	10
	安全生产相关	39.98%	60	37.59%	58	30.83%	76	18.15%	103	46.70%	42
	第三方回款	32.89%	68	37.82%	57	58.55%	44	46.52%	57	53.30%	39
	现金交易	32.12%	70	33.41%	67	34.51%	65	15.88%	110	29.12%	61
	招投标情况	19.71%	91	21.11%	83	37.61%	61	39.06%	67	58.79%	34
	公司发展战略及经营计划	18.16%	95	17.63%	87	29.20%	79	46.52%	57	66.48%	30
	主营业务变化	15.17%	102	10.21%	102	16.22%	105	16.69%	107	10.44%	83
	其他经营情况	10.74%	112	10.21%	102	10.32%	118	11.02%	120	7.14%	88
	公司行业及产品定位	2.88%	134	4.64%	117	14.75%	111	35.33%	74	19.23%	74
	科创板定位	0.11%	145	—	—	—	—	51.54%	54	—	—
	创业板定位	—	—	—	—	35.10%	64	—	—	—	—
	会计政策和会计处理	89.92%	7	87.94%	12	89.97%	16	95.30%	12	96.15%	7
	资产减值	88.93%	10	90.26%	6	95.72%	9	93.84%	16	97.80%	5

续表

一级分类	二级分类	沪市主板		深市主板		创业板		科创板		北交所	
		问询率	排名	问询率	排名	问询率	排名	问询率	排名	问询率	排名
财务会计处理与分析	·存货跌价准备	70.84%	—	70.77%	—	81.59%	—	82.66%	—	79.12%	—
	收入确认	80.84%	20	82.60%	18	93.51%	12	94.49%	14	96.70%	6
	成本核算	67.33%	30	71.23%	24	73.16%	31	75.20%	32	85.71%	17
	财务报表项目变动幅度较大	62.90%	35	64.97%	31	12.24%	113	0.65%	142	—	—
	股份支付	51.05%	43	53.60%	38	75.81%	29	78.61%	28	34.07%	56
	追溯调整及差错更正	47.40%	47	50.35%	41	27.88%	84	41.33%	65	62.64%	31
	费用资本化	45.96%	49	44.55%	49	23.01%	90	36.79%	71	28.57%	62
	财务报表勾稽关系	44.52%	52	50.35%	41	38.20%	60	60.94%	45	66.48%	30
	利润分配及公积金转增股本	39.98%	60	35.50%	62	44.25%	54	43.44%	61	35.16%	54
	在建工程结转情况	34.99%	65	35.96%	61	32.01%	71	30.63%	82	36.26%	52
	应收款逾期	31.45%	72	36.43%	60	64.31%	41	60.62%	46	59.34%	33
	票据融资相关	28.24%	76	32.95%	68	29.06%	80	18.31%	102	27.47%	63
	其他应关注的财务或会计问题	18.60%	94	22.97%	80	28.61%	82	30.96%	81	10.44%	83
	合并报表范围	15.39%	100	11.83%	100	10.47%	117	17.18%	106	14.29%	77
	资金拆借	14.73%	103	12.06%	99	19.76%	98	19.45%	100	11.54%	81
	同一控制下的企业合并	13.40%	105	6.26%	112	11.21%	115	17.99%	104	9.34%	85
	会计政策及估计变更情况	11.41%	109	11.37%	101	9.44%	121	43.44%	61	35.16%	54

续表

一级分类	二级分类	沪市主板		深市主板		创业板		科创板		北交所	
		问询率	排名	问询率	排名	问询率	排名	问询率	排名	问询率	排名
财务会计处理与分析	资金流水核查	10.85%	111	16.01%	90	71.68%	34	30.47%	83	45.60%	43
	转贷	9.86%	115	13.23%	96	33.63%	68	10.86%	121	20.33%	72
	第三方代收货款	7.09%	121	12.99%	97	22.12%	92	2.59%	137	8.24%	86
	摊薄即期回报相关	4.21%	129	4.18%	118	—	—	0.81%	141	0.55%	99
	未弥补亏损	1.66%	136	0.46%	129	4.42%	133	17.50%	105	1.65%	97
损益情况	期间费用	87.82%	11	88.17%	11	93.51%	12	98.38%	3	96.70%	6
	·销售费用	73.84%	—	74.25%	—	86.75%	—	84.12%	—	82.42%	—
	·研发费用	36.03%	—	39.44%	—	65.39%	—	92.06%	—	68.13%	—
	营业收入	82.28%	18	82.83%	17	97.49%	6	97.41%	7	97.80%	5
	营业成本	79.40%	22	78.42%	20	94.10%	11	93.03%	19	88.46%	13
	净利润	63.90%	34	69.84%	27	70.50%	35	63.70%	42	71.43%	26
	税费	41.97%	55	38.98%	55	53.10%	50	58.67%	48	40.66%	48
	其他利润表相关	22.92%	86	25.29%	77	27.58%	85	29.66%	84	23.08%	69
	非经常性损益	20.82%	90	15.31%	91	22.71%	91	27.23%	87	19.23%	74
	汇兑损益	13.07%	106	14.15%	94	19.32%	99	22.37%	93	14.84%	76
	投资收益	12.74%	107	11.37%	101	15.63%	106	19.77%	99	19.78%	73
	扣除非经常性损益后的净利润	11.30%	110	11.37%	101	20.94%	94	23.50%	92	9.89%	84

续表

一级分类	二级分类	沪市主板		深市主板		创业板		科创板		北交所	
		问询率	排名	问询率	排名	问询率	排名	问询率	排名	问询率	排名
损益情况	公允价值变动损益	7.97%	118	8.12%	105	7.08%	126	6.81%	128	4.95%	92
	营业外支出	6.20%	126	4.18%	118	14.90%	110	11.51%	118	12.64%	79
	营业外收入	4.10%	130	3.71%	120	4.72%	132	7.13%	127	8.24%	86
资产负债表相关	应收款项	86.16%	13	86.54%	13	96.76%	7	94.17%	15	95.60%	8
	存货	79.51%	21	80.05%	19	87.91%	20	91.73%	21	84.62%	18
	固定资产	64.89%	32	64.50%	32	74.19%	30	76.50%	30	71.43%	26
	应付款项	54.93 %	39	55.22%	36	57.37%	46	58.18%	49	76.92%	21
	无形资产	38.32%	62	34.34%	64	34.37%	66	44.73%	60	26.37%	64
	在建工程	36.77%	63	33.64%	66	36.73%	62	33.23%	77	39.56%	50
	其他资产负债表相关	32.23%	69	33.64%	66	33.33%	69	37.44%	70	47.80%	41
	预收款项	29.13%	75	28.54%	74	31.86%	72	31.93%	79	39.01%	51
	预付款项	27.02%	78	25.52%	76	36.43%	63	34.68%	76	44.51%	44
	预计负债	25.03%	84	29.47%	72	28.76%	81	32.09%	78	19.23%	74
	货币资金	24.14%	85	29.23%	73	20.50%	96	30.47%	83	42.86%	47
	递延收益	19.71%	91	17.17%	89	12.54%	112	22.04%	94	17.58%	75
	借款	19.49%	92	19.49%	86	33.33%	69	24.31%	90	43.41%	46
	递延所得税资产	17.05%	97	14.39%	93	12.54%	112	18.15%	103	9.89%	84

续表

		沪市主板		深市主板		创业板		科创板		北交所	
一级分类	二级分类	问询率	排名	问询率	排名	问询率	排名	问询率	排名	问询率	排名
资产负债表相关	长期待摊费用	14.40%	104	13.23%	96	17.11%	103	13.61%	113	8.24%	86
	可供出售金融资产	10.52%	113	9.28%	103	3.69%	137	5.35%	131	3.85%	94
	递延所得税负债	10.19%	114	6.50%	111	3.54%	138	4.05%	134	2.20%	96
	长期股权投资	9.19%	117	6.96%	109	9.44%	121	13.78%	112	13.74%	78
	商誉	7.86%	119	7.66%	107	9.88%	120	13.45%	114	10.99%	82
	投资性房地产	6.87%	122	6.50%	111	5.16%	130	5.51%	130	7.69%	87
	交易性金融资产	4.65%	128	2.78%	122	7.82%	125	9.08%	125	10.44%	83
	其他流动资产	0.44%	143	1.39%	126	2.80%	140	1.46%	139	3.85%	94
独立性	关联交易	94.91%	1	93.27%	2	96.61%	8	96.43%	11	100.00%	1
	公司独立性	89.81%	8	89.10%	9	56.64%	47	67.10%	39	70.33%	27
	同业竞争	77.41%	23	70.30%	26	59.29%	43	54.94%	52	61.54%	32
风险提示	经营风险	93.80%	2	93.04%	3	99.71%	1	99.84%	1	100.00%	1
	经营环境	42.19%	54	45.71%	48	77.14%	28	75.04%	33	83.52%	19
重大事项	重大合同及其履行情况	74.97%	26	71.69%	23	83.63%	23	93.68%	17	97.80%	5
	税收优惠资格相关	53.71%	40	51.97%	40	41.89%	56	42.95%	62	40.11%	49
	对外投资	47.18%	48	42.92%	52	29.79%	77	37.44%	70	40.66%	48
	政府补助	43.41%	53	34.11%	65	27.88%	84	52.35%	53	34.62%	55

续表

一级分类	二级分类	沪市主板		深市主板		创业板		科创板		北交所	
		问询率	排名	问询率	排名	问询率	排名	问询率	排名	问询率	排名
重大事项	重大诉讼、仲裁事项	42.19%	54	46.17%	46	47.94%	53	48.30%	56	39.01%	51
	承诺事项	39.76%	61	34.80%	63	43.66%	55	76.18%	31	42.86%	47
	重大事故核查	34.00%	67	32.71%	69	31.27%	74	18.96%	101	39.56%	50
	债权债务处理	26.25%	80	22.51%	82	31.12%	75	23.82%	91	20.88%	71
	重要项目实施进展	25.47%	82	26.22%	75	38.64%	58	62.88%	44	62.64%	31
	对外担保	13.40%	105	11.37%	101	10.47%	117	12.32%	115	14.29%	77
	内部交易	6.20%	126	9.05%	104	10.03%	119	14.91%	111	4.40%	93
	其他重大事项	5.65%	127	6.96%	109	1.92%	142	16.53%	108	1.10%	98
	资产质押	3.88%	131	3.94%	119	6.64%	127	4.38%	133	11.54%	81
	对外提供财务资助	2.99%	133	2.32%	124	6.19%	129	2.76%	136	4.40%	93
	媒体传闻澄清	1.44%	138	2.32%	124	3.98%	136	64.18%	41	1.10%	98
公司治理	内部控制	93.80%	2	94.66%	1	92.04%	13	93.03%	19	97.80%	5
	员工	93.02%	3	91.65%	4	89.53%	18	93.52%	18	99.45%	2
	资金占用	34.22%	66	30.63%	70	21.24%	93	21.56%	95	50.55%	40
	三会运作	18.16%	95	17.17%	89	15.34%	107	31.93%	79	17.58%	75
	公司治理有效性	11.74%	108	6.73%	110	9.00%	123	11.51%	118	24.73%	67
	组织架构	7.86%	119	5.10%	115	4.28%	134	13.45%	114	12.64%	79

续表

一级分类	二级分类	沪市主板		深市主板		创业板		科创板		北交所	
		问询率	排名	问询率	排名	问询率	排名	问询率	排名	问询率	排名
	公司章程	1.55%	137	2.09%	125	1.47%	144	4.05%	134	2.75%	95
	其他公司治理相关问题	0.78%	142	0.23%	130	4.28%	134	2.76%	136	5.49%	91
规范性及处罚	审批程序核查	90.37%	6	89.56%	8	80.97%	25	86.06%	25	87.91%	14
	违法违规	81.28%	19	84.22%	16	87.61%	21	84.44%	26	91.76%	12
	规范性核查	70.54%	28	70.30%	26	67.40%	39	57.86%	50	74.18%	23
股东及股权结构情况	股权结构	85.94%	14	85.61%	14	89.82%	17	88.82%	22	79.12%	20
	公司股东	68.99%	29	66.82%	30	69.47%	37	77.80%	29	30.77%	60
	三类股东	52.71%	42	46.87%	45	16.96%	104	28.69%	86	1.10%	98
	实际控制人	52.71%	42	53.13%	39	64.75%	40	69.21%	38	71.43%	26
	子公司、分公司	40.31%	59	44.32%	50	54.13%	49	60.94%	45	68.13%	28
	发行人及股东纳税相关	35.55%	64	30.16%	71	54.13%	49	36.14%	72	6.59%	89
	股权激励及员工持股	25.25%	83	30.16%	71	57.67%	45	71.80%	36	39.01%	51
	股份权属清晰	17.28%	96	14.85%	92	18.73%	100	25.93%	89	6.04%	90
	一致行动协议	15.28%	101	12.30%	98	27.43%	86	40.03%	66	35.71%	53
	股票锁定期	6.87%	122	4.18%	118	15.19%	108	12.16%	116	3.85%	94
	盈利能力	91.47%	4	90.02%	7	98.97%	3	94.81%	13	98.90%	3
	·毛利率	88.14%	—	86.77%	—	98.67%	—	94.81%	—	98.90%	—

续表

一级分类	二级分类	沪市主板 问询率	沪市主板 排名	深市主板 问询率	深市主板 排名	创业板 问询率	创业板 排名	科创板 问询率	科创板 排名	北交所 问询率	北交所 排名
主要财务指标分析	营运能力	48.17%	46	49.65%	42	56.05%	48	45.71%	59	57.69%	35
	偿债能力	19.27%	93	17.40%	88	20.06%	97	19.94%	98	29.12%	61
	成长能力	6.53%	124	3.94%	119	10.91%	116	8.75%	126	6.59%	89
	其他财务指标分析	4.10%	130	3.71%	120	2.80%	140	0.97%	140	0.55%	99
历史沿革	历次资本运作	89.81%	8	88.40%	10	91.15%	15	91.90%	20	67.58%	29
	股东出资	40.53%	58	38.28%	56	31.71%	73	31.77%	80	5.49%	91
	·出资瑕疵	32.71%	—	30.63%	—	21.65%	—	21.23%	—	3.85%	—
	资产评估情况	31.78%	71	28.54%	74	29.50%	78	34.85%	75	11.54%	81
	公司改制与设立	30.12%	74	24.13%	79	18.58%	101	29.01%	85	0.55%	99
	前次挂牌申报	25.58%	81	36.89%	59	34.07%	67	37.76%	69	32.97%	58
	股份增减持	6.64%	123	4.87%	116	0.74%	146	10.70%	122	2.20%	96
	股份质押	6.31%	125	6.96%	109	8.70%	124	11.83%	117	12.09%	80
	股份拍卖	1.00%	141	0.23%	130	0.74%	146	0.97%	140	—	—
	股份继承	0.78%	142	2.55%	123	1.03%	145	0.81%	141	0.55%	99
	其他历史沿革相关问题	0.44%	143	1.39%	126	7.08%	126	2.92%	135	0.55%	99
	信息披露质量	79.40%	22	75.64%	21	11.95%	114	17.18%	106	20.88%	71
	信息披露存疑	60.02%	37	59.86%	35	73.01%	32	87.36%	24	86.26%	16

续表

一级分类	二级分类	沪市主板		深市主板		创业板		科创板		北交所	
		问询率	排名	问询率	排名	问询率	排名	问询率	排名	问询率	排名
信息披露相关	财务数据一致性	49.50%	44	50.35%	41	15.04%	109	21.23%	96	2.20%	96
	信息披露不完整	45.85%	50	42.46%	53	51.18%	51	57.54%	51	76.92%	21
	引用第三方数据	45.63%	51	43.62%	51	24.04%	88	48.62%	55	29.12%	61
	其他信息披露相关	3.54%	132	7.19%	108	10.03%	119	10.05%	123	21.98%	70
	信息披露豁免	1.99%	135	3.25%	121	7.08%	126	18.31%	102	4.40%	93
发行上市相关	申报材料相关	52.93%	41	54.76%	37	68.14%	38	98.06%	5	72.53%	24
	发行条件	21.26%	89	26.22%	75	40.56%	57	38.90%	68	21.98%	70
	中介机构相关	10.74%	112	19.72%	85	20.65%	95	9.24%	124	23.63%	68
	市值预测及评估	1.11%	140	0.70%	128	5.01%	131	13.61%	113	76.37%	22
	上市申请程序	1.11%	140	1.16%	127	2.95%	139	4.86%	132	1.10%	98
董监高及核心技术人员	董监高	76.41%	24	67.75%	29	70.21%	36	82.01%	27	83.52%	19
	核心技术人员	26.58%	79	25.06%	78	32.15%	70	73.74%	34	42.86%	47
现金流量表相关	经营活动现金流	56.70%	38	61.48%	34	50.44%	52	64.34%	40	71.43%	26
	投资活动现金流	30.79%	73	33.64%	66	17.26%	102	35.66%	73	33.52%	57
	筹资活动现金流	27.46%	77	30.63%	70	11.95%	114	11.18%	119	17.58%	75
	其他现金流量表相关	0.33%	144	0.23%	130	2.06%	141	0.97%	140	3.85%	94

续表

一级分类	二级分类	沪市主板		深市主板		创业板		科创板		北交所	
		问询率	排名	问询率	排名	问询率	排名	问询率	排名	问询率	排名
募集资金情况	募投项目实施情况	40.75%	57	39.68%	54	23.45%	89	41.82%	63	43.96%	45
	募资或募投项目合理性、必要性	32.23%	69	22.74%	81	26.25%	87	46.35%	58	87.91%	14
	新增产能合理性及消化措施	22.37%	87	20.19%	84	28.02%	83	41.49%	64	57.14%	36
	募投项目效益	21.82%	88	25.29%	77	6.34%	128	16.21%	109	32.42%	59
	其他应关注的募集资金使用	16.94%	98	14.15%	94	4.28%	134	20.42%	97	25.82%	65
	募投项目投资构成	16.83%	99	13.46%	95	4.13%	135	11.02%	120	25.27%	66
	募投项目产品情况	9.30%	116	5.57%	114	3.98%	136	9.24%	124	25.27%	66
	募投项目匹配情况	7.97%	118	7.89%	106	1.62%	143	6.65%	129	14.84%	76
	募集资金补充流动资金	7.53%	120	6.03%	113	4.72%	132	26.09%	88	55.49%	38
	变更募集资金用途	—	—	—	—	0.15%	147	1.94%	138	7.69%	87

注：（1）本章统计报表数据计算口径说明如下：

问询率 = 当前板块被问询该关注要点的公司家数 / 当前板块被问询的总公司家数 ×100%

（2）本章问询率统计涉及的公司家数，说明如下：

一家公司在申报过程中，会收到多次问询反馈，其中，同一关注要点被问询多次或一次，均视为一家公司被问询。问询率越高，则代表关注度越高。

12.2.1 上会阶段审核情况

近年来，IPO 过会率明显提升，从 2018 年的 59.68% 提升至 2021 年的 89.85%（见图 12-1）。但需要关注的是，在注册制下采用“合议制”，部分有问题公司主动撤材料，没有提交上市委会议，这也是通过率较高的一个原因。

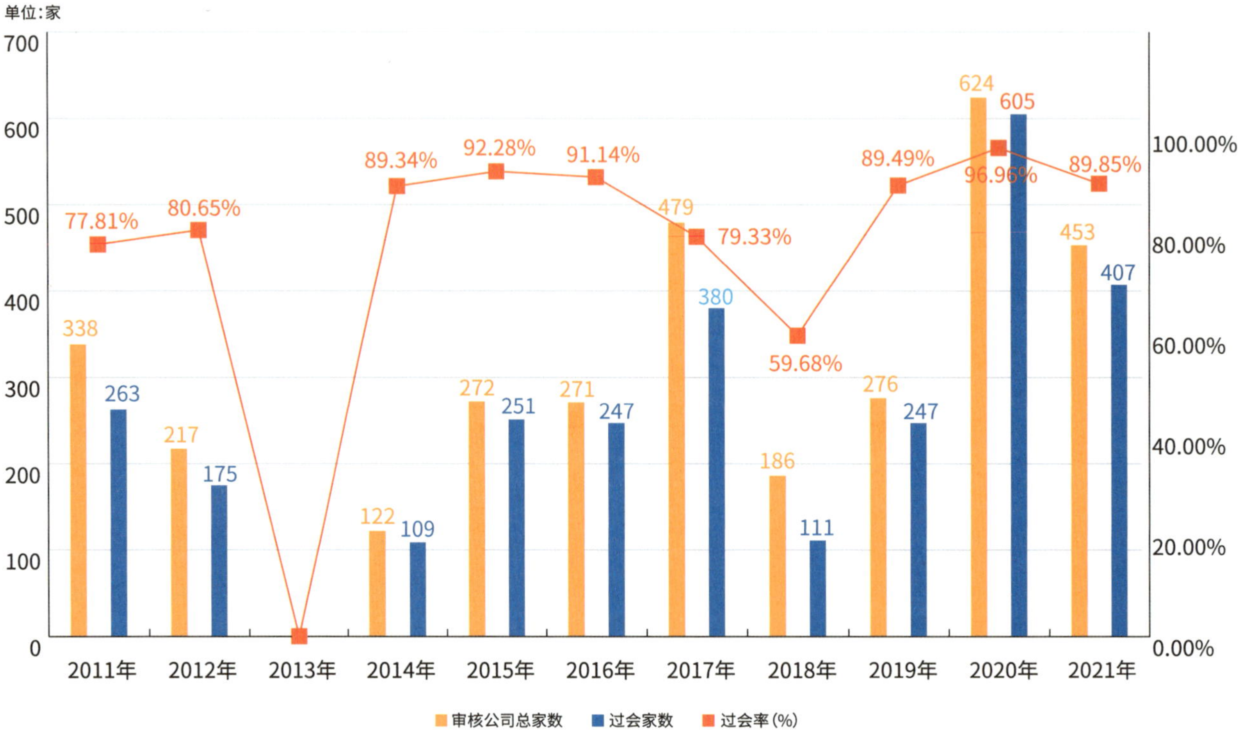

注：通过率 = 过会家数 / 审核公司总家数 ×100%

图 12-1 A 股近 10 年 IPO 审核家数与过会率

历年在 IPO 过程中，均有公司因为不可抗因素选择终止 IPO。2019—2021 年 IPO 终止家数具体如表 12-2 所示。

表 12-2　　2019—2021 年 IPO 终止家数

板块	年份	终止家数
沪市主板	2021 年	27
	2020 年	11
	2019 年	32
深市主板	2021 年	19
	2020 年	12
	2019 年	17

续表

板块	年份	终止家数
创业板	2021 年	119
	2020 年	28
	2019 年	47
科创板	2021 年	90
	2020 年	44
	2019 年	26
北交所	2021 年	35
	2020 年	12
	2019 年	—
合计		519

注：终止审核家数统计范围为当年度终止审查的公司。

12.2.2 上会阶段审核问询情况

2015 年 1 月 1 日至 2021 年 12 月 31 日期间，核准制及注册制上会阶段共计 2479 家公司（核准制 1524 家，注册制 955 家）被问询，累计 9610 个问题。通过易董大数据分析，总结出不同审核制度在上会阶段的主要审核关注情况，采取二级分类进行展示，具体如表 12-3 所示。

表 12-3　　核准制与注册制上会阶段主要审核关注要点

■ 问询率排名 1—5 名　■ 问询率排名 6—10 名　■ 问询率排名 11—20 名　■ 问询率排名 21—30 名

序号	二级分类	核准制			注册制		
		公司家数	问询率	排名	公司家数	问询率	排名
1	持续经营	803	52.69%	1	379	39.69%	1
2	内部控制	703	46.13%	2	213	22.30%	4
3	盈利能力	697	45.73%	3	214	22.41%	3
4	经营风险	680	44.62%	4	301	31.52%	2
5	关联交易	561	36.81%	5	143	14.97%	9
6	销售	514	33.73%	6	192	20.10%	6

续表

序号	二级分类	核准制			注册制		
		公司家数	问询率	排名	公司家数	问询率	排名
7	公司产品及服务	474	31.10%	7	140	14.66%	10
8	客户与供应商	429	28.15%	8	143	14.97%	9
9	采购	424	27.82%	9	101	10.58%	19
10	资产减值	420	27.56%	10	107	11.20%	17
11	营业收入	419	27.49%	11	144	15.08%	8
12	应收款项	374	24.54%	12	126	13.19%	13
13	收入确认	319	20.93%	13	129	13.51%	12
14	违法违规	316	20.73%	14	74	7.75%	22
15	行业情况	262	17.19%	15	151	15.81%	7
16	净利润	252	16.54%	16	46	4.82%	30
17	会计政策和会计处理	251	16.47%	17	110	11.52%	16
18	审批程序核查	251	16.47%	17	44	4.61%	31
19	期间费用	242	15.88%	18	123	12.88%	14
20	重大合同及其履行情况	242	15.88%	18	72	7.54%	23
21	资产权属及完整性	239	15.68%	19	143	14.97%	9
22	存货	236	15.49%	20	55	5.76%	27
23	历次资本运作	233	15.29%	21	103	10.79%	18
24	股权结构	229	15.03%	22	86	9.01%	20
25	核心竞争力	208	13.65%	23	197	20.63%	5
26	公司独立性	195	12.80%	24	51	5.34%	29
27	生产业务相关情况	190	12.47%	25	55	5.76%	27
28	营业成本	174	11.42%	26	42	4.40%	32

续表

序号	二级分类	核准制			注册制		
		公司家数	问询率	排名	公司家数	问询率	排名
29	经营环境	168	11.02%	27	119	12.46%	15
30	经营资质	154	10.10%	28	27	2.83%	40
31	同业竞争	152	9.97%	29	30	3.14%	38
32	实际控制人	149	9.78%	30	77	8.06%	21
33	规范性核查	146	9.58%	31	29	3.04%	39
34	重大诉讼、仲裁事项	144	9.45%	32	42	4.40%	32
35	信息披露存疑	140	9.19%	33	68	7.12%	24
36	员工	117	7.68%	34	53	5.55%	28
37	经营活动现金流	105	6.89%	35	40	4.19%	33
38	应收款逾期	99	6.50%	36	32	3.35%	37
39	信息披露不完整	99	6.50%	36	30	3.14%	38
40	董监高	92	6.04%	37	40	4.19%	33
41	安全生产相关	88	5.77%	38	17	1.78%	49
42	募资或募投项目合理性、必要性	80	5.25%	41	59	6.18%	26
43	技术和研发	57	3.74%	48	136	14.24%	11
44	主要经营业务情况	52	3.41%	52	61	6.39%	25
45	子公司、分公司	50	3.28%	53	32	3.35%	37
46	承诺事项	49	3.22%	54	38	3.98%	34
47	新增产能合理性及消化措施	45	2.95%	56	35	3.66%	36
48	公司发展战略及经营计划	44	2.89%	57	53	5.55%	28
49	股份支付	44	2.89%	57	29	3.04%	39
50	申报材料相关	7	0.46%	80	36	3.77%	35

12.2.3 上会被否公司的前二十名审核关注要点

被否公司的审核情况一直是市场关注的热点，为了助力 IPO 公司成功上市，我们根据易董大数据统计了 2015 年 1 月 1 日至 2021 年 12 月 31 日被否公司（核准制 204 家，注册制 23 家）的主要审核关注要点，具体如表 12-4 所示。

表 12-4　　2015 年 1 月 1 日至 2021 年 12 月 31 日上会被否公司的审核关注要点

制度	排名	问询率	关注要点	问询率	排名	制度
核准制	4	34.31%	①持续经营能力	60.87%	1	注册制
	2	54.41%	②内部控制	34.78%	2	
	6	28.92%	③营业收入	26.09%	3	
	16	17.65%	④信息披露存疑	26.09%	3	
	18	16.67%	⑤核心竞争力	26.09%	3	
	42	2.94%	⑥技术情况	26.09%	3	
	7	27.94%	⑦收入确认	21.74%	4	
	39	4.41%	⑧专利	21.74%	4	
	1	56.37%	⑨毛利率	17.39%	5	
	33	7.35%	⑩ 行业地位	17.39%	5	
	46	0.98%	⑪ 主要产品及服务	17.39%	5	
	10	23.04%	⑫ 重要客户相关情况	13.04%	6	
	14	19.12%	⑬ 风险提示相关	13.04%	6	
	20	15.20%	⑭ 关联交易核查	13.04%	6	
	36	5.88%	⑮ 实际控制人认定	13.04%	6	
	37	5.39%	⑯ 业务独立	13.04%	6	
	44	1.96%	⑰ 研发费用	13.04%	6	
	—	—	⑱ 科创板定位	13.04%	6	
	8	25.49%	⑲ 应收账款	8.70%	7	
	11	22.06%	⑳ 净利润	8.70%	7	
	12	20.10%	㉑ 重大合同及其履行情况	8.70%	7	
	12	20.10%	㉒经销模式	8.70%	7	
	12	20.10%	㉓ 违法违规行为核查	8.70%	7	

续表

制度	排名	问询率	关注要点	问询率	排名	制度
核准制	14	19.12%	㉔ 业绩情况	8.70%	7	注册制
	15	18.14%	㉕ 审批程序相关	8.70%	7	
	19	15.69%	㉖ 坏账准备	8.70%	7	
	3	35.78%	㉗ 持续盈利能力	4.35%	8	
	5	31.37%	㉘ 关联关系核查	4.35%	8	
	7	27.94%	㉙ 产品 / 服务价格及定价政策	4.35%	8	
	9	24.02%	㉚ 销售费用	4.35%	8	
	15	18.14%	㉛ 会计政策和会计处理	4.35%	8	
	13	19.61%	㉜ 原材料采购相关	—	—	
	17	17.16%	㉝ 采购业务相关	—	—	
	18	16.67%	㉞ 存货	4.35%	8	

注：问询率 = 该审核制度被否企业被问询该关注要点的公司家数 / 该审核制度被否企业家数 ×100%

上表仅统计发审委会议 / 上市委会议被否的问询情况。上表将核准制被否前 20 大关注要点与注册制被否前 20 大审核关注要点进行了对比，“—”表示在核准制或注册制被否公司中没有涉及该关注要点问题。

12.2.4 注册制上市委会议审议阶段的前十名关注要点在各个问询阶段的情况

根据易董大数据统计，截至 2021 年 12 月 31 日，科创板开板以来问询公司家数已达 617 家，每家企业平均审核问询轮次达到 5.06 轮，平均每家公司问题数量接近 54 个；创业板实施注册制以来问询公司已达 679 家，每家企业平均审核问询轮次达到 4.98 轮，平均每家公司问题数量接近 42 个。

上会时的关注问题往往决定能否顺利过会，根据易董大数据，我们将创业板、科创板上市委会议问询的前十名关注要点在每一轮的问询率进行了归纳统计。具体情况如图 12-2 和图 12-3 所示。

12.2.4.1 创业板上市委会议

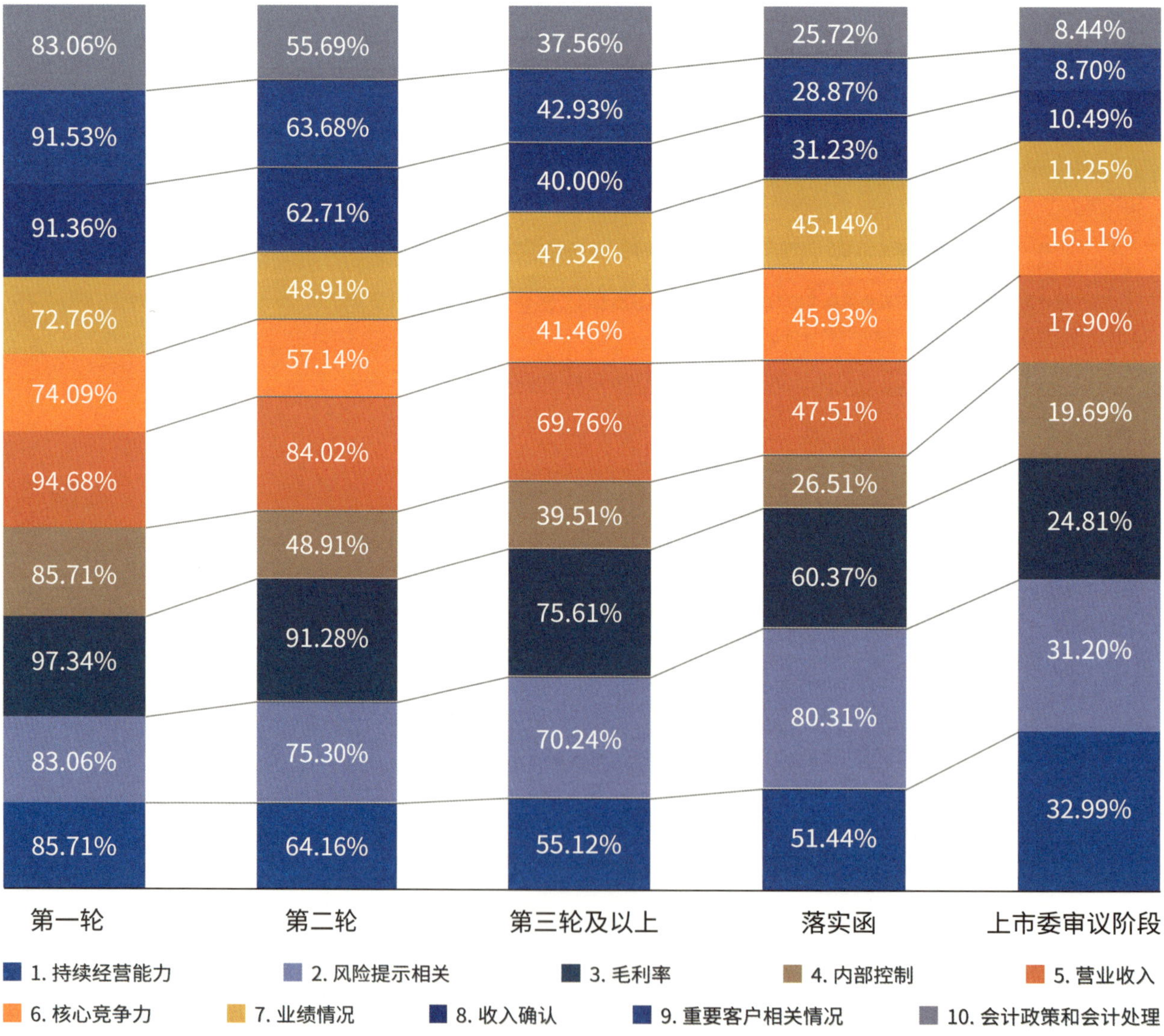

注：问询率 = 当前阶段被问询该关注要点的创业板公司家数 / 当前阶段被问询的创业板总公司家数 ×100%

图例为创业板上市委会议问询率前十的关注要点，由高到低依次排序。

图 12-2 创业板上会阶段问询率前十的关注要点在每一阶段的问询情况

12.2.4.2 科创板上市委会议

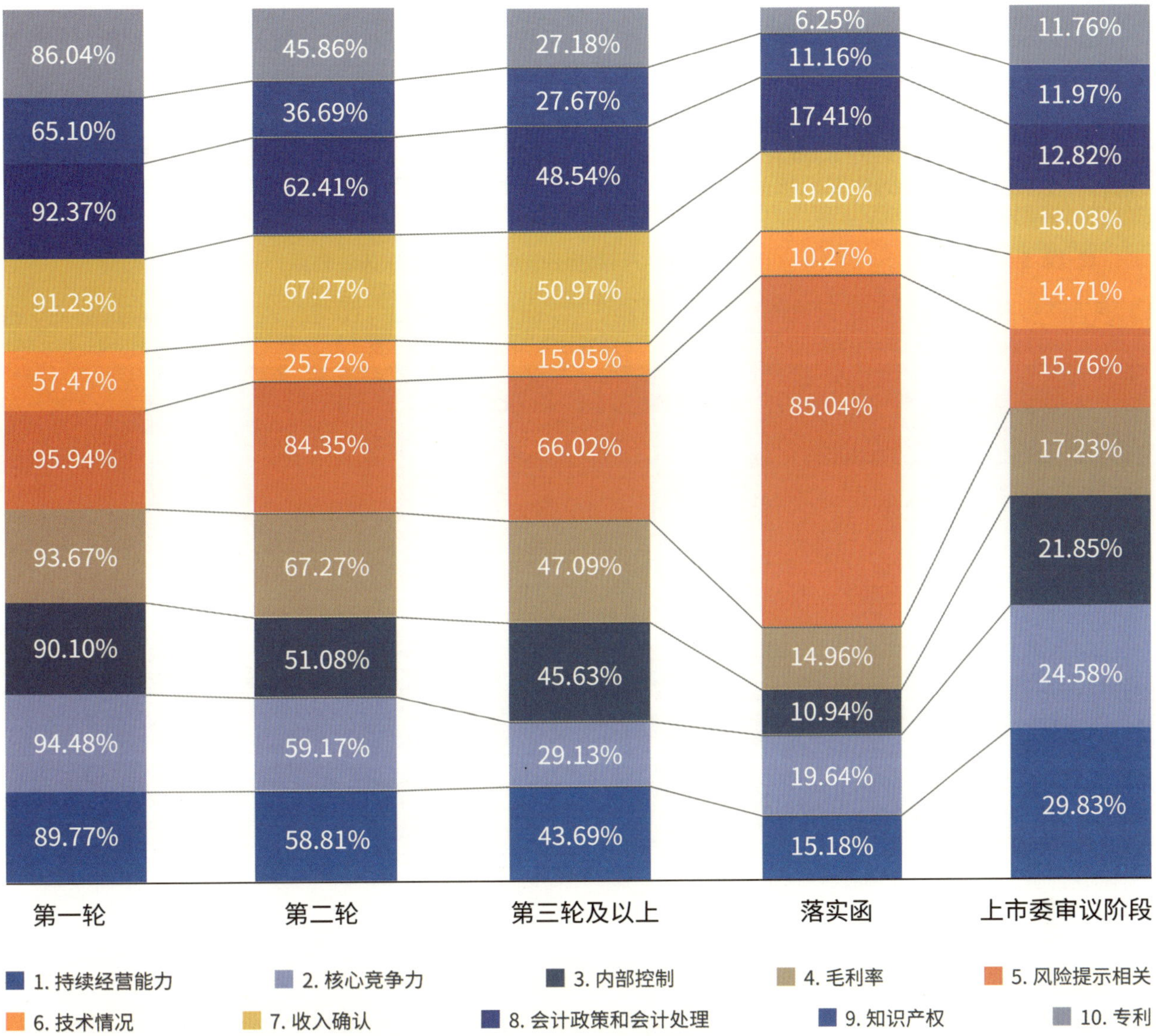

注：问询率 = 当前阶段被问询该关注要点的科创板公司家数 / 当前阶段被问询的科创板总公司家数 ×100%

图例为科创板上市委会议问询率前十的关注要点，依次排序。

图 12-3　科创板上会阶段问询率前十的关注要点在每一阶段的问询情况

从图 12-2 和图 12-3 可以直观地看到上会审核时的关注问题往往在受理问询阶段就引起了监管机构的多次关注，因此，在申报 IPO 过程中，反复被问询的要点需要谨慎回复。

12.2.5 注册阶段各板块审核情况

上会审议通过后进入注册阶段，在注册阶段会收到证监会的审核问询，根据易董大数据统计，自注册制实施以来，至 2021 年 12 月 31 日，注册阶段共有 729 家公司（科创板 418 家，创业板 311 家）收到证监会的问询问题，累计问题数量共 2933 个，平均每家公司会被问询 4 个问题。通过易董大数据分析，总结出注册阶段的主要审核关注情况，采取二级分类进行展示，具体如表 12-5 所示。

表 12-5　　创业板与科创板注册阶段主要审核关注要点

■ 问询率排名 1—5 名　■ 问询率排名 6—10 名　■ 问询率排名 11—20 名　■ 问询率排名 21—30 名

序号	二级分类	创业板			科创板		
		公司家数	问询率	排名	公司家数	问询率	排名
1	经营风险	141	45.34%	1	192	45.93%	1
2	客户与供应商	125	40.19%	2	113	27.03%	11
3	销售	114	36.66%	3	154	36.84%	3
4	盈利能力	114	36.66%	3	135	32.30%	4
5	持续经营	110	35.37%	4	158	37.80%	2
6	公司产品及服务	110	35.37%	4	118	28.23%	10
7	营业收入	107	34.41%	5	129	30.86%	5
8	采购	87	27.97%	6	128	30.62%	6
9	关联交易	78	25.08%	7	103	24.64%	13
10	重大合同及其履行情况	69	22.19%	8	119	28.47%	9
11	收入确认	66	21.22%	9	120	28.71%	8
12	应收款项	62	19.94%	10	94	22.49%	15
13	会计政策和会计处理	60	19.29%	11	97	23.21%	14
14	期间费用	58	18.65%	12	88	21.05%	16

续表

序号	二级分类	创业板			科创板		
		公司家数	问询率	排名	公司家数	问询率	排名
15	信息披露存疑	58	18.65%	12	74	17.70%	20
16	资产减值	56	18.01%	13	108	25.84%	12
17	资产权属及完整性	54	17.36%	14	122	29.19%	7
18	营业成本	54	17.36%	14	70	16.75%	22
19	内部控制	53	17.04%	15	84	20.10%	17
20	股权结构	51	16.40%	16	79	18.90%	18
21	违法违规	49	15.76%	17	38	9.09%	33
22	生产业务相关情况	48	15.43%	18	54	12.92%	25
23	历次资本运作	47	15.11%	19	84	20.10%	17
24	申报材料相关	47	15.11%	19	73	17.46%	21
25	经营环境	44	14.15%	20	50	11.96%	27
26	主要经营业务情况	44	14.15%	20	29	6.94%	39
27	审批程序核查	41	13.18%	21	65	15.55%	24
28	行业情况	38	12.22%	22	70	16.75%	22
29	经营资质	36	11.58%	23	24	5.74%	42
30	实际控制人	35	11.25%	24	49	11.72%	28
31	员工	35	11.25%	24	46	11.00%	29
32	成本核算	33	10.61%	25	34	8.13%	36

续表

序号	二级分类	创业板			科创板		
		公司家数	问询率	排名	公司家数	问询率	排名
33	存货	32	10.29%	26	67	16.03%	23
34	规范性核查	32	10.29%	26	15	3.59%	50
35	净利润	30	9.65%	27	42	10.05%	30
36	董监高	27	8.68%	28	40	9.57%	31
37	技术和研发	24	7.72%	29	78	18.66%	19
38	核心竞争力	24	7.72%	29	53	12.68%	26
39	信息披露不完整	23	7.40%	30	30	7.18%	38
40	公司股东	21	6.75%	31	42	10.05%	30
41	承诺事项	19	6.11%	32	29	6.94%	39
42	固定资产	18	5.79%	33	35	8.37%	35
43	股权激励及员工持股	15	4.82%	35	31	7.42%	37
44	重大诉讼、仲裁事项	15	4.82%	35	28	6.70%	40
45	应收款逾期	14	4.50%	36	39	9.33%	32
46	招投标情况	14	4.50%	36	24	5.74%	42
47	重要项目实施进展	12	3.86%	38	37	8.85%	34
48	公司独立性	11	3.54%	39	40	9.57%	31
49	股份支付	10	3.22%	40	34	8.13%	36
50	科创板定位	—	—	—	40	9.57%	31

12.3 审核关注要点与解决思路

根据易董大数据 IPO 审核关注要点的统计，我们可以清晰地看到，无论是按板块、行业划分，还是按审核阶段划分，很多关注要点在不同的情况下都是监管机构重点关注的，下面我们对多次出现的审核关注要点进行分析，并提供部分解决思路，供大家参考。

12.3.1 业务与技术

12.3.1.1 行业属性

行业属性判断是企业上市评估的第一步。一方面，行业属性的判断决定了企业能否申报上市、申报板块，进而决定了具体的申报要求；另一方面，行业属性的判断有助于企业了解所属行业全貌，清晰自身定位，判断竞争优势。

参考国家发改委发布的《产业结构调整指导目录（2019 年本）》（中华人民共和国国家发展和改革委员会令第 29 号），拟上市企业可以判断自身所属行业是否属于国家限制和淘汰类行业，属于相关行业的，目前在我国很难上市募集资金。另外，2021 年 7 月 24 日，中共中央办公厅、国务院办公厅印发《关于进一步减轻义务教育阶段学生作业负担和校外培训负担的意见》（以下简称《意见》），《意见》中指出学科类培训机构一律不得上市融资，严禁资本化运作，对于从事学科类培训业务的公司也无法登陆资本市场。对不属于国家限制和淘汰类行业的，拟上市企业可根据板块要求和自身特点，因地制宜进行上市板块选择。

产业结构调整指导目录（2019年本）

目前，沪、深主板对拟上市企业的行业类型没有特别要求，科创板、创业板以及北交所基于板块定位，对拟上市企业行业定位有所不同。

根据证监会发布的《科创板首次公开发行股票注册管理办法（试行）》（证监会令第 174 号），科创板的总体定位是面向世界科技前沿、面向经济主战场、面向国家重大需求；优先支持符合国家战略，拥有关键核心技术，科技创新能力突出，主要依靠核心技术开展生产经营，具有稳定的商业模式，市场认可度高，社会形象良好，具有较强成长性的企业。

科创板首次公开发行股票注册管理办法（试行）

对拟在科创板申报的企业，需要符合《科创属性评价指引（试行）》（证监会公告〔2021〕8 号）的相关要求。基于科创板科创属性和行业定位的要求，限制金融科技、模式创新企业在科创板上市，禁止房地产和主要从事金融、

科创属性评价指引（试行）

投资类业务的企业在科创板上市。

根据证监会发布的《创业板首次公开发行股票注册管理办法（试行）》（证监会令第 167 号），创业板的总体定位是深入贯彻创新驱动发展战略，适应发展更多依靠创新、创造、创意的大趋势，促进服务成长型创新创业企业发展。对拟在创业板申报的企业，其行业属性要求具体如表 12-6 所示。

创业板首次公开发行股票注册管理办法（试行）

表 12-6　　申报创业板上市企业行业要求

申报创业板上市企业行业要求	
行业定位	成长型创新创业企业，并支持传统产业与新技术、新产业、新业态、新模式深度融合。
负面清单	农林牧渔业，采矿业，酒、饮料和精制茶制造业，纺织业，黑色金属冶炼和压延加工业，电力、热力、燃气及水生产和供应业，建筑业，交通运输、仓储和邮政业，住宿和餐饮业，金融业，房地产业，居民服务、修理和其他服务业。
例外情形	负面清单中与互联网、大数据、云计算、自动化、人工智能、新能源等新技术、新产业、新业态、新模式深度融合的创新创业企业除外。

根据北交所发布的《北京证券交易所向不特定合格投资者公开发行股票注册管理办法（试行）》，北交所的总体定位是深入贯彻创新驱动发展战略，聚焦实体经济，主要服务创新型中小企业，重点支持先进制造业和现代服务业等领域的企业。对拟在北交所申报的企业，符合专精特新中小企业特点具有一定的上市优势，对于金融和类金融企业暂不支持其在北交所上市。

北京证券交易所向不特定合格投资者公开发行股票注册管理办法（试行）

经过对过往 IPO 问询函件进行查阅和梳理，我们总结出 IPO 审核过程中与行业相关的常见问题：

（1）关于行业分类问题。

涉及主营业务收入中存在不同类别产品销售，占比未占到绝对比例，导致行业分类需要认定，需要保荐人和律师发表意见认定为某一确定细分行业，并给出相应的依据。例如，在某项目中，第一类业务收入占比约为 60% 以上，第二类业务占比约为 30% 以上，两类业务分属不同的细分行业，在认定中，需要发行人明确认定标准和依据。一般拟上市企业需要根据中国证监会发布的《上市公司行业分类指引2012 年修订）》中关于行业分类原则和方法，结合公司实际业务情况在招股说明书中进行行业分类确认。

（2）关于板块定位问题。

对于创业板、科创板以及北交所，对于拟上市企业均有较为明确的行业要求，在审核时，有时需要保荐人和律师明确发表意见，说明认定公司符合不同板块行业要求的原因。例如，在审核科创板时，需要判断是否属于科创板对应六大科创行业，再判断是否符合科创属性评价标准，最后明确表示符合上述所有条件，符合板块定位。

12.3.1.2 产品或服务

通俗易懂、清晰明了地描述公司产品或服务，是 IPO 审核的重点之一，因为无论从审核的角度，还是从定价的角度，都对公司有较大的影响，尤其是注册制实施以来，全面实施市场化定价，企业的价值由市场决定，因此，只有让投资者充分地了解拟上市企业的产品或服务，才能更好地获得投资者的认可，实现高市盈率发行。

经过对过往 IPO 问询函件进行查阅和梳理，我们总结出 IPO 审核过程中与企业产品（或服务）相关的常见问题如下：

01 拟上市企业的产品（或服务）情况、特点、应用范围，各应用领域的产品（或服务）种类、经营情况及盈利情况；

02 拟上市企业的行业地位；

03 拟上市企业的主要竞争对手情况，拟上市企业相比竞争对手的主要竞争优势、劣势；

04 拟上市企业的市场定位、客户群体情况；

05 拟上市企业的客户选择拟上市企业产品（或服务）的考量因素及相关核心竞争力；

06 拟上市企业的主要产品（或服务）是否存在被其他产品（或服务）替代的风险，相关风险的披露是否充分。

拟上市企业应在首发上市申报材料中对自身的产品（或服务）进行详细、准确的剖析，清晰、深入、全面地展示核心竞争力及商业逻辑，才能更好地应对 IPO 审核。

针对上述 IPO 审核过程中常见的产品（或服务）关注要点，通过查阅大量的 IPO 申报材料，我们提供以下建议供参考：

01 拟上市企业应说明产品（或服务）的情况，目前取得的成果、相关的经营数据，说明拟上市企业产品（或服务）的盈利模式可行性；

02 拟上市企业应说明产品（或服务）的市场定位，客户群体情况，未来的市场空间、发展潜力；

03 拟上市企业应说明产品（或服务）满足了什么样的消费者需求、解决了哪些市场痛点，产品（或服务）的发展阶段，例如，是否已经处于成熟期；

04 拟上市企业应说明产品（或服务）的优势、竞争壁垒，强调独特性或唯一性，具体而言，关于产品（或服务）的核心竞争力，建议量化说明，例如，与同行业企业的同类型产品进行关键参数指标的对比。

12.3.1.3 技术与研发

在 IPO 申报的过程中，无论哪个板块都非常注重核心技术和研发投入，尤其是科创板、创业板以及北交所更为关注。科创板作为聚焦“硬核科技”的板块，科创属性非常明显，在“核心技术”和“核心技术人员”方面有着明确要求。

（1）关键核心技术。

根据《科创板首次公开发行股票注册管理办法（试行）》：“发行人申请首次公开发行股票并在科创板上市，应当符合科创板定位，面向世界科技前沿、面向经济主战场、面向国家重大需求。优先支持符合国家战略，拥有关键核心技术，科技创新能力突出，主要依靠核心技术开展生产经营，具有稳定的商业模式，市场认可度高，社会形象良好，具有较强成长性的企业”。可见，是否拥有关键核心技术成为研判企业能否申报科创板的关键因素之一。

核心技术一般包括知识产权、专有技术、特许经营权和技术合作协议等形式。经过对过往 IPO 问询函件进行查阅和梳理，我们总结出 IPO 审核过程中与关键核心技术相关的常见关注点如下：

01 拟上市企业是否拥有关键核心技术，是否具备科创属性；

02 拟上市企业的技术体系中是否具有“核心技术”、对拟上市企业未来经营存在重大影响的“关键技术”，是否相对竞争对手有技术优势；

03 拟上市企业的核心技术是否具有技术门槛及其依据，是否存在易被模仿、被替代的可能性，是否为行业通用技术，是否存在快速迭代风险，以及主要竞争对手采用的技术路线；

04 根据拟上市企业核心技术的取得方式和使用情况，判断拟上市企业是否存在技术纠纷或潜在纠纷、专利诉讼等情况；

05 拟上市企业拥有的专利技术和非专利技术是否独立于控股股东、实际控制人及其控制的其他企业；

06 拟上市企业是否有具体的技术保护措施，例如，制定技术保密制度、与技术人员签订保密协议或竞业限制协议等。

通过梳理 IPO 审核过程中与关键核心技术相关的常见问题，针对上述问题，我们提供以下建议供参考：

01 拟上市企业可以从行业经营地位、工艺流程、技术设备、研发投入等方面，与同行业可比公司对比说明所处行业地位，所具备的科创属性以及是否具有关键核心技术；

02 拟上市企业应当根据自身特点，有针对性地披露行业特点、业务模式、公司治理、发展战略、经营政策、会计政策，充分披露科研水平、科研人员、科研资金投入等相关信息，并充分揭示可能对公司核心竞争力、经营稳定性以及未来发展产生重大不利影响的风险因素；

03 拟上市企业应当充分详尽地披露主要产品或服务的核心技术及技术来源，并结合行业技术水平和对行业的贡献，披露拟上市企业的技术先进性及其具体特征；

04 拟上市企业应当充分披露核心技术的科研实力和成果情况，包括获得重要奖项，承担的重大科研项目，核心学术期刊论文发表情况；

05 拟上市企业应当充分披露正在从事的研发项目、所处阶段及进展情况、相应人员、经费投入、拟达到的目标；结合行业技术发展趋势，披露相关科研项目与行业技术水平的比较；披露报告期内研发投入的构成、占营业收入的比例；

06 拟上市企业应当披露具体的技术保护措施，例如，制定技术保密制度、与技术人员签订保密协议或竞业限制协议或合作协议的主要内容，权利、义务划分约定，及采取的保密措施等。

（2）核心技术人员。

根据《科创板首次公开发行股票注册管理办法（试行）》相关规则，科创板对拟上市企业“核心技术人员”的关注度明显加强，首次将核心技术人员稳定性列为发行条件之一。核心技术人员是企业具有自主研发能力的基本保障，核心技术人员的稳定性是投资者衡量企业经营风险的重要影响因素，可见核心技术人员是拟上市企业技术与研发的关键性因素。

核心技术人员通常包括公司技术负责人、研发负责人、研发部门主要成员、主要知识产权和非专利技术的发明人或设计人、主要技术标准的起草者等，经过对过往 IPO 问询函件进行查阅和梳理，我们总结出 IPO 审核过程中与核心技术人员相关的常见关注点如下：

① 人员结构。

拟上市企业技术人员结构是否与拟上市企业业务相匹配，研发员工人数是否满足公司研发需要。

② 人员能力。

根据核心技术人员的教育背景、职业经历、研究成果等，拟上市企业的核心技术人员能否胜任其职位，是否具有技术创新能力。

③ 奖励制度。

拟上市企业是否制定核心技术人员的奖励制度，是否有对核心技术人员进行股权激励，是否可有效避免了核心技术人员的流失。

④ 约束机制。

拟上市企业是否对核心技术人员实施有效约束，是否签订技术保密协议，避免技术秘密的外泄。

⑤ 是否有重大的变化。

拟上市企业最近两年内核心技术人员是否发生重大不利的变化，核心技术人员的离职或调动或无法参与公司生产经营是否对企业生产经营产生重大不利影响。

⑥人员独立性。

拟上市企业需确认核心技术人员是否在控股股东、实际控制人及其控制的其他企业中担任除董事、监事以外的其他职务，是否在控股股东、实际控制人及其控制的其他企业领薪。

通过梳理 IPO 审核过程中与核心技术人员相关的常见问题，针对上述问题，我们提供以下建议供参考：

01 拟上市企业应披露核心技术人员、研发人员占员工总数的比例，核心技术人员的学历背景构成，取得的专业资质及重要科研成果和获得奖项情况，对公司研发的具体贡献；

02 拟上市企业应当充分披露对核心技术人员实施的约束激励措施；

03 拟上市企业应当充分披露报告期内核心技术人员的主要变动情况及其对企业的影响，核心技术人员的离职或调动或无法参与公司生产经营是否对企业生产经营产生重大不利影响；

04 拟上市企业应当确认并充分披露核心技术人员是否在控股股东、实际控制人及其控制的其他企业中担任除董事、监事以外的其他职务，是否在控股股东、实际控制人及其控制的其他企业领薪。

（3）研发投入和研发人员占比。

根据《科创属性评价指引（试行）》（2021 年版），“申报科创板的企业最近三年研发投入占营业收入比例 5% 以上，研发人员占当年员工总数的比例不低于 10%”，可见研发投入和研发人员的占比也是检验科创板上市公司科创属性的“硬核”指标之一。经过对过往 IPO 问询函件进行查阅和梳理，我们总结出 IPO 审核过程中与研发投入和研发人员占比相关的常见关注点如下：

01 拟上市企业的历年研发费用投入占公司业务收入的比例变动情况，研发费用的明细内容、计算口径、核算方法、会计处理是否正确；

02 拟上市企业公司在研项目的研发预算披露是否存在差异、与同行业可比公司是否存在差异；

03 拟上市企业的研发技术能力是否有高于同行业的相关优势，研发能力是否可持续；

04 拟上市企业研发投入真实性、研发费用归集的准确性与核算的合规性，以及自主研发项目的数量与质量的情况；

05 拟上市企业的研发人员的主要情况，包括学历构成、专业背景、工作内容、参与环节、研发贡献、工资薪金等；

06 拟上市企业的研发技术人员的薪酬情况是否与拟上市企业的技术先进性、生产能力、对发行人生产设备自给率的贡献程度等相匹配。

通过梳理 IPO 审核过程中与研发投入和研发人员占比相关的常见问题，针对上述问题，我们提供以下建议供参考：

01 拟上市企业应当详细披露取得的主要研发成果、在研项目、研发目标等资料以及自主知识产权的数量与质量、技术储备等情况；

02 拟上市企业应当详细披露各阶段研发费用明细并与对应的立项及研发支持文件相匹配，同时还可以将审计机构对企业的研发投入真实性、研发费用归集的准确性与核算的合规性在审计报告中的相关意见做辅助支持；

03 拟上市企业应当充分披露研发人员的主要情况，包括学历构成、专业背景、工作内容、参与环节、研发贡献、工资薪金等；

04 拟上市企业可以量化分析研发费用、研发投入增长情况和研发投入主要构成明细；同时量化分析近 3 年研发技术人员的薪酬情况，充分说明是否与拟上市企业的技术先进性、生产能力相匹配。

（4）专利。

根据《首次公开发行股票并上市管理办法》规定：“发行人不得存在以下与专利相关的影响持续盈利能力的情形：发行人在用的商标、专利、专有技术以及特许经营权等重要资产或技术的取得或者使用存在重大不利变化的风险。”可见，企业在申请 IPO 时，如果发行人的专利存在瑕疵或存在对持续经营能力产生重大不利影响的隐患，容易引起监管机构的关注。

企业在 IPO 过程中，专利问题的处理往往易被忽略。专利作为科创板上市企业市场竞争的核心资源，是直接面向市场独立持续经营的保障，因此，有关专利的失效、终止或者被侵犯可能对公司持续经营能力和盈利能力带来重大不确定性，并最终可能导致 IPO 折戟。

经过对过往 IPO 问询函件进行查阅和梳理，我们总结出 IPO 审核过程中与专利相关的常见关注点如下：

01 量化分析拟上市企业拥有的专利技术对比其他同类专利技术的独创性或者优越性，该专利技术在相关领域中的技术地位，对解决行业痛点或难点的贡献情况；

02 拟上市企业拥有的专利或非专利技术来源是否合法，权属是否清晰，专利权属是否存在争议或潜在纠纷；

03 拟上市企业专利技术的具体情况，包括名称、取得时间、入账金额及确定依据、摊销年限及确定依据；

04 拟上市企业的关联方拥有或使用与拟上市企业业务相关的商标、专利等知识产权的情况；发行人目前专利的使用情况；

05 拟上市企业的非专利技术的保护措施，未申请专利保护的原因及其合理性；

06 拟上市企业是否已拥有与生产经营相关的所有专利，专利权属是否存在瑕疵，使用专利是否合法合规，是否存在争议或潜在纠纷；

07 拟上市企业的共有专利权所产生的企业独立性问题和盈利能力问题。

通过梳理 IPO 审核过程中与专利相关的常见问题，针对上述问题，我们提供以下建议供参考：

01 拟上市企业应当建立健全并有效运行相关专利管理的内部控制制度，确保相关专利的保护范围覆盖公司全部产品；

02 拟上市企业应当及时向国家审批机关提出专利申请和备案，经依法审查合格后经国家专利机关批准并颁发证书；

03 拟上市企业应当披露共有专利和转让专利的合同条款，形成原因，不存在潜在纠纷，如企业与共有专利方就专利使用有明确约定，可如实披露约定；如共有专利涉及核心技术，对企业生产经营影响较大，企业应通过商业谈判途径获得共有专利权的全部权属；

04 拟上市企业如果不能通过商业谈判的方式获得共有专利权的全部权属，还可以通过与其他共有专利人协商达成书面一致，约定由拟上市企业单独享有该共有专利的实施权并承担专利权维持及专利权保护义务，其他共有专利权人获取合理的经济补偿；同时还可以通过与其他共有人协商出具有关声明，证明发行人就共有专利的使用及收益并未受到限制；

05 拟上市企业应当充分披露其关联方拥有或使用与发行人业务相关的商标、专利等知识产权的情况；以及企业目前专利的使用情况。

12.3.1.4 持续经营能力

持续经营，是指企业在可预见的将来维持业务的持续运作，没有破产的意图或风险。持续经营是企业会计核算的基本假设之一，也是投资者最关心的问题之一。IPO 审核中，判断企业的持续经营能力是审核的重要目标，体现了监管机构对中小投资者的保护。

经过对过往 IPO 问询函件进行查阅和梳理，我们总结出 IPO 审核过程中与持续经营能力相关的常见问题如下：

（1）业绩表现和市场竞争力。

企业的业绩和市场竞争力通常表现为企业的营业收入和盈利能力。企业的收入是经营的根本和源泉，而企业的盈利是企业的经营成果，是投资者的投资期待，反映了投资回报情况。在 IPO 审核中主要考察企业的收入状况、成长性、盈利状况和盈利结构，其中报告期及最近一期的财务数据对相关情况的判断尤为重要。

① 企业的收入状况及成长性。

关注的财务指标包含但不限于营业收入及其波动，营业收入复合增长率，经营性现金流，研发投入，长期资产，应收账款及其减值，存货周转率。

② 企业的盈利状况及盈利结构。

关注的财务指标包含但不限于累计未弥补亏损，净利率、毛利率及其波动，非经常性损益，主营业务比率，关联交易比率。

对于以上财务指标，关注数据的真实性、合理性以及同行业可比上市公司数据可比性。其中，财务数据真实性是审核红线。

（2）主营业务的持续性。

根据中国证监会《首次公开发行股票并上市管理办法》（证监会令第 173 号）第三十条第一款规定，发行人不得存在经营模式、产品或服务的品种结构已经或者将发生重大变化，并对发行人的持续盈利能力构成重大不利影响的情形。经过对过往 IPO 问询函件进行查阅和梳理，我们总结出 IPO 审核过程中与主营业务的持续性相关的常见问题如下：

首次公开发行股票并上市管理办法

01 生产经营模式的变化趋势、产品服务的结构变化；

02 主要供应商、主要销售渠道、主要客户的稳定性和依赖程度。

（3）客户集中度。

在实践中，对于单一大客户（受同一实际控制人控制的销售客户应合并计算销售额）主营业务收入或毛利贡献占比超过 30% 的，会被予以关注；占比超过 50% 的，原则上会被认定为对单一大客户存在重大依赖，需要结合客户的稳定性和业务特性，判断是否存在重大不确定性风险，进而判断是否对拟上市企业持续经营能力构成重大不利影响。判断维度参考如下：

01 对于拟上市企业服务的下游客户属于行业分布集中的特殊行业，如电力、电网、电信、银行、石油、军工、铁路、汽车等行业，因为行业分布集中而导致客户集中具有一定的合理性；

02 拟上市企业与同行业可比上市公司进行比较，能充分说明客户集中符合行业特性；

03 具有一定的历史基础；

04 有充分的证据表明拟上市企业采用公开、公平的手段或方式独立获取业务；

05 行业具有稳定性和可持续性等。

如满足上述 5 个维度之一，通常可以不认为该种情形下的客户集中对拟上市企业的持续经营能力构成重大不利影响。

在客户集中是否导致拟上市企业未来持续经营能力存在重大不确定性的判断时，应当综合分析并考量以下因素的影响：

01 拟上市企业客户集中的原因与行业经营特点是否一致，是否存在下游行业较为分散而拟上市企业自身客户比较集中的情况及其合理性；

02 拟上市企业的客户在其行业中的地位、透明度和经营状况是否存在重大不确定风险；

03 拟上市企业与客户合作的历史、业务稳定性和可持续性，相关交易的定价原则和公允性；

04 拟上市企业与重大客户是否存在关联关系，拟上市企业的业务获取方式是否影响独立性，是否具备独立面向市场获取业务的能力。

（4）生产经营外部冲击。

根据中国证监会《首次公开发行股票并上市管理办法》（证监会令第 173 号）第三十条第二款规定，发行人不得存在行业地位或所处行业的经营环境已经或者将发生重大变化，并对发行人的持续盈利能力构成重大不利影响的情形。影响企业持续经营的外部冲击主要包括市场环境的变化，如技术替代、经济环境的变化导致的产业上下游变化、市场需求缩小；政策变化冲击；贸易摩擦带来的冲击等。经过对过往 IPO 问询函件进行查阅和梳理，我们总结出 IPO 审核过程中与生产经营外部冲击相关的常见问题如下:

01 量化外部冲击带来的影响及其同业可比性、评估冲击的持续性；

02 研发成果是否存在减值，是否对生产经营产生重大不利影响。

（5）特殊事项依赖。

其他特殊事项的依赖包含政府补助、税收优惠等情形，IPO 审核过程中主要关注此类特殊事项对企业利润的影响和可持续性。

随着注册制的施行，上市的条件也逐步放宽，目前科创板的上市条件中不再侧重盈利能力的考核，更关注企业的成长性。市场给予了拟上市企业更高的包容度，但对于拟上市企业来说，努力提高经营水平、提高企业的成长性、提高企业的盈利能力、保证企业稳定有效运行、提升企业的持续经营能力，才是拟上市企业的终级答卷。同时，针对上述 IPO 审核过程中常见的持续经营能力关注要点，通过查阅大量的 IPO 申报材料，我们提供以下建议供参考，具体如表 12-7 所示。

表 12-7　持续经营能力方面监管机构审核关注要点及其解决思路

序号	关注要点	常见解决思路
1	业绩表现和市场竞争力	(1) 提高企业经营水平，提升业绩指标表现、市场竞争力； (2) 保证申报数据的真实性，避免财务造假。
2	主营业务的持续性	(1) 报告期谨慎考虑生产经营模式、产品服务变更，考虑业务变更带来的影响是否有利，利好影响一般不构成申报的实质性障碍，但如果报告期存在主营业务不利变更，可考虑将报告期延后； (2) 企业应自查供应商、主要销售渠道、主要客户的稳定性和依赖程度，判断相关事项对持续经营能力的影响。如企业确实存在对供应商、主要销售渠道和客户的重大依赖，应及时采取整改措施，避免遭受损失，并将整改情况及时汇报，及时披露相关影响。
3	生产经营外部冲击	(1) 增强与政府部门的沟通，对可能会产生的政策风险提早布局； (2) 提高企业的信息搜索能力，提升风险预测能力和风险应对能力。定期评价研发项目水平，及时判断相关项目或资产的减值情况。
4	特殊事项依赖	增强与政府部门、税务部门等相关部门的沟通，对可能发生的变化提早布局，减少特殊事项对企业生产经营的冲击，并及时披露。

12.3.1.5 募集资金投向

募集资金投资项目的好坏，决定着企业未来的盈利预期和股票的投资价值，不仅直接影响到企业发行上市计划的实现，而且也会影响企业上市后的再融资。

经过对过往 IPO 问询函件进行查阅和梳理，我们总结出 IPO 审核过程中与募集资金投向相关的常见问题，具体如表 12-8 所示。

表 12-8　　募集资金投向方面监管机构审核关注要点

序号	关注要点	常见问询要点
1	合规性	（1）募集资金投资项目是否符合国家产业政策、环境保护、土地管理以及其他法律、法规和规章规定； （2）募投项目的实施是否会产生同业竞争、关联交易等问题，或者对独立性造成不利影响； （3）募集资金投向的相关项目的用地是否已经取得或落实； （4）是否存在直接或间接用于投资金融资产或其他财务投资； （5）变更募集资金投向的原因，是否合规，是否已经履行相关决策程序。
2	合理性	（1）募集资金数额和投资项目是否与发行人现有生产经营规模、财务状况、技术水平和管理能力等相适应； （2）募集资金投向与公司的主营业务及长期发展目标是否一致，是否存在导致主营业务发生变更的风险； （3）募集资金投资扩大产能的必要性、合理性及可行性； （4）募投项目所需资金的分析与测算依据。
3	盈利性及风险	（1）投资项目是否具有较好的市场前景和盈利能力； （2）募投项目对企业产能、产量、销量、产能利用率、产销率的影响，新增产能、产量、经营规模是否具有足够的市场消化能力，与市场需求变化是否匹配，是否存在业绩变动的风险； （3）募投项目完成后是否存在经营模式、业务模式变更。

针对上述 IPO 审核过程中常见的募集资金投向关注要点，通过查阅大量的 IPO 申报材料，我们提供以下建议供参考，具体如表 12-9 所示。

表 12-9　　募集资金投向方面监管机构关注要点的解决思路

序号	关注要点	常见解决思路
1	合规性	（1）募投项目应符合国家基本政策，企业应当在了解当前国家重点鼓励发展的产业、所在行业的发展导向以及国家明确限制或禁止的领域的基础上选择合适的投资项目； （2）企业募集资金投资项目应履行相关决策审批程序，并在政府部门办理相关备案手续； （3）募投项目不能造成同业竞争且不能影响独立性，而且需要特别关注募集资金投向与关联方合资的项目或与关联方发生的交易； （4）企业应就取得的国有土地使用权履行立项、规划及签订土地出让合同等相关法定程序； （5）除金融类企业外，募集资金使用项目不得为财务性投资，不得直接或间接投资于以买卖有价证券为主要业务的公司； （6）初审过程中，企业需要调整募集资金投向的，应履行相应的法律程序。已通过发审会的，原则上不得进行调整，但可根据募投项目实际投资情况、成本变化等因素，合理调整募集资金的需求量，并可以部分用于公司的一般用途，但需要说明原因。
2	合理性	（1）募投项目应符合公司的发展战略以及主营方向，应与公司的发展目标一致，原则上应当用于主营业务； （2）具备合理性并可以实行，应重点关注“实施风险”和“未来前景”两个方面，并结合企业自身已掌握的产业技术、产品方面的经验积累、人员储备情况等，选择在技术、市场前景、运营模式、比例构成均较为合理的投资项目； （3）募集资金投资规模不宜过大，应与企业目前的生产经营、财务状况、管理水平相适应。

续表

序号	关注要点	常见解决思路
3	盈利性及风险	（1）募集资金应谨慎投资于全新产品，新产品在生产、技术、销售等方面存在较多不确定性因素，一般情况下不应全部投资于全新产品，应注意将投资风险控制在可控的范围内； （2）募集资金不宜大量用来补充流动资金，否则，很难获得外部的认可，可能导致对企业的生产经营情况、发展前景产生疑虑； （3）由于研发项目的投资收益难以确定，对营销网络的大额投资可能改变企业的销售模式。因此，在将募集资金投资于研发项目或营销网络时应符合实际建设需要并且尤为慎重，注意循序渐进； （4）募集资金投资项目导致企业生产模式发生重大变化时，应做出具体的财务预测，比较两种不同盈利模式对企业盈利能力、发展前景的不同影响。

随着金融市场的逐步发展，为引导上市公司正确、高效地使用募集资金，证监会以及沪深北交易所发布了一系列法律法规以及相关文件来规范上市公司使用募集资金的行为。因此，募集资金投向不仅要考虑如何经过 IPO 审核，而且还要考虑公司上市以后，未来募集资金专户存储、募集资金管理的一系列问题，以及这些项目是否是公司真正需要的、符合公司发展的。

通常来讲，由于发行审核时间很长，企业为保障募投项目顺利进行，充分考虑市场环境变化和企业发展战略后，在募集资金实际到账之前，会以自筹资金先进行投入，在募集资金到账之后对其进行置换。上市公司以自筹资金预先投入募集资金投资项目的，可以在募集资金到账后 6 个月内，以募集资金置换自筹资金，置换事项应当经董事会审议通过，会计师事务所出具鉴证报告，并由独立董事、监事会、保荐机构发表明确同意意见。

12.3.2 财务关注要点分析

12.3.2.1 会计政策、会计估计、会计差错

会计政策变更，是指企业对相同的或者相似的交易或者事项由原来采用的会计政策改用为另一会计政策的行为。企业采用的会计政策不得随意变更，然而，满足下列条件之一的，可以变更会计政策：

01 法律、行政法规或者国家统一的会计制度等要求变更；

02 会计政策变更能够提供更可靠、更相关的会计信息。

会计估计变更，是指由于资产和负债的当前状况及预期经济利益和义务发生了变化，从而对资产或负债的账面价值或者资产的定期消耗金额进行调整。

会计差错更正，是指对企业在会计核算中由于计量、确认、记录等原因出现的错误进行纠正。

首发业务若干问题解答

根据《首发业务若干问题解答》第四十四条：拟上市企业在申报前的上市辅导和规范阶段，如发现存在不规范或不谨慎的会计处理事项并进行审计调整的，应当符合《企业会计准则第 28 号——会计政策、会计估计变更和会计差错更正》和相关审计准则的规定，并保证拟上市企业提交首发申请时的申报财务报表能够公允地反映拟上市企业的财务状况、经营成果和现金流量。

企业会计准则第28号——会计政策、会计估计变更和差错更正

首发材料申报后，如因会计基础薄弱、内部控制重大缺陷、盈余操纵、未及时进行审计调整的重大会计核算疏漏、滥用会计政策或者会计估计以及恶意隐瞒或舞弊行为，导致重大会计差错更正的，应视为拟上市企业在会计基础工作规范及相关内部控制方面不符合发行条件。IPO 审核过程中由于会计政策、会计估计以及会计差错问题导致的被否案例屡见不鲜。

经过对过往 IPO 问询函件进行查阅和梳理，我们总结出 IPO 审核过程中与会计政策、会计估计以及会计差错相关的常见问题如下：

01 重要会计政策、会计估计是否已恰当披露，会计政策、会计估计的变更是否已恰当披露；

02 会计政策、会计估计是否合规，前后各期是否一致，是否符合拟上市企业的实际情况，是否符合行业惯例；

03 会计政策、会计估计变更的性质、内容、原因、影响金额和影响范围，是否有充分证据表明变更的合理性；

04 对于会计政策、会计估计的变更，是否已履行必要的审批程序；

05 前期会计差错更正信息是否已恰当披露；

06 会计差错更正的原因、性质、重要性和累计影响程度。

针对上述 IPO 审核过程中常见的会计政策、会计估计、会计差错关注要点，通过查阅大量的 IPO 申报材料，我们提供以下建议供参考：

01 首发材料申报前存在不规范或不谨慎的会计处理事项并进行审计调整的，应当符合企业会计准则的规定，差异调整应当具有合理性和合规性；

02 首发材料申报后存在会计政策、会计估计变更事项的，应当依据企业会计准则的规定，对首次提交的财务报告进行审计调整或补充披露。相关变更事项应符合专业审慎原则，与同行业上市公司不存在重大差异，不存在影响企业会计基础工作规范性和内部控制有效性的情形；

03 首发材料申报后出现会计差错更正事项的，应充分考虑差错更正的原因、性质、重要性和累计影响程度。存在重大会计差错更正的，可能将构成实质性障碍。

12.3.2.2 毛利率

毛利率，是根据企业利润表衍生计算的指标，是考量企业经营能力、盈利能力的重要指标之一。作为一个综合性的指标，毛利率受到多方面内在因素和外在因素的影响。通过分析毛利率，能够了解企业的行业定位、发展阶段等情况，因而，IPO 审核对于毛利率的情况非常重视。

经过对过往 IPO 问询函件进行查阅和梳理，我们总结出 IPO 审核过程中与毛利率相关的常见问题如下：

01 拟上市企业在报告期内毛利率的变动情况是否合理，并判断其未来趋势、是否具有可持续性；

02 拟上市企业各个区域的毛利率差异及波动原因分析，包括对境内和境外同类型产品的毛利率进行分析；

03 拟上市企业采用如经销和直销、外销和内销等不同销售模式的毛利率差异是否具有合理性；

04 拟上市企业的相同产品（或业务）类型下不同客户的毛利率对比分析，包括对比关联方交易的毛利率进行分析；

05 拟上市企业的毛利率与同行业可比公司是否存在显著差异。

对于拟上市企业来说，能够充分地了解和说明自身的毛利率情况，才能更好地应对 IPO 审核。

针对上述 IPO 审核过程中常见的毛利率关注要点，通过查阅大量的 IPO 申报材料，我们提供以下建议供参考：

产品的定价和成本是影响毛利率的最直接因素，因而，拟上市企业通过说明定价和成本的合理性，便可以解释毛利率的异常原因。

例如，如果拟上市企业的毛利率与同行业可比公司存在显著差异，可以结合公司具体业务情况，通过以下影响因素说明毛利率异常的原因：

（1）市场定位不同。

例如，高端市场的消费者愿意为产品附加的品牌文化支付较高的价格，因此，定位高端市场的产品毛利率较高；低端市场的消费者更愿意购买性价比高的产品，因此，定位低端市场的产品毛利率较低。不同的市场定位导致了产品毛利率差异。

（2）产品生命周期不同。

例如，新产品在新兴市场投放初期通常定价较高、毛利率较高，但随着竞争对手的加入，企业通常会采取降价、促销等手段抢占市场，因此，这个阶段的产品毛利率通常会有所降低。如果拟上市企业与同行业可比公司的产品处于不同的产品生命周期，就可能产生毛利率差异。

（3）营销策略不同。

例如，企业为了扩大产品的市场占有率，通过降价营销吸引客户，产品毛利率便会有所降低。

（4）销售策略不同。

例如，现销模式和赊销模式，由于赊销模式的应收账款资金占用有一定的成本，通常会把这部分资金成本包含在定价中，因而，通常赊销模式下定价较高、毛利率较高。因而，销售策略的不同将导致毛利率的差异。

（5）销售模式不同。

例如，直销模式的产品毛利率通常高于经销模式的产品毛利率。

除此之外，影响毛利率的其他因素还包括原材料价格变动、企业的产品结构调整、企业的客户群体变动等等。

企业需要结合自身情况，将整体毛利率按照不同产品类型、不同区域、不同销售模式、不同客户等维度进行拆解，对比同行业公司，分析自身毛利率的变动及其差异原因。

12.3.2.3 收入

营业收入，是企业在各板块首发上市标准的条件之一，亦是利润的重要来源，收入也因此成为了IPO审核的一个关注重点。拟上市企业需要对IPO审核关注的收入相关问题进行充分准备。

经过对过往IPO问询函件进行查阅和梳理，我们总结出IPO审核过程中与收入相关的常见问题如下：

01 不同销售模式下（包括特定交易模式如现金交易、境外销售、第三方回款、经销商模式、关联方交易等）拟上市企业收入确认的政策、时点、依据；

02 拟上市企业的收入确认政策与相关合同条款是否相符；

03 拟上市企业的收入确认政策与行业惯例是否相符，与同行业可比公司是否存在显著差异；

04 拟上市企业的收入确认政策是否符合《企业会计准则》的规定；

05 拟上市企业的营业收入确认是否与相关营业成本、费用相配比。

IPO 审核主要通过以上问题，结合会计处理逻辑和商业合理性，判断企业收入的真实性。

针对上述 IPO 审核过程中常见的收入关注要点，通过查阅大量的 IPO 申报材料，我们提供以下建议供参考：

01 拟上市企业应建立健全如合同签署、发货、收款、验收等与收入相关的内部控制制度，保证财务报告等相关信息的可靠性；

02 拟上市企业的收入确认政策应该按照收入准则对合同收入进行确认和计量；

03 在符合收入准则的框架下，拟上市企业对收入确认政策的选择应强调谨慎性和可控性；

04 拟上市企业应做好会计基础工作，对于收入确认的依据应整理好相关备查文件，以充分证据应对可能的 IPO 问询；

05 拟上市企业应在申报材料中充分披露，并提示相关风险；

06 拟上市企业可以咨询会计专家，将 IPO 审核中可能出现的相关风险降到最低，及时整改相关问题并做好应对问询的准备。

12.3.2.4 成本

成本直接影响企业的毛利率和利润，影响企业的盈利能力。在 IPO 审核过程中，成本也是 IPO 审核的重点关注领域。

经过对过往 IPO 问询函件进行查阅和梳理，我们总结出 IPO 审核过程中与成本相关的常见问题如下：

01 拟上市企业的成本构成、成本的合理性，成本的归集分配；

02 拟上市企业成本变动及差异的合理性；

03 拟上市企业的成本核算及结转方法；

04 拟上市企业的主营业务成本与主营业务收入、产销量是否符合配比原则；

05 拟上市企业是否存在关联方替公司承担成本费用、向公司输送利益等情形；

06 拟上市企业是否存在通过资金体外循环减少成本、费用等情况。

在实务上，无论在日常账务核算中，还是在审计过程中，成本核算都是工作量较大、较有技术含量、较为需要对业务基础有深入了解的一部分。成本的涵盖范围较广，包括人工成本、物料成本、制造费用等等。成本需要按项目分配和归集，成本核算的过程亦包括大量的会计判断和会计估计。

而拟上市企业的成本核算往往不够规范，更需要重视在 IPO 审核过程中可能对成本提出的相关问题。

针对上述 IPO 审核过程中常见的成本关注要点，通过查阅大量的 IPO 申报材料，我们提供以下建议供参考：

01 拟上市企业应关注自身的成本核算方法是否规范、核算政策是否一致，通过收入成本分析复核，验证成本核算的准确性；

02 拟上市企业应坚持收入成本配比的原则，在确保业务收入确认时点合理的前提下，准确恰当地结转业务成本；

03 拟上市企业应根据行业划分和业务类型，结合实际情况设计适合的成本核算体系，避免因方法不恰当或执行不到位而造成的成本核算不准确；

04 拟上市企业应建立健全成本内部控制体系。例如，在材料采购方面，应关注供应商管理制度等相关内部控制制度是否健全；比如对于有实物流转的企业，应重视物流管理；

05 鉴于存货余额与营业成本此消彼长的关系，拟上市企业不仅要建立健全成本内部控制体系，而且也需要关注存货内部控制体系；

06 对于成本费用的结构、变动和趋势，拟上市企业应有充足的合理说明。

12.3.2.5 固定资产

拟上市企业的固定资产，是企业资产的重要类别之一，尤其是生产型企业，固定资产的规模较大，其资产状况、质量、会计核算等会对企业的持续经营能力和盈利能力产生重要影响；同时，固定资产也是企业经营所依赖的主要资源。因此，关于固定资产披露的真实性、准确性和合理性历来都是 IPO 申报审核过程中关注的重点。

IPO 审核过程中由于固定资产的规模与生产能力的配比情况等问题被要求整改完成后再行申报或被否的案例屡见不鲜，如果这些问题处理不好，可能会构成企业上市的实质性障碍。如何妥善解决关于固定资产披露的真实性、准确性和合理性等问题，已成为拟上市企业的“必答题”。

经过对过往 IPO 问询函件进行查阅和梳理，我们总结出 IPO 审核过程中与固定资产相关的常见问题如下：

01 固定资产的获取方式、入账价值、使用情况、最近一期期末账面价值，以及对拟上市企业生产经营的重要程度；

02 拟上市企业的公司固定资产折旧政策的具体情况；固定资产摊销年限是否合理，是否充分计提减值；减值测试的方法，分析减值测试时是否考虑产能利用率的情况；新增固定资产摊销对拟上市企业未来经营业绩的影响；

03 拟上市企业报告期内固定资产规模与生产能力的配比情况，与同行业可比上市公司是否一致；

04 拟上市企业报告期新增固定资产的具体构成，各项主要新增固定资产成本明细，主要供应商、供应物资内容、作用、金额等；

05 拟上市企业的固定资产处置损益的具体情况，包括固定资产的具体类别、账面价值、报废价值；

06 拟上市企业年末对计入固定资产的仪器的盘点方法是否恰当、是否存在固定资产使用不善或损毁的情况；

07 拟上市企业的固定资产周转率变动情况及其原因，与同行业可比公司的对比情况，如存在差异，说明差异情况及其原因。

针对上述 IPO 审核过程中常见的固定资产关注要点，通过查阅大量的 IPO 申报材料，我们提供以下建议供参考：

01 拟上市企业应当制定固定资产目录，对每项固定资产进行编号，按照单项资产建立固定资产卡片，详细记录各项固定资产的来源、验收、使用地点、责任单位和责任人、运转、维修、改造、折旧、盘点等相关内容；

02 拟上市企业应当设置固定资产台账，制定固定资产明细表，详细记录固定资产的获取方式、入账价值、使用情况、期末账面价值累计折旧额和固定资产减值准备累计金额等详细信息，定期制作固定资产折旧明细表，评估固定资产是否存在减值情形并编制固定资产减值准备明细表（如有）；

03 拟上市企业应当根据固定资产的性质和使用情况，合理确定固定资产的使用寿命和预计净残值。固定资产的使用寿命、预计净残值一经确定，不得随意变更；

04 拟上市企业应当建立固定资产盘点制度，至少每年进行全面盘点。对固定资产盘点中发现的问题，应当查明原因，追究责任，妥善处理；

05 拟上市企业应当建立固定资产清理报废审批制度；

06 拟上市企业应当加强房屋建筑物、机器设备等各类固定资产的管理，重视固定资产维护和更新改造，不断提升固定资产的使用效能，确保固定资产处于良好运行状态。

12.3.2.6 无形资产

无形资产，是企业保持核心竞争力的基础，相对固定资产而言，其最大特点是“无实体”，因此，在 IPO 审核过程中对无形资产的获取、摊销计提、使用情况和内部研究开发费用的资本化等众多问题都特别关注。

经过对过往 IPO 问询函件进行查阅和梳理，我们总结出 IPO 审核过程中常见的无形资产关注问题如下：

01 拟上市企业的无形资产的获取方式、入账价值、使用情况、最近一期期末账面价值，以及对拟上市企业生产经营的重要程度；

02 拟上市企业的核心技术、专利、商标、软件著作权等无形资产是否均合法有效存续，相关无形资产的来源，是否存在纠纷或潜在纠纷，是否对第三方存在依赖，技术是否独立；

03 拟上市企业的土地使用权的位置、面积、用地性质、获取方式、价款支付、入账成本、后续核算、实际使用等情况，购买土地履行的相关程序是否合法合规、为取得土地使用权支付的土地出让金是否符合相关规定，土地使用权价值增长是否与拟上市企业业务发展相匹配；

04 拟上市企业自行研发的无形资产，研发费作为无形资产核算的适当性，以及研发费用研发支出资本化相关会计处理的合规性、谨慎性和一贯性。

针对上述 IPO 审核过程中常见的无形资产关注要点，通过查阅大量的 IPO 申报材料，我们提供以下建议供参考：

01 拟上市企业应当分类制定无形资产管理办法，加强对品牌、商标、专利、专有技术、土地使用权等无形资产的管理，落实无形资产管理责任制，确保无形资产有效利用，充分发挥无形资产对提升拟上市企业核心竞争力的作用；

02 拟上市企业应当根据实际业务，合理确定无形资产摊销方法，并恰当反映与该项无形资产有关的经济利益的预期实现方式；

03 拟上市企业应当编制无形资产明细表、无形资产增减变动明细表，详细记录所有无形资产获取方式、入账成本、摊销期限及确定依据、当期及累计摊销金额、摊余金额、剩余摊销期等；

04 拟上市企业应当定期披露重要资产减值测试过程和方法、可收回金额的确定方法、减值计提情况及对报告期和未来期间经营业绩的影响；

05 拟上市企业应当加强各项资产管理，全面梳理资产管理流程，及时发现资产管理中的薄弱环节，切实采取有效措施加以改进，并关注资产减值迹象，合理确认资产减值损失，不断提高拟上市企业资产管理水平；

06 拟上市企业的土地使用权取得方式、取得程序、登记手续合法合规，并向有关土地管理部门办理土地使用权登记手续。

12.3.2.7 存货

存货，是指企业在日常活动中持有以备出售的产成品或商品、处在生产过程中的在产品、在生产过程或提供劳务过程中耗用的材料或物料等，包括各类材料、在产品、半成品、产成品或库存商品以及包装物、低值易耗品、委托加工物资等。

存货属于流动资产的范畴，在企业活动资金中占比较大，流动性较弱，种类杂、数量多、收发频繁，变现能力较慢，在管理和核算上存在一定难度，易产生薄弱环节，企业往往把存货作为调节成本和利润的蓄水池。对于拟上市企业来讲，“存货”问题处理不当，将成为影响 IPO 进程的实质性障碍。

经过对过往 IPO 问询函件进行查阅和梳理，我们总结出 IPO 审核过程中与存货相关的常见问题如下：

01 存货的计价方法前后各期口径是否一致；

02 期末存货订单对应情况及期后存货结转情况；

03 存货核算是否准确，成本费用的归集、结转与采购成本是否匹配；

04 期末各类存货构成明细、存放地点、库龄、验收、盘点情况、存货管理的内部控制；

05 存货监盘、函证比例是否合理以及所执行的替代测试程序；

06 存货余额、结构、占比及其变动与业务模式、产品结构、生产特点、业务发展是否相匹配，与同行业可比公司是否一致；

07 期末存货余额较大，是否存在长库龄存货，存货库龄结构是否合理；

08 存货跌价准备计提是否充分，计提比例与同行业可比公司是否存在较大差异；

09 存货跌价准备计提政策、计提依据和方法是否合理，是否符合企业会计准则，前后各期口径是否一致，与行业发展情况、市场竞争格局、产品销售情况是否一致，与同行业可比公司是否一致；

10 存货周转率是否合理，与同行业可比公司是否存在较大差异。

拟上市企业自行核查或请专业机构调研后，如存在存货核算问题，应尽早制定整改措施，做好存货管理，避免存货问题影响企业的上市进程。针对上述 IPO 审核过程中常见的存货关注要点，通过查阅大量的 IPO 申报材料，我们提供以下建议供参考：

01 建立健全企业内部控制制度，结合企业的生产经营特点，明确采购权限、职责分工、审批权限以及审批流程等，规范存货采购入库、领料出库、销售出库等各环节管理及核算，严格执行不相容岗位分离的原则，发挥存货内部控制制度的相互牵制作用；

02 存货日常管理保留相关单据，建立收发存管理制度和定期盘点制度，定期对存货进行盘点，存在差异的应及时查明差异原因并予以处理，确保账实相符；

03 根据实际生产耗用情况对生产成本进行归集，准确核算各产品的成本；

04 加强存货管理，提高存货周转速度，在保证生产经营持续性的同时，提高资金的使用效率，增强企业盈利能力和抗风险的能力。

12.3.2.8 销售费用

销售费用，是拟上市企业 IPO 审核过程中除毛利率外被关注最多的又一个项目之一，销售费用主要包括销售人员薪酬、差旅费、运输费和市场推广费等。销售费用的波动与营业收入的真实性息息相关，因此，了解 IPO 审核中对拟上市企业销售费用的审核要点，才能更好地避免因销售费用披露问题导致对公司销售收入的真实性怀疑而被否定的可能。经过对过往 IPO 问询函件进行查阅和梳理，我们总结出 IPO 审核过程中与销售费用相关的常见问题如下：

01 拟上市企业销售费用各构成项目报告期占销售费用比例的波动情况，是否存在异常波动的项目，每一明细项目波动的具体原因是什么；

02 拟上市企业结合销售人员数量、平均人工薪酬及变化情况、销售区域拓展及变化情况，分析并披露销售人员薪酬水平与报告期内营业收入快速增长是否匹配，人均销售人员实现的营业收入与同行业可比公司是否存在差异及其原因；

03 拟上市企业销售费用中职工薪酬、差旅费、招待费的变动原因及其合理性，说明相关费用占收入比例较高或较低的原因及其合理性，是否符合行业惯例；

04 拟上市企业运输费的变动情况，说明主要运输业务供应商的名称及金额、收费标准，说明报告期运输费变动是否与报告期收入规模、销量、发货数量及销售区域相匹配，以及与同行业可比公司的比较情况；

05 拟上市企业说明销售模式、运输费用承担方式在报告期内是否发生变化，是否符合行业惯例；

06 拟上市企业报告期内主要物流合作方情况，双方的合作历史，有关运输费用的约定条款，双方合作协议的有效期，主要权利、义务的约定情况，报告期的变动情况，是否与公司存在关联关系；

07 拟上市企业销售费用中广告费、仓储物流费、平台服务费的支付标准、支付对象、涉及业务类型，与相关业务类型、品牌及产品种类、经营规模是否匹配及其判断依据；

08 拟上市企业广告推广费用、平台运营费用和仓储运输费用分别确认在销售费用和营业成本中，请说明分摊原则、依据、流程和准确性。

不管是职工薪酬、差旅费、运输费用还是市场推广费的波动，只要基于业务变化而引起，真实发生且与实际业务息息相关，拟上市企业能够详细、具体、合理地基于正常业务给出合理解释，都是可以被接受的。

针对上述 IPO 审核过程中常见的销售费用关注要点，通过查阅大量 IPO 申报材料，我们提供以下建议供参考：

01 拟上市企业应当编制销售费用明细表，详细记录销售费用各构成项目及占比，并分析占营业收入的比例与同行业公司的差异原因；本期若存在异常波动，详细、具体、合理地基于正常业务给出合理的解释；

02 拟上市企业应当结合销售人员数量及薪酬变化情况，计算销售人员平均薪酬，根据当地社会平均工资水平及销售区域拓展情况，详细、具体、合理地基于正常业务，分析和披露销售人员薪酬水平与报告期内营业收入增长变动的匹配性，以及人均销售人员实现的营业收入与同行业可比公司数据变动是否具有一致性；

03 拟上市企业应当结合公司实际情况，制定切实可行的费用报销制度并严格执行费用报销流程及审批手续，确保费用报销的真实性及销售费用报销经过恰当审批；

04 拟上市企业应当根据签订的货物运输合同，充分披露主要运输业务提供商的名称及金额、具体收费标准，并根据单位重量产品的运输费量化分析近 3 年运输费变动与收入规模、销量、发货数量和销售区域的匹配性及合理性，以及是否符合行业惯例；

05 拟上市企业应当充分披露广告费、仓储物流费、平台服务费的支付标准、支付对象、涉及业务类型，同时充分说明与相关业务类型、品牌及产品种类、经营规模是否匹配及其判断依据。

12.3.2.9 研发费用

对于在科创板申报的拟上市企业，“科创属性”的认定是审核的重中之重，因为“科创属性”不足而终止上市的企业屡见不鲜，其中，研发费用对于认定企业的“科创属性”起着至关重要作用，是科创板上市审核的必答题；同时，在申请高新技术企业认定时，研发费用也发挥着关键影响。此外，对于企业来讲，研发费用加计扣除更能带来丰厚的税收优惠。

根据财政部《关于企业加强研发费用财务管理的若干意见》（财企〔2007〕194 号），企业研发费用指企业在产品、技术、材料、工艺、标准的研究、开发过程中发生的各项费用。研发费用的统计有会计、税务和高新企业认定的三大口径。从会计口径上来讲，研发活动由企业自行判断，属于研发活动的相关费用都可以作为研发费用。其目的是为了准确核算研发活动支出。根据《高新技术企业认定管理工作指引》（国科发火〔2016〕195 号）的规定，高新技术企业认定时对人员费用和其他费用都作出了限制，其目的是为了判断企业研发投入的强度及其科技实力。根据国家税务总局《研发费用税前加计扣除新政指引》，在研发费用加计扣除的口径中，加计扣除范围主要限制在直接研发投入及其相关度较高的投入范围，对其他费用有一定比例的限制，其目的在于鼓励核心技术的研发。总体而言，税务政策口径最窄。

根据中国证监会《科创属性评价指引（试行）》（证监会公告〔2021〕8 号）第一条的规定，企业同时满足 4 项指标的，即可认为具有科创属性。

显而易见，研发费用是企业科创属性认定的重要一环，审核问询中研发费用必被提及。经过对过往 IPO 问询函件进行查阅和梳理，我们总结出 IPO 审核过程中与研发费用相关的常见问题，具体如表 12-10 所示。

关于企业加强研发费用财务管理的若干意见

高新技术企业认定管理工作指引

研发费用税前加计扣除新政指引

科创属性评价指引（试行）

表 12-10　　研发费用方面监管机构审核关注要点

序号	关注要点	常见问询要点
1	研发费用归集准确性	（1）研发相关内控制度是否健全且被有效执行； （2）研发费用核算口径及会计处理（是否符合企业会计准则的规定）； （3）研发人员的范围、报告期各期的人数和平均薪酬水平。
2	研发费用的真实性、合理性	（1）研发投入是否匹配业务收入及同行业可比性； （2）税务加计扣除金额和研发费用金额是否存在较大差异。
3	调节利润、数据变脸风险	（1）研发投入资本化时点、会计政策合理性及资本化的同行业可比性； （2）资本化项目进展及相应项目产生经济利益的方式； （3）资本化项目、研发支出资本化确认的无形资产减值状况。

拟上市企业在申请科创板上市时必然要自查上述问题，理顺逻辑充分准备，避免研发费用问题成为科创属性认定的绊脚石。针对上述 IPO 审核过程中常见的研发费用关注要点，通过查阅大量的 IPO 申报材料，我们提供以下建议供参考，具体如表 12-11 所示。

表 12-11　研发费用方面监管机构审核关注要点的参考建议

序号	关注要点	常见解决思路
1	研发费用归集准确性	（1）留痕溯源：从研发的立项、研发过程、结题验收到研发成果的开发和保护，都需注意归集内外部证据，使得研发过程每个环节都得以留痕，可以印证； （2）明确业务标准和要求：研发部门需要明确研发周期、关键节点、研究开发阶段等节点的标准、要求和执行标准，在取得相应内外部证据的基础上确认项目进展状态； （3）明确研发过程中的财务标准：根据企业会计准则、高新企业认定标准、研发费用加计扣除的要求，财务部门根据研发阶段制定研发费用的审批标准、核算标准、核算范围、归集和分摊，确保财务记录与项目进展一一对应； （4）部门协作：对于涉及研发活动的人员、资产等，资产管理、人力资源等部门对其进行专门管理，对于同时服务于不同项目的人员和资产等，相应管理部门需要制定费用分摊标准。
2	研发费用的真实性、合理性	（1）根据研发活动的周期、节点等特性，从研发活动需要和研发投入的用途等方面阐述研发费用的真实性、合理性； （2）严格依据税务加计扣除规则和会计核算管理办法计算展示差额来源，保证加计扣除的合规性、差额的合理性、税务申报数据与申报材料一致性。若企业存在少缴未缴税款，需及时补缴，避免受到税务机关处罚。
3	调节利润、数据变脸风险	（1）对于已经资本化的项目，结合项目特性和行业惯例，充分考虑研发费用资本化的五大条件，积极与监管机构进行沟通资本化项目的合理合规性及资本化金额的转回风险。对于存在较高转回风险的资本化项目应当及时对财务数据进行调整并披露相应影响； （2）对于资本化项目及研发支出资本化所确认的无形资产，企业应定期自查相应资产是否存在减值迹象。对已经存在减值迹象的资产充分计提减值，并披露风险。

12.3.2.10 股份支付

股份支付，是指企业为获取职工和其他方提供服务而授予权益工具或者承担以权益工具为基础确定的负债的交易。

近年来，随着国内资本市场注册制改革的推进，特别是科创板和创业板的蓬勃发展，越来越多的拟上市企业在上市前就开始筹划并实施员工股权激励计划，一般来讲，当企业对员工进行股权激励时，只要是涉及低价向员工发行或者转让股份作为一种补偿的，就都属于股份支付的适用范围。对于存在股权激励的企业，我们需要重点关注是否构成股份支付，股权激励一旦构成股份支付，公司将会发生大额的股份支付成本，会影响公司当期的净利润，特别对拟上市企业而言，稍有不慎将可能导致公司无法满足上市所要求的利润指标。

《首发业务若干问题解答》第二十五条和第二十六条对拟上市企业所涉及的股份支付问题做了细化规定，并要求中介机构对此进行核查，进一步强调了其重要性。

首发业务若干问题解答

经过对过往 IPO 问询函件进行查阅和梳理，我们总结出 IPO 审核过程中与股份支付相关的常见问题如下：

01 股权激励方案是否合规，相关决议、文件等资料是否符合法律法规以及公司章程的规定，是否已履行内部决策程序；

02 报告期各期股权激励在授予时一次性确认股份支付费用对发行人报告期各期净利润的影响；

03 股权是否清晰，是否存在代持股问题，股权结构是否安全和稳定；

04 股份支付的计算过程，公允价值的确定依据是否合理；

05 是否存在不具有主体资格的被激励者参与股权激励的情形；

06 管理层或员工用于购买企业股份的资金来源是否合法，是否由企业垫付资金购买股份；

07 员工持股平台的股权结构、出资资金来源、股东身份、选定依据、工作履历、入职时间和所任职务与其获得激励份额之间的关系及合理性；

08 员工持股平台是否与发行人及其控股股东、实际控制人、董事、监事、高级管理人员、发行人客户或供应商之间存在关联关系。

针对上述 IPO 审核过程中常见的股份支付关注要点，通过查阅大量的 IPO 申报材料，我们提供以下建议供参考：

01 股权激励与公司上市规划密不可分，需尽早选择专业的中介服务机构进行筹划；

02 搭建适合的持股平台，通过持股平台，公司可以在最大限度地实施股权激励的同时，对被激励对象作出较大的限制。因为激励对象包含在持股平台内，而持股平台的变动对公司的股权结构并不会构成直接影响；

03 股权激励模式多种多样，各有利弊，企业应根据自身特性结合各种激励模式的作用机理，选择适合实际发展并能有效实行的激励方式，并考虑以下因素：激励对象人数、现有股东的影响、经营状况、公司发展阶段、股权激励时间等；

04 关注股权稀释风险，避免导致实际控制人变更，对公司的上市主体资格造成负面的影响；

05 建立对各种触发机制的事先约定，防范法律风险，避免引发纠纷；

06 股份支付会相应影响当期利润等财务指标，应对股份支付金额进行反复测算，避免给公司上市造成实质性影响；

07 在报告期最后一年避免授予激励对象大量股份，避免影响到公司报告期最后一年的财务数据。

12.3.2.11 税务

IPO 审核过程中由于税务问题被要求整改完成后再行申报或被否的案例屡见不鲜，如果税务问题处理不好，容易构成企业上市的实质性障碍。如何妥善解决历史税务问题、处理好上市过程所涉税务问题，同时合理控制税务合规成本，已成为拟上市企业的“必答题”。我们梳理了 IPO 审核过程中常见的税务问题及解决思路，以及拟上市企业在改制重组过程中的税务考量，帮助拟上市企业扫清上市障碍，合理降低税务成本。

根据《首次公开发行股票并上市管理办法》第二十七条的规定，拟上市企业应依法纳税、享受的税收优惠应合法合规、对税收优惠不存在严重依赖。IPO 审核过程中，税务问题也是关注的重点问题。

经过对过往 IPO 问询函件进行查阅和梳理，我们总结出 IPO 审核过程中与税务相关的常见问题如下：

01 拟上市企业报告期内是否补缴巨额税费；

02 拟上市企业报告期内是否存在因税收违法行为而受到主管税务机关的行政处罚；

03 拟上市企业是否存在大额应缴未缴税费，且未获得省级税务机关的缓缴批准；

04 拟上市企业财务报表营业收入与增值税、企业所得税申报的营业收入是否存在差异，差异原因是否合理；

05 拟上市企业的关联交易是否符合独立交易原则，转移定价是否公允、合理，是否存在偷税漏税的嫌疑；

06 拟上市企业的历次股权转让过程中，控股股东、实际控制人应缴纳税额是否已足额缴纳；

07 拟上市企业在整体变更为股份有限公司的过程中，所涉个人所得税是否已足额缴纳；

08 拟上市企业的历次股利分配过程中，所涉个人所得税是否已足额缴纳；

09 拟上市企业享受的税收优惠是否具有可持续性；

10 拟上市企业的经营成果对税收优惠是否存在严重依赖。

拟上市企业自行核查或请专业机构调研后，如存在税务合规问题，需及早制订应对方案、化解税务风险，避免税务问题成为企业上市之路的“拦路虎”。

针对上述 IPO 审核过程中常见的税务关注要点，通过查阅大量的 IPO 申报材料，我们提供以下建议供参考，具体如表 12-12 所示。

表 12-12　　税务方面监管机构审核关注要点及其解决思路

序号	关注要点	常见解决思路
1	历史财务、税务管理不规范而导致的税务问题	测算税务合规成本并评估税务风险，对于成本可控的税务问题制订具体的解决方案，与主管税务机关积极沟通、协商，及时清缴应缴税款，避免受到税务机关行政处罚。
2	税务人员专业能力问题导致的处罚	与处罚机关积极沟通，并向其申请开具关于相关处罚不属于重大违法违规的证明。
3	报告期内存在的享受越权审批的税收优惠	评估拟上市企业的经营成果对此类税收优惠的依赖程度、存在的被追缴风险，并在招股说明书中做出重大事项提示、披露“存在税收优惠被追缴的风险”和可能被追缴税款的责任承担主体。
4	无法解决的税务问题	及时处理相关主体，例如，通过资产交易方式将目标资产剥离出拟上市企业的主体。

12.3.3 规范性审核关注要点分析

12.3.3.1 内部控制

内部控制贯穿了企业运行管理的方方面面，良好的内部控制是企业持续经营的基础，IPO 审核过程中，内部控制同样作为关注重点被监管机构关注。随着 IPO 注册制的推行，满足发行条件、充分信息披露要求成为申请上市的要点，监管机构强调合规披露、规范运营的趋势逐步加强，良好的内部控制在注册制的背景下尤显重要。一般企业在 IPO 前的内部控制或多或少存在着一定的缺陷和不完整，故拟上市企业更应建立健全内部控制，合理保证财务报告的可靠性、生产经营的合法性、营运的效率和效果，在上市前做好准备，迎接监管和市场的考验。

根据中国证监会《首次公开发行股票并上市管理办法》（证监会令第 173 号）第十七条规定要求，发行人的内部控制制度健全且被有效执行，能够合理保证财务报告的可靠性、生产经营的合法性、营业效率与效果；第二十二条规定要求，发行人的内部控制在所有重大方面是有效的，并由注册会计师出具无保留结论的内部控制鉴证报告。随着注册制的推行，内部控制要求趋严。在 IPO 审核实务中，对于内部控制，主要关注内部控制制度是否建立健全、内部控制制度是否得到一贯有效执行。企业的内部控制大致可分为以下几个方面：

首次公开发行股票并上市管理办法

（1）组织机构的设置和管理。

组织机构的设置和管理，是公司的治理架构和岗位内部控制设置，是企业内部控制的基础，构成企业运营的控制环境。治理结构的不健全往往给舞弊提供了机会。IPO 审核中，监管部门主要关注企业是否有积极的控制环境，关注董监高的稳定性、履责情况和是否涉及欺诈发行、虚假陈述。

（2）人员管理。

人员管理，包含企业员工管理的控制制度，包含员工聘用、考核和奖惩等方面。随着“中国制造”向“中国智造”的推进，人才将成为越来越多企业的“核心资产”，人才的管理显得尤为重要。目前在 IPO 审核中主要考察不同岗位员工的胜任力、培训情况、机密信息的保密约束奖惩制度和不相容岗位的人员分离设置情况，特别是研发人员、会计人员、内部审计人员等特殊岗位的员工情况。

（3）业务流程管理。

业务流程管理，是企业业务循环中的管理控制和相应的风险控制，解决“生产经营的合法性”和“营运的效率和效果”问题，主要包括业务循环梳理、处理程序和控制要点。经过对过往 IPO 问询函件进行查阅和梳理，我们总结出 IPO 审核过程中与业务流程管理相关的常见问题如下：

- 业务流程管理制度建设情况及制度的实施情况、业务规范情况及自行穿行测试情况；
- 拟上市企业报告期及最近一期业务经营的违法违规情况和不良影响；
- 政府或外部审计情况及整改情况；
- 拟上市企业应对业务风险的能力、预防机制和补救措施。

（4）会计管理控制。

内部会计管理制度，是指公司根据国家会计法律、法规、规章和制度的规定，结合经营管理和业务管理的特点及要求而制定的，旨在规范内部会计管理活动的制度、措施和办法。会计活动是对公司经营活动最全面的核算和反映，与财务报表密切相关，正确的核算规则和准确的会计记录，是企业会计管理的基本要求。经过对过往 IPO 问询函件进行查阅和梳理，我们总结出 IPO 审核过程中与会计管理控制相关的常见问题如下：

- 会计制度的完善程度，是否覆盖企业生产经营的所有环节；
- 会计人员胜任能力、会计人员培训及不相容岗位分离设置；
- 风险控制措施；
- ERP 系统使用情况，包括授权、记账和交易事项收付情况；
- 内部流程管理制度的完善和合理性，包括资金管理规范、关联交易规范等。

（5）信息系统控制。

信息系统控制，是指企业利用计算机和通信技术，对公司内部控制进行集成、转化和提升所形成的信息化管理平台。信息系统的建设解决了运营规范化问题，同时提高企业运营的沟通效率。经过对过往 IPO 问询函件进行查阅和梳理，我们总结出 IPO 审核过程中与信息系统控制相关的常见问题如下：

- 信息系统建设情况，包括信息系统认证情况和管理制度、操作规范和风险应对措施；
- 信息的沟通与反馈，包括信息沟通反馈的范围是否覆盖企业生产经营所有方面、内外部信息的有效搜集整理、信息沟通和反馈渠道完整及时。

通常情况下，企业在 IPO 前内部控制或多或少存在着一定的缺陷和不完整性，拟上市企业在申报前可聘请专业团队对内部控制进行梳理建设，科学合理制定相关制度并保证制度的贯彻实施，在必要环节保存记录文档，以证明内部控制制度的有效性。针对上述 IPO 审核过程中常见的内部控制关注要点，通过查阅大量的 IPO 申报材料，我们提供以下建议供参考，具体如表 12-13 所示。

表 12-13　　内部控制方面监管机构审核关注要点及其解决思路

序号	关注要点	常见解决思路
1	组织机构的设置和管理	(1) 强调组织机构设置的合理性和执行有效性，企业需要对自身的治理结构进行穿透自查，避免治理结构形同虚设，权责分配不合理； (2) 对企业开展的“三会”及其委员会会议进行有效记录，留档备查； (3) 关注监督体系的建设，形成定期的监督检查报告。

续表

序号	关注要点	常见解决思路
2	人员管理	(1) 明确部门职责、岗位职责，编写岗位说明书； (2) 明确不相容岗位，设置必要的胜任度调查程序； (3) 完善人员招聘、绩效管理、薪酬福利、培训发展、员工关系等制度建设，并设置监督实施程序，保证制度的有效运行。
3	业务流程管理	(1) 保证业务合法合规，避免法律风险； (2) 理顺、清晰业务流程是关键，制定业务流程中的节点标准并贯彻实施。保证：①流程中的业务单据完备，要素齐全，清晰地记录了业务过程；②流程中有明确的与财务部门的对接点，业务单据及时、完整传递到财务部门； (3) 根据会计导向设置流程，明确会计核算中需要的单据，保证单据的及时、完整传递。
4	会计管理控制	(1) 关注会计政策的变化要求，保证会计核算合法合规； (2) 财会部门与业务部门充分沟通，协作配合，制定会计核算体系，保证会计记录及时、清晰地体现企业经营情况。
5	信息系统管理	使用正版授权的、市场常用的信息沟通系统，对于企业自行开发的信息系统可聘请专业的审计团队对其性能进行审计，证明其有效性。

12.3.3.2 关联交易

关联交易，是指公司与其关联方之间转移资源、劳务或义务的一种交易行为，不论是否存在交易价格。

关联交易一直是 IPO 审核过程中企业面临的一个重要问题，无论在核准制下，关注企业的持续盈利能力，还是在注册制下，关注企业的持续经营能力，关联交易均是其中重要的考量因素。由于关联交易是存在于类似同一控制下的交易模式，因此，容易发生利益输送，损害公司的利益。针对关联交易的特殊交易特点，在审核过程中主要关注以下几个方面：

(1) 关联交易的真实性及必要性。

真实性是拟上市企业交易审核的重点，关联交易这种特殊的交易同样审核严格，由于关联方之间存在特殊的利益关系，容易发生利用虚假的关联交易进行调节业绩或利益输送等不正当行为。不以最终销售为目的的关联交易，只是利用关联交易增加利润、收入或者增加现金流等同样都是监管审核的重点。

关联交易的发生同样必须符合公司所在行业的行业惯例或者符合商业合理性，公司需要合理解释关联交易的行业逻辑，以及无可替代性，或者其他辅助证明交易通过关联方较非关联方有较强的商业合理逻辑。通常高比例的关联交易存在于某些特殊行业，例如，2021 年 6 月 16 日注册生效的金鹰重工在审核问询中重点关注了其关联交易比例较高且逐年增加的问题；金鹰重工在回复中提到“公司关联交易占比较高，主要系铁路行业的特殊性以及公司的主要关联方国铁集团在中国铁路运营管理活动中占据主导地位所致。国铁集团以铁路客货运输服务为主业，实行多元化经营，与铁路调度指挥、客货运输经营管理、铁路建设项目及铁路运输安全相关的业务及公司均受国铁集团统一管理。”同时，金鹰重工还进一步提示“公司与国铁集团及下属公司的关联交易将长期存在。”作为特殊行业，此类关联交易的真实性和必要性通过对行业的逻辑性以及公司的商业模式作出了充分解释，降低了对此类关联交易的疑虑。

(2) 关联交易的公允性以及决策程序的合规性。

在真实且必要的关联交易下，通常监管部门还会审核关联交易的公允性，不仅核查定价公允性，而且有时也会核查关联交易合同交易条款的公允性，包含支付方式、定价原则、成交金额、违约责任判定以及解除合同等主要条款。常见的销售类的关联交易通常关注交易价格是否与同类非关联交易或者同行业交易价格有明显差异，以及对关联方的账期、坏账准备等会计政策是否不同。采购类的关联交易通常关注原材料采购价格的异常以及房屋租赁的租期及支付方式等。

关联交易的决策程序是否合规，同样也是审核关注的重点之一。有了合理的关联交易原因，决定实施关联交易时，必须经过公司章程及有关制度规定的审议程序，关注的内容一般包含审议程序的完整性、时效性以及程序的合规性。完整性是检查审议程序是否已经履行完毕，是否存在应审未审的情况；时效性是关联交易审议存在预计关联交易的授权时间，超过授权时间的关联交易需要根据相关制度重新履行审议程序；程序的合规性包含审议关联交易时关联董事及关联股东是否回避表决，以及是否存在先交易后审议的情况。

(3) 关联交易的非关联化及公司内部控制措施。

拟上市企业有时为避免关联交易审核的问题，采取以非关联交易形式实施实质关联交易。常见的形式为采用借助第三方交易的模式，由第三方作为中转企业，来实现最终由关联方采购或销售的行为。有时第三方不一定为一家公司，可能通过若干家公司间接使关联交易非关联化。在这种情况下，关注的重点是交易的实质行为。

内部控制是关联交易另一个重要风险防控措施，在关联交易的内部控制有效性上，更多地关注是否建立了完善的审核制度，审核流程是否充分，并且可以有效执行等。内控的完善可以从另一方面证明公司的关联交易合理合规，也可以有效地降低公司风险。

关联交易的频繁关注也可以促使拟上市企业有效降低关联交易对公司的影响。如何降低关联交易，也是拟上市企业的关注重点，根据市场情况，列举以下几种形式：

(1) 收购关联方企业。

- 在上市公司的规则体系内，对于合并报表范围内的子公司或者孙公司，与其发生的交易可以豁免审议和披露。对于拟上市企业，如果把关联企业纳入合并报表范围，就可以降低关联交易的比例和数量。

(2) 转让关联方企业。

- 由于某些关联方的认定是因为担任董事或者高管，以及持有部分股份，可以在上市前，转让股权，或者辞职，使之成为非关联方，从而降低关联交易数量，但需要注意的是，在上市规则体系内，对于转让时点的前后 12 个月，也会视为潜在关联方或者历史关联方，同样会被关注；因此，在转让的时点上应当注意尽可能避免 12 个月内的情况。

(3) 寻找替代关联方。

- 寻找关联方的替代第三方是解决关联交易较为稳妥的方式，可以通过无关第三方进行交易，来替代公司现存的关联交易；一方面可以证明公司的独立经营能力，另一方面还可以降低公司关联交易带来的关注。
- 根据关联交易的交易特点，作为拟上市企业可以解释关联交易的合理合规性，以及公司的独立经营能力，同样也会被认可。同时，如果可以利用其他方式解决关联交易也有助于公司在审核上的解释。

12.3.3.3 同业竞争

同业竞争，是指拟上市企业与其控股股东、实际控制人及其所控制的企业从事相同或相似的业务，双方构成或可能构成直接或间接的竞争关系。

根据《首发业务若干问题解答（2020 年 6 月修订）》之问题 15 的规定，同业竞争的“同业”是指竞争方从事与发行人主营业务相同或相似业务。核查认定该相同或相似的业务是否与发行人构成“竞争”时，应按照实质重于形式的原则，结合相关企业历史沿革、资产、人员、主营业务（包括但不限于产品服务的具体特点、技术、商标商号、客户、供应商等）等方面与发行人的关系，以及业务是否有替代性、竞争性，是否有利益冲突，是否在同一市场范围内销售等，论证是否与发行人构成竞争；不能简单以产品销售地域不同、产品的档次不同等认定不构成同业竞争。

首发业务若干问题解答
（2020年6月修订）

对于科创板和创业板公司，根据《科创板首次公开发行股票注册管理办法（试行）》《创业板首次公开发行股票注册管理办法（试行）》及相关规定，科创板、创业板首次公开发行股票的发行条件中对规范“同业竞争”的表述调整为“不存在对发行人构成重大不利影响的同业竞争”，且科创板和创业板公司的再融资也参照首次公开发行股票规则执行，可见科创板、创业板注册制放宽了对同业竞争的要求。对于拟上北交所的公司，根据《公开发行证券的公司信息披露内容与格式准则第 46 号——北京证券交易所公司招股说明书》第五十八条，明确规定发行人应对不存在对发行人构成重大不利影响的同业竞争作出合理解释，且北交所上市公司募集说明书也有相关规定，可见北交所注册制也未禁止存在同业竞争的情形。

科创板首次公开发行股票注册管理办法（试行）

创业板首次公开发行股票注册管理办法（试行）

公开发行证券的公司信息披露内容与格式准则第46号——北京证券交易所公司招股说明书

首先，核准制下的同业竞争根据不同的人员属性，在审核上有不一样的标准，根据 2020 年 6 月证监会颁布的《首发业务若干问题解答》中的要求，对于不同人员，亲属控制的企业应如何核查认定：如果发行人控股股东或实际控制人是自然人，其夫妻双方直系亲属（包括配偶、父母、子女）控制的企业与发行人存在竞争关系的，应认定为构成同业竞争（见图 12-4）。发行人控股股东、实际控制人的其他亲属及其控制的企业与发行人存在竞争关系的，应当充分披露前述相关企业在历史沿革、资产、人员、业务、技术、财务等方面对发行人独立性的影响，报告期内交易或资金往来，销售渠道、主要客户及供应商重叠等情况，以及发行人未来有无收购安排。

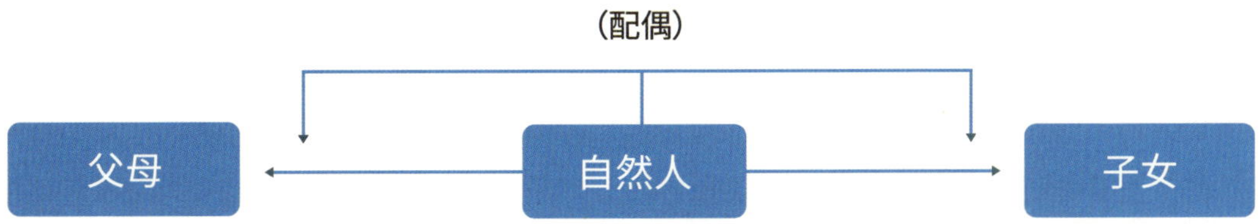

图 12-4　直系亲属认定

在对同业竞争的判断中，除了对企业控制人员的判断外，还需要对业务进行“同业”判断，这也是公司在对于业务的判断上会出现不同标准的方面。不仅是相同的业务，而且相似的业务也可能被认定为同业竞争。根据《首发业务若干问题解答（2020 年 6 月修订）》中对于核查的内容“历史沿革、资产、人员、主营业务（包括但不限于产品服务的具体特点、技术、商标商号、客户、供应商等）”，这些都是成为同业竞争的判断依据。除了这些明确的指标判断外，还可以从业务替代性角度去判断是否存在同业的实质关系；或者在大行业内存在相同客户或供应商，但是细分领域，销售的商品属于不同的细分行业，也可能认定为非同业竞争。实质判断是同业竞争判断的一个重要标准。

其次，在注册制下，对于同业竞争有了更为明确和宽松的判断标准：“不存在对发行人构成重大不利影响的同业竞争”“竞争方的同类收入或毛利占发行人主营业务收入或毛利的比例达 30% 以上的，如无充分相反证据，原则上应认定为构成重大不利影响”，也是审核部门首次定量认定同业竞争的标准，同时也符合注册制对于公司审核更关注披露内容的真实性原则。但是对于发行人来讲，无论是注册制还是核准制，都需要判断哪一类业务被划分成同类业务；对于业务的判断同样需要进行实质性判断。

如果出现同业竞争的问题，如何解决呢？一般有“并，转，关、停，降”等几种方式。具体如图 12-5 所示。

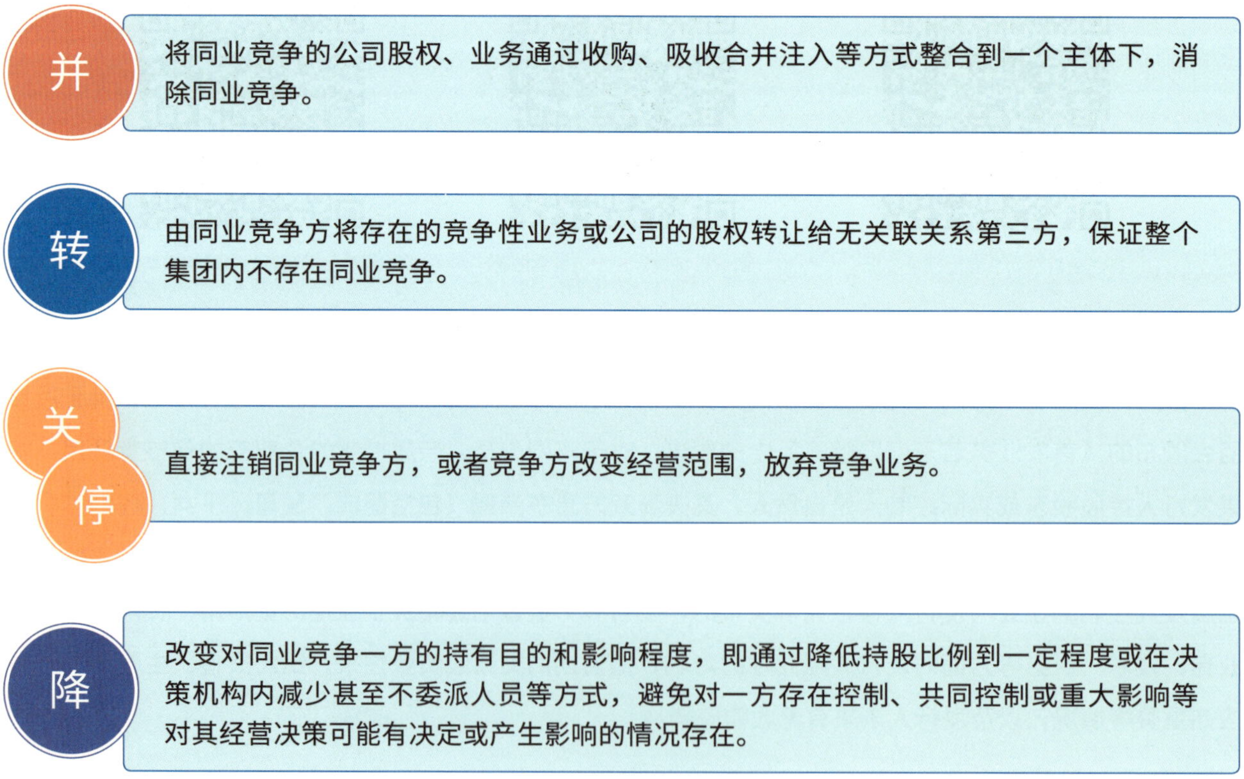

图 12-5　同业竞争解决方案

总体来讲，核准制下，由于审核更加关注拟上市企业的可持续盈利能力，对于同业竞争的审核较为严格，存在同业竞争的行为要完全消除；而注册制下，对于同业竞争的判断相对较为宽松和清晰，未超过 30% 标准线，只要不构成重大不利影响，也不构成实质性障碍。

12.3.3.4 员工情况

员工情况，主要是指企业员工相关的情况，包括企业各层员工的背景相关情况、员工结构、员工薪酬以及用工制度、劳动保护制度、社会保障制度、住房制度和医疗保障制度等方面的员工保障执行情况。对于任何企业而言，员工是保持企业能够正常经营的重要核心部分。因此，在 IPO 审核过程中，用工方式的合法合规性、社会保障履行情况及其合法合规性、薪酬水平普遍受到关注。

经过对过往 IPO 问询函件进行查阅和梳理，我们总结出 IPO 审核过程中与员工情况相关的常见要点如下：

（1）用工方式。

根据《劳动合同法》的规定，企业可以存在的用工方式为：劳动合同用工、劳动派遣用工、非全日制用工。此外，企业可以将一部分作业或工序外包给其他劳务公司完成。IPO 审核中通常将企业的劳务外包视为用工方式的一部分予以关注（涉及计发薪酬、存缴社保及住房公积金、会计处理、相关资质认定及未来经营业绩和税收优惠政策的影响）。

上市筹备过程中，拟上市企业关于劳务派遣、劳务外包用工方式的情况：

拟上市企业合同形式、用工风险承担、劳务人员管理责任、劳务费用计算以及报酬支付方式等方面是否名副其实，是否存在变相利用非劳动合同用工方式进行监管套利的情况；

拟上市企业的劳务派遣单位、劳务外包单位是否具有相应的经营资格；

对于拟上市企业存在超比例使用劳务派遣（使用的被派遣劳动者数量不得超过其用工总量的 10%）或变相利用非劳动合同用工方式的情形，需要予以纠正，并进行相应的披露。

（2）社会保险与住房公积金。

在社会保险缴纳实际执行中，由于受社会保险流转欠缺、员工不愿缴纳形成的阻力、企业短期内用工成本急剧上升难以承受等因素影响，有的企业存在未缴纳部分合同制员工社会保险的情况，有的企业按照较低的基数而非实际工资基数为员工缴纳社会保险，有的企业两种问题并存。住房公积金缴纳方面亦存在同样的问题。

拟上市企业应缴纳未缴的具体情况及形成原因，是否制定并披露切实可行的整改措施；

拟上市企业的应缴未缴金额对业绩存在多大程度的影响，是否构成重大违法行为；

拟上市企业报告期内存在应缴未缴社会保险和住房公积金情形的，应在招股说明书中披露未缴的具体情况及形成原因，制定并披露切实可行的整改措施（例如，由控股股东、实际控制人承诺承担被相关主管部门要求补缴的义务或被处以罚款的相关经济责任），向所在地相关主管部门获取其出具的无违法违规证明文件，并研究是否构成重大违法行为以及是否对本次发行存在法律障碍。

（3）员工薪酬水平。

通常情形下，企业的用工数量及用工成本与业务量呈正相关变化。对于拟上市企业的用工数量及用工成本未与业务量呈正相关变化的情形，需要核实原因及合理性。

此外，IPO 审核时经常关注发行人的员工薪资水平与当地可比薪酬水平相比是否偏低，是否存在压低员工薪酬以粉饰业绩情形；关注董监高及核心技术人员的薪酬情况、薪酬变动原因及薪酬结构的合理性；董监高之间是否存在薪酬差距过大的情况等。

12.3.3.5 出资合规性

股东足额出资，既是股东应履行的重要义务，也为企业发行上市条件之一。出资的方式多样化，可以货币出资，也可以用实物、知识产权、土地使用权等，可以用货币估价，也可以用依法转让的非货币财产作价出资。

经过对过往 IPO 问询函件进行查阅和梳理，我们总结出 IPO 审核过程中与出资合规性相关的常见问题：足额缴纳、办理财产转移手续和权属清晰。实践中，由于各种原因，企业可能存在出资不规范的行为，常见情形如下：

1. 出资不及时。实践中，有的企业在获得营业执照之后，后续未按章程规定的期限出资；
2. 出资方式不符合规定。实践中，有的企业无形资产、非货币出资的比例超过了法定比例；
3. 非货币出资未办理产权转移手续。实践中，有的公司股东以专利、土地使用权、货物所有权等出资，却未办理权属变更登记；
4. 用于出资的资产权属不清晰。有的公司股东以实物或非专利技术出资，但无法提供完整的原始凭证，从而无法证明资产的权属；
5. 非货币出资作价虚高。有的企业股东以无形资产出资，实际上该无形资产对于接受投资的企业不具有使用价值，或者虽有一定的使用价值，但内在价值与评估作价存在显著差异；
6. 未履行必要的评估、验资程序。实践中，有的企业在股东出资后未履行评估和验资手续；
7. 抽逃出资。实践中，有的企业股东在出资后以借款等名义将出资抽回；
8. 虚假出资。如以提供虚假的银行进账单、验资报告等文件骗取注册登记，实际并未出资；委托其他企业或个人代办营业执照，受托方在营业执照办取后将代垫资金转出，股东实际上未出资；将企业的资金转出用以股东出资或将企业自身的知识产权用于股东增资；等等。

针对上述 IPO 审核过程中常见的出资合规性关注要点，通过查阅大量的 IPO 申报材料，我们提供以下建议供参考：

1. 与公司其他股东协商一致，由出资不实的股东及时采取补救措施，如置换资产、补办过户手续等；
2. 由中介机构复核，出具验资复核报告或由原验资机构出具变更登记验资报告书。保荐机构及拟上市企业律师应对出资瑕疵事项核查并发表意见，核实拟上市企业或相关股东有无因出资瑕疵受到过行政处罚、是否存在重大违规行为或潜在纠纷；
3. 大股东需承诺，对拟上市企业及股东因为出资瑕疵导致的利益损失进行承担，其他股东需承诺放弃向导致出资瑕疵的原股东追偿的权利。

拟上市企业在筹备上市过程中存在出资瑕疵的，应当在上市申报前依法采取补缴出资、补充履行相关程序等措施进行补救，并尽可能获得相关政府部门及守约股东方的书面认可。审核部门对拟上市企业历史上的出资瑕疵总体上较为包容，拟上市企业不存在恶意隐瞒、不存在提供虚假文件或者对股东权益未有重大影响及未实质性损害其他人合法权益的出资瑕疵一般不会影响上市审核。

12.3.3.6 股权代持

在股权代持的情形下，如果名义出资人与实际出资人之间的股权代持行为未违反法律行政法规的强制性规定，则股权代持行为有效，但法律效力只对代持与被代持双方有约束力，对其他第三方不具法律效力；反之，股权代持行为无效。

鉴于股权代持容易引发纠纷、隐藏违法行为和利益输送，不利于上市后监管，中国证监会不允许拟上市企业存在股权代持。拟上市企业若存在股权代持的，应在上市申报前解除代持，股权清理至真实股权结构。同时清理过程要注意避免形成纠纷或潜在危险，并在招股说明书中进行披露。

一般情况下，如实际出资人本身具有投资入股的股东资格且又属于有效股权代持，如为了压缩股东人数而进行股权代持，清理后不会构成发行上市的实质性障碍；若股权代持是为了被代持人规避法律行政法规的强制性规定、被代持人特殊身份（公务员、国企员工及其他被禁止投资企业人员）、实际控制人为了控制多家企业在招投标活动中围标等而进行股权代持，该种情形可能构成上市的法律障碍。

需提醒重视的是，股权代持具有很强的隐蔽性，若拟上市企业股东刻意隐瞒，拟上市企业聘请的三大中介机构未必能有充分的证据进行认定股权代持的行为。但对于一些明显有违常理的股权代持也容易引起上市审核的怀疑和重点关注，从而对拟上市企业上市造成不利影响。因此，我们在此建议拟上市企业对于存在股权代持的情形，应积极进行清理还原至真实股权结构，而不是加以掩饰因小失大。

12.3.3.7 三会运作

“三会”运作主要是我国公司治理结构采用的“三权分立”制度，即决策权、经营管理权、监督权分属于股东（大）会、董事会和监事会。通过权力的制衡，使三大机构各司其职，既分工明确，又相互制约，保证公司顺利运行。

股东（大）会

股东（大）会是由股份有限公司全体股东组成的权力机构，拥有决定公司重大事项的权力，是公司最高的权力机构。

董事会

董事会由股东（大）会选举产生，由董事组成。董事会是公司的经营决策机构，执行股东大会决议，对股东（大）会负责。

监事会

监事会是股份公司的常设监督机构，负责监督公司董事、高级管理人员的履职尽责情况，负责检查公司财务、内部控制等，对股东大会负责并向其报告工作。

经过对过往 IPO 问询函件进行查阅和梳理，我们总结出 IPO 审核过程中与三会运作相关的常见问题如下：

1. 是否建立完备的公司治理制度，包括股东（大）会、董事会、监事会三会议事规则、独立董事、董事会秘书制度、董事会专门委员会议事规则、总经理工作制度、内部审计制度；
2. 三会和高管人员的职责及制衡机制是否有效运作，建立的决策程序和议事规则是否民主、透明，内部监督和反馈系统是否健全、有效；

3 三会历次会议文件是否完整，会议记录中时间、地点、出席人数等要件是否齐备，会议记录是否正确签署，会议文件是否归档保存；

4 拟上市企业的股东（大）会、董事会、监事会、高管团队在战略规划及日常经营决策中是否有明确的权力分工及职能划分；

5 股东（大）会、董事会、监事会是否按照有关法律法规和公司章程及时进行换届选举。

针对上述 IPO 审核过程中常见的三会运作关注要点，通过查阅大量的 IPO 申报材料，我们提供以下建议供参考，具体如表 12-14 所示。

表 12-14　三会运作方面监管机构审核关注要点及其解决思路

序号	三会运作问题类型	常见解决思路
1	三会运作不规范	拟上市企业依法建立健全股东（大）会、董事会、监事会、独立董事、董事会秘书制度，相关机构和人员能够依法履行职责。梳理历次三会运作情况，尤其涉及股权变动、经营决策、重大投资、关联交易等重大事项，是否履行了公司章程和相关议事规则规定的程序。
2	三会会议资料不完整	按照上市公司的规范运作要求，对公司历次三会会议资料进行梳理，确保会议文件的完整、齐备。

12.3.3.8 信息披露

信息披露真实、准确、完整，没有虚假记载、误导性陈述或重大遗漏是监管机构对拟上市企业的基本要求。信息披露制度的建立是拟上市企业的基本义务，是公司上市前 IPO 审核的重点关注因素之一，其执行情况可以让投资者更好地了解公司的企业业务模式、财务状况等相关运作信息，也是监管部门监管要点之一。信息披露义务要求公司围绕企业的经营模式、技术产品定位、竞争情况、法律以及财务相关内容作出充分的披露和风险提示。

经过对过往 IPO 问询函件进行查阅和梳理，我们总结出 IPO 审核过程中与信息披露相关的常见问题如下：

1. 公司是否建立有效的信息披露的内部控制制度，是否建立专门的信息披露及投资者关系的负责部门，制度内容是否合理、合法；
2. 招股说明书是否结合拟上市企业自身的业务、财务等情况披露相关风险因素；
3. 招股说明书是否存在重要信息披露不完整，对主营业务、主要产品描述不准确的情况；
4. 信息披露是否存在不一致的情况。

针对上述 IPO 审核过程中常见的信息披露关注要点，通过查阅大量的 IPO 申报材料，我们提供以下建议供参考，具体如表 12-15 所示。

表 12-15　　信息披露方面监管机构审核关注要点及其解决思路

序号	信息披露问题类型	常见解决思路
1	信息披露不全面	按照信息披露内容和格式准则的要求，拟上市企业和中介机构逐项核对并检查披露文件，确保披露文件相关信息真实、准确、完整。
2	信息披露存疑	与中介机构、监管机构积极做好沟通，对信息披露存疑点做好全面分析、完整披露。
3	信息披露一致性	在披露文件中充分说明前后不一致性的原因及合理性。

12.4 十大行业审核要点

根据易董大数据显示，自 2015 年 1 月 1 日至 2021 年 12 月 31 日，核准制申请 IPO 的公司共 1887 家，主要分布在 18 个行业，其中，前十大行业占比 95.58%；注册制申请 IPO 的公司共 1464 家，主要分布在 16 个行业，其中，前十大行业占比 99.32%。以下统计数据包括在审企业、被否、撤回、发行中、已上市的所有被问询企业。具体如表 12-16 所示。

表 12-16　　2015 年 1 月 1 日至 2021 年 12 月 31 日核准制和注册制下申请 IPO 的公司的行业分布

序号	证监会行业	核准制（共 1887 家）		注册制（共 1464 家）	
		公司数量	占比	公司数量	占比
1	制造业	1284	68.08%	1070	73.09%
2	信息传输、软件和信息技术服务业	167	8.85%	197	13.46%
3	金融业	70	3.71%	0	—
4	建筑业	54	2.86%	13	0.89%
5	科学研究和技术服务业	49	2.60%	70	4.78%
6	批发和零售业	46	2.44%	23	1.57%
7	租赁和商务服务业	38	2.01%	14	0.96%
8	电力、热力、燃气及水生产和供应业	38	2.01%	3	0.20%
9	交通运输、仓储和邮政业	35	1.86%	2	0.14%
10	文化、体育和娱乐业	29	1.54%	9	0.61%
11	水利、环境和公共设施管理业	28	1.48%	46	3.14%
12	采矿业	18	0.95%	1	0.07%
13	农、林、牧、渔业	13	0.69%	6	0.41%
14	房地产业	7	0.37%	2	0.14%
15	卫生和社会工作	5	0.27%	6	0.41%
16	教育	3	0.16%	1	0.07%
17	居民服务、修理和其他服务业	2	0.11%	0	—
18	住宿和餐饮业	1	0.05%	1	0.07%

注：由于部分 IPO 公司存在前次申报核准制、之后申报注册制的情况，故本章节行业统计中核准制公司与注册制公司存在部分重叠。

12.4.1 制造业

中国作为世界第一制造业大国，在申报 IPO 企业中，制造业申报 IPO 企业占全部申报 IPO 企业比例均达到 65% 以上。

由于审核制度的不同，虽然都是制造业企业，但是在审核过程中，关注要点还是会有或多或少的差异，表 12-17 为核准制与注册制关注要点的对比情况。

表 12-17　　核准制和注册制下制造业企业 IPO 审核关注要点对比

制度	排名	问询率	关注要点	问询率	排名	制度
核准制	25	74.53%	①风险提示相关	97.94%	1	注册制
	11	84.35%	②营业收入	97.10%	2	
	1	91.59%	③毛利率	96.92%	3	
	3	88.55%	④产品 / 服务价格及定价政策	95.89%	4	
	4	87.85%	⑤存货	94.77%	5	
	5	86.99%	⑥采购业务相关	94.49%	6	
	2	89.88%	⑦关联关系核查	93.36%	7	
	10	84.74%	⑧应收账款	92.99%	8	
	6	86.76%	⑨原材料采购相关	92.90%	9	
	7	85.05%	⑩重要客户相关情况	92.90%	9	
	13	83.41%	⑪ 收入确认	92.90%	9	
	8	84.97%	⑫ 内部控制	92.52%	10	
	28	72.90%	⑬ 持续经营能力	92.52%	10	
	9	84.89%	⑭ 会计政策和会计处理	91.87%	12	

注：问询率 = 当前审核制度下被问询该关注要点的公司家数 / 当前审核制度下被问询的总公司家数 ×100%

制造业行业涉及原材料采购、生产、销售等一系列环节，任意环节出现问题都有可能对公司持续经营造成影响，表 12-17 中的统计数据可以直观地反映出制造业公司最常见的影响公司经营情况的关注要点。

例如：原材料供应不及时，导致停工待料；生产与销售不匹配，导致存货积压；生产、财务、库存、采购、销售部门之前的内部控制不健全，导致财务核算、会计处理困难；重要客户集中度高，导致客户依赖，对独立性有影响。

其中，注册制关注要点在每一轮的问询率变化具体如表 12-18 所示。

表 12-18　　注册制关注要点在每一轮的问询情况

单位：家

关注要点	第一轮		第二轮		第三轮		第四 - 六轮		审核中心意见落实函		上市委会议问询		注册反馈阶段	
	问询家数	问询率	问询家数	问询率	问询家数	问询率	问询家数	问询率	问询家数	问询率	问询家数	问询率	问询家数	问询率
①风险提示相关	819	90.70%	601	82.44%	184	63.67%	41	59.42%	512	83.39%	143	22.03%	185	33.70%
②营业收入	854	94.57%	555	76.13%	154	53.29%	29	42.03%	203	33.06%	86	13.25%	169	30.78%
③毛利率	863	95.57%	566	77.64%	165	57.09%	31	44.93%	220	35.83%	140	21.57%	180	32.79%
④产品 / 服务价格及定价政策	837	92.69%	516	70.78%	136	47.06%	24	34.78%	141	22.96%	49	7.55%	150	27.32%
⑤存货	848	93.91%	436	59.81%	94	32.53%	21	30.43%	82	13.36%	35	5.39%	83	15.12%
⑥采购业务相关	845	93.58%	461	63.24%	100	34.60%	18	26.09%	94	15.31%	39	6.01%	110	20.04%
⑦关联关系核查	815	90.25%	369	50.62%	89	30.80%	21	30.43%	81	13.19%	36	5.55%	76	13.84%
⑧应收账款	812	89.92%	388	53.22%	81	28.03%	23	33.33%	116	18.89%	54	8.32%	98	17.85%
⑨原材料采购相关	815	90.25%	453	62.14%	106	36.68%	21	30.43%	105	17.10%	30	4.62%	120	21.86%
⑩重要客户相关情况	820	90.81%	407	55.83%	87	30.10%	17	24.64%	97	15.80%	41	6.32%	101	18.40%
⑪收入确认	808	89.48%	434	59.53%	99	34.26%	22	31.88%	114	18.57%	69	10.63%	119	21.68%
⑫ 内部控制	802	88.82%	359	49.25%	114	39.45%	27	39.13%	98	15.96%	145	22.34%	95	17.30%
⑬ 持续经营能力	790	87.49%	453	62.14%	128	44.29%	26	37.68%	189	30.78%	201	30.97%	116	21.13%
⑭ 会计政策和会计处理	781	86.49%	418	57.34%	109	37.72%	18	26.09%	115	18.73%	70	10.79%	105	19.13%

注：问询率 = 当前阶段被问询该关注要点的公司家数 / 当前阶段被问询的总公司家数 ×100%

12.4.2 信息传输、软件和信息技术服务业

信息技术服务是软件产品和 IT 服务的集合。近年来，随着中国产业结构不断升级调整，中国软件产业总体保持平稳较快发展，产业规模持续扩大，根据工信部运行监测协调局公布的软件业经济运行快报，中国软件和信息技术服务业 2020 年前三季度完成软件业务收入 58387 亿元，同比增长 11.3%。分季度来看，第一、二、三季度全行业软件业务收入增速分别为 -6.2%、17.1%、19.3%，呈逐季上升态势。

该行业申报 IPO 的企业也越来越多，根据易董数据统计，2015 年 1 月 1 日至 2021 年 12 月 31 日，申报 IPO 企业共计 344 家，其中，核准制 167 家，注册制 197 家。

表 12-19 为核准制与注册制关注要点的对比情况：

表 12-19　　核准制和注册制下信息传输、软件和信息技术服务业企业 IPO 审核关注要点对比

制度	排名	问询率	关注要点	问询率	排名	制度
核准制	2	89.22%	①收入确认	98.98%	1	注册制
	6	82.63%	②营业收入	98.98%	1	
	1	89.82%	③毛利率	97.97%	2	
	27	59.88%	④风险提示相关	96.95%	3	
	9	80.84%	⑤营业成本	96.45%	4	
	7	82.04%	⑥重要客户相关情况	95.94%	5	
	3	88.62%	⑦关联关系核查	95.43%	6	
	5	83.23%	⑧应收账款	95.43%	6	
	6	82.63%	⑨会计政策和会计处理	94.92%	7	
	10	80.24%	⑩重大合同及其履行情况	94.42%	8	
	15	75.45%	⑪ 持续经营能力	93.91%	9	
	26	61.68%	⑫ 核心竞争力	93.40%	10	
	8	81.44%	⑬ 内部控制	92.89%	11	
	4	83.83%	⑭ 审批程序相关	86.80%	15	

注：问询率 = 当前审核制度下被问询该关注要点的公司家数 / 当前审核制度下被问询的总公司家数 ×100%

信息传输、软件和信息技术服务业申报 IPO 的企业数量仅次于制造业，根据易董 IPO 案例库收录的丰富 IPO 案例，我们了解到该行业独一无二的特点在于产品是无形的，并不是实体产品，企业销售给客户之后就很难像有形的产品看得到，导致财务核查提高了一定的难度。除此之外，我们根据表 12-19 的统计结果简要总结出该行业比较典型的关注特点。这些特点包括：基本都是轻资产运营；存在一定的客户依赖或行业依赖；都有一定的技术含金量，核心竞争力都较强；收入确认存在较大的争议。

该行业在 IPO 审核过程中，收入确认的标准以及成本结转的内部控制都是监管机构审核的关注要点。

其中，注册制关注要点在每一轮的问询率变化具体如表 12-20 所示。

表 12-20　注册制关注要点在每一轮的问询情况

单位：家

关注要点	第一轮		第二轮		第三轮		第四至六轮		审核中心意见落实函		上市委会议问询		注册反馈阶段	
	问询家数	问询率	问询家数	问询率	问询家数	问询率	问询家数	问询率	问询家数	问询率	问询家数	问询率	问询家数	问询率
①收入确认	158	98.14%	116	85.93%	39	66.10%	14	58.33%	50	44.64%	18	15.79%	38	40.86%
②营业收入	159	98.76%	117	86.67%	44	74.58%	9	37.50%	47	41.96%	18	15.79%	35	37.63%
③毛利率	156	96.89%	102	75.56%	37	62.71%	10	41.67%	37	33.04%	20	17.54%	30	32.26%
④风险提示相关	149	92.55%	109	80.74%	45	76.27%	13	54.17%	94	83.93%	27	23.68%	27	29.03%
⑤营业成本	154	95.65%	92	68.15%	26	44.07%	10	41.67%	21	18.75%	8	7.02%	25	26.88%
⑥重要客户相关情况	151	93.79%	85	62.96%	30	50.85%	8	33.33%	41	36.61%	16	14.04%	22	23.66%

续表

关注要点	第一轮		第二轮		第三轮		第四至六轮		审核中心意见落实函		上市委会议问询		注册反馈阶段	
	问询家数	问询率	问询家数	问询率	问询家数	问询率	问询家数	问询率	问询家数	问询率	问询家数	问询率	问询家数	问询率
⑦关联关系核查	149	92.55%	80	59.26%	26	44.07%	6	25.00%	18	16.07%	7	6.14%	20	21.51%
⑧应收账款	145	90.06%	80	59.26%	23	38.98%	4	16.67%	18	16.07%	2	1.75%	21	22.58%
⑨会计政策和会计处理	152	94.41%	90	66.67%	28	47.46%	11	45.83%	25	22.32%	14	12.28%	28	30.11%
⑩重大合同及其履行情况	147	91.30%	98	72.59%	35	59.32%	9	37.50%	25	22.32%	14	12.28%	34	36.56%
⑪持续经营能力	144	89.44%	82	60.74%	28	47.46%	11	45.83%	31	27.68%	38	33.33%	20	21.51%
⑫核心竞争力	130	80.75%	58	42.96%	15	25.42%	6	25.00%	8	7.14%	2	1.75%	14	15.05%
⑬内部控制	144	89.44%	80	59.26%	15	25.42%	7	29.17%	53	47.32%	34	29.82%	13	13.98%
⑭审批程序相关	141	87.58%	80	59.26%	22	37.29%	10	41.67%	23	20.54%	15	13.16%	26	27.96%

注：问询率 = 当前阶段被问询该关注要点的公司家数 / 当前阶段被问询的总公司家数 ×100%

12.4.3 科学研究和技术服务业

根据易董数据统计，2015 年 1 月 1 日至 2021 年 12 月 31 日，科学研究和技术服务业申报 IPO 企业共计 116 家，其中，核准制 49 家，注册制 70 家。

表 12-21 为该行业核准制与注册制审核关注要点对比情况。

表 12-21　核准制和注册制下科学研究和技术服务业企业 IPO 审核关注要点对比

制度	排名	问询率	关注要点	问询率	排名	制度
核准制	4	85.71%	①营业成本	100.00%	1	注册制
	5	83.67%	②持续经营能力	98.57%	2	
	11	71.43%	③风险提示	98.57%	2	
	1	91.84%	④收入确认	97.14%	3	
	2	89.80%	⑤毛利率	97.14%	3	
	2	89.80%	⑥内部控制	97.14%	3	
	3	87.76%	⑦会计政策和会计处理	97.14%	3	
	6	81.63%	⑧重大合同及其履行情况	97.14%	3	
	9	75.51%	⑨营业收入	97.14%	3	
	16	57.14%	⑩核心竞争力	97.14%	3	
	2	89.80%	⑪ 关联关系核查	95.71%	4	
	3	87.76%	⑫ 重要客户相关情况	95.71%	4	
	3	87.76%	⑬ 应收账款	92.86%	6	
	4	85.71%	⑭ 坏账准备	90.00%	7	
	3	87.76%	⑮ 审批程序相关	82.86%	12	

注：问询率 = 当前审核制度下被问询该关注要点的公司家数 / 当前审核制度下被问询的总公司家数 ×100%

科学研究和技术服务业细分为研究和试验发展、专业技术服务、科技推广和应用服务。

其中，专业技术服务业申报 IPO 的企业有个较为突出的问题：业务收入确认和营业成本对于财务核算来说是很大的挑战，因为很多工作做完就结束了，很难去重复验证。收入节点和工作成果如何明确界定区分，成本如何精细核算是 IPO 审核时较为关注的要点。

其中，注册制关注要点在每一轮的问询率变化具体如表 12-22 所示。

表 12-22　　注册制关注要点在每一轮的问询情况

单位：家

关注要点	第一轮		第二轮		第三轮		第四至六轮		审核中心意见落实函		上市委会议问询		注册反馈阶段	
	问询家数	问询率	问询家数	问询率	问询家数	问询率	问询家数	问询率	问询家数	问询率	问询家数	问询率	问询家数	问询率
① 营业成本	56	98.25%	35	70.00%	6	25.00%	1	25.00%	9	20.93%	1	2.27%	4	11.11%
② 持续经营能力	53	92.98%	34	68.00%	8	33.33%	1	25.00%	15	34.88%	13	29.55%	12	33.33%
③ 风险提示相关	49	85.96%	37	74.00%	13	54.17%	2	50.00%	34	79.07%	10	22.73%	12	33.33%
④ 收入确认	56	98.25%	38	76.00%	15	62.50%	2	50.00%	17	39.53%	11	25.00%	17	47.22%
⑤ 毛利率	55	96.49%	33	66.00%	14	58.33%	1	25.00%	13	30.23%	7	15.91%	16	44.44%
⑥ 内部控制	48	84.21%	14	28.00%	9	37.50%	1	25.00%	7	16.28%	9	20.45%	5	13.89%
⑦ 会计政策和会计处理	54	94.74%	32	64.00%	8	33.33%	1	25.00%	9	20.93%	4	9.09%	8	22.22%

续表

关注要点	第一轮		第二轮		第三轮		第四至六轮		审核中心意见落实函		上市委会议问询		注册反馈阶段	
	问询家数	问询率	问询家数	问询率	问询家数	问询率	问询家数	问询率	问询家数	问询率	问询家数	问询率	问询家数	问询率
⑧重大合同及其履行情况	53	92.98%	36	72.00%	9	37.50%	1	25.00%	6	13.95%	3	6.82%	14	38.89%
⑨营业收入	54	94.74%	37	74.00%	12	50.00%	3	75.00%	13	30.23%	5	11.36%	13	36.11%
⑩核心竞争力	52	91.23%	33	66.00%	13	54.17%	2	50.00%	18	41.86%	11	25.00%	—	—
⑪关联关系核查	53	92.98%	26	52.00%	9	37.50%	1	25.00%	4	9.30%	2	4.55%	5	13.89%
⑫重要客户相关情况	55	96.49%	20	40.00%	7	29.17%	2	50.00%	7	16.28%	2	4.55%	4	11.11%
⑬应收账款	54	94.74%	28	56.00%	10	41.67%	1	25.00%	18	41.86%	9	20.45%	11	30.56%
⑭坏账准备	49	85.96%	23	46.00%	7	29.17%	—	—	7	16.28%	5	11.36%	6	16.67%
⑮审批程序相关	45	78.95%	16	32.00%	4	16.67%	2	50.00%	2	4.65%	—	—	2	5.56%

注：问询率 = 当前阶段被问询该关注要点的公司家数 / 当前阶段被问询的总公司家数 ×100%

12.4.4 金融业

2015 年 1 月 1 日至 2021 年 12 月 31 日，金融业申报 IPO 企业共计 70 家，占比 2.17%，均为核准制。

该行业审核关注要点具体如表 12-23 所示。

表 12-23　　核准制下金融业企业 IPO 审核关注要点

审核制度	排名	关注要点	公司家数	问询率
核准制	1	内部控制	67	95.71%
	2	风险提示相关	62	88.57%
	2	审批程序相关	62	88.57%
	3	会计政策和会计处理	59	84.29%
	4	出售资产（股权）情况	58	82.86%
	4	员工薪酬情况	58	82.86%
	5	财务独立	57	81.43%
	5	人员独立	57	81.43%
	6	重大诉讼、仲裁事项	55	78.57%
	7	信息披露质量	54	77.14%
	8	关联关系核查	52	74.29%
	9	违法违规行为核查	51	72.86%
	9	合并报表范围	51	72.86%
	9	董监高相关问题	51	72.86%
	10	原材料采购相关	50	71.43%
	10	社会保障	50	71.43%

注：问询率 = 当前审核制度下被问询该关注要点的公司家数 / 当前审核制度下被问询的总公司家数 ×100%

统计结果显示，监管机构对该行业申报 IPO 企业关注度最高的几点在于：内部控制及独立性，主要关注是否人员独立、财务独立、企业内部控制是否健全。金融业经常涉及牌照类业务，监管机构会在审核时较为关注经营资质获取时审批程序是否合规等问题。

12.4.5 水利、环境和公共设施管理业

根据易董数据统计，2015 年 1 月 1 日至 2021 年 12 月 31 日，水利、环境和公共设施管理业申报 IPO 企业共计 72 家，其中，核准制 28 家，注册制 46 家。

表 12-24 为核准制与注册制关注要点的对比情况。

表 12-24　　核准制和注册制下水利、环境和公共设施管理业企业 IPO 审核关注要点对比

制度	排名	问询率	关注要点	问询率	排名	制度
核准制	6	75.00%	①风险提示相关	100.00%	1	注册制
	2	89.29%	②收入确认	97.83%	2	
	2	89.29%	③毛利率	97.83%	2	
	3	85.71%	④应收账款	97.83%	2	
	3	85.71%	⑤内部控制	95.65%	3	
	4	82.14%	⑥营业收入	95.65%	3	
	4	82.14%	⑦重大合同及其履行情况	95.65%	3	
	2	89.29%	⑧会计政策和会计处理	93.48%	4	
	7	71.43%	⑨重要客户相关情况	93.48%	4	
	8	67.86%	⑩经营资质	93.48%	4	
	2	89.29%	⑪ 关联关系核查	91.30%	5	
	1	92.86%	⑫ 违法违规行为核查	89.13%	6	
	3	85.71%	⑬ 审批程序相关	89.13%	6	
	2	89.29%	⑭ 原材料采购相关	86.96%	7	
	2	89.29%	⑮ 出售资产（股权）情况	73.91%	13	

注：问询率 = 当前审核制度下被问询该关注要点的公司家数 / 当前审核制度下被问询的总公司家数 ×100%

水利、环境和公共设施管理业具有公共事业和环境保护的双重性。该行业的特点在于污水处理是否合规，是否存在破坏环境违规等现象，可以看到监管机构在审核时，对该行业的违法违规行为核查、经营资质较为关注。

其中，注册制关注要点在每一轮的问询率变化具体如表 12-25 所示。

表 12-25　注册制关注要点在每一轮的问询情况

单位：家

关注要点	第一轮		第二轮		第三轮		第四至六轮		审核中心意见落实函		上市委会议问询		注册反馈阶段	
	问询家数	问询率	问询家数	问询率	问询家数	问询率	问询家数	问询率	问询家数	问询率	问询家数	问询率	问询家数	问询率
①风险提示相关	28	80.00%	21	87.50%	9	60.00%	—	—	23	92.00%	4	14.81%	7	33.33%
②收入确认	35	100.00%	21	87.50%	10	66.67%	2	100.00%	13	52.00%	3	11.11%	10	47.62%
③毛利率	33	94.29%	21	87.50%	11	73.33%	2	100.00%	9	36.00%	8	29.63%	8	38.10%
④应收账款	31	88.57%	19	79.17%	8	53.33%	—	—	8	32.00%	8	29.63%	10	47.62%
⑤内部控制	30	85.71%	14	58.33%	8	53.33%	1	50.00%	5	20.00%	5	18.52%	4	19.05%
⑥营业收入	33	94.29%	20	83.33%	9	60.00%	1	50.00%	2	8.00%	4	14.81%	9	42.86%
⑦重大合同及其履行情况	34	97.14%	18	75.00%	8	53.33%	—	—	3	12.00%	3	11.11%	5	23.81%

续表

关注要点	第一轮		第二轮		第三轮		第四至六轮		审核中心意见落实函		上市委会议问询		注册反馈阶段	
	问询家数	问询率	问询家数	问询率	问询家数	问询率	问询家数	问询率	问询家数	问询率	问询家数	问询率	问询家数	问询率
⑧会计政策和会计处理	30	85.71%	17	70.83%	6	40.00%	1	50.00%	8	32.00%	3	11.11%	7	33.33%
⑨重要客户相关情况	30	85.71%	11	45.83%	4	26.67%	—	—	2	8.00%	2	7.41%	4	19.05%
⑩经营资质	30	85.71%	15	62.50%	3	20.00%	1	50.00%	5	20.00%	2	7.41%	2	9.52%
⑪关联关系核查	27	77.14%	10	41.67%	1	6.67%	2	100.00%	2	8.00%	1	3.70%	4	19.05%
⑫违法违规行为核查	28	80.00%	11	45.83%	8	53.33%	1	50.00%	3	12.00%	3	11.11%	3	14.29%
⑬审批程序相关	27	77.14%	10	41.67%	3	20.00%	—	—	4	16.00%	2	7.41%	3	14.29%
⑭原材料采购相关	26	74.29%	11	45.83%	4	26.67%	—	—	1	4.00%	—	—	1	4.76%
⑮出售资产(股权)情况	21	60.00%	7	29.17%	3	20.00%	—	—	—	—	—	—	—	—

注：问询率 = 当前阶段被问询该关注要点的公司家数 / 当前阶段被问询的总公司家数 ×100%

12.4.6 批发与零售业

根据易董数据统计，2015 年 1 月 1 日至 2021 年 12 月 31 日，批发与零售业申报 IPO 企业共计 65 家，其中核准制 46 家，注册制 23 家。

表 12-26 为核准制与注册制关注要点的对比情况。

表 12-26　核准制和注册制下批发与零售业企业 IPO 审核关注要点对比

制度	排名	问询率	关注要点	问询率	排名	制度
核准制	1	95.65%	①会计政策和会计处理	100.00%	1	注册制
	2	91.30%	②内部控制	100.00%	1	
	3	89.13%	③毛利率	100.00%	1	
	4	84.78%	④存货	100.00%	1	
	5	82.61%	⑤营业收入	100.00%	1	
	6	80.43%	⑥存货跌价准备	100.00%	1	
	7	78.26%	⑦产品 / 服务价格及定价政策	100.00%	1	
	8	76.09%	⑧收入确认	100.00%	1	
	9	73.91%	⑨采购业务相关	100.00%	1	
	9	73.91%	⑩重要供应商相关情况	100.00%	1	
	10	71.74%	⑪ 持续经营能力	100.00%	1	
	3	89.13%	⑫ 关联关系核查	95.65%	2	
	4	84.78%	⑬ 租赁	95.65%	2	
	11	69.57%	⑭ 营业成本	95.65%	2	
	3	89.13%	⑮ 销售费用	91.30%	3	
	4	84.78%	⑯ 审批程序相关	82.61%	5	
	5	82.61%	⑰ 同业竞争核查	65.22%	9	

注：问询率 = 当前审核制度下被问询该关注要点的公司家数 / 当前审核制度下被问询的总公司家数 ×100%

我们研究不同行业的 IPO 审核要点，除了行业政策和竞争环境之外，另一个重要的维度就是企业的经营模式。批发和零售行业的客户大部分是普通消费者，存在着经营模式的完全颠覆，这会给 IPO 的财务核查带来困难。尤其当互联网成为零售这种销售模式最好的推动力之后，在带给行业更大的发展空间的同时，也对财务核查提出了更高的要求。

从表 12-26 可以看出，无论是核准制还是注册制，批发与零售行业的审核关注要点主要包括：会计处理、销售费用、存货、收入及成本核算。

12.4.7 建筑业

根据易董数据统计，2015 年 1 月 1 日至 2021 年 12 月 31 日，建筑业申报 IPO 企业共计 64 家，其中，核准制 54 家，注册制 13 家。

表 12-27 为核准制与注册制关注要点的对比情况。

表 12-27　　核准制和注册制下建筑业企业 IPO 审核关注要点对比

制度	排名	问询率	关注要点	问询率	排名	制度
核准制	1	92.59%	①坏账准备	100.00%	1	注册制
	2	90.74%	②关联关系核查	100.00%	1	
	2	90.74%	③应收账款	100.00%	1	
	3	88.89%	④收入确认	100.00%	1	
	3	88.89%	⑤经营资质	100.00%	1	
	6	83.33%	⑥劳务外包	100.00%	1	
	5	85.19%	⑦毛利率	100.00%	1	
	7	81.48%	⑧风险提示相关	100.00%	1	
	9	77.78%	⑨营业收入	100.00%	1	
	7	81.48%	⑩重大合同及其履行情况	100.00%	1	
	11	74.07%	⑪ 重要项目实施进展	100.00%	1	
	9	77.78%	⑫ 营业成本	100.00%	1	

续表

制度	排名	问询率	关注要点	问询率	排名	制度
核准制	6	83.33%	⑬ 重要客户相关情况	100.00%	1	注册制
	3	88.89%	⑭ 内部控制	92.31%	2	
	4	87.04%	⑮ 会计政策和会计处理	92.31%	2	
	14	68.52%	⑯ 重要供应商相关情况	92.31%	2	
	6	83.33%	⑰ 审批程序相关	84.62%	3	

注：问询率 = 当前审核制度下被问询该关注要点的公司家数 / 当前审核制度下被问询的总公司家数 ×100%

建筑业是一个与百姓生活息息相关的大市场，随着国民经济的增长和人们对生活更高质量的追求，以及国家对社会基础设施的重视，建筑装饰和其他建筑业逐步向智能化、高端化方向进行科技转型。

建筑业企业应当按照其拥有的注册资本、净资产、专业技术人员、技术装备和已完成的建筑工程业绩等资质条件申请资质，经审查合格，取得相应等级的资质证书后，方可在其资质等级许可的范围内从事建筑活动，所以经营资质是监管机构审核的要点之一。该行业还有一个特性便是劳务外包，在工程项目的建设中，随着劳务分包模式成为一种普遍现象，企业在劳务分包管理的过程中容易存在很多问题和管理风险。对于拟 IPO 企业而言，应全面披露劳务供应商的基本情况、资质，是否存在纠纷、安全事故等情况，以免对上市发行构成障碍。

根据表 12-27 的统计结果显示，监管机构对于该行业的关注要点在于应收账款、关联交易、劳务分包、经营资质等问题。

12.4.8 租赁和商务服务业

根据易董数据统计，2015 年 1 月 1 日至 2021 年 12 月 31 日，租赁和商务服务业申报 IPO 企业共计 50 家，其中，核准制 38 家，注册制 14 家。

表 12-28 为核准制与注册制关注要点的对比情况。

表 12-28　　核准制和注册制下租赁和商务服务业企业 IPO 审核关注要点对比

制度	排名	问询率	关注要点	问询率	排名	制度
核准制	3	86.84%	①收入确认	100.00%	1	注册制
	4	84.21%	②会计政策和会计处理	100.00%	1	
	5	81.58%	③营业收入	100.00%	1	
	5	81.58%	④重大合同及其履行情况	100.00%	1	
	7	76.32%	⑤应收账款	100.00%	1	
	9	71.05%	⑥持续经营能力	100.00%	1	
	2	89.47%	⑦营业成本	92.86%	2	
	2	89.47%	⑧风险提示相关	92.86%	2	
	6	78.95%	⑨毛利率	92.86%	2	
	7	76.32%	⑩ 业绩情况	92.86%	2	
	7	76.32%	⑪ 核心竞争力	92.86%	2	
	8	73.68%	⑫ 重要客户相关情况	92.86%	2	
	20	42.11%	⑬ 坏账准备	92.86%	2	
	1	92.11%	⑭ 内部控制	85.71%	3	
	2	89.47%	⑮ 关联关系核查	85.71%	3	
	5	81.58%	⑯ 出售资产（股权）情况	78.57%	4	
	5	81.58%	⑰ 销售费用	78.57%	4	
	5	81.58%	⑱ 员工薪酬情况	78.57%	4	

注：问询率 = 当前审核制度下被问询该关注要点的公司家数 / 当前审核制度下被问询的总公司家数 ×100%

租赁是以金融信贷和物资信贷相结合的方式提供信贷服务的经营业。商务服务属于现代服务业的范畴，包括企业管理服务、法律服务、咨询与调查、广告业、职业中介服务等行业，是符合现代服务业要求的人力资本密集行业，也是高附加值行业。

目前，融资租赁已经成为国内继银行、证券和信托之后的重要融资工具。该行业的特点在于出租设备、人力等客户所需资产赚取租金，在财务等方面核查有一定挑战，因此，会计处理、收入确认是监管机构关注的要点。

12.4.9 文化、体育和娱乐业

根据易董数据统计，2015 年 1 月 1 日至 2021 年 12 月 31 日，文化、体育和娱乐业申报 IPO 企业共计 36 家，其中，核准制 29 家，注册制 9 家。

表 12-29 为核准制与注册制关注要点的对比情况。

表 12-29　　核准制和注册制下文化、体育和娱乐业企业 IPO 审核关注要点对比

制度	排名	问询率	关注要点	问询率	排名	制度
核准制	1	89.66%	①营业收入	100.00%	1	注册制
	1	89.66%	②会计政策和会计处理	100.00%	1	
	1	89.66%	③毛利率	100.00%	1	
	1	89.66%	④应收账款	100.00%	1	
	2	86.21%	⑤成本核算	100.00%	1	
	2	86.21%	⑥重要客户相关情况	100.00%	1	
	3	82.76%	⑦收入确认	100.00%	1	
	3	82.76%	⑧风险提示相关	100.00%	1	
	4	79.31%	⑨重大合同及其履行情况	100.00%	1	
	5	75.86%	⑩持续经营能力	100.00%	1	
	5	75.86%	⑪ 关联关系核查	100.00%	1	
	6	72.41%	⑫ 净利润	100.00%	1	
	15	41.38%	⑬ 核心竞争力	100.00%	1	
	1	89.66%	⑭ 内部控制	88.89%	2	

续表

制度	排名	问询率	关注要点	问询率	排名	制度
核准制	2	86.21%	⑮ 坏账准备	88.89%	2	注册制
	2	86.21%	⑯ 存货	88.89%	2	
	2	86.21%	⑰ 营业成本	88.89%	2	

注：问询率 = 当前审核制度下被问询该关注要点的公司家数 / 当前审核制度下被问询的总公司家数 ×100%

近年来，越来越多该行业的公司申报 IPO，文化娱乐作为服务业的重要组成部分，在居民的日常消费中占有重要地位，中国居民文化娱乐消费占消费支出比重呈逐年增长态势。根据表 12-29 的统计结果显示，监管机构对于该行业的关注要点集中于收入确认、成本核算、重大合同等财务问题方面。

12.4.10 电力、热力、燃气及水生产和供应业

根据易董数据统计，2015 年 1 月 1 日至 2021 年 12 月 31 日，电力、热力、燃气及水生产和供应业申报 IPO 企业共计 41 家，其中，核准制 38 家，注册制 3 家。

该行业审核关注要点具体如表 12-30 所示。

表 12-30　　核准制和注册制下电力、热力、燃气及水生产和供应业企业 IPO 审核关注要点对比

制度	排名	问询率	关注要点	问询率	排名	制度
核准制	1	94.74%	①风险提示相关	100.00%	1	注册制
	1	94.74%	②收入确认	100.00%	1	
	2	92.11%	③毛利率	66.67%	2	
	3	89.47%	④内部控制	100.00%	1	
	3	89.47%	⑤应收账款	100.00%	1	
	3	89.47%	⑥业绩情况	100.00%	1	
	3	89.47%	⑦审批程序相关	100.00%	1	
	3	89.47%	⑧关联关系核查	100.00%	1	

续表

制度	排名	问询率	关注要点	问询率	排名	制度
核准制	3	89.47%	⑨员工薪酬情况	66.67%	2	注册制
	4	86.84%	⑩会计政策和会计处理	100.00%	1	
	4	86.84%	⑪ 坏账准备	100.00%	1	
	4	86.84%	⑫ 营业成本	66.67%	2	

注：问询率 = 当前审核制度下被问询该关注要点的公司家数 / 当前审核制度下被问询的总公司家数 ×100%

电力、热力、燃气及水生产和供应业的总体过会率较高。

该行业 IPO 企业中的主营业务类型较为广泛。其中，包括风力发电项目、太阳能光伏电站的开发、建设和运营的企业、核电站的建设、运营和管理的企业、热力生产和供应的企业等行业。

该行业涉及供热运营服务、节能改造服务的企业，通常会为客户提供节能改造方案设计、分包建设、安装调试等服务，与节能改造项目相关的收入确认方法容易引起监管机构的关注。

该行业审核中可能主要关注长期应收款的形成原因，会计核算内容是否符合企业会计准则，是否符合行业惯例。长期应收款对应的主要项目是否存在暂停、延期、重大变更、客户发生重大不利变化等异常情况，长期应收款的可回收性。

《IPO 审核关注要点》
最新数据

13

发行上市

有一个相关的道理非常重要，那就是你们必须坚持终身学习。如果不终身学习，你们将不会取得很高的成就。我不断地看到有些人在生活中越过越好，他们不是最聪明的，甚至不是最勤奋的，但他们是学习机器，他们每天夜里睡觉时都比那天早晨聪明一点点。

许多IQ很高的人却是糟糕的投资者，原因是他们的品性缺陷。我认为优秀的品性比大脑更重要，你必须严格控制那些非理性的情绪，你需要镇定、自律，对损失与不幸淡然处之，同样地也不能被狂喜冲昏头脑。

——查理·芒格（1924—），美国，美国投资家在公司上市的整个过程中，通过 IPO 审核是很重要的一个环节，而在通过 IPO 审核之后，接下来就是最后的冲刺阶段——发行上市。

部分企业只重视审核，不重视发行，这个观点是不对的。公司通过 IPO 募集资金，一般情况下，发行数量是确定的，但发行市盈率的高低直接决定了募集资金的多少，发行上市阶段与投资人沟通得好，可以充分展现企业的价值，可以获得较高的发行市盈率，这是发行上市阶段的首要工作，募集到更多的资金对于企业的发展壮大将起到举足轻重的作用。

13.1 发行

发行流程：

刊登招股意向书

↓

直接定价、询价发行或竞价发行

↓

确定发行价格，刊登发行公告

↓

投资者申购，网上配号

↓

网上摇号抽签，网下初步配售

↓

网上中签和网下获配投资者缴款

↓

网上弃购申报，资金交收

↓

发行结束

↓

办理股份登记

首次公开发行股票，可以通过向网下投资者询价的方式确定股票发行价格，也可以通过发行人与主承销商自主协商直接定价等其他合法可行的方式确定发行价格。北交所股票公开发行还能通过合格投资者网上竞价的方式确定发行价格。

目前采用较多的两种方式为：初步询价后直接定价发行或者累计投标询价确定发行价格。

13.1.1 定价方式

一般来说，新股定价方式有三种：直接定价、询价以及竞价发行。主板和创业板适用直接定价和询价发行，科创板只能询价发行，唯有北交所是 A 股三种定价方式并存的市场（见表 13-1）。

表 13-1 国内 A 股市场定价方式对比

	询价发行	直接定价发行	竞价发行
主板	✓	✓	
创业板	✓	✓	
科创板	✓		
北交所	✓	✓	✓

13.1.1.1 询价发行

询价制度适用于主板、注册制下的科创板、创业板以及北交所发行股票。首次公开发行证券通过向网下投资者询价方式确定发行价格的，可以在初步询价后确定发行价格，也可以在初步询价确定发行价格区间后，通过累计投标询价确定发行价格（北交所不适用累计投标询价）。

2021 年 9 月 18 日，沪深交易所发布公告，为进一步优化科创板、创业板新股发行承销制度，促进买卖双方博弈更加均衡，经中国证监会批准，修订了部分与发行机制相关的法规制度。其中，尤为重要的一点是将询价制度中，最高报价剔除比例由“不低于 10%”修改为“不超过 3%”，这一调整大大提升了发行定价市场化水平，避免了以往抱团报价、发行价格低等现象的发生。

根据易董数据显示，注册制下科创板与创业板在制度修改前后，发行价格与平均募集资金总额有了明显的变化。具体如表 13-2 所示。

表 13-2 注册制下科创板与创业板在制度修改前后，发行价格与平均募集资金总额变化

	制度修订前		制度修订后	
上市板块	平均发行价格	平均募资总额	平均发行价格	平均募资总额
上交所科创板	31.68 元 / 股	12.20 亿元	63.52 元 / 股	26.03 亿元
深交所创业板	27.14 元 / 股	7.44 亿元	34.65 元 / 股	10.98 亿元

注册制下，科创板和创业板首次公开发行采用询价方式定价的，发行人和主承销商应当剔除报价最高部分后确定发行价格，剔除比例不超过所有网下投资者拟申购总量的 3%。北交所首次公开发行采用

询价方式定价的，发行人和主承销商应当剔除拟申购总量中报价最高的部分，剔除部分不得低于所有网下投资者拟申购总量的 5%。而沪深主板剔除最高报价比例依旧保持不低于 10% 的规定，暂未进行修改，但是在未来全面实行注册制的背景下，新股发行价格将会更加市场化。

发行人和主承销商在发行前，通过自主协商确定参与网下询价的投资者的条件、有效报价条件、配售方式及配售原则，并按照确定后的配售原则在有效申购的网下投资者中选择配售对象。

在询价过程中，主承销商可以向网下投资者提供《投资价值研究报告》（以下简称“《投研报告》”），对影响发行人投资价值的因素进行全面分析，该报告内容可以包括如下方面：发行人的行业分类与行业政策、发行人与主要竞争者的比较及其在行业中的地位、发行人经营状况和发展前景分析、发行人盈利能力和财务状况分析以及发行人与同行业可比上市公司（如有）的投资价值比较等。北交所对《投研报告》的要求比较高，询价发行方式下，要求主承销商向网下投资者提供《投研报告》，对影响发行人投资价值的因素进行全面分析。

询价发行方式下，股票发行的价格受市场机制的影响，取决于公司的投资价值与供求关系的变化，在结束询价后，拟 IPO 公司需要确定最终的股票发行价格。

《证券发行与承销管理办法（2018 年修订）》要求，如发行人与承销商最终拟定的发行价格（或发行价格区间上限）市盈率高于同行业上市公司二级市场平均市盈率，发行人和主承销商应当在披露发行价格的同时，在投资风险特别公告中明示该定价可能存在估值过高给投资者带来损失的风险，提醒投资者关注。

注册制推出后，科创板、创业板均对投资风险特别公告有进一步的要求。

创业板要求，发行人和主承销商询价确定的发行价格对应市盈率超过同行业可比上市公司二级市场平均市盈率，或者发行价格超过境外市场价格，或者发行人尚未盈利的，或者发行人和主承销商询价确定的发行价格超过剔除最高报价后网下投资者报价的中位数和加权平均数，剔除最高报价后公募基金、社保基金、养老金、企业年金基金和保险资金报价中位数和加权平均数孰低值的，应当在网上申购前发布投资风险特别公告。

科创板同样要求初步询价结束后，发行人和主承销商确定的发行价格（或者发行价格区间中值）超过剔除最高报价部分后有效报价的中位数和加权平均数，以及公开募集方式设立的证券投资基金和其他偏股型资产管理产品、全国社会保障基金和基本养老保险基金的报价中位数和加权平均数的孰低值的，发布投资风险特别公告。但与创业板不同的是，发行人和主承销商确定的发行价格（或发行价格区间上限）对应的市盈率高于同行业上市公司二级市场平均市盈率，但未触及前述规定情形的，不适用发布投资风险特别公告的相关规定。

北交所则要求在初步询价结束后，发行人和主承销商确定的发行价格存在下列情形之一的，应当至少在申购日一周前发布投资风险特别公告：

（一）超过历史交易价格或历史发行价格 1 倍；

（二）超过网下投资者有效报价剔除最高报价部分后的中位数或加权平均数。

目前，注册制发行的公司，大多采用询价发行方式，在此背景下，发行过程的路演、推介等显得尤为重要，决定了公司的发行市盈率，进而决定公司首发募集资金的金额，自 2019 年 1 月 1 日以来，截至 2021 年 12 月 31 日，沪深 A 股询价发行下的十大最高发行市盈率与十大最低发行市盈率公司情况具体如表 13-3 和表 13-4 所示。

表 13-3 沪深 A 股询价发行十大最高发行市盈率公司

序号	证券代码	证券简称	发行市盈率（倍）	发行价格（元）	募集资金（亿元）	公司行业
1	688567	孚能科技	1737.49	15.90	34.05	电气设备
2	688110	东芯股份	760.38	30.18	33.37	电子
3	688206	概伦电子	575.28	28.28	12.27	电子
4	688289	圣湘生物	536.30	50.48	20.19	医药生物
5	688321	微芯生物	467.51	20.43	10.22	医药生物
6	688082	盛美上海	398.67	85.00	36.85	电子
7	688167	炬光科技	362.33	78.69	17.70	机械设备
8	688608	恒玄科技	355.03	162.07	48.62	电子
9	688488	艾迪药业	285.07	13.99	8.39	医药生物
10	688246	嘉和美康	259.60	39.50	13.62	计算机

资料来源：易董，统计时间区间为 2019 年 1 月 1 日至 2021 年 12 月 31 日。

表 13-4　　沪深 A 股询价发行十大最低发行市盈率公司

序号	证券代码	证券简称	发行市盈率（倍）	发行价格（元）	募集资金（亿元）	公司行业
1	688075	安旭生物	7.44	78.28	12.00	医药生物
2	300967	晓鸣股份	7.98	4.54	2.13	农林牧渔
3	603176	汇通集团	8.24	1.70	1.98	建筑装饰
4	688767	博拓生物	8.58	34.55	9.21	医药生物
5	600956	新天绿能	8.96	3.18	4.29	公用事业
6	601963	重庆银行	8.97	10.83	37.63	银行
7	601077	渝农商行	9.26	7.36	99.88	银行
8	601916	浙商银行	9.39	4.94	125.97	银行
9	601865	福莱特	9.56	2.00	3.00	电力设备
10	601658	邮储银行	9.58	5.50	327.14	银行

资料来源：易董，统计时间区间为 2019 年 1 月 1 日至 2021 年 12 月 31 日。

截至 2021 年 12 月 31 日，北交所共计 82 家公司成功上市。询价发行下的十大最高发行市盈率与十大最低发行市盈率公司情况具体如表 13-5 和表 13-6 所示。

表 13-5　　北交所询价发行十大最高发行市盈率公司

序号	证券代码	证券简称	发行市盈率（倍）	发行价格（元）	募集资金（亿元）	公司行业
1	831961	创远仪器	90.43	22.31	2.68	仪器仪表制造业
2	837344	三元基因	52.15	25.00	3.73	医药制造业
3	835185	贝特瑞	51.94	41.80	16.72	非金属矿物制品业
4	832317	观典防务	51.37	13.69	5.42	科技推广和应用服务业
5	830799	艾融软件	49.31	25.18	2.22	软件和信息技术服务业
6	839729	永顺生物	46.01	29.88	0.36	医药制造业
7	834415	恒拓开源	42.77	7.03	2.71	软件和信息技术服务业
8	831370	新安洁	37.45	5.87	3.52	生态保护和环境治理业
9	838163	方大股份	36.95	8.38	1.27	橡胶和塑料制品业
10	835184	国源科技	35.67	11.88	3.97	软件和信息技术服务业

资料来源：易董，统计时间区间为 2019 年 1 月 1 日至 2021 年 12 月 31 日。

表 13-6　　北交所询价发行十大最低发行市盈率公司

序号	证券代码	证券简称	发行市盈率（倍）	发行价格（元）	募集资金（亿元）	公司行业
1	430418	苏轴股份	19.12	14.45	1.16	通用设备制造业
2	834475	三友科技	18.85	9.98	1.43	专用设备制造业
3	831010	凯添燃气	18.38	4.79	2.50	燃气生产和供应业
4	837242	建邦股份	17.70	18.86	1.97	商务服务业
5	871396	常辅股份	15.85	10.18	0.44	仪器仪表制造业
6	833874	泰祥股份	14.95	16.42	2.30	汽车制造业
7	834765	美之高	14.89	8.70	2.50	家具制造业
8	838030	德众股份	13.55	3.60	1.19	零售业
9	836826	盖世食品	10.28	3.48	1.24	农副食品加工业
10	831039	国义招标	10.11	4.41	0.53	专业技术服务业

资料来源：易董，统计时间区间为 2019 年 1 月 1 日至 2021 年 12 月 31 日。

13.1.1.2 直接定价发行

沪深主板、创业板首次公开发行股票数量在 2000 万股（含）以下且无老股转让计划的，可以通过直接定价的方式确定发行价格。

拟在创业板上市的公司，通过直接定价的方式确定的发行价格对应市盈率不得超过同行业上市公司二级市场平均市盈率；已经或者同时境外发行的，通过直接定价的方式确定的发行价格不得超过发行人境外市场价格；未盈利的公司不得采用直接定价方式确定发行价格。

科创板不适用直接定价发行方式，根据《上海证券交易所科创板股票发行与承销实施办法》第五条，科创板通过初步询价，或者在初步询价确定发行价格区间后，通过累计投标询价确定发行价格。

首次公开发行股票并在北交所上市的，也可以采用直接定价的方式，发行人与主承销商应当结合发行人所属行业、市场情况、同行业公司估值水平等因素审慎确定发行价格，并在招股文件和发行公告中披露。

首次公开发行股票采用直接定价方式的，全部向网上投资者发行，不进行网下询价和配售。

自 2019 年 1 月 1 日以来，截至 2021 年 12 月 31 日，沪深 A 股定价发行下的十大最高发行市盈率与十大最低发行市盈率公司情况具体如表 13-7 和表 13-8 所示。

表 13-7　　沪深 A 股定价发行十大最高发行市盈率公司

序号	证券代码	证券简称	发行市盈率（倍）	发行价格（元）	募集资金（亿元）	公司行业
1	301080	百普赛斯	77.10	112.50	22.50	医药生物
2	300959	线上线下	56.88	41.00	8.20	通信
3	300915	海融科技	56.42	70.03	10.50	食品饮料
4	300951	博硕科技	54.04	75.18	15.04	电子
5	300936	中英科技	50.99	30.39	5.71	电子
6	300916	朗特智能	50.00	56.52	6.02	电子
7	300965	恒宇信通	49.97	61.72	9.26	国防军工
8	300935	盈建科	49.69	56.96	8.05	计算机
9	301086	鸿富瀚	47.19	96.66	14.50	电子
10	300875	捷强装备	45.02	53.10	10.19	国防军工

资料来源：易董，统计时间区间为 2019 年 1 月 1 日至 2021 年 12 月 31 日。

表 13-8　沪深 A 股定价发行十大最低发行市盈率公司

序号	证券代码	证券简称	发行市盈率（倍）	发行价格（元）	募集资金（亿元）	公司行业
1	300767	震安科技	13.95	19.19	3.84	基础化工
2	300785	值得买	17.45	28.42	3.79	传媒
3	301085	亚康股份	17.47	21.44	4.29	计算机
4	301047	义翘神州	17.76	292.92	49.80	医药生物
5	605198	德利股份	18.10	7.60	1.52	农林牧渔
6	301071	力量钻石	18.54	20.62	3.11	基础化工
7	300820	英杰电气	18.98	33.66	5.33	电力设备
8	300763	锦浪科技	19.68	26.64	5.33	电力设备
9	300792	壹网壹创	20.27	38.30	3.53	商贸零售
10	300835	龙磁科技	20.56	20.00	7.66	有色金属

资料来源：易董，统计时间区间为 2019 年 1 月 1 日至 2021 年 12 月 31 日。

自 2020 年 7 月 27 日起，截至 2021 年 12 月 31 日，北交所定价发行下的十大最高发行市盈率与十大最低发行市盈率公司情况具体如表 13-9 和表 13-10 所示。

表 13-9　北交所定价发行十大最高发行市盈率公司

序号	证券代码	证券简称	发行市盈率（倍）	发行价格（元）	募集资金（亿元）	公司行业
1	831832	科达自控	45.34	13.00	2.69	软件和信息技术服务业
2	835305	云创数据	39.88	20.00	4.00	软件和信息技术服务业
3	430510	丰光精密	34.29	6.39	0.51	金属制品业
4	838275	驱动力	32.84	5.00	0.52	农副食品加工业
5	832735	德源药业	29.27	18.30	2.54	医药制造业
6	871981	晶赛科技	28.41	18.32	2.50	计算机、通信和其他电子设备制造业
7	836149	旭杰科技	27.41	10.88	1.00	非金属矿物制品业
8	833873	中设咨询	27.28	4.50	1.73	专业技术服务业
9	835508	殷图网联	26.49	9.98	1.00	软件和信息技术服务业
10	835670	数字人	24.49	12.5	1.00	软件和信息技术服务业

资料来源：易董，统计时间区间为 2019 年 1 月 1 日至 2021 年 12 月 31 日。

表 13-10　北交所定价发行十大最低发行市盈率公司

序号	证券代码	证券简称	发行市盈率（倍）	发行价格（元）	募集资金（亿元）	公司行业
1	833427	华维设计	15.86	9.16	0.17	专业技术服务业
2	831768	拾比佰	15.66	7.00	2.79	金属制品业
3	836077	吉林碳谷	15.40	6.50	1.63	化学纤维制造业
4	833454	同心传动	14.90	3.95	1.14	汽车制造业
5	832000	安徽凤凰	14.64	7.20	1.89	汽车制造业
6	870436	大地电气	13.21	8.68	1.50	汽车制造业
7	831856	浩淼科技	11.96	5.80	0.58	专用设备制造业
8	832171	志晟信息	10.93	6.80	1.14	软件和信息技术服务业
9	839946	华阳变速	10.65	4.20	1.43	汽车制造业
10	835174	五新隧装	9.54	7.18	1.00	专用设备制造业

资料来源：易董，统计时间区间为 2019 年 1 月 1 日至 2021 年 12 月 31 日。

13.1.1.3 竞价发行

首次公开发行股票并在北交所上市的，可以采用竞价方式确定发行价格。竞价方式目前只适用于北交所，其他板块暂未采用。

采用竞价发行方式时，投资者有效申购总量大于网上发行数量的，发行人和主承销商可以选择下列方式之一确定发行价格：

（一）剔除最高报价部分后，将投资者申购报单按照价格从高到低排序计算累计申购数量，当累计申购数量达到网上发行数量或其一定倍数时，对应的最低申购价格为发行价格。剔除部分不得低于拟申购总量的5%，因剔除导致拟申购总量不足的，相应部分可不剔除。拟申购总量超过网上发行数量15倍的，剔除部分不得低于拟申购总量的10%。报价大于或等于发行价格且未被剔除的投资者为有效报价投资者。

（二）按照事先确定并公告的方法（加权平均价格或算数平均价格）计算申购报单的基准价格，以 0.01 元为一个价格变动单位向基准价格上下扩大价格区间，直至累计申购数量达到网上发行股票数量或其一定倍数，较低的临界价格为发行价格。

报价在上下两个临界价格以内（含临界价格）的投资者为有效报价投资者。发行人和主承销商可以在竞价申购结束后根据申购情况协商确定剔除比例和累计申购倍数。

13.1.2 配售（适用于询价发行）

13.1.2.1 向战略投资者配售

首次公开发行股票时，发行人和主承销商可以向战略投资者进行配售。参与战略配售的投资者，应当具备良好的市场声誉和影响力，具有较强资金实力，认可发行人长期投资价值，并按照最终确定的发行价格认购其承诺认购的发行人股票。

《证券发行与承销管理办法（2018 年修订）》规定，首次公开发行股票数量在 4 亿股以上的，可以向战略投资者配售。

注册制推出后，创业板、科创板及北交所对战略投资者配售另行规定。

首次公开发行股票并在科创板上市的，首发股票数量在 1 亿股以上的，战略投资者获得配售的股票总量原则上不得超过本次公开发行股票数量的 30%；首次公开发行股票数量不足 1 亿股的，战略投资者获得配售的股票总量不得超过本次公开发行股票数量的 20%。

首次公开发行股票并在创业板上市的，未对发行股票数量进行限制。发行人和主承销商应当根据本次公开发行证券数量、证券限售安排等情况，合理确定战略投资者数量和配售比例，保障证券上市后必要的流动性。战略投资者原则上不超过 35 名，战略配售证券占本次公开发行证券数量的比例应当符合交易所规定。

首次公开发行股票并在北交所上市的，公开发行股票数量在 5000 万股以上的，战略投资者获得配售的股票总量原则上不得超过本次公开发行股票数量的 30%，超过的应当在发行方案中充分说明理由。公开发行股票数量不足 5000 万股的，战略投资者获得配售的股票总量不得超过本次公开发行股票数量的 20%。北交所还要求战略投资者不得超过 10 名。

自 2019 年 1 月 1 日以来，截至 2021 年 12 月 31 日，沪深 A 股市场共有 72 家上市公司在 IPO 中采用向战略投资者配售，其中，战略投资者配售占发行总数量比例前十的公司情况具体如表 13-11 所示。

表 13-11　沪深 A 股战略投资者配售占发行总数量比例前十的公司情况

序号	证券代码	证券简称	募集资金（亿元）	首发数量（万股）	战略配售数量（万股）	战略配售比例（%）	发行市盈率（倍）
1	003816	中国广核	125.74	504986.11	252493.00	50.00%	14.60
2	601816	京沪高铁	306.74	628563.00	307377.05	48.90%	23.39
3	688981	中芯国际	463.77	193846.30	84281.00	43.48%	113.12
4	601728	中国电信	470.94	1039613.53	362379.40	34.86%	19.84
5	601658	邮储银行	327.14	594798.82	206886.50	34.78%	9.58
6	688009	中国通号	105.30	180000.00	54000.00	30.00%	18.80
7	688111	金山办公	46.32	10100.00	3030.00	30.00%	78.37
8	601995	中金公司	131.98	45858.90	13757.67	30.00%	33.89
9	688183	生益电子	20.66	16636.40	4990.92	30.00%	23.44
10	300979	华利集团	38.87	11700.00	3510.00	30.00%	22.17
11	688303	大全能源	64.47	30000.00	9000.00	30.00%	39.71
12	688385	复旦微	7.48	12000.00	3600.00	30.00%	127.14
13	688182	灿勤科技	10.50	10000.00	3000.00	30.00%	10.43
14	300999	金龙鱼	139.33	54215.92	16264.77	30.00%	31.12
15	688728	格科微	35.93	24988.87	7496.66	30.00%	46.92
16	688187	时代电气	75.55	24076.03	7222.81	30.00%	23.73
17	688707	振华新材	13.01	11073.37	3322.011	30.00%	--
18	301048	金鹰重工	5.51	13333.34	4000.00	30.00%	12.74
19	688772	珠海冠宇	22.47	15571.36	4671.36	30.00%	20.56
20	688008	澜起科技	28.02	11298.14	3389.26	30.00%	40.12

资料来源：易董，统计时间区间为 2019 年 1 月 1 日至 2021 年 12 月 31 日。

自2020年7月27日起，截至2021年12月31日，北交所共有60家公司采用战略投资者配售，其中，战略配售占发行总数量比例前十的公司情况具体如表13-12所示。

表 13-12　　北交所战略配售占发行总数量比例前十的公司情况

序号	证券代码	证券简称	募集资金（亿元）	首发数量（万股）	战略配售数量（万股）	战略配售比例（%）	首发市盈率（倍）
1	833819	颖泰生物	5.45	10000.00	3000.00	30.00%	24.77
2	831370	新安洁	3.52	6000.00	1362.86	22.71%	37.45
3	830799	艾融软件	2.22	880.00	176.00	20.00%	49.31
4	835185	贝特瑞	16.72	4000.00	800.00	20.00%	51.94
5	833994	翰博高新	4.85	1000.00	200.00	20.00%	32.04
6	831961	创远仪器	2.68	1200.00	240.00	20.00%	90.43
7	835368	连城数控	5.68	1500.00	300.00	20.00%	30.93
8	836149	旭杰科技	1.00	920.00	184.00	20.00%	27.41
9	830839	万通液压	1.28	1400.00	280.00	20.00%	18.19
10	838030	德众股份	1.19	3300.00	660.00	20.00%	13.55
11	430047	诺思兰德	2.46	3700.00	740.00	20.00%	—
12	835670	数字人	1.00	695.65	139.13	20.00%	24.49
13	836675	秉扬科技	2.93	3560.00	712.00	20.00%	21.15
14	430510	丰光精密	0.51	700.00	140.00	20.00%	34.29
15	831856	浩淼科技	0.58	1000.00	200.00	20.00%	11.96
16	833509	同惠电子	1.37	2174.00	434.8	20.00%	24.66
17	838275	驱动力	0.52	1043.48	208.70	20.00%	32.84
18	833427	华维设计	0.17	2061.90	412.38	20.00%	15.86
19	836239	长虹能源	2.35	1040.00	208.00	20.00%	18.57
20	832735	德源药业	2.54	1519.70	303.94	20.00%	29.27

续表

序号	证券代码	证券简称	募集资金（亿元）	首发数量（万股）	战略配售数量（万股）	战略配售比例（%）	首发市盈率（倍）
21	830832	齐鲁华信	2.17	3345.78	669.00	20.00%	17.20
22	832225	利通科技	0.99	1507.25	301.45	20.00%	17.71
23	833523	德瑞锂电	1.74	1565.20	313.04	20.00%	18.11
24	837212	智新电子	1.28	1740.00	348.00	20.00%	17.08

资料来源：易董，统计时间区间为 2019 年 1 月 1 日至 2021 年 12 月 31 日。

13.1.2.2 超额配售选择权

超额配售选择权，又称“绿鞋机制”，是指发行人授予主承销商的一项选择权，获此授权的主承销商按同一发行价格超额发售不超过包销数额 15% 的股份，即主承销商按不超过包销数额 115% 的股份向投资者发售。在增发包销部分的股票上市之日起 30 日内，主承销商有权根据市场情况选择从集中竞价交易市场购买发行人股票，或者要求发行人增发股票，分配给对此超额发售部分提出认购申请的投资者。主承销商在未动用自有资金的情况下，通过行使超额配售选择权可以平衡市场对该股票的供求，起到稳定市价的作用。

《证券发行与承销管理办法（2018 年修订）》规定，首次公开发行股票数量在 4 亿股以上的，可以采用超额配售选择权。在注册制推出后，在创业板、科创板及北交所首发上市时，采用超额配售选择权并不受“发行股票数量”的限制，发行人和主承销商经过审慎评估后，可以采用超额配售选择权，采用超额配售选择权发行股票数量不得超过首次公开发行股票数量的 15%。

2022 年 1 月 5 日，中国移动成功登陆上交所主板，此次 A 股 IPO 绿鞋机制，按照发行价格 57.58 元/股，向网上投资者超配配售 1.26855 亿股股票，占初始发行数量的 15.00%。最终，中国移动本次 A 股发行股数为 9.03 亿股，其中，向战略投资者配售 4.22 亿股，占最终发行股数的 46.75%；向网下投资者配售 1.15 亿股，占最终发行股数的 12.68%；向网上投资者配售 3.66 亿股，占最终发行股数的 40.57%。回顾中国移动本次 A 股上市后的股价走势，“绿鞋机制”很大程度上维护了股价稳定，尽管其在“绿鞋”期间濒临破发，但其股价最终还是没有跌破发行价格。

自 2019 年 1 月 1 日以来，截至 2021 年 12 月 31 日，沪深 A 股采用超额配售选择权的公司情况具体如表 13-13 所示。

表 13-13　　沪深 A 股采用超额配售选择权的公司情况

序号	公司代码	公司简称	行使超额配售选择权之前发行数量（万股）	超额配售数量（万股）	行使超额配售选择权后发行数量（万股）	发行市盈率（倍）
1	688981	中芯国际	168562.00	25284.30	193846.30	113.12
2	601728	中国电信	1039613.53	155942.00	1195555.53	19.84
3	601658	邮储银行	517216.42	77582.40	594798.82	9.58
4	688396	华润微	29299.40	4394.90	33694.30	48.31
5	688425	铁建重工	128518.00	19277.70	147795.7	10.54
6	688538	和辉光电	268144.42	40221.65	308366.07	—
7	688235	百济神州	11505.53	1725.80	13231.33	—

资料来源：易董，统计时间区间为 2019 年 1 月 1 日至 2021 年 12 月 31 日。

自 2020 年 7 月 27 日起，截至 2021 年 12 月 31 日，北交所共有 44 家公司采用超额配售，其中，超额配售数量前十的公司情况具体如表 13-14 所示。

表 13-14　　北交所超额配售数量前十的具体公司情况

序号	公司代码	公司简称	行使超额配售选择权之前发行数量（万股）	超额配售数量（万股）	行使超额配售选择权后发行数量（万股）	发行市盈率（倍）
1	834599	同力股份	5000.00	750.00	5750.00	18.88
2	430047	诺思兰德	3700.00	555.00	4255.00	—
3	836675	秉扬科技	3560.00	534.00	4094.00	21.15
4	831768	拾比佰	3478.27	521.73	4000.00	15.66
5	830832	齐鲁华信	3345.78	501.86	3847.64	17.20
6	833873	中设咨询	3338.00	500.70	3838.70	27.28

续表

序号	公司代码	公司简称	行使超额配售选择权之前发行数量（万股）	超额配售数量（万股）	行使超额配售选择权后发行数量（万股）	发行市盈率（倍）
7	838030	德众股份	3300.00	495.00	3795.00	13.55
8	839946	华阳变速	2956.00	443.40	3399.40	10.65
9	833454	同心传动	2500.00	375.00	2875.00	14.90
10	831726	朱老六	2345.00	351.75	2696.75	19.21

资料来源：易董，统计时间区间为 2019 年 1 月 1 日至 2021 年 12 月 31 日。

13.1.2.3 保荐机构相关子公司跟投

保荐机构相关子公司跟投，是指发行人的保荐机构通过依法设立的另类投资子公司或者实际控制该保荐机构的证券公司依法设立的另类投资子公司参与发行人首次公开发行战略配售。参与配售的保荐机构相关子公司应当事先与发行人签署配售协议，承诺按照股票发行价格认购发行人首次公开发行股票数量 2%—5% 的股票，参与配售的保荐机构相关子公司应当承诺获得本次配售的股票持有期限为自发行人首次公开发行并上市之日起，计 24 个月，并承诺不得利用获配股份取得的股东地位影响发行人的正常生产经营，不得在获配股份限售期内谋求发行人控制权。目前，保荐机构相关子公司跟投制度仅适用于注册制，沪深主板及北交所目前并没有要求使用跟投制度。

根据《上海证券交易所科创板股票发行与承销实施办法（2021 年修订）》规定，科创板试行保荐机构相关子公司跟投机制，打破了以往“只荐不保”的业务格局，对券商市场化定价能力及资源整合能力提出了更高要求，让报价机构主动、自发地加强发行定价管理。

根据《深圳证券交易所创业板首次公开发行证券发行与承销业务实施细则（2021 年修订）》规定，当发行人为未盈利企业、存在表决权差异安排企业、红筹企业以及发行价格（或者发行价格区间上限）超过“四个值”孰低值的企业的其中一种情形时，其保荐机构应当采用跟投制度。

跟投制度将会把保荐机构的利益与上市公司的长远发展利益以及投资者的利益挂钩，促使保荐机构在挑选项目和推动价格形成的过程中，更多地从投资者的角度来分析、挑选、推荐和定价，选择更优质的上市公司保荐上市，给予更优质的企业以更合理的价格发行上市。

自 2019 年 1 月 1 日以来，截至 2021 年 12 月 31 日，沪深 A 股共有 386 家上市公司在 IPO 中采用保荐机构子公司跟投，其中，保荐机构子公司获配股数前十的公司情况具体如表 13-15 所示。

表 13-15　　沪深 A 股保荐机构子公司获配股数前十的公司情况

序号	公司代码	公司简称	战略投资者名称	获配股数（万股）	发行市盈率（倍）
1	688981	中芯国际	海通创新证券投资有限公司、中国中金财富证券有限公司	6742.48	113.12
2	688538	和辉光电	上海东方证券创新投资有限公司	5362.89	—
3	688009	中国通号	中国中投证券有限责任公司	3600.00	18.80
4	688425	铁建重工	中国中金财富证券有限公司	3484.32	10.54
5	688779	长远锂科	中信证券投资有限公司、五矿金鼎投资有限公司	2893.80	136.31
6	688126	沪硅产业	海通创新证券投资有限公司	1860.20	—
7	688055	龙腾光电	东吴创新资本管理有限责任公司	1666.67	38.35
8	688660	电气风电	中信证券投资有限公司	1600.00	23.99
9	688599	天合光能	华泰创新投资有限公司	930.60	27.61
10	688509	正元地信	中银资本投资控股有限公司	850.00	27.86

资料来源：易董，统计时间区间为 2019 年 1 月 1 日至 2021 年 12 月 31 日。

13.1.2.4 高级管理人员与核心员工专项资产管理计划要求

注册制下，科创板、创业板及北交所均允许发行人的高管人员及核心员工通过专项资产管理计划参与首发战略配售。发行人的高级管理人员与核心员工可以通过设立资产管理计划参与本次发行战略配售。前述资产管理计划获配的证券数量不得超过本次公开发行证券数量的 10%，且应当承诺自本次公开发行的证券上市之日起持有配售证券不少于 12 个月。

自 2019 年 1 月 1 日以来，截至 2021 年 12 月 31 日，沪深 A 股共有 242 家上市公司的高管与核心员工参与的专项资产管理计划参与首发战略配售，其中，部分上市公司高管与核心员工参与的专项资产管理计划配售情况获配股数前十的公司情况具体如表 13-16 所示。

表 13-16 沪深 A 股部分上市公司高管与核心员工参与的专项资产管理计划配售情况获配股数前十的公司情况

序号	公司代码	公司简称	战略投资者名称	获配股数（万股）	获配股数占比	发行市盈率（倍）
1	688425	铁建重工	中金公司铁建重工 1 号员工参与科创板战略配售集合资产管理计划、中金公司铁建重工 2 号员工参与科创板战略配售集合资产管理计划	12851.80	10%	10.54
2	688009	中国通号	中金公司丰众 1 号员工参与科创板战略配售集合资产管理计划、中金公司丰众 2 号员工参与科创板战略配售集合资产管理计划、中金公司丰众 3 号员工参与科创板战略配售集合资产管理计划、中金公司丰众 4 号员工参与科创板战略配售集合资产管理计划、中金公司丰众 5 号员工参与科创板战略配售集合资产管理计划	10873.29	6.04%	18.80
3	688055	龙腾光电	龙腾光电员工战配资管计划	3333.33	10%	38.35
4	688728	格科微	中金公司格科微 1 号员工参与科创板战略配售集合资产管理计划、中金公司格科微 2 号员工参与科创板战略配售集合资产管理计划	2498.89	10%	46.92
5	688187	时代电气	中金公司时代电气 1 号员工参与科创板战略配售集合资产管理计划、中金公司时代电气 2 号员工参与科创板战略配售集合资产管理计划、中金公司时代电气 3 号员工参与科创板战略配售集合资产管理计划、中金公司时代电气 4 号员工参与科创板战略配售集合资产管理计划、中金公司时代电气 5 号员工参与科创板战略配售集合资产管理计划、中金公司时代电气 6 号员工参与科创板战略配售集合资产管理计划、中金公司时代电气 8 号员工参与科创板战略配售集合资产管理计划	2213.15	9.19%	23.73

续表

序号	公司代码	公司简称	战略投资者名称	获配股数（万股）	获配股数占比	发行市盈率（倍）
6	688303	大全能源	新疆大全 1 号资产管理计划	1697.33	5.66%	39.71
7	688772	珠海冠宇	招商资管珠海冠宇 1 号员工参与科创板战略配售集合资产管理计划、招商资管珠海冠宇 2 号员工参与科创板战略配售集合资产管理计划	1557.13	10%	20.56
8	300999	金龙鱼	中金公司益海嘉里 1 号员工参与创业板战略配售集合资产管理计划	1556.42	2.87%	31.12
9	301090	华润材料	中信建投华润化学材料 1 号战略配售集合资产管理计划	1461.91	6.59%	26.64
10	688385	复旦微电	中信建投基金—复旦微战略配售集合资产管理计划	1200.00	10%	127.14

资料来源：易董，统计时间区间为 2019 年 1 月 1 日至 2021 年 12 月 31 日。

发行与承销相关规定，请扫描二维码查看。

证券发行与承销管理办法（2018年修订）

创业板首次公开发行证券发行与承销特别规定（2021年修订）

深圳证券交易所创业板首次公开发行证券发行与承销业务实施细则（2021年修订）

上海证券交易所科创板股票发行与承销实施办法

上海证券交易所科创板发行与承销规则适用指引第1号——首次公开发行股票（2021年修订）

北京证券交易所证券发行与承销管理细则

13.2　登记

新股发行完成后，中国证券登记结算有限责任公司上海分公司、中国证券登记结算有限责任公司深圳分公司和中国证券登记结算有限责任公司北京分公司根据资金交收结果对网上发行、网下认购办理股份登记。

股票登记流程：

提交申请材料

↓

缴纳相关费用

↓

确认股份登记数据

↓

领取股份登记结果文件

通过交易所交易系统发行（网上发行）的证券，交易所向结算公司传送的认购结果视为证券发行人向结算公司提供的初始登记申请材料之一，根据网上发行认购数据及其清算交收结果，将证券登记到持有人名下；

通过交易系统以外的途径发行（网下发行）的证券，结算公司根据证券发行人、主承销商或交易所提供的网下发行证券数据及相关申请材料办理证券登记。

中国证券登记结算有限责任公司上海分公司、中国证券登记结算有限责任公司深圳分公司和中国证券登记结算有限责任公司北京分公司均有发布股票登记结算业务指南，前述业务指南对具体办理过程要求及文件清单有相关规定，请扫描二维码查看。

深圳市场首次公开发行股票登记结算业务指南（2019年修订）

中国证券登记结算有限责任公司深圳分公司证券发行人业务指南（2021年5月修订）

上海市场首次公开发行股票登记结算业务指南（2019年修订）

中国证券登记结算有限责任公司上海分公司科创板股票登记结算业务指南（2021年修订）

中国结算北京分公司股票向不特定合格投资者公开发行登记结算业务指南

13.3 上市

上市仪式活动

在交易所举行上市仪式是意义非凡、载入公司发展史册的一刻，是一家企业成为公众公司、承担更多社会责任的标志，意味着公司开启了发展新征程。为了纪念这激动人心的日子，上市公司会邀请重要的嘉宾来一同见证成功上市的辉煌时刻。因此，上市企业都希望举办一场隆重的上市仪式活动。上市仪式结束后，企业一般会举办正式庆祝酒会，以答谢社会各界人士及广大员工对公司上市工作的关心与支持。

上市仪式的一般流程：

- 参加上市仪式的嘉宾抵达交易所现场
- 嘉宾签到
- 上市仪式开始，嘉宾入场

- 主持人介绍嘉宾
- 发行方、主承销商、政府领导等代表讲话
- 上市公司与交易所签署《证券上市协议》
- 赠送/互换上市纪念品
- 相关领导敲响开市宝钟（深交所敲钟、上交所敲锣）
- 上市仪式结束

2020 年，受疫情影响，各家公司的上市敲钟仪式被按下了暂停键。2020 年 2 月 23 日，上交所公告称，即日起上交所将为近期上市的企业举办“网络上市仪式”。首家启用这项服务的即为注册于湖北武汉的主板公司良品铺子（603719）。2020 年 3 月 6 日，瑞玛工业（002976）举行线上上市仪式，成为深交所第一家举行“云敲钟”的企业。

沪深北交易所对股票发行上市的相关过程及要求均有详细办理指南，具体可扫描二维码查看。

深圳证券交易所股票发行与承销业务指南第2号——主板首发并上市业务办理（2021年9月修订）

深圳证券交易所股票发行与承销业务指南第4号——创业板首发并上市业务办理

上海证券交易所证券发行与承销业务指南第4号——主板首次公开发行股票

上海证券交易所证券发行与承销业务指南第5号——科创板首次公开发行股票

北京证券交易所上市公司证券发行业务办理指南第1号——向不特定合格投资者公开发行股票

北京证券交易所向不特定合格投资者公开发行股票并上市业务办理指南第2号——发行与上市

《A 股前 10 发行市盈率排名》最新数据

《发行市盈率统计》最新数据

14

舆情管理和路演活动

在这个新的时代，财富和资本的真正来源不是物质，而是人的心、人的精神、人的想象力，以及我们对未来的信念。那是自由社会的神奇之处，每个人都可以往前走并且大富大贵，因为财富来自内在。

首先，创业者需要拥有梦想、具有远见；其次，工作一定是相当的辛苦；再次，坚定自己的目标不动摇；第四，乐于接受批评；最后，还要具有跌倒再爬起来的非凡勇气。

——史蒂夫·福布斯（1947—），美国，福布斯杂志发行人

14.1 舆情管理

如今，监管部门对于上市申请文件中的信息披露要求越来越透明、规范和严格，拟上市企业在上市进程中需要保证信息披露的合法合规和高效透明。除了严格的信息披露，IPO 企业还需要根据自身情况和市场预期，管理好企业的品牌形象和处理好负面舆情。

企业在上市过程中，通过财经传播、舆情管理、投资者关系管理、品牌宣传等运营管理，营造良好的舆情环境，塑造企业在资本市场的良好形象。良好的舆情管理有助于拟上市企业更好地管理好市场的预期，当企业遇到舆情危机时，能够及时化解危机，助力企业顺利上市以及上市后取得良好的市值表现，实现在资本的助力下更快更好发展。

因此，拟上市企业的董秘办和相关部门须时刻关注公司舆情变化，掌握舆情危机应对策略，如果危机事件处理不当，就可能会对公司形象造成特别大的负面影响，甚至使 IPO 冲刺失败。

舆情管理和危机应对工作在企业上市过程中必不可少。具体来看，针对不同的阶段，可以采取不同的舆情管理和应对工作。拟上市企业的舆情管理可以分为 3 个阶段，具体如图 14-1 所示。

图 14-1　拟上市企业的舆情管理

14.1.1 上市前阶段（预披露前）

从企业启动上市辅导到招股说明书预披露这段时间，是储存声誉阶段，时间跨度会比较长。当企业启动上市后，很多企业从没有媒体关注到开始有媒体报道，市场的关注度慢慢开始提升，企业需要关注市场的变化、行业动态、媒体的报道方向，因此，需要做好日常的舆情监测工作，建立良好的媒体关系，此阶段可以积极做一定的企业品牌宣传，储备声誉，积累社会资源，为日后的上市冲刺做好充分的准备。

14.1.2 上市冲刺阶段（预披露至上市）

从招股说明书预披露到企业正式上市，此阶段的舆情管理和危机应对尤其重要。

对于拟上市企业而言，向监管机构递交招股说明书是迈向公众公司进程中的重要一环。当企业首次公开发行股票招股说明书预披露后，媒体对公司的关注度会急剧上升，特别在回复监管机构反馈意见及等待批复阶段是媒体危机的易发期，很可能会出现各种市场负面舆情，需要做好充分的舆情管理预案，进行危机排查和预防危机事件的发生，是本阶段的重点工作之一。从近年的 IPO 案例来看，拟上市企业可能遇到的质疑报道可大致分为两类：一类是涉及招股说明书信息本身的质疑，此类报道对 IPO 进程的影响有限；另一类是源于举报、媒体独立调查、公司自身黑天鹅事件的质疑，后者更有可能影响企业的上市进程。

企业在上市冲刺阶段，往往会吸引专业的财经媒体对其预披露的招股说明书乃至公司实际经营进行各种分析调查，这些媒体的深度调查报道，会对公司的舆情管理带来一定的应对压力。此外，舆情处理不当还会造成上会被否、被终止审核或过会后被叫停的严重后果，因此，IPO 企业上市前的舆情管理工作不容忽视。本阶段在积极宣传企业品牌形象的同时，要时刻关注公司的舆情情况，当负面舆情出现时，第一时间应对解决。本阶段需要积极做好以下几方面的工作，具体如图 14-2 所示。

图 14-2　企业在冲刺阶段需要做好的工作

14.1.3 上市维护阶段（上市及以后）

此阶段借助上市契机加强企业形象宣传。上市后，可以从公司发展历程回顾、公司社会责任体现、上市股价表现、市场信息等方面进行宣传，塑造具有投资价值，具有社会责任感的好企业，从而建立在资本市场中的良好品牌形象。通过上市过程中的媒体沟通维护，也为公司上市后建立持续良好的媒体关系打下基础。

14.1.4 IPO 期间的舆情风险点和应对策略

表 14-1 IPO 期间舆情风险点和应对策略

负面分类	舆论风险点	应对策略	具体处理
负面事件	1. 谣传涉嫌虚假上市。 2. 财务造假或被质疑。 3. 上市期间被举报。 4. 竞争对手、员工爆料。 5. 违规透露未经披露的重大信息。 6. 影响上市的内部重大风险事件。 7. 高管丑闻。 8. 上市期间被投诉产品质量问题。 9. 关联交易，涉嫌利益输送。	高度重视，态度诚恳，宜导不宜堵。 第一时间正面积极处理回应。	1. 查清危机来源，第一时间严控事件扩散传播。核实舆情来龙去脉。 2. 制定危机处理策略和应对方案，及时统一口径，预设统一 Q&A。 3. 进行积极沟通。及时与当事人沟通，避免事态升级恶化；与监管层沟通，得到监管层支持；与媒体进行沟通和危机排查，加强合作。 4. 加大正面传播力度，淡化负面影响。邀请第三方撰写正面文章提振市场信心。必要时，在主流媒体上发布回应文章。
一般敏感信息	1. 公司治理和股权结构质疑。 2. 管理和内部控制不规范。 3. 公司发展前景不明、估值过高、投资价值的质疑。 4. 子公司亏损、部分业务亏损，持续经营能力质疑。 5. 募投项目前景不明朗。 6. 宏观调控及行业危机对公司发展的负面影响。 7. 劳资纠纷。 8. 股东财富和家族财富增值夸大预测。 9. 意见领袖的悲观言论和分析师的负面点评。 10. 风险提示相关内容。 11. 质疑发行价偏高，面临破发风险。 12. 对以前的负面信息进行重新炒作。	暂不主动回应，密切关注，视事态的严重性做好相关准备。	1. 每天加强日常舆情监控，时刻关注舆论的变化。 2. 查清信息来源，核实真实情况。 3. 防止负面舆情扩散。 4. 内部及时统一口径，为应对做好准备工作。 5. 指定新闻发言人作为信息发布的唯一出口，各相关人员不得自行接受采访。 6. 密切关注事态进展，随时调整应对策略。 7. 加强媒体和分析师沟通，了解关注点，引导舆论方向。 8. 加大正面宣传，树立市场信心，冲淡负面影响。

续表

负面分类	舆论风险点	应对策略	具体处理
恶意事件	虚假新闻或恶意报道	坚持有节有理的原则，第一时间回应处理。	1. 及时向媒体主管单位反映有关情况，并将实际情况如实向监管部门反馈。 2. 对违反法律规定的媒体及记者追究法律责任，维护企业形象。

14.2 路演活动

路演是首次公开发行股票过程中广泛采用的证券发行推广方式，是指拟上市企业发行证券前针对投资者的一种推介活动，促进投资者与发行人之间的沟通交流，以保证股票能够顺利发行。

路演推介是发行人影响发行定价的直接渠道，公司高管向机构投资者路演推介，讲述公司管治水平、未来战略规划、产品技术优势、团队优势、行业前景、市场占有率及社会职责的履行等，使投资者充分认可企业的投资价值。路演推介让发行人和承销商对投资者的需求情况进行调查，由此制订发行计划，决定发行量、发行价（部分企业按规定可直接定价）和发行时机，保证重点销售。通过上市过程中一系列出色的路演，为发行人与策略投资者保持良好的关系打下基础，为上市公司以后的资本运作积累宝贵的经验。

发行人和主承销商根据发行人公司的基本情况、竞争力、未来成长性、财务数据，根据可比公司制作估值模型，确定发行人的发行价格区间。然后，召开路演推介会，目前 IPO 路演主要有现场路演和网上路演。现场路演通过现场推介方式，主要针对机构投资者和分析师；网上路演通过网上交流方式，主要针对中小投资者。根据线下申购机构的反馈，不断披露信息以及对发行价格进行反复修正，最终确定发行价格。

14.2.1 A 股路演的主要形式

表 14-2 A 股路演的主要形式

路演形式	目的	进行时间段	路演时间	具体安排
现场路演	确定询价区间后，针对更广泛的机构投资者群体，主要目的是促进网下发行。	确定询价区间—确定发行价	1 天	• 一对多 • 主要针对机构投资者和分析师； • 每场 1—2 小时。
网上路演	针对公众投资者，采取网络交流的方式，让广大中小投资者与管理层直接沟通。	确定询价区间—确定发行价	1 天	• 主要针对中小投资者； • 通过网络交流； • 每场 3—4 小时。
预路演（视情况增加）	发行人管理层主要参与预路演，向初步询价机构进行推介，最后确定价格区间。	刊登招股意向书—确定询价区间	3—6 天	**团体推介会** • 针对机构类型投资者； • 一般京沪深每地一场； • 每场时间 1.5—2 小时。 **一对一推介会** • 针对主要基金类型投资者； • 一般在京沪深，每地场数 3—5 次； • 每场 1 小时。

14.2.2 路演中各机构的工作安排

发行人

出色的演讲者

- 确认活动策划方案和路演行程；
- 审阅确认路演中的推介材料；
- 路演中讲述清晰的投资故事；
- 积极配合承销商进行簿记、定价、配售。

承销商

承销发行

- 配合确认路演事项；
- 主持路演活动，配合发行人完成各场路演推介；
- 与机构投资者沟通，捕捉投资者需求和对发行价格的敏感性；
- 路演、簿记、定价、配售；
- 对定价区间、承销结果、上市后的基本表现等进行研究分析。

服务公司

活动策划、筹备、执行和后勤服务

- 拟上市企业管理层推介演讲培训；
- 行业定位和投资故事提炼；
- 推介辅助材料的策划和制作；
- 路演推介后勤保障服务；
- 机构和分析师预沟通，分析师研究观点反馈；
- 制定详细路演行程手册及工作手册；
- 保持与发行人及主承销商的密切沟通，全程陪同服务推介团队；
- 网上路演统筹安排。

15

上市后合规与高质量发展

事实上，没有不需要埋头苦干就能获得的成功，没有只靠夸夸其谈就能得到的财富，没有从天而降的高科技。追求卓越，需要无数苦思冥想的深夜，需要连续工作72小时的执着，更需要敢于大声说出真相的勇气。

其实我自己给公司定了一个口号：激极尽志，求真品诚。意思是激发我们极尽的志向。中国其实从以前来讲，做低附加值的产品，做便宜货，走低性价比路线。我再也不要这样的生活，需要在擅长的领域，不光做全中国最强，甚至要做全世界最强，全宇宙最强。求真品诚是不断追求真知灼见。在这个社会上，充斥着大量的歪理邪说。每个歪理邪说听起来，有几百个道理，这些道理中，只有极少部分，是值得大家去做的。追求真知灼见在做出正确的选择中，是很重要的东西。最后也是最重要一点，变成善良的人，真诚对待事业，真诚对待合作伙伴。

——汪滔（1980—），中国，大疆创新科技有限公司创始人近年来，我国的资本市场制度建设日臻完善，伴随着注册制的实施和退市新规的发布，从供给的源头和市场清退两个方面实现了有效的共同推进，为市场注入了更多的活力，极大地促进了市场的健康稳定发展。注册制实施以来，供给端企业上市加速，壳资源稀缺性下降，有效遏制了市场的恶意炒作行为，上市公司的市场价值得到了较充分的认可，市场估值逐渐回归理性。各板块退市新规的发布，使得越来越多缺乏持续经营能力并且已经不满足各项上市条件或者存在违规经营风险的上市公司被市场主动甄别和筛选出来，我国上市公司常态化退出机制也日趋完善。据统计，2018 年、2019 年、2020 年被终止上市的公司数量分别为 4 家、9 家和 17 家。截至 2021 年 12 月 31 日，在退市新规的作用下，已有 73 家上市公司发布退市风险警示公告，其中，因财务类指标不符合要求的有 67 家，因规范类指标不符合要求的有 5 家，因重大违法类指标不符合要求的有 1 家。综上所述，在各项制度和政策的推进下，市场逐渐形成了健康稳定的生态，优胜劣汰的市场机制得以充分体现，资本市场的正本清源效应进一步加强。

截至 2021 年年底，沪深北 A 股上市公司数量为 4685 家，总市值为 91.46 万亿元；新三板挂牌公司数量为 6932 家，总市值为 2.28 万亿元，A 股上市公司数量虽少于新三板的挂牌公司，但总市值却远远高于挂牌公司的总市值。具体如图 15-1 所示。

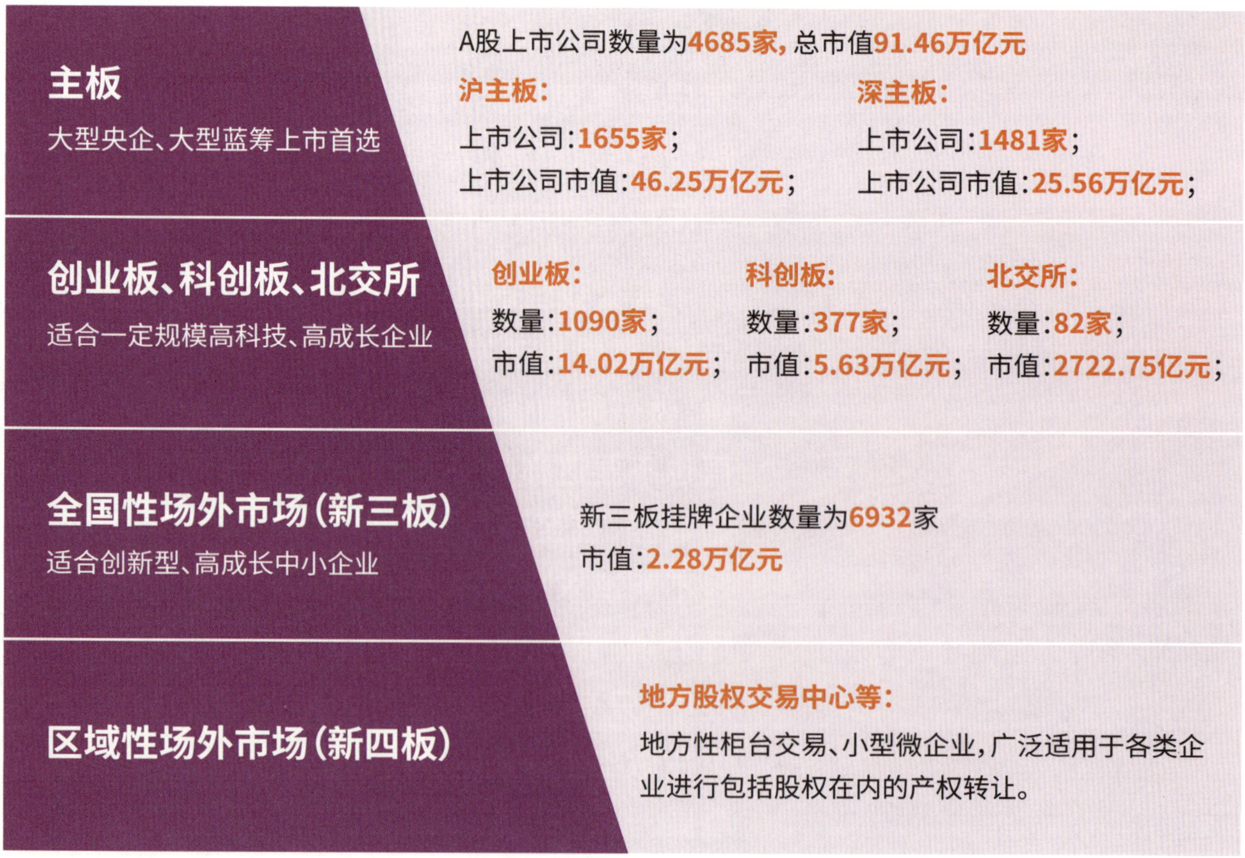

资料来源：各交易所官网公布数据，易董整理，统计取值时间：2021 年 12 月 31 日。

图 15-1　各板块上市公司数量和市值分布

从市场端的另外一个维度进行观察，市场投资者的结构和行为方式也在发生着重大转变，其中，主要的表现形式为机构投资者规模的日益扩大和资金流向的趋同性及一致性。机构投资者有利于平滑市场的波动性和加强对投资标的有效甄别，合理评估上市公司价值，从而促使上市公司加强主业经营，保持健康稳定发展。资金流向的趋同性体现在市场资金对符合国家发展战略规划的重大行业的认可，以及上市公司合理价值的评估；而一致性则在于对行业龙头企业或者头部企业的聚拢效应，不同市值区间公司的价格分化异常明显，小市值公司成交量占比明显下降，头部公司则获得青睐。据统计，2021 年年初至今 A 股市场日均成交额排名前 10% 的公司，股票总市值占整个 A 股市场的 63.42%，整个 A 股市场六成以上的市值由前 10% 的公司构成；此外，日均成交额前 10% 股票的成交额占整个 A 股日均成交额的 40.26%。在价值投资的导向下，预计未来“马太效应”愈加明显。具体如表 15-1 所示。

表 15-1　　不同市值区间公司的价格分化明显

		日均成交额（累计，亿元）	日均成交额占比	总市值（累计，亿元）	市值占比	上年度平均营业收入（亿元）	上年度平均净利润（亿元）
2021 年	排名前 10% 上市公司	4287.65	40.26%	628545.20	63.42%	726.39	77.26
	排名后 10% 上市公司	180.49	1.69%	8350.90	0.84%	0.39	-0.73
2020 年	排名前 10% 上市公司	4277.47	46.10%	479309.66	55.17%	529.58	61.94
	排名后 10% 上市公司	88.85	0.96%	12973.30	1.49%	23.88	-0.66
2019 年	排名前 10% 上市公司	2432.25	43.80%	369044.39	56.12%	624.97	72.63
	排名后 10% 上市公司	69.94	1.26%	11865.04	1.80%	38.91	3.89

资料来源：choice，易董整理，统计取值时间区间为 2019 年 1 月 1 日至 2021 年 12 月 31 日。

综上所述，大市值的上市公司获得了更多机构投资者的关注与青睐，而小市值的上市公司正变得无人问津，两极分化现象日趋凸显。据相关数据统计，近一年接待机构调研次数为 0 次的上市公司为 2630 家，该类公司在各个板块的平均市值都远低于接待机构调研次数高于 1000 次的上市公司的平均市值（见表 15-2）。

表 15-2　　机构来访接待量

	深市主板		创业板		沪市主板		科创板	
	公司数（家）	平均市值（亿元）	公司数（家）	平均市值（亿元）	公司数（家）	平均市值（亿元）	公司数（家）	平均市值（亿元）
1000 家以上	**9**	**1266.76**	**5**	**1702.79**	**2**	**796.20**	**11**	**426.98**
500—1000 家	26	583.11	18	432.05	4	1823.29	27	259.13
300—500 家	32	358.52	25	407.54	13	463.35	30	189.70
200—300 家	33	405.90	29	200.67	5	377.62	22	149.57
100—200 家	96	350.45	79	206.57	29	136.93	46	155.74
1—100 家	617	202.88	454	142.16	204	221.88	157	155.18

续表

	深市主板		创业板		沪市主板		科创板	
	公司数（家）	平均市值（亿元）	公司数（家）	平均市值（亿元）	公司数（家）	平均市值（亿元）	公司数（家）	平均市值（亿元）
0 家	669	80.05	480	57.27	1398	326.03	83	122.27

注：此数据不包含北交所上市公司。

资料来源：choice，易董整理，统计取值时间区间为 2021 年 1 月 1 日至 2021 年 12 月 31 日。

资本市场是一个兼具有效性、公开性和公平性的市场，能通过自我调节和外部的促进，进行资源的合理有效分配。上市公司是参与资本市场建构的一份子，在享受资本市场带来的红利的同时，也促进着资本市场的健康有序发展。上市仅仅是企业实现市场价值与社会价值的一个新起点，新上市公司要想获得更长足的发展，创造更大的企业价值，关键在于建立科学合理的市场管理体系和长远规划。这就要求公司对自身有清晰的定位和认识，对内制定正确发展战略、完善公司治理、改善经营结构、培育核心竞争力，对外充分利用资本市场带来的资源和社会优势有规划、系统性地持续开展资本运作，实实在在创造产业价值；同时积极开展投资者关系管理工作，与投资者进行专业、精准、透明的互动与交流，将产业逻辑转化为符合资本市场偏好的投资逻辑，增进价值传播的深度与广度。上市公司只有在价值创造与价值传播有机结合的基础上实现合规与高质量发展，方可实现公司市值与内在价值的动态平衡，在资本市场中聚力前行。

15.1 上市公司合规发展的基本要求

上市公司是资本市场的基石，提升上市公司质量是推动资本市场健康发展的内在要求。2020 年 10 月 9 日，国务院印发《国务院关于进一步提高上市公司质量的意见》（以下简称《意见》），《意见》中指出，上市公司存在经营和治理不规范、发展质量不高等问题；为加快完善社会主义市场经济体制、建设现代化经济体系、实现经济高质量发展和提高上市公司质量的总体要求，《意见》从“提高上市公司治理水平、推动上市公司做优做强、健全上市公司退出机制、解决上市公司突出问题、提高上市公司及相关主体违法违规成本、形成提高上市公司质量的工作合力”6 个方面，对提高上市公司质量作出了系统性、有针对性的部署安排，是今后一段时

国务院关于进一步提高上市公司质量的意见

期推动上市公司高质量发展的纲领性文件。

《意见》提出的 6 个方面 17 项重点举措，具体如图 15-2 所示。

图 15-2 《意见》提出的相关重点举措

上市公司通过实现更高质量的发展，使资本市场充分发挥经济晴雨表的作用，进而增加资本市场投资价值，最终充分发挥资本市场服务实体的功能。

15.2 上市公司合规与高质量发展的具体措施

图 15-3 上市公司合规发展措施

15.2.1 严格规范运作

企业上市后应严格按照《公司法》《证券法》《股票上市规则》等相关法律法规及监管机构的要求

规范治理结构，完善上市公司股东大会、董事会、监事会议事规则，形成有效的权力机构、决策机构、监督机构与经理层，确保三会一层之间权责分明，有效制衡。保证上市公司资产完整、人员独立、财务独立、机构独立和业务独立。

15.2.2 规范信息披露

企业上市后应严格遵守信息披露规则，保证信息披露内容的真实性、准确性、完整性、及时性和公平性，增强信息披露的有效性。

企业上市后应制定并严格执行信息披露管理制度和重要信息的内部报告制度，明确上市公司及相关人员的信息披露职责和保密责任，保障投资者平等获取信息的权利。

15.2.3 投资者关系管理

新时期的投资者关系管理正在不断地向上市公司走近、凝实和发展，将成为每一家上市公司所面临的重要课题，将成为上市公司公司治理的新常态，成为树立业内口碑的新方向，成为优秀上市公司发展的新坐标。

加强投资者关系管理，应做到以下几个方面，具体如图 15-4 所示。

图 15-4　加强投资者关系管理相关举措

15.2.4 股权激励

股权激励作为促进资本市场服务实体经济的重要制度安排，已逐步成为 A 股上市公司改善治理结构、完善薪酬体系的常见方法。为了顺应市场变化，近年来监管层亦适时采取积极措施来推进股权激励机制改革。

从图 15-5 可以看出，自 2015 年开始股权激励案例数不断上升。在 2015 年取消中国证监会备案以及 2016 年《上市公司股权激励管理办法》正式出台的背景下，股权激励案例数 2017 年呈现爆发式增长达 409 个，2018 年达 418 个，2019 年达 348 个，至 2020 年则有 452 个案例，创下历史新高。本年度截至 2021 年 12 月 31 日，包含北交所在内，已有 828 个案例。

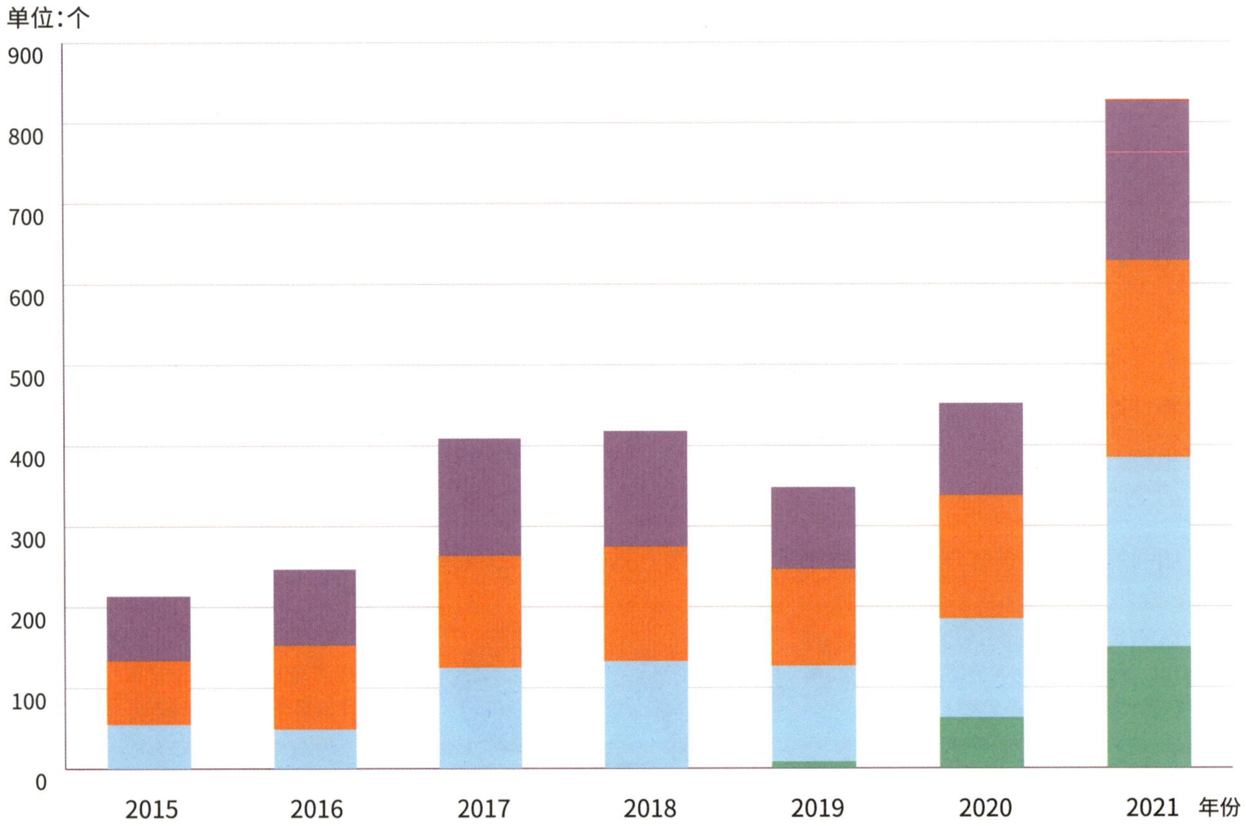

上交所科创板	0	0	0	0	8	63	150
上交所主板	55	49	125	133	119	122	235
深交所创业板	79	104	139	142	120	153	244
深交所主板	80	94	145	143	101	114	197
北交所	0	0	0	0	0	0	2
合计	214	247	409	418	348	452	828

资料来源：易董，统计时间区间为 2015 年 1 月 1 日至 2021 年 12 月 31 日。

图 15-5　上市公司股权激励案例数

目前，A 股市场股权激励工具分类具体如图 15-6 所示。

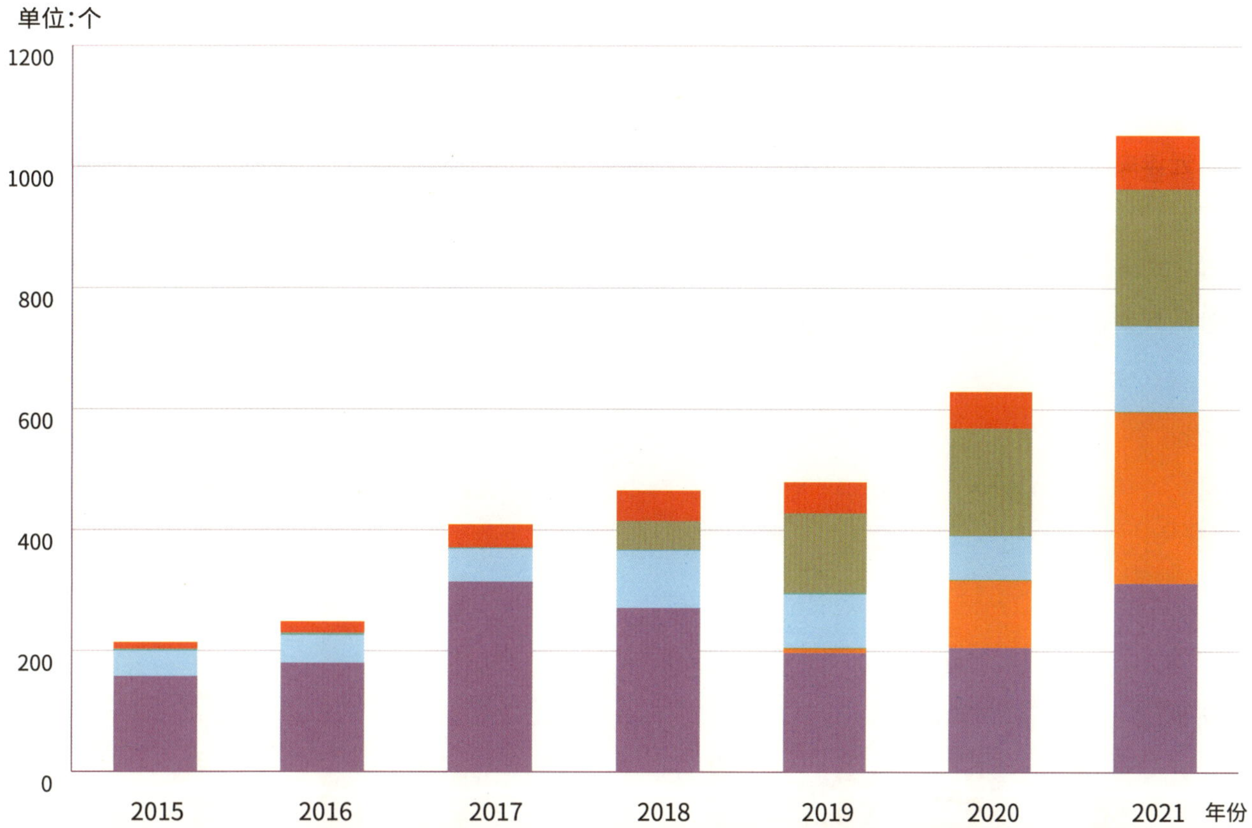

	2015	2016	2017	2018	2019	2020	2021
混合	11	18	38	50	51	60	89
员工持股计划	0	1	0	47	131	177	225
股票增值权	3	3	2	2	3	1	1
股票期权	42	46	55	95	89	73	142
第二类限制性股票	0	0	0	0	8	112	284
第一类限制性股票	158	180	314	271	197	206	312

■ 混合　■ 员工持股计划　■ 股票增值权　■ 股票增值权　■ 第二类限制性股票　■ 第一类限制性股票

资资料来源：易董，统计时间区间为 2015 年 1 月 1 日至 2021 年 12 月 31 日。

图 15-6　A 股股权激励工具分类

15.2.5 并购重组

并购重组一直被认为是上市公司借力资本市场做大做强的手段之一，也得到中国证监会及相关行政主管部门的大力支持。

近年来，为进一步理顺重组上市功能，激发市场活力，中国证监会根据资本市场的发展需要及监管的经验总结，颁布了一系列并购重组的新规，在市场化程度较高及监管压力较小的环节充分让位市场，实现了市场与规则的衔接互助。借此机会，充分发挥并购重组在改善上市公司资产质量方面的积极作用，理性的并购重组也将得到监管和市场的充分支持。

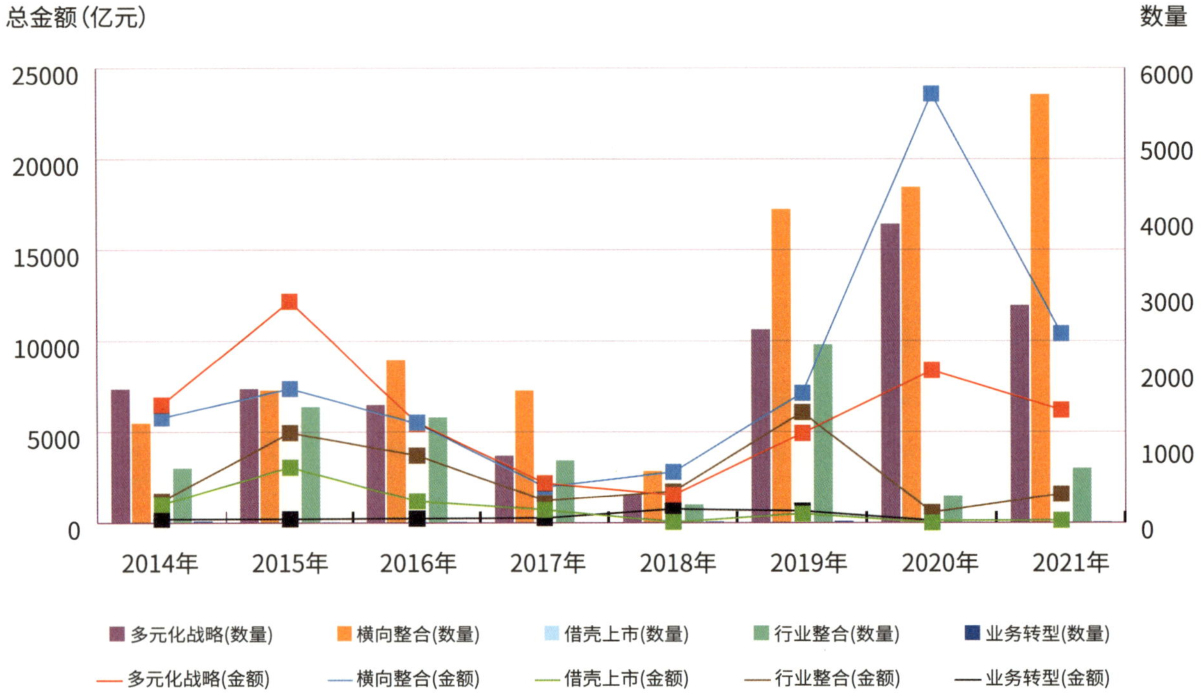

资料来源：choice，易董整理，统计时间区间为 2014 年 1 月 1 日至 2021 年 12 月 31 日。

图 15-7　2014—2021 年并购重组趋势图

资本市场是企业并购成长的最佳平台，从 2014 年到 2020 年并购重组趋势图（见图 15-7）可以看出，并购重组的总体规模处于增长态势，上市公司并购重组的目的亦发生了较大的变化，借壳上市类型重组正在逐步减少，以横向整合为目的的产业并购逐年上升，且逐渐成为主流。其中，以横向整合为目的的重组交易金额在 2020 年上升至首位，重组事件次数在 2021 年上升至首位。综上所述，并购类型及其各项演化为当前中国资本市场中上市公司的发展壮大提供了良好的机遇与基础，同时也促进了上市公司在内生及外延发展过程中应及时注重顺应市场作出调整。

15.2.6 再融资

再融资能够高效直接解决企业发展急需的资金，是企业在持续发展中获得长期稳定融资的优质渠道，能够有效促进企业资金良性循环和财务健康。

表 15-3、图 15-8 和图 15-9 分别列示了近年来中国资本市场再融资类型及再融资发行数量、募资规模等概况的统计梳理，所载数据真实描述和反映了再融资在中国资本市场中的地位和发展现状。因此，企业在发展中应当顺应资本市场的变革，谋求机遇和挑战，充分利用上市后的资本市场运作平台，促进企业做大做优，激发市场活力，为社会的进步发展作出应有的贡献和担当。

表 15-3　　近年来中国资本市场各种再融资类型

工具	发行对象	融资规模限制	发行价格	间隔时间
增发	社会公众	募集资金数额不超过项目需要量	不低于刊登招股说明书前 20 个交易日公司股票或前一个交易日的均价	18 个月
配股	公司原有股东	不超过原有股本的 30%	按发行前市价打折，定价灵活	18 个月
非公开发行	不超过 35 名特定投资者	不超过原有股本的 30%	不低于定价基准日前 20 个交易日公司股票均价的 80%	18 个月
可转债	社会公众	发行后债券余额不超过最近一期净资产的 40%；最近 3 年平均可分配利润足以支付公司债券一年的利息	转股价格不低于募集说明书公告日 / 认购邀请书发出前 20 日均价与前 1 日均价	无
债券类	社会公众	发行后债券余额不超过最近一期净资产的 40%；最近 3 年平均可分配利润足以支付公司债券一年的利息	根据不同债券确定	无
优先股	非公开发行不超过 200 人，公开发行无限制	无	公开发行需询价；非公开发行票面股息率不得高于最近两年年均加权平均净资产收益率	无

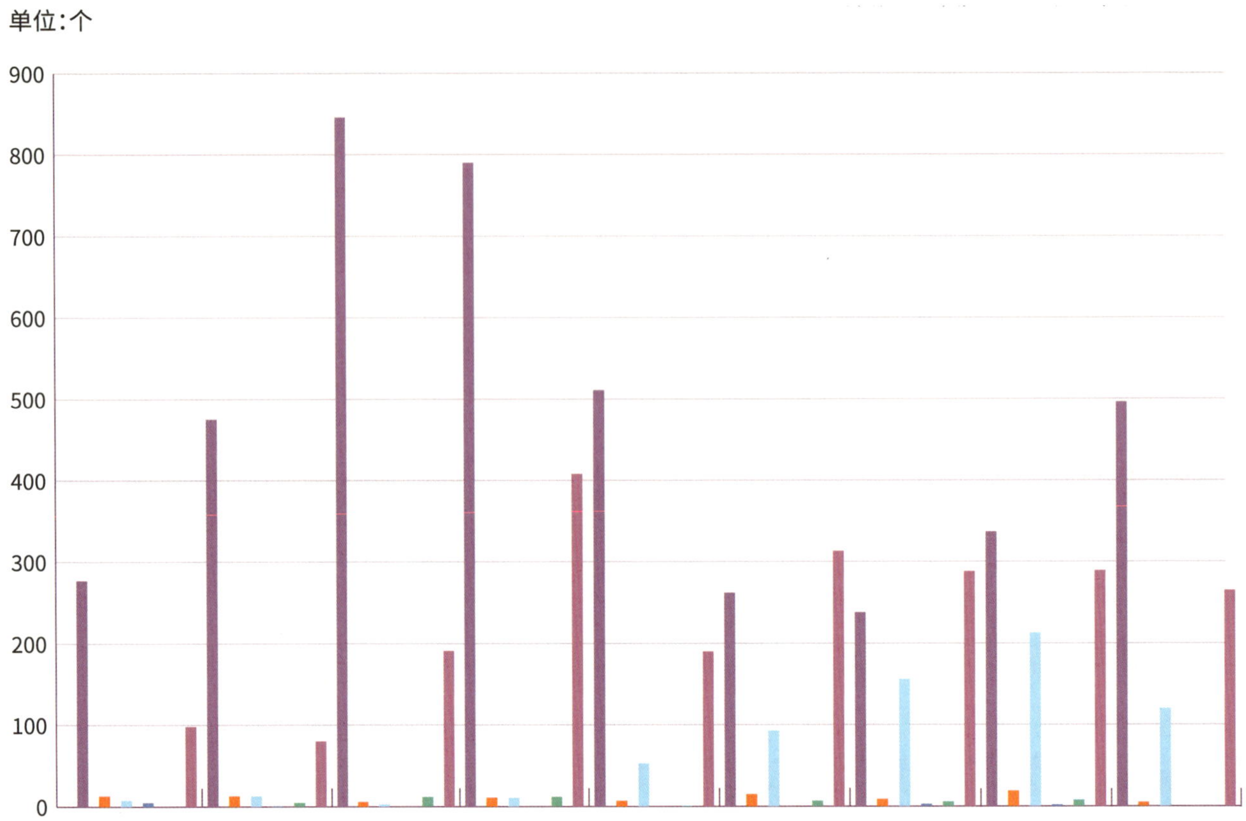

	2013年	2014年	2015年	2016年	2017年	2018年	2019年	2020年	2021年
非公开发行	277	475	846	790	511	262	238	337	496
配股	13	13	6	11	7	15	9	19	5
可转债	8	13	3	11	53	93	156	213	120
公开增发	5	1	0	0	0	0	3	2	0
优先股	0	5	12	12	1	7	6	8	0
公司债	98	80	191	408	190	313	288	289	265

■ 非公开发行 ■ 配股 ■ 可转债 ■ 公开增发 ■ 优先股 ■ 公司债

资料来源：Wind，易董整理，统计时间区间为 2013 年 1 月 1 日至 2021 年 12 月 31 日。

图 15-8　不同再融资方式发行数量统计

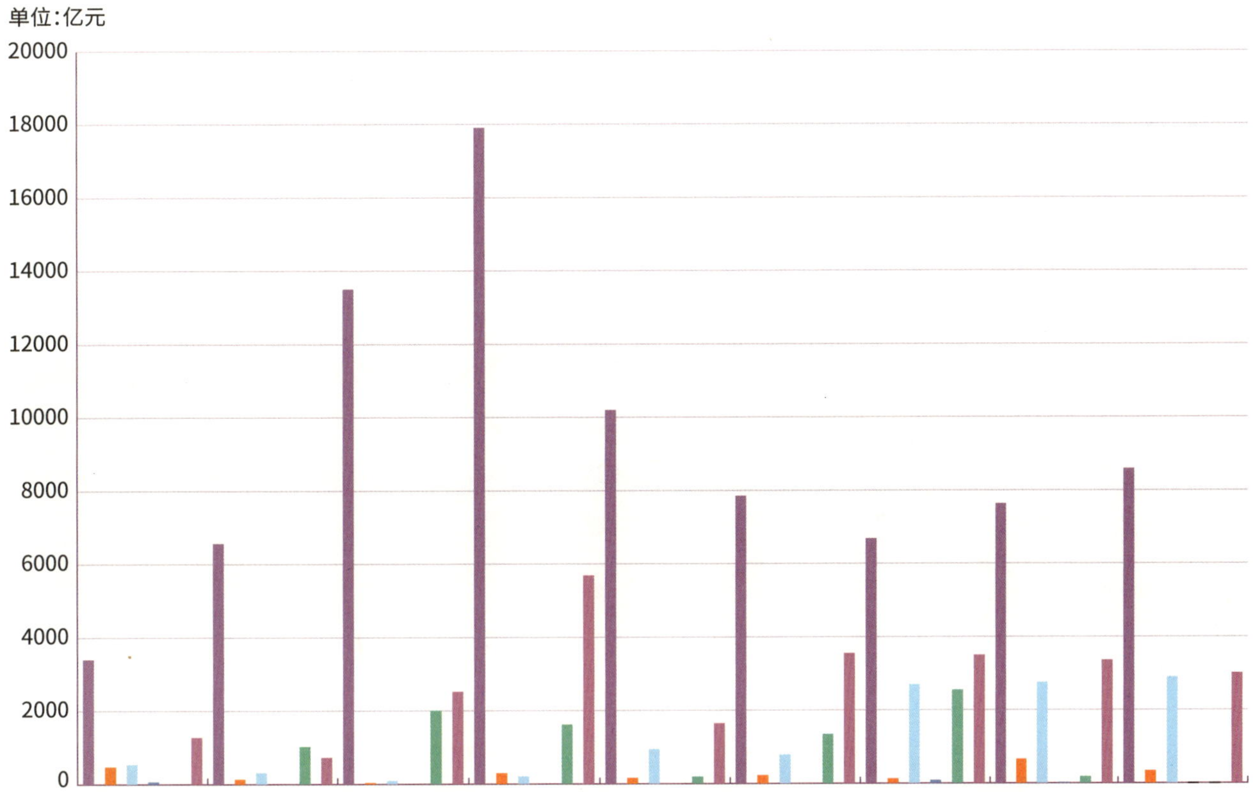

	2013年	2014年	2015年	2016年	2017年	2018年	2019年	2020年	2021年
非公开发行	3395.34	6564.31	13503.50	17906.50	10196.70	7854.83	6676.83	7636.65	8590.50
配股	475.73	137.97	42.34	298.51	162.96	228.32	133.88	661.00	345.32
可转债	544.81	320.99	98.00	212.52	949.39	795.17	2696.04	2754.11	2897.12
公开增发	70.16	3.65	0.00	0.00	0.00	0.00	89.50	25.71	0.00
优先股	0.00	1030.00	2007.50	1623.00	200.00	1349.76	2550.00	187.35	0.00
公司债	1273.15	725.30	2516.21	5683.91	1646.04	3556.67	3504.25	3364.01	3011.41

■ 非公开发行 ■ 配股 ■ 可转债 ■ 公开增发 ■ 优先股 ■ 公司债

资料来源：Wind，易董整理，统计时间区间为 2013 年 1 月 1 日至 2021 年 12 月 31 日。

图 15-9　不同再融资方式募资统计

15.2.7 利润分配

借鉴国际市场的经验，连续稳定的现金分红往往是上市公司财务和经营状况健康稳定的体现。近年来，监管部门通过引导上市公司规范利润分配行为取得了一定的成效，A 股上市公司总体分红率从 2017 年至 2020 年大致呈现持续上升态势（见图 15-10）。由此也可以看出，上市公司在完善现金分红机制、强化回报等方面的意识在不断增强。

上市公司应当规范利润分配行为，在有能力实施现金分红的时候，提高现金分红回报，积极回报股东。

同时，规范的利润分配行为，较强的现金分红能力也将持续提升 A 股市场的投资吸引力，拉动长期资金对 A 股的配置需求，实现资本市场各参与方的共赢。

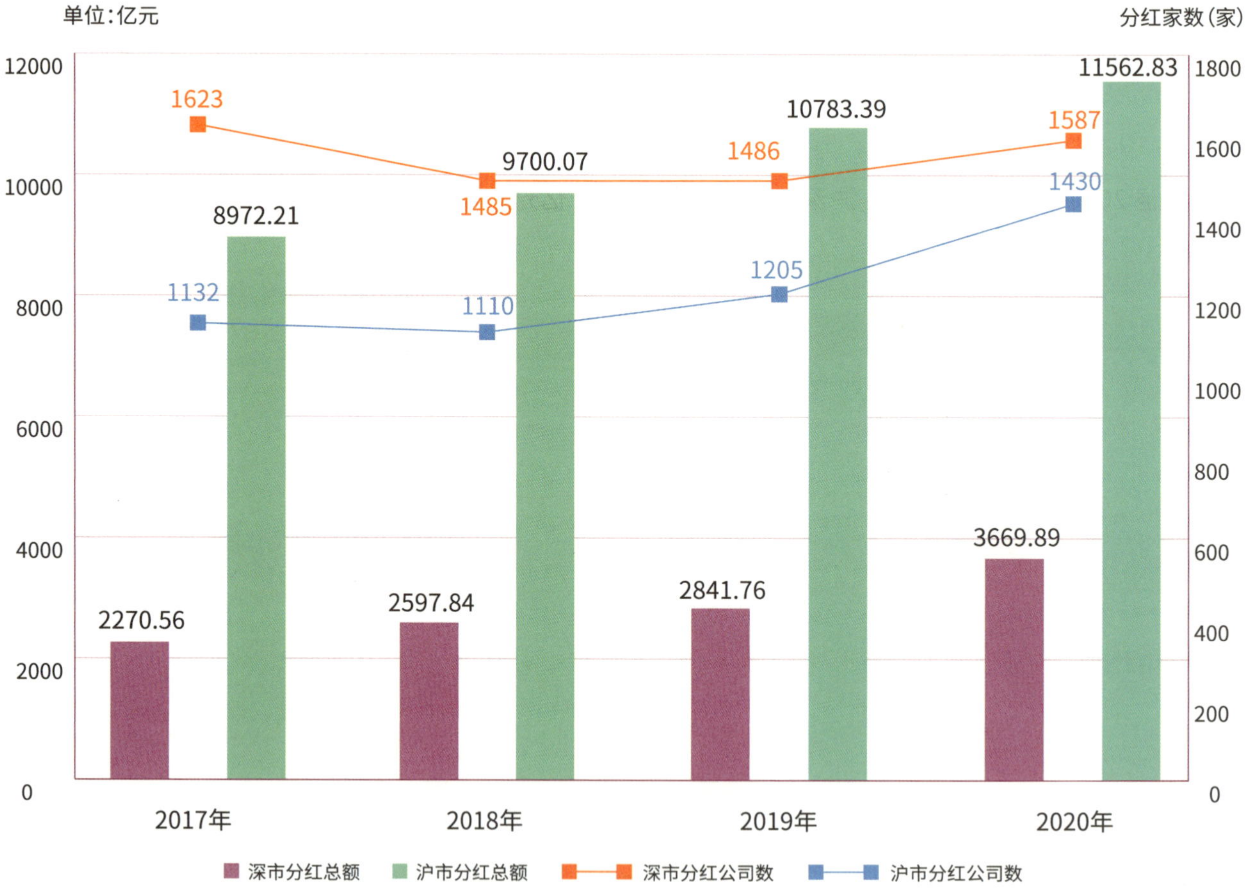

注：此数据根据上市公司年报整理，因此，2021 年沪深北交易所上市公司暂无数据。

资料来源：Wind，易董整理，统计时间区间为 2017 年 1 月 1 日至 2020 年 12 月 31 日。

图 15-10　2017—2020 年 A 股上市公司分红情况统计

15.2.8 ESG

在国际资产管理行业，ESG 已经成为一种主流投资理念和投资策略。随着中国 A 股被纳入 MSCI、富时罗素相关指数，ESG 原则将对中国资本市场的资源配置活动产生实质性影响。更为重要的是，“创新、协调、绿色、开放、共享”发展理念要在资产管理行业落地，必须要有科学的方法和工具，ESG 正是合适的载体。

ESG 能够推动资产管理行业深化信义义务，提升投资道德要求，改善投资者长期回报，促进资本市场和实体经济协调健康发展。

15.3 上市公司的市值管理

对于上市公司来说，踏进资本市场之后便有一把无形的尺子在时刻对其进行评价和衡量，这把尺子就是市值。

截至 2021 年 12 月 31 日，沪深 A 股市值达 10000 亿元及以上的上市公司总共有 6 家，分别为贵州茅台（25752.05 亿元）、工商银行（16501.61 亿元）、建设银行（14650.64 亿元）、宁德时代（13705.41 亿元）、招商银行（12284.59 亿元）、农业银行（10289.50 亿元），六家上市公司总市值达 9.32 万亿元，占沪深 A 股总市值的 9.43%，平均市值为 15530.63 亿元。具体如图 15-11 所示。

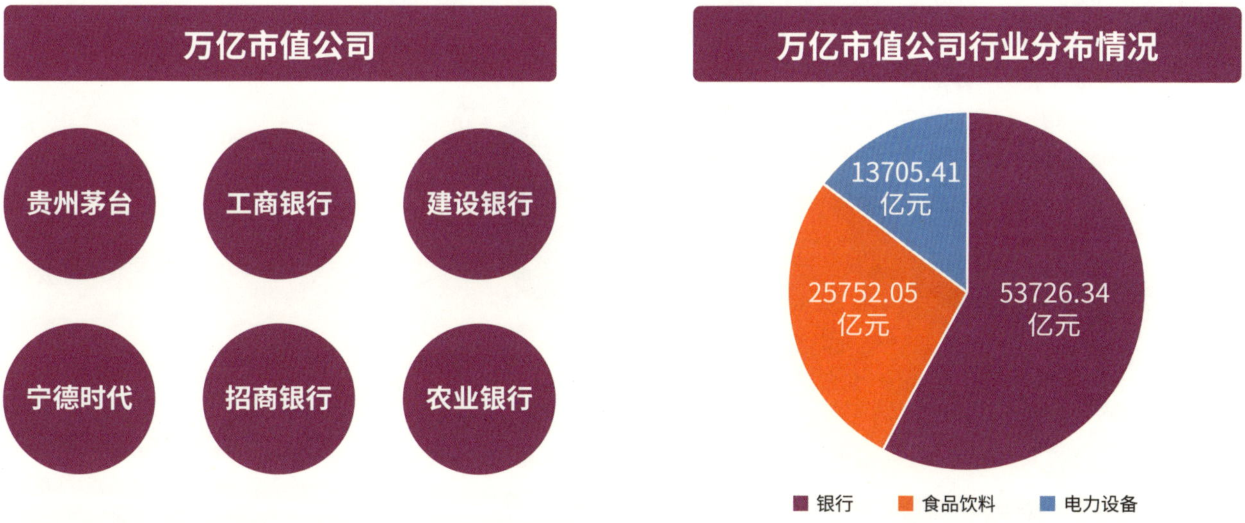

截至12月31日，A股万亿元及以上的上市公司一共6家，占A股全部上市公司数量的0.13%，总市值达到9.32万亿元，占A股总市值的9.43%。

在此市值区间的公司中，有4家银行公司，1家白酒公司，1家新能源公司。银行业市值为5.37万亿元，占比为57.66%，白酒市值为2.58万亿元，占比为27.64%，新能源市值为1.37万亿元，占比14.71%。

资料来源：choice，数据截至日期：2021 年 12 月 31 日。

图 15-11　万亿市值公司

市值是判断上市公司质量最重要的指标，在有效资本市场中，上市公司市值与其内在价值能够实现动态平衡，市值围绕着内在价值上下波动，是上市公司内在价值最准确的外在体现。通过市值来评价上市公司价值已成为资本市场各参与方的共识，是投资者判断上市公司的第一印象。影响市值的因素是多样的，如宏观市场、行业发展、营商环境、公司治理、经营业绩、科技创新、资本运作和投资者关系管理等，这些因素相互作用，影响着上市公司的股票市值。而上市公司市值亦能映射出该公司的治理水平、业绩水平、科技创新水平等多层信息。因此，做好市值管理格外重要。

做好市值管理要先找到影响市值的因素，市值 = 净利润 × 市盈率，所以影响市值主要是两方面的因素：一是内因，即净利润，代表公司的盈利水平，反映公司的战略规划、经营管理情况，这个需要上市公司苦练内功以提升公司基本面；二是外因，即市盈率，市盈率受宏观、行业等多方面因素的影响，是通过二级市场投资者交易过程中形成的，反映了市场对上市公司的估值。具体如图 15-12 所示。

图 15-12　影响市值的因素

影响上市公司市值的内部因素相对外部因素更加可控，上市公司可以通过提高公司治理水平、增加盈利、提高科技创新水平来进行内涵性发展，通过并购重组等资本运作方式来进行外延性发展，通过做好投资者关系管理来做好价值经营，向投资者准确地传递公司价值。此外，由于全球处于碳中和进程中，投资者对企业可持续发展的关注程度也在不断上升，ESG 报告作为企业财务信息的重要补充，可以让投资者更好地了解上市公司可持续发展的理念，从而更加认同公司价值。

市值管理是一项系统工程，上市公司大股东及管理层对资本市场的认知和态度奠定了公司市值管理的基调和方向。上市公司的经营决策应符合科学性，日常运作应具备合规意识。许多时候，上市公司及关键主体的行为不仅未能帮助上市公司提升市值，反而会降低其资本市场形象。例如，上市公司可以通过并购进行外延式扩张，通过产业链上下游的延伸提升上市公司的盈利水平；而另一方面，并购也容易导致盲目追逐市场热点，追求股价虚高，同样是外延扩张，产业并购和追逐热点对上市公司市值的影响却是截然相反的。

15.4 上市公司合规发展的注意要点

2019 年 5 月 11 日，中国证监会主席易会满在中国上市公司协会 2019 年年会发表讲话，提出上市公司应谨记和坚持“四个敬畏”（敬畏市场、敬畏法治、敬畏专业、敬畏投资者），上市公司和大股东必须牢牢守住“四条底线”（不披露虚假信息、不从事内幕交易、不操纵股票价格、不损害上市公司利益）。具体如图 15-13 和图 15-14 所示。

图 15-13　四个敬畏

不披露虚假信息，说真话、做真账；

不从事内幕交易，遵循公开、公平、公正的原则，严保密、不泄密；

不操纵股票价格，不合谋、不串通、不诱导、不编造；

不损害上市公司利益，不侵占公司资产，不违规对外担保，不以任何形式向外输送利益。

图 15-14　四条底线

2019—2021 年上市公司违规情况统计具体如图 15-15 所示。

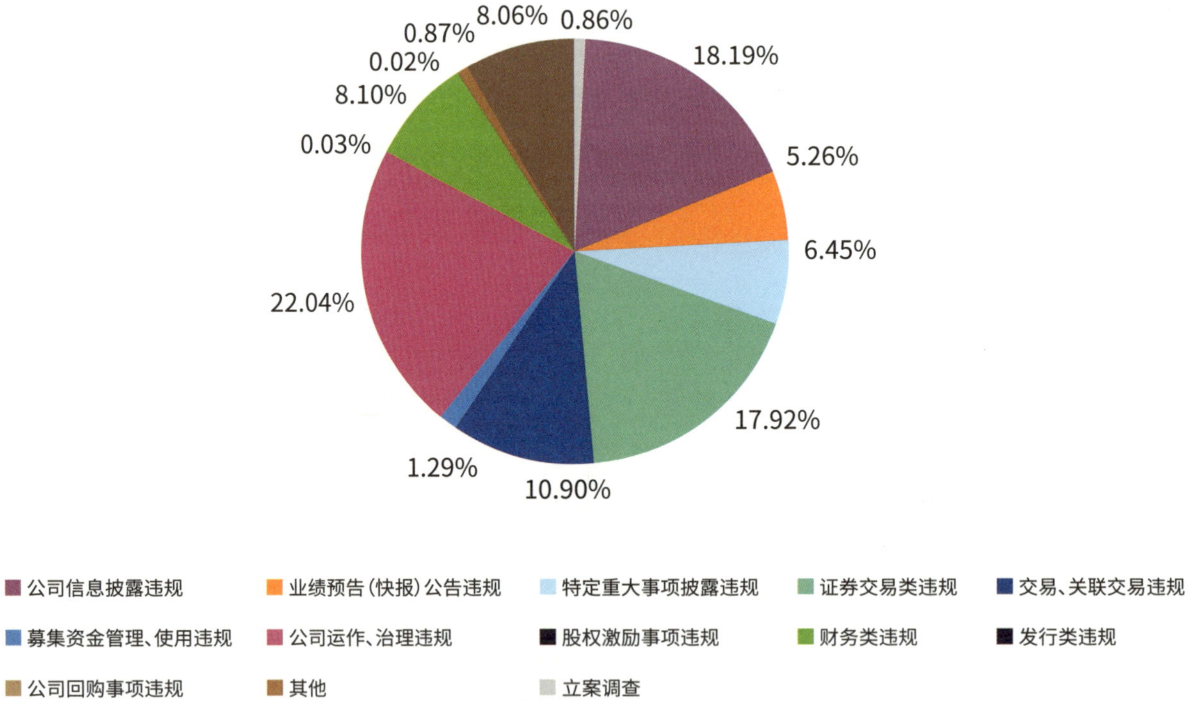

资料来源：易董违规案例库，部分违规类型有重叠，统计时间区间为 2019 年 1 月 1 日至 2021 年 12 月 31 日。

图 15-15　2019—2021 年上市公司违规统计

在违规类型方面上述统计数据显示，当前市场违规案例主要集中在公司运作、治理违规、证券交易违规、公司信息披露违规、交易与关联交易违规、财务类违规、特定重大事项披露违规等几大方面。

因此，我们建议上市公司在合规发展中应重点关注以下事项：

01 严格规范公司治理措施

制定股东大会、董事会和监事会议事规则，详细规定各会议召开程序和运作规范，规范制定相关内部管理制度，提高公司治理质量和运作效率，避免公司治理和公司规范运作存在重大缺陷。

02 严禁违规减持

控股股东或实际控制人、持股5%以上的股东、董监高人员，不得有超比例减持、不按规定提前披露减持意向、短线交易、窗口期减持、利用内幕信息等违规减持行为。

03 严禁信息披露虚假及误导性陈述

信息披露义务人应当及时依法履行信息披露义务，披露的信息应当真实、准确、完整，简明清晰、通俗易懂，不得有虚假记载、误导性陈述或者重大遗漏。应当防范内幕交易，信息披露义务人披露的信息应当同时向所有投资者披露，不得提前向任何单位和个人泄露。

04 减少并规范关联交易行为

上市公司在履行关联交易的决策程序时，要严格执行关联方回避制度，并履行相应的信息披露义务，保证关联交易的公允性和交易行为的透明度。

05 严禁财务造假

上市公司应规范内部审计监督制度，防止滥用职权，保证审计内部控制制度的有效性，降低财务造假的风险。严禁公司、企业向股东和社会公众提供虚假的或者隐瞒重要事实的财务会计报告，或者对依法应当披露的其他重要信息不按照规定披露，严禁利用财务造假牟取利益的行为。

06 严禁滥用停复牌制度

上市公司应该严格按照停复牌业务的信息披露规定向交易所申请停复牌业务、严禁滥用停复牌制度规避市场波动风险、操纵股价、违规减持。

上市公司股票停复牌业务

北京证券交易所股票上市规则（试行）

深圳证券交易所上市公司自律监管指引第6号——停复牌

上海证券交易所上市公司自律监管指引第4号——停复牌

随着注册制改革的不断推进，各项市场制度的完善，中国资本市场进入了蓬勃发展的快车道，这也意味着合规管理时代已经来临。合规管理是每一个参与资本市场的市场参与主体都无法回避的选项，高质量的上市公司是中国资本市场可持续发展的基石。上市公司应常怀敬畏之心和感恩之心，做到敬畏市场、敬畏法治、敬畏专业、敬畏投资者，同时也应做到守底线、负责任、有担当。

16

上市公司股东可进行的金融业务

看似健康的组织，随时随地都可能有潜在的危机，在貌似巍峨的冰山下，潜流汹涌。

如何发现“冰山在融化”，如何在王国里唤起危机意识以应付难题，挑出合适的人选来引导大家适应变化，正确规划未来，让大家了解并认可这个规划，扫除行动障碍，迅速打开局面，在新的生活方式确立之前绝不轻言放弃，并确保变革不被僵化、顽固的习俗所扼杀。

——约翰·科特（1947—），领导变革之父

——霍尔格·拉斯格博，科特国际的主要负责人

引自《冰山在融化》

16.1 上市公司股东可进行的金融业务

股东，即上市公司的出资人或投资人。股东按其在上市公司所持有的股份，享有知情权、分红权、提案权、表决权等股东权益。企业上市后，法律法规对股东所持股份进行的金融业务，如质押融资、担保融资、股份流转、财富传承、股份减持、转融通业务等，均有相关要求。根据 IPO 的相关规定，企业申报之后，原则上股权结构不能变动，因此，针对上市后股东股权要进行的相关业务，需要提前做好规划。本节围绕上市企业股东的金融业务、托管制度、融资市场及减持政策做简单介绍。

公司上市后，股东可以通过减持股份进行变现，但对于上市公司控股股东、董事、监事、高级管理人员、持股比例 5% 以上的股东及其一致行动人等特定股东，减持均有相应的要求。随着资本市场的发展以及各项创新制度、创新工具及产品的推出，股东不减持也可以通过其他金融工具享有收益。常见的有上市公司分红、市值打新、股权融资、场外期权等。

16.2 股权安排与托管制度

16.2.1 上市前股份制改造时股东性质、股东身份的设计

对已上市公司来讲，股东类型非常多元化，从股东性质上可以分为国有、非国有；从股东身份上可以分为自然人、普通法人（有限责任、股份有限）、有限合伙、金融机构、金融产品、外资机构（无国内营业执照）、境外自然人等。

近年来，中国证监会、沪深交易所出于融资业务风险等因素的考虑，对作为自然人大股东的融资陆续出台了相应的限制政策。

总体而言，不同身份的持股股东，于上市后在股东融资、股份流转、股份退出、财税政策等方面，相应的监管规定、便利程度均有所差异。在股份制改造时，大股东可以通过自然人、法人等机构分别持股，以满足在有相应业务需求时符合监管及政策要求；在引进外部股东时，应优先选择国有股东、战略投资股东、有产业协同的内资股东等，有利于上市后股权结构的稳定性。

16.2.2 沪、深、北交易所托管差异及影响

出于历史原因，沪、深、北交所股份托管制度不同，沪市采用指定交易制度，深市采用转托管制度，北交所沿用深交所的转托管制度。

沪市股票的指定交易制度，是指一个股东同一账户的全部股票，能且只能托管在一家证券公司。股东在上市时托管在一家证券公司，之后，如果要转到另外一家证券公司，需要到原指定券商撤销指定交易，并重新到新的证券公司办理开户、指定交易等手续。相对应的，全部股份需要一次性转到新的指定交易方，不可部分转出。如果股东此前在原证券公司有部分股票质押、融资融券等业务，则需全部归还后方可撤销指定交易，并重新指定。因此，若企业计划在沪市上市，建议将股份通过自然人、法人等机构分别持有，便于上市后股东股份金融业务的开展。

深市股票的托管制度，是指一个股东可以将其股份分散托管在多家证券公司的同一股东账户，之后如果与多家证券公司发生质押融资、融资融券等业务，可将未质押、未担保的股份部分转托管，从一家证券公司席位转托管至另一家证券公司席位，转托管通过在原托管券商发出指令即可完成。

北交所承袭了全国中小企业股份转让交易系统的一部分交易规则。托管制度方面暂无明确规定，根据目前北交所的开户规则来看，股份托管制度基本沿用深交所的托管制度执行。

沪深北交易所托管制度差异具体如表 16-1 所示。

表 16-1　托管制度差异

托管制度差异	上交所	深交所	北交所
同一股东账户是否可关联至不同证券公司	否	是	是
股份是否能托管在多家证券公司	否	是	是
股份是否可分别托管	否	是	是
股东如有融资是否可将未担保股票转托管	否	是	是

16.3 企业上市后股东获得的收益

16.3.1 上市公司分红

上市公司分红，指的是上市公司在分配企业盈利时，按照股东持有的股份合理分配现金红利、派发股票红利等给予股东投资回报的一种行为。现金股利是指以现金形式向股东发放股利，称为派息；股票股利是指上市公司向股东无偿赠送股票，即在分红时并不支付现金，而是向股东赠送股票，从而将本年度利润转化为新的股本，留在公司里进行再投资。上市公司可以根据情况选择其中一种形式进行分红，也可以两种形式同时使用。

具体采用何种分红方式，需要根据上市公司的具体情况来决定。当上市公司处于成长期时，投资机会较多，业绩增长性高，需要进行资本扩张，上市公司偏好送红股的分红形式，以便将利润留存下来，投资到新项目。当上市公司发展步入成熟期后，其投资机会减少，成长性降低，上市公司实施现金分红，以更直接的形式回报股东。

此外，上市公司还可以利用资本公积金转增股本。严格来讲，转增股本并不是分红的一种形式，分红是将当年的收益在提取公积金等项目后向股东发放，而转增股本是从公积金中提取的，即将上市公司历年滚存的利润及溢价发行新股的收益通过转增股本的形式回报投资者，对于投资者来讲，实际效果与送红股基本相同。

根据上市公司再融资的相关规定，“最近三年以现金方式累计分配的利润不少于最近三年实现的年均可分配利润的百分之三十”方符合再融资条件，因此，上市公司未来有再融资计划的，宜尽量采用现金分红的方式持续分配公司盈利。

16.3.2 市值打新

市值网下申购（简称“网下打新”）与网上申购（简称“网上打新”）有所不同。网下打新，是指不通过证券交易所的网上交易系统进行的新股申购，而是由主承销商根据对发行人投资价值分析后，提供发行价格区间，把预发行的一部分股票对网下投资者询价，根据认购结果确定发行价格，按发行价格配售给投资者。

网下配售，是针对特定投资者的，其中，包括社保基金、公募基金、私募基金、达到门槛条件的自然人（如上市公司股东）。新股发行时，一般是由网下询价确定价格、网上发行按同样的价格执行，虽然网上、网下新股发行价格是一样的，但是网下打新中签比例较高。

根据中国证券业协会颁布的《首次公开发行股票网下投资者管理细则》（2017 年 12 月 1 日正式实施），投资者参与网下申购的条件是：投资者在 T-2 日（T 日为初步询价起始日）前 20 个交易日（含 T-2 日）持有对应交易所的非限售 A 股日均市值 1000 万元（含）以上，且不低于发行人和主承销商事前确定并公告的市值要求的，可参与该交易所发行的新股询价报价。股东股份在未流通前，不能参与网下打新；股份解禁后，可由托管券商代为申报开通网下打新资格，开通后参与网下新股询价。例如，如果股东持有 1000 万股份，每股价格为 10 元，可以计算为 1 亿元市值，去申报打新，网下打新是按市值配号的，市值越多配号越多，中签的概率越大，以市值参与所有新股的打新，平均年收益在 6%—10%，根据新股发行节奏会有较大浮动。

16.3.3 转融通证券出借

转融通证券出借，是指证券出借人以一定的费率向中国证券金融股份有限公司（以下简称“证金公司”）出借其持有的证券，证金公司到期归还所借证券及相应权益补偿并支付费用的业务。对于机构股东而言，参与转融通证券出借能盘活其长期持有的股份，丰富其股份管理能力，在通过出借所持证券赚取券息的同时，还能保持自身持股比例不变动，所持证券资产的增值收益与股息收益不减少，从而实现持有证券的长期保值增值。

目前，证券出借人限于机构投资者，包括以机构方式（股份公司、有限责任、有限合伙、信托产品、私募产品、资管产品等）持有上市公司股权的股东，同时，符合条件的公募基金、社保基金、保险资金等机构投资者，以及参与科创板、创业板发行人首次公开发行的战略投资者，可以作为出借人参与证券出借。证券出借标的证券须为转融通标的范围内的证券，随着融资融券标的范围历经多次扩容，截至 2021 年 12 月 31 日，证金公司官网公布的转融通标的证券共计 2239 只，科创板、创业板新股上市首日即为转融通标的。证券出借交易实行固定期限，分为 3 天、7 天、14 天、28 天和 182 天共 5 个档次，单笔申报数量不得低于 1 万股，根据期限不同，费率为 1.5%—2%（年费率）。创业板、科创板证券出借期限可由出借人和借入人在 1—182 天的区间内协商确定，单笔申报数量不得低于 1000 股，具体费率由出借人、借入人自行协商。例如，机构股东持有市值 1 亿元的主板股票，打算长期持有，短期内无减持计划，出借 182 天，费率 2%，预计券息收入约 =1 亿 ×2%×182/360 = 100 万元。①

16.4 企业上市后股东融资情况

16.4.1 A 股上市企业股东融资工具比较

根据相关法规，公司股票上市之后，部分股东有锁定期限的要求，关于减持也有相应的制度要求，同时，部分上市公司股东持股比例较低的情况并无减持股份的意愿，在这些背景情况下，上市公司股东可以通过股权融资获得一定的现金流。

企业上市后，作为上市企业股东，围绕企业经营、股东个人投融资、参与并购基金及产业基金、参与公司股票增发、家族财富管理、减持退出等场景，当有融资需求时，市场常见的融资工具有股票质押式回购、融资融券、约定式购回证券交易、场外期权等（除股票质押式回购外，其他必须是解禁流通股）。

融资融券，是指股东向证券公司提供担保品，借入资金买入证券（融资交易）或借入证券并卖出（融券交易）的行为，类似证券交易的“信用卡”。该业务分为融资和融券业务，在实操中策略丰富，主要包括杠杆投资、套期保值、配对交易、ETF 套利、大宗交易套利等，在不同的融资场景中得到广泛应用。

股票质押式回购交易，是指符合条件的资金融入方（股东）以所持有的股票或其他证券质押，向符合条件的资金融出方融入资金，并约定在未

证券公司融资融券业务管理办法

① 转融通证券出借部分，参考业务规则：《上海证券交易所转融通证券出借交易实施办法（试行）》（2012 年 8 月 27 日发布）、《深圳证券交易所转融通证券出借交易实施办法（试行）》（2016 年 4 月 28 日发布）、《上海证券交易所 中国证券金融股份有限公司 中国证券登记结算有限责任公司科创板转融通证券出借和转融券业务实施细则》（2019 年 4 月 30 日发布）、《深圳证券交易所 中国证券金融股份有限公司 中国证券登记结算有限责任公司创业板转融通证券出借和转融券业务特别规定》(2020 年 6 月 12 日发布) 等。

来返还资金、解除质押的交易。融入方（股东）有个人、机构、定向资产管理计划等；融出方（出资人）有证券公司、银行、资产管理计划、信托计划等。

2013 年 5 月，上海证券交易所、中国证券登记结算有限责任公司发布《股票质押式回购交易及登记结算业务办法（试行）》，证券公司可以开展股票质押融资业务。办法发布后，融资市场活跃，融资规模不断攀升，系统性金融风险累积。

2018 年，中国证券业协会发布修订后的《证券公司参与股票质押式回购交易风险管理指引》（以下简称《质押新规》）。根据《质押新规》，对单只股票市场整体质押比例、有业绩承诺股份补偿的股东、资金用途不符合要求的股东、黑名单股东、金融机构及金融产品、初始融资金额、单只股票质押率等方面做出了明确的规定，禁止券商集合资产管理计划参与股票质押出资，并强化了证券公司尽职调查要求，对证券公司股票质押业务风险事前控制、管理人职责、业务规模与分类监管评级对应、单一股票集中度、暂停或停止股票质押业务的情形都做出了明确规定。

约定购回式证券交易，是指符合条件的客户以约定价格向证券公司卖出标的证券（初始交易），并约定在未来某一日期按另一约定价格从证券公司购回标的证券（购回交易）的交易行为。该品种推出后，囿于大股东、董监高短线交易的禁止性规定，减持新规，适当性管理等政策相继出台，约定购回式证券交易市场规模较小。

场外期权，首先期权是指在未来某个时点能够以某个价格买入或卖出某只股票的权利，而场外期权指的是在非集中性的交易场所（非交易所）进行的非标准化的金融期权合约的交易。相对于直接买卖股票，期权具有锁定价格、保证金交易的特征，因而，在融资政策收紧后，在类股票质押、股票增持和股票回购等场景中得到广泛应用。

目前，仅有招商证券、国泰君安、中信证券、中信建投、中金公司、华泰证券、广发证券、申万宏源 8 家证券公司获批场外期权业务一级交易商资格。总体来看，尽管中国场外期权业务自 2017 年以来呈现加速发展的态势，但是与国外相比规模依然尚小，还有很大的发展空间。

值得关注的是，场外期权在股东融资方面，以“最多可实现相当于股票市值约 70% 的融资”这一特点，相对于股票质押、融资融券、约定购回等工具，折扣十分有优势，但对标的股票入池管理、交易对手设置、融资方案规划、上市公司公告管理、信息披露等方面要求严格，需要跨多个专业机构进行设计规划。具体如表 16-2 所示。

证券公司场外期权业务管理办法

表 16-2　　A 股上市企业股东融资工具比较

融资工具	股票质押	融资融券	场外期权	约定购回
应用场景	融资投资、债务置换等非过户、可公告的融资场景	投资性、非过户、非提取融资的场景	融资用途无特别限制，可通过大宗减持方式融资的场景	同场外期权，区别在于到期需购回
所属板块	沪市、深市、非注册制创业板（科创板、注册制创业板除外）	沪市、深市	沪市、深市	沪市、深市、非科创板、非注册制创业板
融资身份	法人、自然人	法人、金融产品、有限合伙、金融机构等机构股东	法人、金融产品	法人、自然人
股份性质	流通股、1 年内解禁股	可冲抵担保品的流通股、二级市场买入股	流通股、融资融券标的	流通股
融资期限	1 年	1 年	1 年	1 年
市值要求	100 亿元以上	100 亿元以上	无要求	—
参考质押率	2—4 折	3—5 折	5—7 折	3—5 折
预警线	215% 起	200% 起	—	—
平仓线	195% 起	180% 起	—	—
提取线	300% 起	300% 起	—	—
质押公告	√	X	X	X
减持公告	X	X	√	√

注：融资融券有两种不同的形式，区别在于是否过户、上市公司是否披露公告减持。

16.4.2 A 股上市企业股东融资总体情况

根据监管规定及协会指引，证券公司开展融资融券业务、股票质押业务，按照分类监管原则对证券公司参与上述两项融资业务规模进行控制。证券公司以自有资金参与融资业务的额度与分类评级对应，A 类、B 类、C 类及以下，融资余额分别不超过净资本的 150%、100%、50%。因此，融资融券业务、股票质押融资业务主要集中在分类评级高、净资本充足、大型已上市的证券公司，融资业务集中度明显。

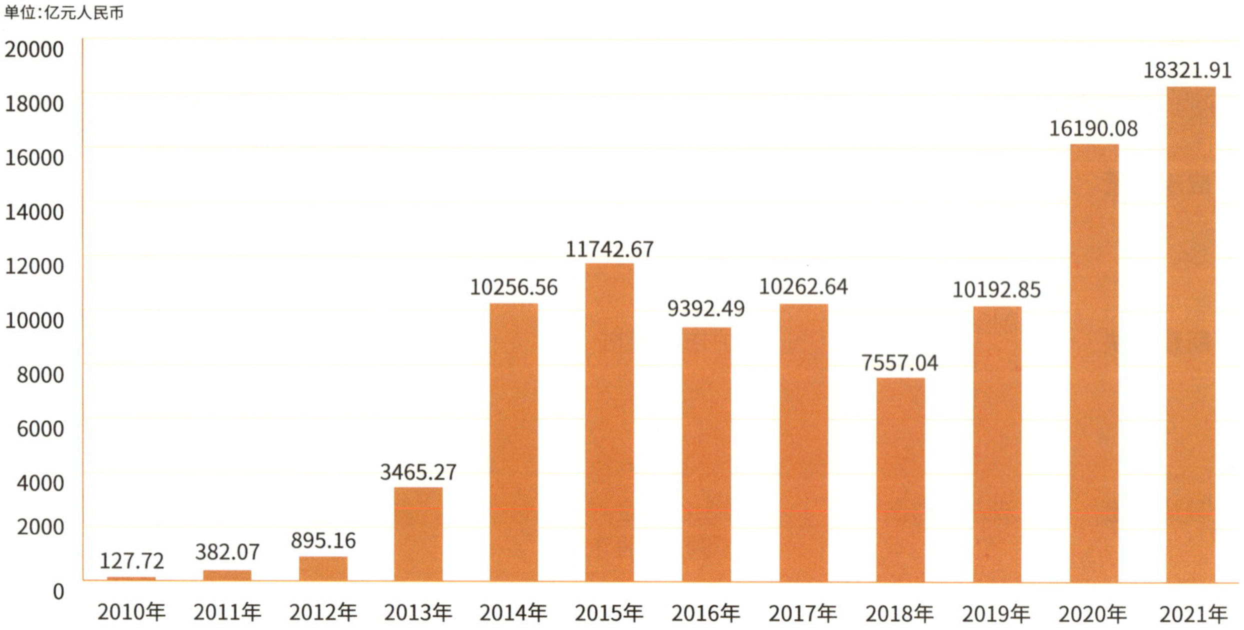

资料来源：易董。

图 16-1 融资融券余额规模（2010—2021 年）

上市公司股东股票质押融资规模快速上升。根据易董数据统计，截至 2021 年 12 月 31 日，沪深两市共有 4602 家上市公司，其中，上市公司股东目前存在质押融资的上市公司有 2517 家，最新累计质押市值约 41442.24 亿元。具体如图 16-2 所示。

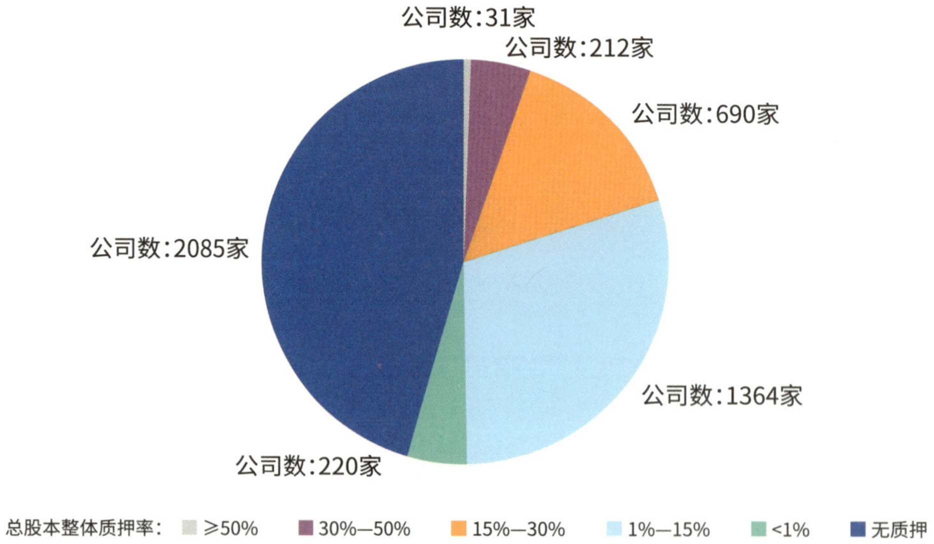

资料来源：易董，截至 2021 年 12 月 31 日。

图 16-2 沪深两市 4602 家上市公司股东股票质押融资情况

根据易董数据，截至 2021 年 12 月 31 日，不同企业性质股权质押情况具体如图 16-3 和表 16-3 所示。

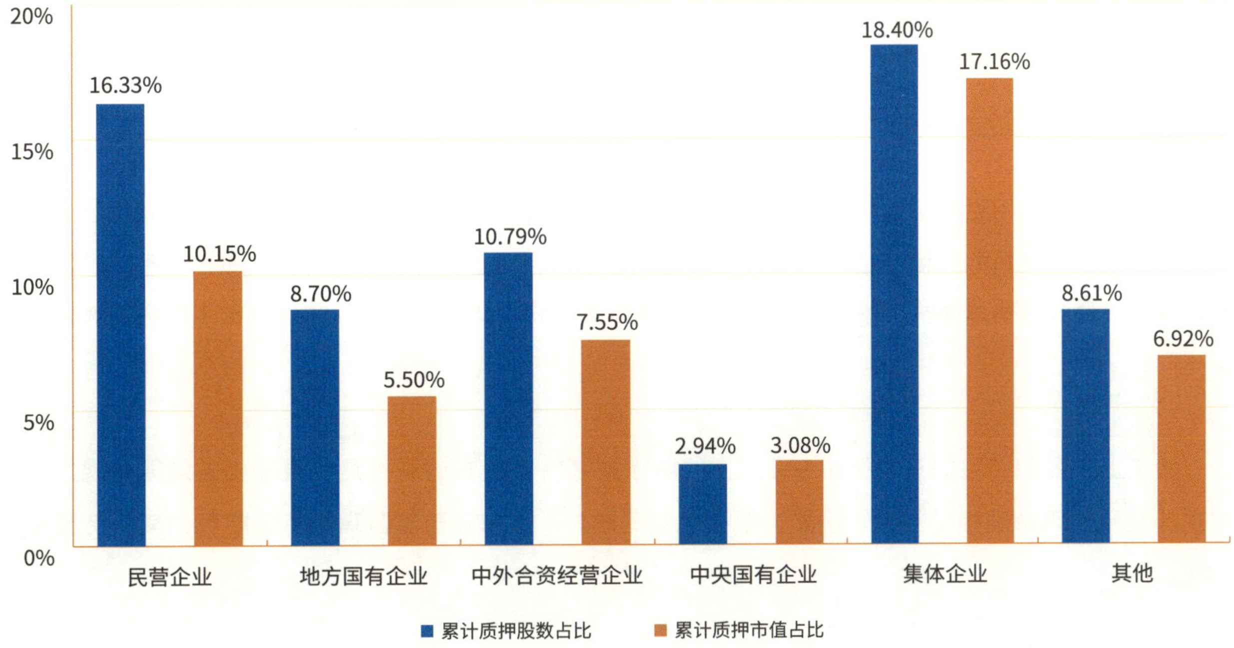

资料来源：易董。

图 16-3　不同企业性质股权质押情况

表 16-3　　不同企业性质股权质押情况

序号	企业性质	公司数（家）	累计质押股数（亿股）	累计质押股数占比	累计质押市值（亿元）	累计质押市值占比
1	民营企业	1915	2984.26	16.33%	29423.19	10.15%
2	地方国有企业	319	751.72	8.70%	6177.06	5.50%
3	中外合资经营企业	145	221.87	10.79%	3570.86	7.55%
4	中央国有企业	129	219.36	2.94%	2057.18	3.08%
5	集体企业	7	19.59	18.40%	181.33	17.16%
6	其他国有企业	2	1.47	8.61%	32.62	6.92%

16.5 上市后股东减持股份

16.5.1 上市公司股东解除限售

上市公司在《招股说明书》中均详细披露了公司各个股东所持股份的持有期限，公司股份上市后，在持有期限内为限售期，相关股东持有股份超过持有期限后，上市公司可协助相关股东办理解除限售手续，办理完解除限售手续后，上市公司应当刊登《关于向特定股东发行股份解除限售上市流通的提示性公告》等。

除了上市公司控股股东、持股 5% 以上的股东或者特定股东的减持需要遵守相关法律法规外，董监高的减持也须遵照相关规定，例如，根据《公司法》，上市公司董监高每年只能卖出其所持股份的 25%。

另外，股东所持股份需要完成解除限售后，才可以在二级市场进行交易。

16.5.2 上市公司股东减持相关规定

根据沪深交易所《上市公司股东及董事、监事、高级管理人员减持股份实施细则》，上市公司股份减持须遵守的部分规定如下：

第四条　大股东减持或者特定股东减持，采取集中竞价交易方式的，在任意连续 90 日内，减持股份的总数不得超过公司股份总数的 1%。持有上市公司非公开发行股份的股东，通过集中竞价交易减持该部分股份的，除遵守前款规定外，自股份解除限售之日起 12 个月内，减持数量不得超过其持有该次非公开发行股份数量的 50%。

第五条　大股东减持或者特定股东减持，采取大宗交易方式的，在任意连续 90 日内，减持股份的总数不得超过公司股份总数的 2%。大宗交易的出让方与受让方，应当明确其所买卖股份的数量、性质、种类、价格，并遵守本细则的相关规定。受让方在受让后 6 个月内，不得转让所受让的股份。

除上述减持方式外，上市公司股东在特定条件下，可采用协议转让等方式进行减持。

2020 年 3 月，针对创投基金，中国证监会修订并发布了《上市公司创业投资基金股东减持股份的特别规定》，上海证券交易所、深圳证券交易所同步修订实施细则，3 月 31 日正式实施，相关明细摘要具体如表 16-4 所示。

表 16-4　　上市公司创业投资基金股东减持股份相关规定

投资期限	减持节奏	集中竞价交易方式	大宗交易方式
截至首次公开发行上市日，投资期限不满 36 个月	90 日	任意连续 90 日内可通过集中竞价交易减持不超过公司股份总数的 1%	任意连续 90 日内减持股份的总数不得超过公司股份总数的 2%
截至首次公开发行上市日，投资期限超过 36 个月但不满 48 个月	60 日	任意连续 60 日内可通过集中竞价交易减持不超过公司股份总数的 1%	任意连续 60 日内减持股份的总数不得超过公司股份总数的 2%
截至首次公开发行上市日，投资期限超过 48 个月但不满 60 个月	30 日	任意连续 30 日内可通过集中竞价交易减持不超过公司股份总数的 1%	任意连续 30 日内减持股份的总数不得超过公司股份总数的 2%
截至首次公开发行上市日，投资期限在 60 个月及以上	—	减持股份总数不再受比例限制	减持股份总数不受比例限制

有关上市公司股东减持的主要相关法规具体如表 16-5 所示。

表 16-5　　上市公司股东减持相关法规

法规名称	发文部门	文号	颁布日期	涉及条文	法规二维码
《上市公司股东、董监高减持股份的若干规定》	中国证券监督管理委员会	证监会公告〔2017〕9 号	2017 年 05 月 26 日	全文	
《上海证券交易所上市公司股东及董事、监事、高级管理人员减持股份实施细则（2017 年修订）》	上海证券交易所	上证发〔2017〕24 号	2017 年 05 月 27 日	全文	
《深圳证券交易所上市公司股东及董事、监事、高级管理人员减持股份实施细则（2017 年修订）》	深圳证券交易所	深证上〔2017〕820 号	2017 年 05 月 27 日	全文	

续表

法规名称	发文部门	文号	颁布日期	涉及条文	法规二维码
《上市公司创业投资基金股东减持股份的特别规定（2020年修订）》	中国证券监督管理委员会	证监会公告〔2020〕17号	2020年03月06日	全文	
《上海证券交易所上市公司创业投资基金股东减持股份实施细则（2020年修订）》	上海证券交易所	上证发〔2020〕14号	2020年03月06日	全文	
《深圳证券交易所上市公司创业投资基金股东减持股份实施细则（2020年修订）》	深圳证券交易所	深证上〔2020〕143号	2020年03月06日	全文	

16.5.3 上市后自然人股东股份减持所涉个人所得税

自然人股东在其所持有的股份限售期满后可考虑减持操作，其中，涉税部分包括原始股以及在股份限售期内由此获得的送转股，而股份解禁后获得的送转股在减持时则无需缴纳个人所得税。

个人减持限售股的应纳税所得额为其减持所得收入减去该部分股票的获取成本，按照财产转让所得，适用 20% 的税率征收个人所得税。其中，减持股份的获取成本由股东个人提供成本凭证，如无法提供的，则一律按减持收入的 15% 核定成本。

16.5.4 上市后机构股东股份减持所涉企业所得税

非自然人股东在企业上市后，根据股东身份的不同，税收政策也有所差异。根据《财政部、国家税务总局关于印发〈关于个人独资企业和合伙企业投资者征收个人所得税的法规〉的通知》（财税〔2000〕91 号）第七、八、九条规定，主管税务机关有权对符合条件的合伙企业采用核定应税所得率方式核定征收，所征收税率从 3%—20% 不等。在股改之初，需要考量持股股东身份，减持时需要考量的是政策稳定性、行业类别一致性等因素。

总体来讲，上市公司的稳定与发展同公司股东的稳定发展是息息相关的，上市前股份托管机构的选择，对股东身份设计、持股比例设计、融资再投资、担保融资、市值管理、股份流转、股份退出、税收筹划、股份传承等场景，均有重大影响，故上市公司股东应选择专业的证券公司进行托管。

17

ESG——可持续发展是关键

我们需要新的技术、新的公司和新的产品来降低绿色溢价。“零碳”是一个巨大的经济机遇：那些建立起“零碳”企业和“零碳”产业的国家，无疑将在未来几十年里引领全球经济。

通过发布可降低绿色溢价以便绿色产品更容易同化石燃料类产品竞争的政策，政府也可以帮助推动清洁能源公司的发展。政府还可以利用新冠肺炎疫情救助计划资金扩大可再生能源的使用，建造一体化电网等基础设施。

碳排放似乎不再是一个我们想一脚踢开的问题。现在的关键在于我们应该怎样利用这一势头？对我来说，答案很明确。在未来10年里，我们应该专注于那些关键的技术、政策和市场结构，因为它们会让我们走上“到2050年消除温室气体排放”的道路。对于悲惨的2020年，除了在未来10年致力于实现这一雄心勃勃的目标，我们很难再想出其他更好的回应方式了。

——比尔·盖茨（1955—），美国，微软公司创始人气候变化是人类面临的全球性问题，随着世界各国二氧化碳排放量不断增加，温室气体排放量剧增，对全球生命系统构成重要威胁，因此，实现人与自然和谐共生，推动可持续发展是全世界关注的重心和主题。2020 年 9 月 22 日，中国国家主席习近平在第七十五届联合国大会一般性辩论上发表重要讲话中宣布："中国将提高国家自主贡献力度，采取更加有力的政策和措施，二氧化碳排放力争于 2030 年前达到峰值，努力争取 2060 年前实现碳中和。"

"碳达峰"指的是 2030 年前，我国二氧化碳排放不再增长，达到峰值之后再逐步递减；"碳中和"指的是通过"植树造林，节能减排"等形式，抵消自身产生的二氧化碳或温室气体排放量，实现正负抵消，达到相对"零排放"。实现"碳达峰、碳中和"的目标，ESG 发挥着不可或缺的促进作用。

17.1 ESG 概述

17.1.1 什么是 ESG？

ESG 是英文 Environment（环境）、Social（社会）和 Governance（治理）的缩写，是一种关注企业环境、社会、治理绩效的可持续发展理念和价值观。

ESG 报告是企业面向资本市场有关环境、社会和公司治理的信息披露报告，是其非财务信息披露的重要组成部分，也是投资者评估企业非财务风险和可持续发展潜力的重要依据。

ESG 投资是投资者在投资过程中将环境、社会和治理（ESG）纳入考量因素的一种重要投资策略，即在财务分析的基础上，通过环境、社会、治理三个维度考察企业中长期发展潜力，寻找既创造经济效益又创造社会价值、具有可持续成长能力的投资标的，进行长期投资的一种投资理念和投资策略。

ESG 三大维度和相关事项具体如图 17-1 所示。

图 17-1　ESG 三大维度和相关事项

17.1.2 ESG 的发展历程

可持续发展理念兴起

20世纪70年代，为抵制企业过度追求利益造成的环境破坏和资源浪费等问题，欧美国家兴起公众环保运动，引起不小的轰动，且受到国际组织的关注。

1992年，联合国举办环境与发展会议，提出《21世纪议程》，旨在鼓励发展的同时保护环境，是世界范围关注经济可持续发展的开端。

1997年，联合国环境规划部署（UNEP）与美国非营利环境经济组织（CERES）成立全球报告倡议组织（GRI）。

ESG首次出现

2006年，时任联合国秘书长安南发起成立的**联合国责任投资原则组织（UN PRI）首次提出ESG理念**和评价体系，企业可以与UN PRI签订合作伙伴关系，将ESG因素纳入公司经营中，以降低风险、提高投资价值并创造长期收益，最终实现全社会的可持续性发展。

2006年，高盛将企业责任投资、可持续发展、绿色金融等概念融合提炼，出具了**第一份ESG报告**和评价标准。

ESG在国际的发展

2012年，香港联交所发布《环境、社会及管治报告指引》，规定发行人需每年**发布ESG报告**。2015年12月，港交所为提升上市公司主动披露ESG报告的积极性，提出部分指标“不遵守即解释”的披露要求。

新加坡交易所于2016年将上市公司ESG信息披露要求提升至“不遵守就解释”，是亚洲第二家对ESG信息披露提出强制要求的交易所。

欧盟于2014年12月对审计指导原则进行修订，要求员工人数超过500人的公众企业，需在审计报告中披露ESG信息。

ESG在中国的发展

2006年，深交所发布《上市公司社会责任指引》，倡导上市公司积极承担社会责任。2007年，阳光发展（000671）出具了**第一份ESG报告**。

2017年3月，中国证券投资基金业协会与联合国责任投资原则组织（UN PRI）召开研讨会，积极推广、倡导ESG理念。

2018年6月，MSCI明晟将中国A股233支成分股纳入其新型市场与全球市场指数，并对这些企业均提出了ESG披露的要求，ESG逐渐得到中国主流媒体及企业的高度重视。

2018年12月10日，中证指数有限公司正式发布**国内首支ESG指数——中证180 ESG指数**。

图 17-2　ESG 的发展历程

17.1.3 ESG 与可持续发展

ESG 注重可持续发展，倡导经济社会的参与主体在运营过程中更加注重环境友好、社会责任以及公司治理。2015 年，联合国可持续发展峰会在纽约总部召开，联合国 193 个成员国在峰会上正式通过 17 个可持续发展目标，旨在从 2015 年到 2030 年间以综合方式彻底解决社会、经济和环境三个维度的发展问题，迈向可持续发展之路。

ESG 理念是追求经济、环境、社会综合价值最大化的发展理念，能够有效引导市场的重要参与主体创造经济价值，并关注生态文明建设、节能减排，科技创新、社区人文关怀等环境社会议题。企业作为经济社会的基础单元和市场的重要参与主体，践行 ESG 发展理念将有助于其发现潜在非财务风险，加强风险管控，提高公司治理水平，提升企业形象和价值，吸引人才和资本流入，并最终为企业带来长期回报，进而促进企业和经济社会可持续发展。

17.2 ESG 投资已成为国际投资的主流趋势

17.2.1 投资者对 ESG 信息的需求与日俱增

鉴于政治经济及生态环境变化带来的不确定性，投资者越来越意识到，仅凭财务报表难以判断企业可能会面临的环境和社会风险，以及其对这些风险的管控能力。早期投资者可能主要依靠企业的经营业绩作出投资决策，但现如今投资者却越来越关注企业的可持续发展。投资者希望及时了解对企业可能产生重大影响的所有信息，包括环境、社会和治理等信息，并在财务分析的基础上综合考量企业 ESG 相关风险与机遇。据 UN PRI 的数据，机构投资者在投资决策中融入 ESG 评估可以提高投资组合的风险控制能力，使投资者发现潜在风险，避免触碰到“黑天鹅”因素的投资标的。

同时，投资者认为 ESG 表现良好的企业，其公司运营能力和财务表现通常都会同样出色，能够预期和管理企业当前与未来在经济、环境、社会等方面的机遇与风险，从而会对企业未来发展前景充满信心，并作出投资决策。

17.2.2 ESG 投资成为国际投资的主流趋势

近年来，随着社会政治和经济环境的变化，全球经济都面临着严峻的挑战，可持续性发展成为全球各国的共同课题。追求长期价值增长、兼顾经济和社会效益的社会责任投资理念受到越来越多国家的重视和广泛关注，以环境（E）、社会（S）和公司治理（G）为核心的 ESG 投资成为一种新兴的投资策略。

2006 年，联合国前秘书长科菲·安南发起成立联合国责任投资原则组织（简称 UN PRI）。UN PRI 是由全球最具影响力的 ESG 投资倡议者，首次提出 ESG 理念和评价体系，主张企业可以与 UN PRI 签订合作伙伴关系，将 ESG 因素纳入公司经营管理中，以降低风险、提高投资价值并创造长期收益，最终实现全社会的可持续性发展。据 UN PRI 公布的数据显示，截至 2021 年 12 月 31 日，全球已有 80 多个国家，4680 家机构与其签约，其中，投资管理机构 3517 家，资产所有者 668 家，服务提供商 495 家，2006—2021 年复合增速为 31.05%。另外，2020 年 12 月 31 日 UN PRI 签约 3468 家[①]机构，同比增长 35.95%，说明国际上参与 ESG 的投资群体越来越庞大。

① 数据来源：UN PRI 官方数据。

根据全球可持续投资联盟（GSIA）《2020 年全球可持续投资评论》的数据显示，全球五大市场的可持续投资总额规模从 2018 年的 30.7 万亿美元增长到 2020 年的 35.3 万亿美元，增长比例为 15%；美国和欧洲占全球可持续投资资产的 80% 以上，其中，美国在可持续投资资产中所占份额最大，为 17.1 万亿美元，占资产管理总额的 48.44%，在全球五大市场中占比最高；欧洲融入 ESG 投资理念的资产规模 12 万亿美元，占资产管理总额的 34%①，在全球五大市场中占比位居第二；其次则是日本（2.9 万亿美元）、加拿大（2.4 万亿美元）和澳大利亚 / 新西兰（9060 亿美元）。加拿大在过去两年的绝对值增长幅度最大（增长 48%），其次是美国（增长 42%）、日本（增长 34%）和澳大利亚 / 新西兰（增长 25%）。ESG 投资逐渐从小众发展为主流。

17.2.3 ESG 投资生态圈已形成并推动 ESG 投资发展

在 ESG 投资的发展过程中，国际相关组织、监管机构、研究评级机构、资管机构和上市公司等参与方通过 ESG 相关信息披露、评价评级、研究咨询、投融资等活动相互推动和促进，逐步形成一个完整的 ESG 投资生态圈（见图 17-3）。

图 17-3 ESG 投资生态圈

其中，国际组织 UN Global Compact（联合国契约组织）、UN PRI（联合国责任投资原则）、GRI（全球报告倡议组织）、SSE（可持续交易所）等，积极倡导和发展 ESG 投资理念，引导和制定 ESG 和可持续发展标准，例如，SDGs、GRI Standards、ISO-26000、SASB Standards 等。这些 ESG 标准体系和相关编制指引对践行 ESG 理念、推动可持续发展和完善企业社会责任治理机制有着积极的引导作用。

国际 ESG 研究与评级机构和相关指数公司，积极研究和推广 ESG 评级体系和相关指数，进一步推动 ESG 标准体系和指引的不断完善。目前，国际 ESG 评级体系及 ESG 指数趋于成熟，全球主流的 ESG 评级机构和指数公司有 MSCI 明晟、Dow Jones 道琼斯、Thomson Reuters 汤森路透、FTSE Russell 富时罗素和 Morningstar 晨星等。上述公司均通过其 ESG 指数产品，扩大地区覆盖范围和市场影响力，具体如表 17-1 所示。

① 数据来源：GSIA:GLOBAL SUSTAINABLE INVESTMENT REVIEW 2020。

表 17-1 ESG 评级与指数

市场范围	ESG 评级			ESG 指数
	评级机构	评级范畴	指标体系	
国际	MSCI 明晟	全球 8500 多家公司（800+A 股公司）	指标体系为三个支柱，10 大主题，35 项关键评价指标，评级呈现形式为是满分为 10 分，设置 CCC、B、BB、A、AA、AAA 共 7 个等级。	MSCI-ESG 指数系列
	Dow Jones 道琼斯	全球 61 个行业，10000 多家上市公司	指标体系为三个维度，评级呈现方式 0—100 分；深入到各子行业多达 30 个重点领域；涵盖 130 个可持续性主题的问题；每家公司最多可增加 1000 个基础数据点。	道琼斯可持续发展指数（系列 DJSI）
	Thomson Reuters 汤森路透	全球 7000 多家上市公司	指标体系分为 3 个大类和 10 个主题，178 个关键指标，23 项 ESG 争议性话题。	汤森路透 ESG 指数系列
	FTSE Russell 富时罗素	全球 47 个发达市场和新兴市场约 4100 只证券进行 ESG 研究（700+A股公司）	指标体系分为三个支柱，14 个主题披露相关度（theme exposure）和评分，300 多个评价指标；评估呈现形式为 0—5 分之间的 ESG 整体评级，5 分为最高评分。	FTSE ESG 指数系列、TSE4Good 指数系列

续表

市场范围	ESG 评级			ESG 指数
	评级机构	评级范畴	指标体系	
国际	Morningstar 晨星	全球 12000 多家企业	指标体系包含三个模块，即公司治理、重大 ESG 问题和特殊 ESG 问题；两个评级维度，即风险敞口和风险管理。企业 ESG 风险评级的打分结果分为五个等级：可忽略风险（0—9.99）、低风险（10-19.99）、中风险（20—20.99）、高风险（30—30.99）、严重风险（高于 40）。	Jantzi 社会指数(JSI)、全球可持续发展签署国指数 (GSSI)

权威评级机构按照专业的划分标准对公司的 ESG 报告进行评级并打分，ESG 报告获评分数的高低对企业价值宣导有重大的影响。公司的 ESG 责任表现与公司的市场价值存在正向关系，拥有完善的 ESG 信息披露规范的公司更受投资者欢迎，从而能够获取超额投资收益，对于引导长期投资和价值投资具有积极意义。

17.3 中国 ESG 发展现状

17.3.1 中国 A 股上市公司 ESG 报告披露要求

中国 ESG 发展处于起步阶段，相较于国际 ESG 发展，中国境内的法律法规指引尚待完善。现阶段中国 A 股上市公司 ESG 报告的相关规则演进及披露要求具体如表 17-2、表 17-3 和表 17-4 所示。

表 17-2　　现阶段 A 股上市公司 ESG 报告的相关规则演进及披露要求

序号	发文时间	发文单位	法规名称	
1	2007 年 12 月 29 日	国务院国资委	《关于中央企业履行社会责任的指导意见》	
2	2010 年 4 月 15 日	中国财政部 中国审计署 中国银监会 中国保监会 中国证监会	《企业内部控制应用指引第 4 号——社会责任》	
3	2016 年 12 月 30 日	上交所	《关于进一步完善上市公司扶贫工作信息披露的通知》	
4	2018 年 9 月 30 日	中国证监会	《上市公司治理准则（2018 年修订）》	
5	2020 年 3 月 3 日	中央办公厅 国务院	《关于构建现代环境治理体系的指导意见》	
6	2020 年 6 月 21 日	深交所	《上市公司社会责任报告披露要求》	

说明	法规二维码
提出中央企业履行社会责任的基本原则、主要内容和主要原则。	
提出企业履行社会职责和义务，主要包括**安全生产、产品质量（含服务，下同）、环境保护、资源节约、促进就业、员工权益保护**等。	
支持和鼓励上市公司履行精准扶贫的社会责任，开展各项精准扶贫工作，并积极披露扶贫工作相关工作情况。	
确立环境、社会责任和公司治理（ESG）信息披露的基本框架。	
明确要求排污企业通过企业网站等途径依法公开环境治理信息。	
明确社会责任报告应当涵盖的内容，包括：股东和债权人权益保护、职工权益保护、供应商客户和消费者权益保护、环境保护与可持续发展、公共关系和社会公益事业、精准扶贫等。	

续表

序号	发文时间	发文单位	法规名称
7	2021 年 6 月 28 日	中国证监会	《公开发行证券的公司信息披露内容与格式准则第 2 号——年度报告的内容与格式（2021 年修订）》
8	2021 年 6 月 28 日	中国证监会	《公开发行证券的公司信息披露内容与格式准则第 3 号——半年度报告的内容与格式（2021 年修订）》
9	2021 年 9 月 3 日	中国证监会	《北京证券交易所上市公司持续监管办法（试行）》
10	2021 年 9 月 5 日	北交所	《北京证券交易所股票上市规则（试行）》
11	2021 年 10 月 30 日	中国证监会	《公开发行证券的公司信息披露内容与格式准则第 54 号——北京证券交易所上市公司中期报告》
12	2021 年 10 月 30 日	中国证监会	《公开发行证券的公司信息披露内容与格式准则第 53 号——北京证券交易所上市公司年度报告》

续表

说明	法规二维码
在年度报告中新增社会责任相关章节，强化环境及社会责任的披露。	
在半年度报告中新增社会责任相关章节，强化环境及社会责任的披露。	
鼓励北交所上市公司应当积极履行社会责任，保护利益相关者的基本权益。	
要求北交所上市公司积极承担社会责任，维护公共利益，保障生产及产品安全、维护员工与其他利益相关者合法权益。积极践行绿色发展理念，将生态环保要求融入发展战略和公司治理过程，并根据自身生产经营特点和实际情况，承担环境保护责任。	
鼓励北交所上市公司披露报告期内承担社会责任、巩固拓展脱贫攻坚成果、乡村振兴等工作的具体情况。	
鼓励北交所上市公司应披露承担社会责任的工作情况，包括公司在保护债权人、职工、消费者、供应商、社区等利益相关者合法权益方面所承担的社会责任；鼓励公司积极披露报告期内巩固拓展脱贫攻坚成果、乡村振兴等工作具体情况。	

续表

序号	发文时间	发文单位	法规名称	
13	2021 年 12 月 11 日	生态环境部	《企业环境信息依法披露管理办法》	
14	2021 年 12 月 31 日	生态环境部	《企业环境信息依法披露格式准则》	
15	2022 年 1 月 7 日	上交所	《上海证券交易所股票上市规则（2022 年 1 月修订）》	
16	2022 年 1 月 7 日	深交所	《深圳证券交易所股票上市规则（2022 年修订）》	
17	2022 年 1 月 7 日	深交所	《上市公司自律监管指引第 1 号——主板上市公司规范运作》	
18	2022 年 1 月 7 日	上交所	《上市公司自律监管指引第 1 号——规范运作》	

续表

说明	法规二维码
聚焦对生态环境、公众健康和公民利益有重大影响，市场和社会关注度高的企业环境行为，要求相关企业依法披露环境信息及监督管理活动。	
上市公司应当按规定披露履行社会责任的情况；对于出现相关情形的公司，还应当披露事件概况、发生原因、影响、应对措施或者解决方案。	
上市公司应当积极践行可持续发展理念，主动承担社会责任，维护社会公共利益，重视环境保护。**公司应当按规定编制和披露社会责任报告等文件**。出现违背社会责任等重大事项时，公司应当充分评估潜在影响并及时披露，说明原因和解决方案。	
要求上市公司形成社会责任战略规划及工作机制、履行环境保护责任，并明确相关信息披露内容及要求等。其中，上市公司的社会责任战略规划至少应当包括公司的商业伦理准则、员工保障计划及职业发展支持计划、合理利用资源及有效保护环境的技术投入及研发计划、社会发展资助计划以及对社会责任规划进行落实管理及监督的机制安排等内容。	

表 17-3　深市上市公司社会责任报告的披露要求

	深市上市公司社会责任报告的披露要求
披露对象	纳入**“深证 100 指数”的上市公司**，应当披露社会责任报告，鼓励其他公司主动披露社会责任报告。
审议程序	社会责任报告应经公司**董事会审议通过**，并**以单独报告的形式在披露年度报告的同时对外披露**。
披露内容	根据《深圳证券交易所上市公司自律监管指引第 1 号——主板上市公司规范运作》，社会责任报告的内容至少应当包括：一、关于职工保护、环境污染、商品质量、社区关系等方面的社会责任制度的建设和执行情况；二、履行社会责任存在的问题和不足、与本指引相关要求存在的差距及其原因；三、改进措施和具体时间安排。 其中，社会责任报告中的环境信息可根据实际情况披露以下内容： 1. 公司环境保护方针、年度环境保护目标及成效；2. 公司年度资源消耗总量；3. 公司环保投资和环境技术开发情况；4. 公司排放污染物种类、数量、浓度和去向；5. 公司环保设施的建设和运行情况；6. 公司在生产过程中产生的废物的处理、处置情况，废弃产品的回收、综合利用情况；7. 与环保部门签订的改善环境行为的自愿协议；8. 公司受到环保部门奖励的情况；9. 公司自愿公开的其他环境信息。 从事火力发电、钢铁冶炼、水泥生产、电解铝、矿产开发等对环境影响较大行业的上市公司，应当披露前款第 1 至 7 项所列的环境信息，并应重点说明公司在环保投资和环境技术开发方面的工作情况。
相关法规	《深圳证券交易所上市公司自律监管指引第 1 号——主板上市公司规范运作》 《深圳证券交易所上市公司自律监管指引第 2 号——创业板上市公司规范运作》
法规二维码	

表 17-4　　沪市上市公司社会责任报告的披露要求

	沪市上市公司社会责任报告的披露要求
披露对象	在本所上市的**“上证公司治理板块”样本公司、境内外同时上市的公司及金融类公司**，需要单独披露社会责任报告。本所鼓励其他有条件的上市公司，在年度报告披露的同时披露社会责任报告。
审议程序	社会责任报告需由**董事会单独进行审议**，并在披露年度报告的同时对外披露。
披露内容	根据《上海证券交易所上市公司自律监管指引第 1 号——规范运作》，社会责任报告的内容至少应当包括：一、关于职工保护、环境污染、商品质量、社区关系等方面的社会责任制度的建设和执行情况；二、履行社会责任存在的问题和不足、与本指引相关要求存在的差距及其原因；三、改进措施和具体时间安排。 其中，社会责任报告中的环境信息可根据实际情况披露以下内容： 1. 公司环境保护方针、年度环境保护目标及成效；2. 公司年度资源消耗总量；3. 公司环保投资和环境技术开发情况；4. 公司排放污染物种类、数量、浓度和去向；5. 公司环保设施的建设和运行情况；6. 公司在生产过程中产生的废物的处理、处置情况，废弃产品的回收、综合利用情况；7. 与环保部门签订的改善环境行为的自愿协议；8. 公司受到环保部门奖励的情况；9. 公司自愿公开的其他环境信息。 从事火力发电、钢铁冶炼、水泥生产、电解铝、矿产开发等对环境影响较大行业的上市公司，应当披露前款第 1 至 7 项所列的环境信息，并应重点说明公司在环保投资和环境技术开发方面的工作情况。
相关法规	《上海证券交易所上市公司自律监管指引第 1 号——规范运作》 《上海证券交易所科创板上市公司自律监管指引第 1 号——规范运作》
法规二维码	

17.3.2 中国 A 股上市公司 ESG 报告披露现状

自 2006 年起，沪深交易所陆续发布的部分信息披露规则和指引中对上市公司积极履行社会责任提出了相关披露要求，鼓励上市公司根据指引要求建立社会责任制度，定期检查和评价公司社会责任制度的执行情况和存在的问题。2007 年，22 家 A 股上市公司披露了 ESG 报告，成为中国首批披露 ESG 报告的企业。近年来，随着监管机构、交易所、投资者对 ESG 的关注度增强，上市公司也越来越注重将 ESG 因素整合到业务战略以及风险管理的策略中，中国 A 股上市公司披露 ESG 报告的数量呈现出大幅上升的趋势。

根据易董的数据显示，披露 ESG 报告的中国 A 股上市公司从 2007 年的 22 家已经增长到 2021 年的 1147 家①，中国的 A 股 上市公司 ESG 报告披露正处于一个跨越式发展的阶段。具体如图 17-4 所示。

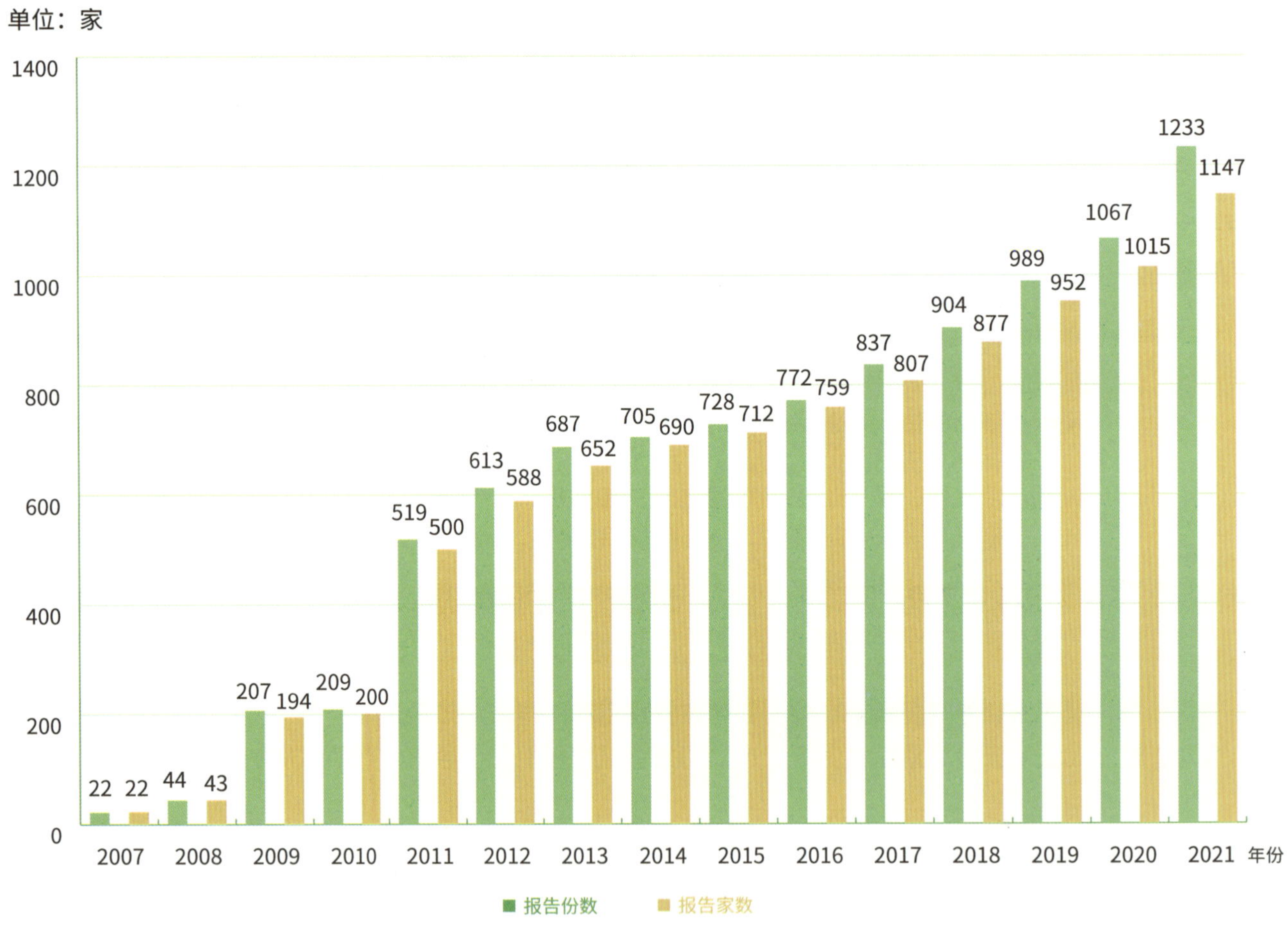

注：份数多于披露公司数是因为部分企业同时披露环境报告及 ESG 报告、部分境内外同时上市的公司同时披露社会责任报告及 ESG 报告等。

资料来源：易董。

图 17-4　A 股上市公司 ESG 报告披露情况

目前，中国已经有不少行业龙头企业建立了完善的 ESG 管理体系，为扎实推动 ESG 实践与探索，提升企业信息披露水平，起到了良好的示范效应。基于实际状况差异，不同行业的 A 股上市公司披露 ESG 报告的情况存在一定差异。相关统计数据具体如图 17-5 所示。

① 数据来源于易董。

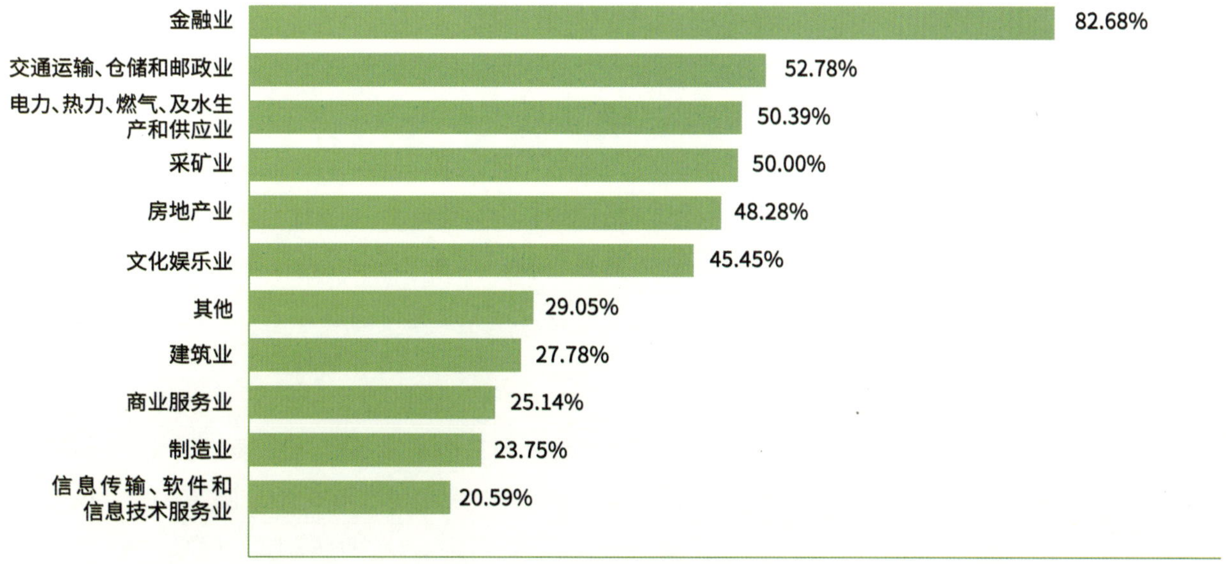

图 17-5　ESG 报告行业分布情况

ESG 报告既符合政府、证券监管机构及相关行业的监管要求，同时也系统地展现了企业在 ESG 方面的绩效，可以有效树立企业品牌战略和提升企业市场形象，提高企业自身声誉，从而有效提升企业综合竞争力。通过上述数据可见，已有越来越多的中国 A 股上市公司积极履行社会责任，加强环境与社会风险的管理，促进企业可持续发展能力的提升。在投资者对上市公司可持续发展密切关注的背景下，中国的 A 股上市公司越来越熟悉 ESG 报告带来的挑战和效益，并成为践行可持续发展理念的主力军，对推动经济社会稳定健康发展起到了带头和示范效应。

17.3.3 中国 ESG 投资的兴起

从习近平主席在 2020 年 9 月宣布中国力争在 2030 年前实现碳达峰，在 2060 年前实现碳中和的“双碳目标”，再到 2021 年 7 月全国碳排放权交易市场开市，中国建设新型现代化经济体系、贯彻“创新、协调、绿色、开放、共享”新发展理念的决心在一次次的实践中得以彰显。而 ESG 中关于环境（E）的评价体系本身就涵盖了包括碳排放、能源资源消耗及管理等标准，践行 ESG 是落实“双碳目标”的重要抓手。近些年在政府及监管部门的重视和支持下，国内 ESG 投资逐渐兴起，并成为国内资管机构关注的重要方面。

据 UN PRI 公布的数据显示，截至 2021 年 12 月 31 日，中国与 UN PRI 签约共 84 家①，其中，投资管理机构 63 家，资产所有者 4 家，服务提供商 17 家。2012—2021 年复合增速达 51.48%，占 UN PRI 签约机构总量的 1.79%。说明中国国内 ESG 投资正处于萌芽阶段。

随着 ESG 投资成为关注焦点，ESG 评价体系成为投资者衡量企业 ESG 绩效的重要参考，中国国内 ESG 评价体系建设起步较晚，评级机构主要有商道融绿、中财绿金院、中证、华证、社投盟（CASVI）、润灵环球（RKS）、中诚信、微众揽月、鼎力公司（GSG）、万得等，部分评级机构已经推出相关 ESG 指数产品。具体如表 17-5 所示。

① 数据来源于 UN PRI 官方数据。

表 17-5　　ESG 评级与指数

市场范围	ESG 评级		
	评级机构	评级范畴	指标体系
中国	商道融绿	全部 A 股上市公司，约 500 家港股上市公司	指标体系为三个维度、13 项二级分类议题，200 项具体指标，来源于 1000 余个数据点；评级呈现形式是满分为 100 分，设置 A+、A、A-、B+、B、B-、C+、C、C-、D 共 10 个等级。
	中财绿金院	全部 A 股 +1752 多家非上市债券发行主体	指标体系为三个 1 级指标，22 项二级指标，160 多项三级指标。评级呈现形式 A+、A、A-、B+、B、B-、C+、C、C-、D+、D、D- 共 12 个等级。
	中证	全部 A 股、港股公司	指标体系为 3 个维度、14 个主题、22 个单元和 180 余个指标构成，评级呈现形式是采用行业内分数，范围为 0—100%，代表公司在同业内 ESG 评价结果的百分比排名。
	华证	全部 A 股上市公司	指标体系为 3 个一级指标，14 个二级指标，26 个三级指标，以及超过 130 个底层数据指标，评级呈现形式是总分为 100 分，相应给予“AAA-C”九档评级。
	社投盟	沪深 300 成分股	指标体系为由“筛选子模型”+“评分子模型”构成：（1）“筛选子模型”：负面清单，包含 6 个方面、17 个指标。如评估对象；符合任何一个指标，即被判定为资质不符。（2）“评分子模型”：3 个一级指标（目标、方式和效益）、9 个二级指标、28 个三级指标和 57 个四级指标进行量化评分；评级呈现形式是设置 10 个大等级，分别为 AAA、AA、A、BBB、BB、B、CCC、CC、C 和 D。AA 至 B 级用“+”和“—”号进行微调，共 20 个子等级。D 级表示使用筛选子模型筛出的公司。
	润灵环球	全部 A 股上市公司	指标体系为 3 个维度，26 个关键议题，100 多个指标，评级得分为 0—10 分，评级呈现形式 CCC、B、BB、BBB、A、AA、AAA 共 7 个等级。

ESG 指数
碧桂园·沪深 ESG100 优选指数（由碧桂园集团支持，新浪与商道融绿共同合作开发）、融绿—财新 ESG 美好 50 指数（SGCX ESG50 Index）
碧桂园·美好中国 ESG100 指数（由碧桂园集团支持，新浪与中财绿金院共同合作开发）
沪深 300ESG 基准指数、中证 500ESG 基准指数等可持续发展指数 102 条
——
——
——

续表

市场范围	ESG 评级		
	评级机构	评级范畴	指标体系
中国	中诚信	A 股上市公司、港交所上市的中概股公司	指标体系为三个维度，16 项 1 级指标，50 多项二级指标，140 多项三级指标，底层数据 240 多项，评级呈现形式 AAA、AA、A、BBB、BB、B、C 共 7 个等级。
	华测	中国 A 股和 H 股	指标体系为 3 个一级指标，10 个二级指标，22 个三级指标，220+ 四级指标，CTI-ESG 评级得分为 0—10 分。评级呈现形式 AAA、AA、A、BBB、BB、B、CCC、CC、C、D 共 10 个等级。
	嘉实	全部 A 股上市公司	指标体系为 3 个一级指标（主题）、8 个二级指标（议题）、23 个三级指标（事项），超过 110 个底层指标；评级呈现形式是以 0—100 分的评分数值反映公司 ESG 绩效在同行业中的位置。
	鼎力公司	中证 800 成分股	指标体系为 5 个一级指标，20 个二级指标和 150 余项底层指标，基础数据涵盖超过 1000 个信息点；评级呈现形式由 1 个总分、5 个一级维度分、20 个二级维度分组成。分数为 10 分制，其中 1 分表示治理水平较弱。
	微众揽月	沪深 300 历史上共 711 家上市公司	指标体系为 3 个维度，二级指标涵盖 41 个 ESG 数据；评级呈现形式是评分分三个维度：短期 ESG 风险波动（脉动分）、长期 ESG 质量评价（洞察分）、近一年改善 ESG 表现的努力（动量分），取值范围均为 0—100。
	Wind	中证 800 成分股	指标体系为三个维度，细分 27 个议题，下设 300 多个具体指标；评级呈现形式是由管理实践得分（总分 7 分）和争议事件得分（总分 3 分）组成。

续表

	ESG 指数
	——
	CTI-ESG 指数
	中证嘉实沪深 300ESG 领先指数
	——
	——
	——

近年来，中国有关 ESG 投资的政策及环境正在逐步完善，并引导和推动着中国 ESG 投资的可持续发展。具体如表 17-6 所示。

表 17-6　　ESG 投资的政策环境

序号	发文时间	发文单位
1	2016 年 8 月 31 日	人民银行、财政部、国家发改委、环境保护部、银监会、证监会、保监会
2	2018 年 11 月 10 日	中国证券投资基金业协会
3	2019 年 2 月 14 日	国家发改委、工业和信息化部、自然资源部、住房和城乡建设部、人民银行、国家能源局
4	2019 年 12 月 30 日	中国银保监会
5	2021 年 1 月 5 日	中国银保监会

法规名称	法规二维码
《关于构建绿色金融体系的指导意见》	
《绿色投资指引（试行）》	
《绿色产业指导目录（2019 年版）》	
《关于推动银行业和保险业高质量发展的指导意见》	
《保险资产管理公司监管评级暂行办法》	

续表

序号	发文时间	发文单位
6	2021 年 4 月 2 日	中国人民银行、证监会
7	2021 年 5 月 27 日	中国人民银行
8	2021 年 7 月 13 日	深圳证券交易所
9	2021 年 9 月 22 日	中共中央、国务院
10	2021 年 10 月 24 日	国务院

续表

法规名称	法规二维码
《绿色债券支持项目目录（2021 年版）》	
《银行业金融机构绿色金融评价方案》	
《深圳证券交易所公司债券创新品种业务指引第 1 号——绿色公司债券（2021 年修订）》	
《关于完整准确全面贯彻新发展理念做好碳达峰碳中和工作的意见》	
《2030 年前碳达峰行动方案》	

上述相关政策的陆续出台，推动了中国 ESG 投融资体系和 ESG 投资评价机制的逐步建立和健全，并引导和鼓励金融机构和社会资本践行 ESG 投资，支持传统产业和资源富集地区绿色转型，为绿色低碳项目提供长期稳定资金支持，以及助力符合条件的绿色企业上市融资、挂牌融资和再融资。

根据中国双碳目标相关“1+N”政策体系，未来将会有更多与 ESG 投资相关的政策和法规出台，有效推进资本市场 ESG 投资可持续发展，并助力企业和经济社会可持续发展。

《企业可持续发展报告》最新数据

附录

经典成功IPO案例

我认为，标准石油公司的成功应归功于我们一直坚持的理念——通过质优价廉的产品维护并扩大客户群。

它不遗余力地采用最先进最高效的生产方式。

它广纳贤士，用最丰厚的薪酬聘请最优秀的专家和工匠。

它从不吝惜放弃旧的机器和工厂，用更精良的设备和更优越的环境取而代之。

它在工厂的选址上非常考究，以最大程度地降低运输成本。

它不仅开发主要产品的市场，而且也寻找所有可利用的副产品的市场，竭尽全力地将它们引进世界的每一个角落。

它不惜花费数百万美元，建造输油管道、油槽车、油罐汽船和拖罐车，降低石油采集和配送的成本。

它在全国各地的中心铁路线旁建设补给站，节约石油储存和运输的费用。

——约翰·洛克菲勒（1839—1937），美国，石油大王

案例一

宁德时代——创业板市值第一股

电气机械和器材制造业

一、公司概况

宁德时代新能源科技股份有限公司（简称“宁德时代”）成立于 2011 年，是全球领先的锂离子电池提供商，中国制造业民营企业前 100 强。主要产品包括动力电池系统、储能系统和锂电池材料。宁德时代致力于以先进电池和风光水等可再生能源的高效电力系统替代传统化石能源为主的固定和移动能源系统，并以电动化 + 智能化为核心，实现市场应用的集成创新。为此，宁德时代持续在材料体系、系统结构、极限制造和商业模式四重维度突破创新。

2020 年中国动力电池装机总量为 63.6GWh，宁德时代电池装机量为 31.9GWh，市场占有率高达 50%，主要客户包括蔚来汽车、小鹏汽车、理想汽车等中国各大知名新能源汽车品牌，也是特斯拉的主要动力电池供应商。

2020 年，宁德时代推出了电动智慧无人矿山解决方案；落地中国首个换电重卡商业化应用场景；承担的国家“十三五”智能电网专项项目——福建晋江储能电站试点项目一期顺利并网；在科研方面，公司拥有已授权专利高达 3317 项，成立了 21C 创新实验室，并与上海交通大学共建清洁能源技术联合研究中心。2020 年 12 月，宁德时代被《每日经济新闻》评为新能源新材料产业最具成长上市公司，亦荣登福布斯中国最具创新力企业榜。具体如表 1 所示。

表 1　　宁德时代公司概况

公司名称	宁德时代新能源科技股份有限公司		
证券简称	宁德时代	证券代码	300750
公司成立日期	2011 年 12 月 16 日	企业性质	民营企业
上市板块	深交所创业板	注册资本	195519.33 万元
注册地址	中国福建宁德市蕉城区	审核历时	189 天
上市日期	2018 年 06 月 11 日	发行数量总计	21724.37 万股
发行价格	25.14 元 / 股	募集资金总额	546150.74 万元
发行后总股本	217243.70 万股	所属行业（证监会）	电气机械和器材制造业
适用标准	—	所属行业（战略新兴）	—

续表

公司名称	宁德时代新能源科技股份有限公司
配售机制	—
实际控制人	李平、曾毓群
控股股东	宁波梅山保税港区瑞庭投资有限公司
主营业务	公司是全球领先的动力电池系统提供商，专注于新能源汽车动力电池系统、储能系统的研发、生产和销售，致力于为全球新能源应用提供一流解决方案。公司在电池材料、电池系统、电池回收等产业链关键领域拥有核心技术优势及可持续研发能力，形成了全面、完善的生产服务体系。

二、发行费用

表 2　　宁德时代发行费用

序号	费用明细	中介机构	金额（万元）	占募集资金总额比例
1	承销及保荐费用	中信建投证券股份有限公司	9103.77	1.67%
2	律师费用	上海市通力律师事务所	560.00	0.10%
3	审计、验资费	致同会计师事务所（特殊普通合伙）	783.02	0.14%
4	发行手续费		70.98	0.01%
5	用于本次发行的信息披露费用		424.53	0.08%
6	合计		10942.30	2.00%

三、IPO 报告期主要财务数据

表 3　　宁德时代 IPO 报告期主要财务数据

财务指标	2017 年 12 月 31 日	2016 年 12 月 31 日	2015 年 12 月 31 日
资产总计（万元）	4966288.58	2858831.43	867295.75
营业收入（万元）	1999686.08	1487898.51	570288.49
净利润（万元）	419405.66	291843.69	95058.11
经营活动产生的现金流量净额（万元）	244921.04	210912.67	66453.40
加权平均净资产收益率（%）	18.99	69.55	130.37
基本每股收益（元 / 股）	2.01	1.87	0.78

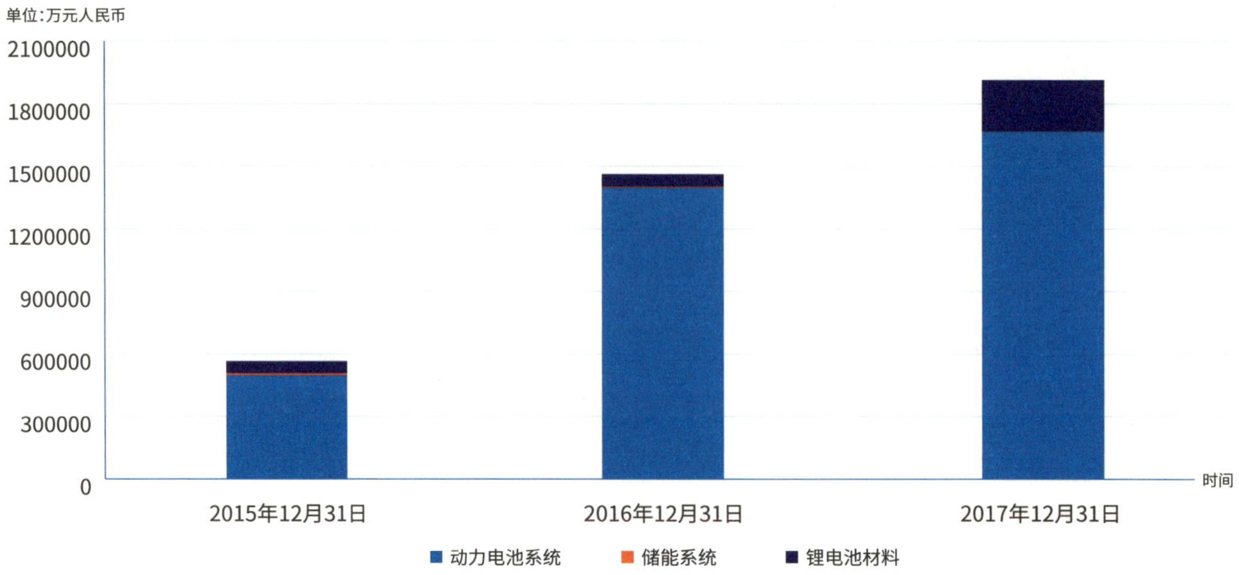

图 1　宁德时代主营业务趋势

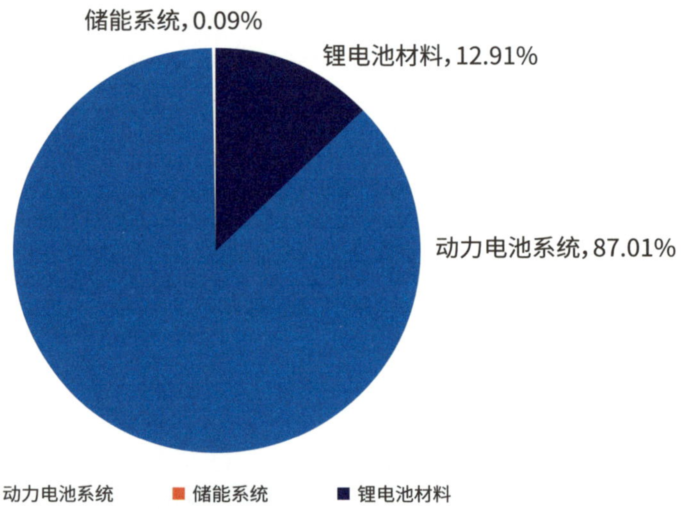

主营业务	2017 年 12 月 31 日		2016 年 12 月 31 日		2015 年 12 月 31 日	
	金额（万元）	占比（%）	金额（万元）	占比（%）	金额（万元）	占比（%）
动力电池系统	1665682.99	87.01	1397559.45	95.55	498062.06	87.98
储能系统	1645.09	0.09	3930.05	0.27	8904.33	1.57
锂电池材料	247053.78	12.91	61121.73	4.18	59125.25	10.44
合计	1914381.86	100.00	1462611.23	100.00	566091.64	100.00

图 2　宁德时代主营业务分布

四、审核过程反馈意见统计

根据易董 IPO 函件数据统计，宁德时代在 IPO 审核过程中共收到 2 次问询函，共计 60 个问题。其中，预披露反馈意见 55 个问题，发审委会议 5 个问题，历次问询累计情况具体如图 3 所示。

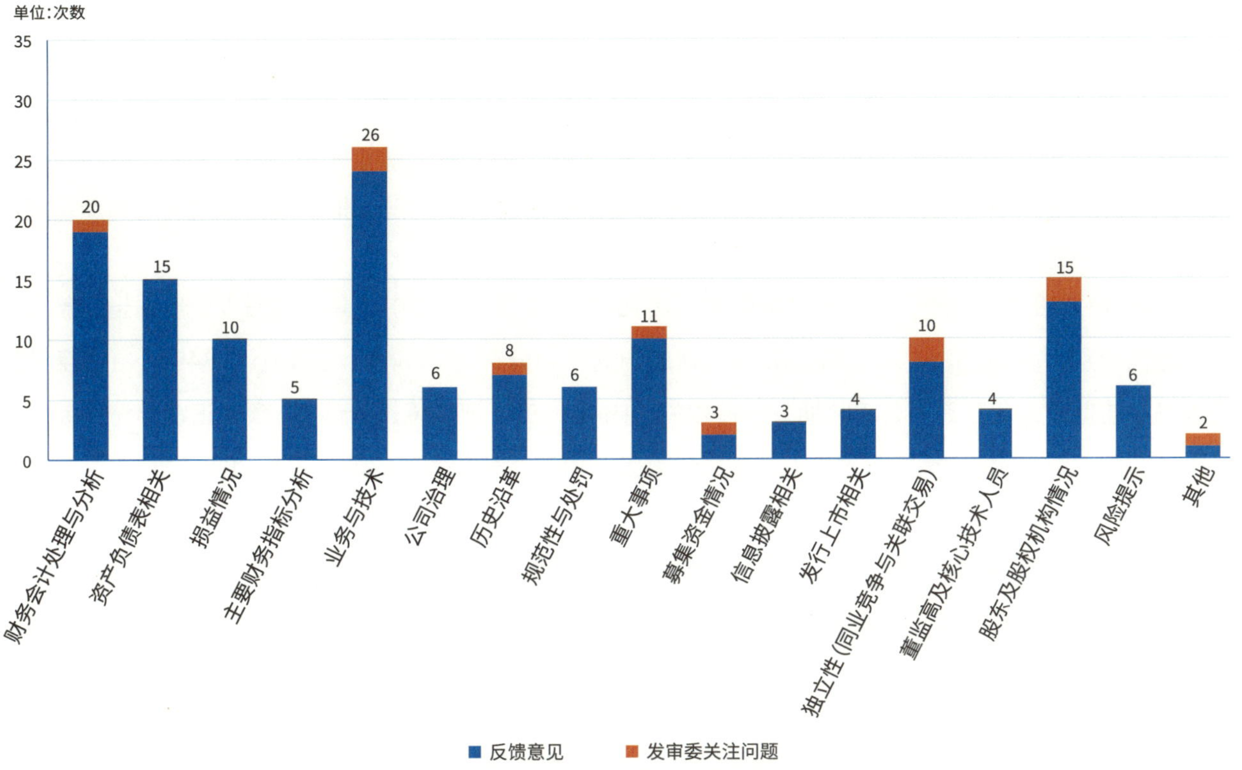

图 3　宁德时代审核关注要点

五、案例分析

发行人是全球领先的动力电池企业。根据 SNE Research 的统计，发行人 2017—2020 年动力电池使用量连续 4 年排名全球第一。发行人拥有业内最广泛的客户基础，2020 年工信部公布的新能源车型有效目录共 6800 余款，其中，由发行人配套动力电池的有 3400 余款车型，占比约 50%，是配套车型最多的动力电池厂商。发行人具有显著的规模优势，在供应链管理、成本控制、人才聚集、技术持续迭代、客户服务等多方面拥有较强竞争力，并依据竞争优势相应进行商业模式创新。

通过对发行人的审核关注要点统计，中国证监会在反馈意见中重点关注发行人的业务与技术（如公司产品及服务、采购、资产权属及完整性、持续经营、主要经营业务情况、生产业务相关情况等），除此之外，还关注财务会计处理与分析（如会计政策和会计处理、资产减值、收入确认、票据融资相关、股份支付等）以及资产负债表相关（如应收账款、应付账款等）；发审委在审核过程中也重点关注业务与技术（如持续经营、资产权属及完整性），另外还关注独立性（如公司独立性、关联交易）以及股东及股权结构情况（如股权结构、股权激励及员工持股）。

发行人创业板上市呈现五大看点：

（1）上市创下多项纪录：发行人成立于 2011 年，经过 7 年发展成为全球锂电池龙头，是继富士康、药明康德后第三家“独角兽”公司上市；从公司预披露更新到上会仅仅用了 24 天，刷新了当时最快过会记录；发行人的募集规模为 53.52 亿元，创下创业板设立以来募资规模的新高。

（2）业绩高速增长，电池销量全球第一：从发行人的招股书中可以看出，2015 年、2016 年和 2017 年，营业收入分别为 57.03 亿元、148.79 亿元和 199.97 亿元，年均复合增长率高达 87.26%；净利润分别为 9.51 亿元、30.89 亿元和 42.88 亿元，年均复合增长率高达 112.39%，报告期内业绩呈现高速增长。

（3）研发投入超过同行，专利成果显著：2015 年、2016 年和 2017 年公司研发费用占当年营业收入的比例分别为 4.93%、7.27%和 8.02%，对应申请专利分别为 226 个、691 个和 849 个（截至公司招股书报告期，公司及其子公司共拥有已授权的境内专利 907 项，境外专利 17 项，正在申请的专利合计 1440 项），公司持续重视研发投入，有助于巩固公司核心竞争力并支持公司长期业务发展。

（4）IPO 募资用于产能扩张，意图降价扩大竞争优势：发行人的募集规模为 53.52 亿元，扩张产能是发行人此次 IPO 募资的最重要目标之一。其中，33.52 亿元将投入到湖西锂离子动力电池生产基地项目，该项目将建成 24 条生产线，预计 6 年后产能达到 24GWh 的动力电池产能。

（5）股权激励的安排：发行人在 2015 年 12 月 30 日，推出了一期 10% 的员工持股计划，激励数量为 70590000 股，增资每股价格为 2.125 元，授予了 135 名核心员工（原则上激励对象需继续服务不少于 5 年）；上市后又分别在 2018 年、2019 年和 2020 年依次推出了 3 次限制性股权激励计划，为稳定人才打下了坚实的基础。

可以看出，发行人是锂电池行业翘楚，不仅业绩抢眼，而且公司的核心竞争力也非常强，通过 IPO 募资帮助实现公司发展战略，保证占领国内市场，进一步向全球扩张。发行人上市审核历时 189 天，而在上市后的仅仅 3 年时间内，其复权后股价和市值涨幅均达 10 倍以上，截至 2021 年 6 月宁德时代凭借其 1.25 万亿元的总市值高居创业板市值榜首。发行人成功实现了上市公司与投资者的双赢，并借助资本市场成功实现了全球扩张战略，如今已站稳全球锂电池龙头地位，实现万亿市值，投资者也在公司的成长下获得红利。

扫码查看该公司IPO详情

案例二

中芯国际——红筹企业标准二

计算机、通信和其他电子设备制造业

电子核心产业

一、公司概况

中芯国际集成电路制造有限公司（简称“中芯国际”）于 2000 年 4 月 3 日在开曼群岛注册成立，总部地址为中国上海市。于 2004 年 3 月 18 日在美国纽约证券交易所和香港联合交易所同时挂牌上市交易。自 2019 年 5 月从纽交所退市后，于 2020 年 7 月 16 日，在上交所科创板挂牌上市。中芯国际拥有立足中国的制造基地和辐射全球的服务网络，在中国上海、北京、天津和深圳拥有多个 8 英寸和 12 英寸生产基地，为境内外客户提供高品质的服务。截至 2019 年年末，上述生产基地的产能合计达每月 45 万片晶圆（约 8 英寸）。除中国大陆外，公司亦在美国、欧洲、日本和中国台湾设立了市场推广办公室，在中国香港设立了代表处，为全球客户提供优质的服务。

中芯国际依靠卓越的研发技术实力、强大的生产制造能力、完善的配套服务体系、丰富的市场实践经验，形成了明显的品牌效应，获得了良好的行业认知度，积累了广泛的境内外客户资源。公司与近半数的 2018 年世界前 50 名知名集成电路设计公司和系统厂商开展了深度合作，持续赢得客户的肯定和赞誉。未来，公司将继续坚持国际化战略，加强技术研发，巩固发展优势，提升生产制造能力，致力于“成为优质、创新、值得信赖的国际一流集成电路制造企业”。具体如表 1 所示。

表 1　中芯国际公司概况

公司名称	中芯国际集成电路制造有限公司		
证券简称	中芯国际	证券代码	688981
公司成立日期	2000 年 04 月 03 日	企业性质	中外合资经营企业
上市板块	上交所科创板	注册资本	14488.90 万元
注册地址	开曼群岛（英属）	审核历时	28 天
上市日期	2020 年 07 月 16 日	发行数量总计	193846.30 万股
发行价格	27.46 元 / 股	募集资金总额	4637738.50 万元
发行后总股本	738926.6226 万股	所属行业（证监会）	计算机、通信和其他电子设备制造业

续表

公司名称	中芯国际集成电路制造有限公司		
适用标准	红筹企业（境外已上市）标准二	所属行业（战略新兴）	电子核心产业
配售机制	券商跟投、超额配售、战略投资者配售		
实际控制人	无		
控股股东	无		
主营业务	中芯国际是全球领先的集成电路晶圆代工企业之一，也是中国大陆技术最先进、规模最大、配套服务最完善、跨国经营的专业晶圆代工企业，主要为客户提供0.35微米至14纳米多种技术节点、不同工艺平台的集成电路晶圆代工及配套服务。		

注：红筹企业（境外已上市）标准二：市值200亿元人民币以上，且拥有自主研发、国际领先技术，科技创新能力较强，同行业竞争中处于相对优势地位。

二、发行费用

表2　　中芯国际发行费用

序号	费用明细	中介机构	金额（万元）	占募集资金总额比例
1	承销及保荐费	海通证券股份有限公司 中国国际金融股份有限公司	69199.25	1.49%
2	律师费用	上海市锦天城律师事务所	1294.98	0.03%
3	审计费	普华永道中天会计师事务所（特殊普通合伙）	368.38	0.01%
4	用于本次发行的信息披露费用		490.00	0.01%
5	发行手续及其他费用		106.06	0.00%
6	合计		71458.67	1.54%

三、IPO 报告期主要财务数据

表 3　　中芯国际 IPO 报告期主要财务数据

财务指标	2019 年 12 月 31 日	2018 年 12 月 31 日	2017 年 12 月 31 日
资产总计（万元）	11481706.30	9884487.10	7792605.55
营业收入（万元）	2201788.30	2301670.68	2138982.24
净利润（万元）	126852.80	36026.16	90254.70
经营活动产生的现金流量净额（万元）	813999.20	520990.89	776907.50
加权平均净资产收益率（%）	4.25	1.99	4.26
基本每股收益（元 / 股）	0.34	0.14	0.27

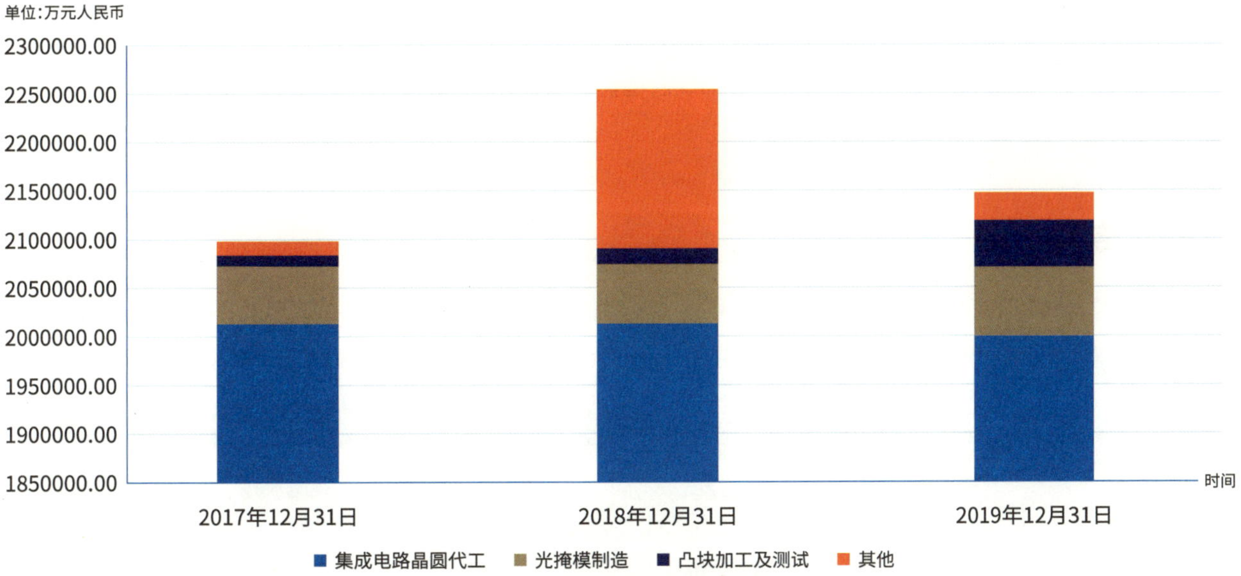

图 1　中芯国际主营业务趋势

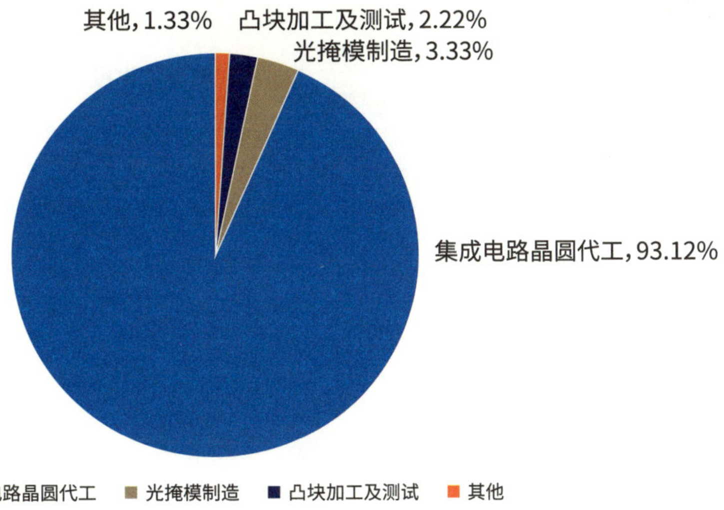

主营业务	2019年12月31日		2018年12月31日		2017年12月31日	
	金额（万元）	占比（%）	金额（万元）	占比（%）	金额（万元）	占比（%）
集成电路晶圆代工	1999379.30	93.12%	2012814.34	89.30%	2012943.61	95.94%
光掩模制造	71464.46	3.33%	61568.85	2.73%	59510.66	2.84%
凸块加工及测试	47623.52	2.22%	15941.00	0.71%	11224.32	0.53%
其他	28530.42	1.33%	163745.72	7.26%	14486.32	0.69%
合计	2146997.70	100.00%	2254069.91	100.00%	2098164.91	100.00%

图2　中芯国际主营业务分布

四、研发及专利

（一）专利情况

表4　中芯国际专利情况

	发明专利（项）	实用新型专利（项）	外观设计专利（项）	国际专利（项）	合计（项）
数量	5965	562	—	1595	8122
占比	73.44%	6.92%	—	19.64%	100%

（二）研发投入

表5　中芯国际研发投入

项目	2019年12月31日	2018年12月31日	2017年12月31日	合计
研发投入（万元）	474445.66	447090.01	357607.78	1279143.45
营业收入（万元）	2201788.29	2301670.68	2138982.24	6642441.21
研发投入占营业收入的比例	21.55%	19.42%	16.72%	19.26%

（三）核心技术及研发技术人员

表 6　　中芯国际核心技术及研发技术人员

类别	2019 年 12 月 31 日	占比	2018 年 12 月 31 日	占比	2017 年 12 月 31 日	占比
核心技术人员（人）	5	0.03%	5	0.03%	5	0.03%
研发技术人员（人）	2530	16.02%	2096	11.86%	1941	10.95%
公司员工总数（人）	15795	100.00%	17671	100.00%	17728	100.00%

五、审核过程反馈意见统计

根据易董 IPO 函件数据的统计，中芯国际在 IPO 审核过程中共收到 3 次问询函，共计 39 个问题。其中，第一轮问询函 29 个问题，审核中心落实函 4 个问题，上市委会议 6 个问题，历次问询累计情况具体如图 3 所示。

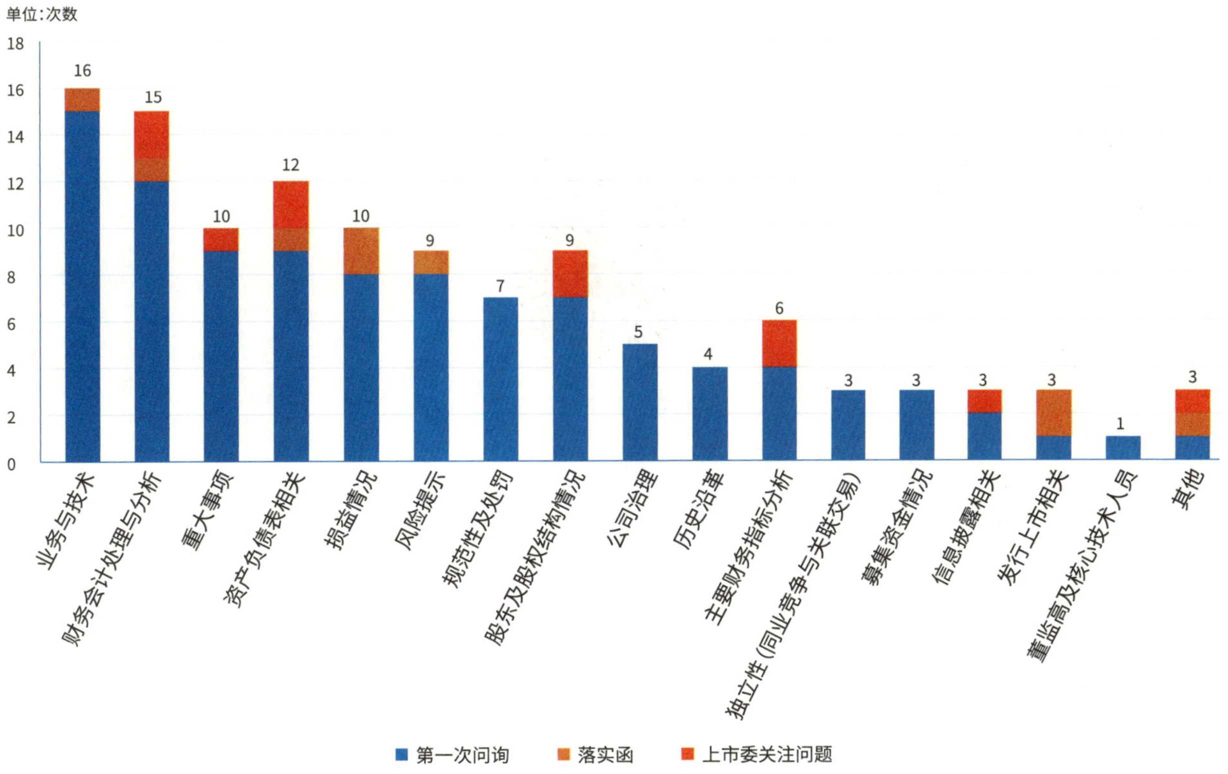

图 3　中芯国际审核关注要点

六、案例分析

发行人主要从事集成电路晶圆代工业务，以及相关的设计服务与 IP 支持、光掩模制造、凸块加工及测试等配套服务，属于集成电路行业。公司主要产品及服务为集成电路晶圆代工、设计服务与 IP 支持、光掩模制造、凸块加工及测试，公司是全球领先的集成电路晶圆代工企业之一，也是中国大陆技术最先进、规模最大、配套服务最完善、跨国经营的专业晶圆代工企业，主要为客户提供 0.35 微米至 14 纳米多种技术节点、不同工艺平台的集成电路晶圆代工及配套服务。

上交所在第一轮问询中主要关注发行人业务与技术（如持续经营、资产权属及完整性、行业情况、租赁等）、财务会计处理与分析（如资产减值、会计政策和会计处理、利润分配及公积金转增股本等）和重大事项（如重大合同及其履行情况、重大项目实施进展、媒体传闻澄清等）；在审核中心意见落实函中主要关注发行人损益情况（如扣除非经常性损益后的净利润、期间费用）、发行上市相关（如申报材料相关）及财务会计处理与分析（如成本核算、在建工程结转情况）；上市委的关注问题则包括财务会计处理与分析（如资产减值）、资产负债表相关（如在建工程、固定资产）和股东及股权结构情况（如股权激励及员工持股）等。

作为国内芯片代工龙头企业，发行人于 2004 年 3 月 18 日同时在港交所和纽交所挂牌，2019 年 5 月从纽交所退市回归 A 股，而其在 A 股从上市申请到审核通过不到 20 天，不仅刷新募资额度，而且还成功摘得科创板首家“A+H”红筹企业头衔，可谓意义深远。中国最领先的 FAB（芯片代工厂）成功回归 A 股，代表了整个资本市场对半导体以及科技企业的认可，也突显了中国资本市场更大的包容性。

扫码查看该公司IPO详情

案例三

稳健医疗——美国退市 + 二次上市转战创业板

专用设备制造业

一、公司概况

稳健医疗用品股份有限公司（简称“稳健医疗”）是一家以“棉”为核心，通过“winner 稳健医疗”和“Purcotton 全棉时代”两大品牌实现医疗及消费板块协同发展的医疗健康企业，从单一的纱布类医用敷料生产企业发展成为以棉为核心原材料，主要从事棉类制品的研发、生产和销售，覆盖医疗卫生、个人护理、家庭护理、母婴护理和家纺服饰等多领域的大健康领军企业。公司致力于打造以“棉”为核心的医疗健康事业，已完成覆盖医疗和消费两大板块的大健康产品体系的初步构建，已建立起健康现代新生活方式的产品族群，满足消费者多场景、系统化、医用和家用的健康需求。

自暴发全球范围内的新冠肺炎疫情以来，公司生产的 N95 口罩及医用口罩、防护服、酒精消毒棉片等医疗用品成为疫情防护最紧缺的战略物资。公司秉承“社会价值优先于企业价值”的经营原则，第一时间响应国家需求，全力保障防疫救治物资的供应。具体情况如表 1 所示。

表 1　稳健医疗公司概况

公司名称	稳健医疗用品股份有限公司		
证券简称	稳健医疗	证券代码	300888
公司成立日期	2000 年 08 月 24 日	企业性质	中外合资经营企业
上市板块	深交所创业板	注册资本	37649.23 万元
注册地址	中国广东深圳市龙华区	审核历时	228 天
上市日期	2020 年 09 月 17 日	发行数量总计	5000.00 万股
发行价格	74.30 元 / 股	募集资金总额	371500.01 万元
发行后总股本	42649.23 万股	所属行业（证监会）	专用设备制造业
适用标准	一般企业标准一	所属行业（战略新兴）	—
配售机制	高管、核心员工配售		
实际控制人	李建全		

续表

公司名称	稳健医疗用品股份有限公司
控股股东	稳健集团有限公司
主营业务	公司是一家以“棉”为核心，通过“winner 稳健医疗”和“Purcotton 全棉时代”两大品牌实现医疗和消费板块协同发展的医疗健康企业，主要从事棉类制品的研发、生产和销售，覆盖医疗卫生、个人护理、家庭护理、母婴护理和家纺服饰等多领域的大健康领军企业。

注：一般企业标准一：最近两年净利润均为正，且累计净利润不低于人民币 5000 万元。

二、发行费用

表 2　稳健医疗发行费用

序号	费用明细	中介机构	金额（万元）	占募集资金总额比例
1	承销及保荐费用	中国国际金融股份有限公司	12259.50	7.75%
2	律师费用	北京市中伦律师事务所	935.00	0.59%
3	审计、验资费	立信会计师事务所（特殊普通合伙）	1690.00	1.07%
4	发行手续费		117.37	0.07%
5	用于本次发行的信息披露费用		613.21	0.39%
6	合计		15615.08	9.87%

三、IPO 报告期主要财务数据

表 3　稳健医疗 IPO 报告期主要财务数据

财务指标	2019 年 12 月 31 日	2018 年 12 月 31 日	2017 年 12 月 31 日
资产总计（万元）	453147.44	395841.78	339042.75
营业收入（万元）	457462.59	383891.72	349758.11
净利润（万元）	54719.92	42547.53	42781.23
经营活动产生的现金流量净额(万元)	59977.26	46786.26	35780.04
加权平均净资产收益率（%）	18.80	18.34	23.65
基本每股收益（元 / 股）	1.45	1.14	1.16

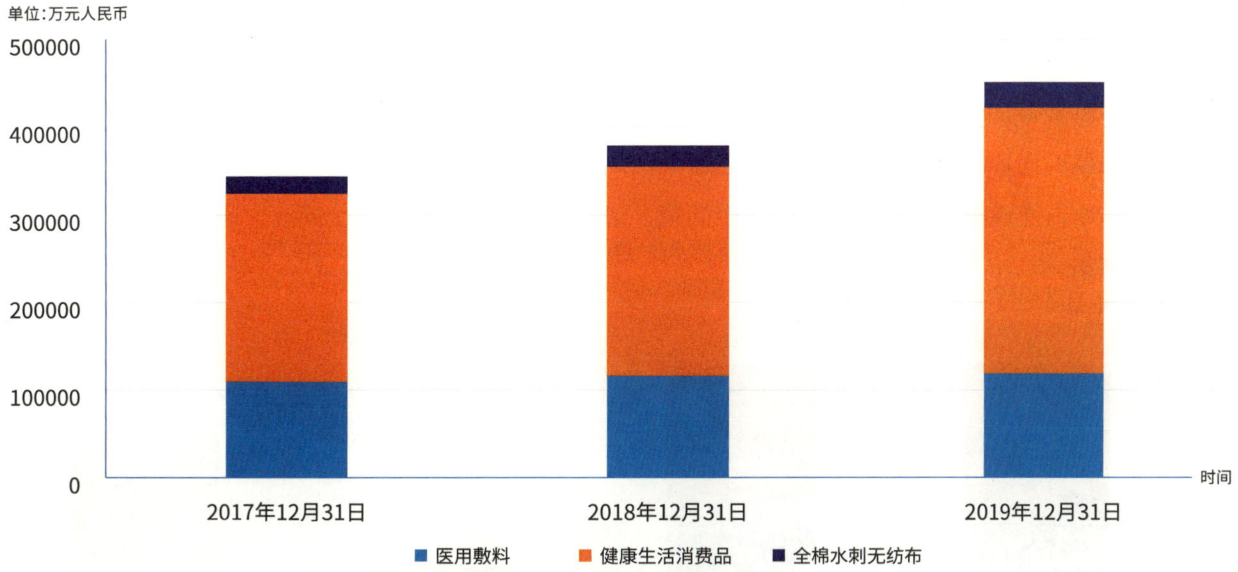

图 1　稳健医疗主营业务趋势

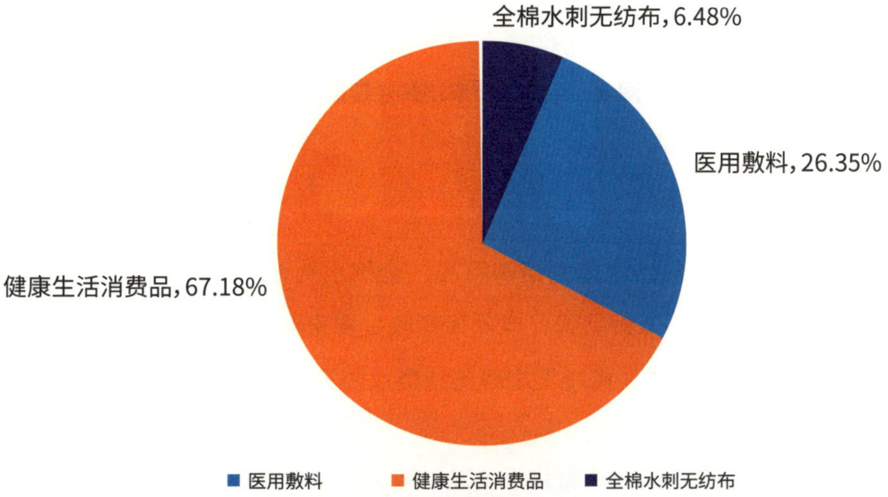

主营业务	2019 年 12 月 31 日		2018 年 12 月 31 日		2017 年 12 月 31 日	
	金额（万元）	占比（%）	金额（万元）	占比（%）	金额（万元）	占比（%）
医用敷料	118888.03	26.35	116331.27	30.71	109523.64	31.86
健康生活消费品	303127.84	67.18	238379.70	62.93	214441.71	62.37
全棉水刺无纺布	29220.20	6.48	24101.89	6.36	19848.47	5.77
合计	451236.07	100.00	378812.86	100.00	343813.82	100.00

图 2　稳健医疗主营业务分布

四、审核过程反馈意见统计

根据易董 IPO 函件数据的统计，稳健医疗没有披露证监会的反馈意见，就平移到注册制了，因此，没有公开披露的问询问题。在公开披露的信息中，稳健医疗 IPO 审核过程中共收到 2 次问询函，共计 6 个问题。其中，上市委会议意见落实函 3 个问题，证监会注册反馈意见 3 个问题，历次问询累计情况具体如图 3 所示。

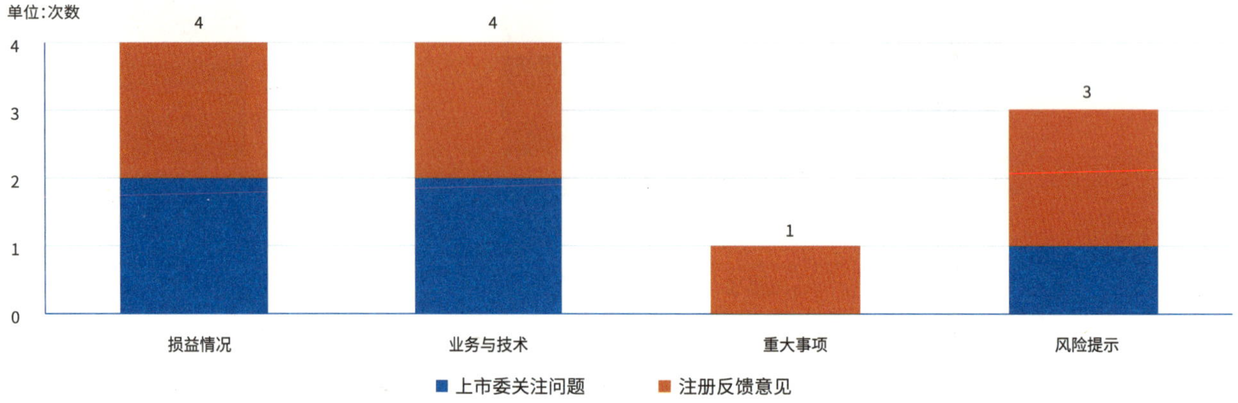

图 3　稳健医疗审核关注要点

五、案例分析

稳健医疗主营业务包括医用敷料、健康生活消费品、全棉水刺无纺布三大板块，拥有“winner 稳健医疗”和“Purcotton 全棉时代”两大品牌，但公司营收主要来源于以全棉时代为代表的健康生活消费品，包括纯棉柔巾、全棉表层卫生巾、纯棉湿巾等无纺类及婴童用品、婴童服饰、成人服饰等纺织类。

发行人曾于 2009 年登陆纽交所，因私有化于 2012 年从纽交所退市，此后开始申报上交所主板，却因在美股退市的过程中，存在实际控制人收购股权资金来源不明的问题，加上 2013—2015 年多次受到来自环保、食品药品监督、税务、人力资源、社会保障和海关等部门的违规处罚，最终冲击主板失败。2020 年，稳健医疗重振旗鼓，转战创业板，恰逢 2020 年暴发新冠肺炎疫情，使得发行人的口罩及防护服产品销量急剧增长，加之创业板注册制落地，发行人成功登陆创业板。

在 IPO 过程中，上市委员会重点关注其医用口罩、防护服等医用防护产品的销售大幅增加的情况，以及结合国内疫情相对趋于平缓的情况下业绩增长的可持续性等问题。

稳健医疗的 A 股 IPO 之路虽然充满了艰辛，但是其找准时机，及时调整自身定位，最终成功上市，这无疑给其他企业提供了更多的思路和信心。

扫码查看该公司IPO详情

案例四

华兴源创——科创板第一股

专用设备制造业

一、公司概况

苏州华兴源创科技股份有限公司（简称“华兴源创”）是一家工业自动测试设备与整线系统解决方案的提供商。主要测试产品用于 LCD、柔性 OLED、半导体、新能源汽车电子等行业的生产厂家，以及为行业提供定制化的数据融合软件平台。发行人作为一家致力于全球化专业测试领域的高科技企业，专注于工业智能制造，以创新服务于创新，并坚持不懈地在技术研发、产品质量、交付服务方面为客户提供具有竞争力的定制化产品和快速优质的服务。具体如表 1 所示。

表 1　华兴源创公司概况

公司名称	苏州华兴源创科技股份有限公司		
证券简称	华兴源创	证券代码	688001
公司成立日期	2005 年 06 月 15 日	企业性质	民营企业
上市板块	上交所科创板	注册资本	36090.00 万元
注册地址	中国江苏苏州市吴中区	审核历时	79 天
上市日期	2019 年 07 月 22 日	发行数量总计	4010.00 万股
发行价格	24.26 元 / 股	募集资金总额	97282.60 万元
发行后总股本	40100.00 万股	所属行业（证监会）	专用设备制造业
适用标准	一般企业标准一	所属行业（战略新兴）	电子核心产业
配售机制	券商跟投		
实际控制人	张茜、陈文源		
控股股东	苏州源华创兴投资管理有限公司		
主营业务	发行人是国内领先的检测设备与整线检测系统解决方案提供商，主要从事平板显示及集成电路的检测设备研发、生产和销售，主要产品应用于 LCD 和 OLED 平板显示、集成电路、汽车电子等行业。		

注：一般企业标准一：预计市值不低于人民币 10 亿元，最近两年净利润均为正且累计净利润不低于人民币 5000 万元，或者预计市值不低于人民币 10 亿元，最近一年净利润为正且营业收入不低于人民币 1 亿元。

二、发行费用

表 2　　华兴源创发行费用

序号	费用明细	中介机构	金额（万元）	占募集资金总额比例
1	承销及保荐费用	华泰联合证券有限责任公司	7216.98	7.42%
2	律师费用	上海市通力律师事务所	622.64	0.64%
3	审计费用	容诚会计师事务所（特殊普通合伙）	754.72	0.78%
4	用于本次发行的信息披露费用		438.68	0.45%
5	发行手续费		160.28	0.16%
6	合计		9193.30	9.45%

三、IPO 报告期主要财务数据

表 3　　华兴源创 IPO 报告期主要财务数据

财务指标	2018 年 12 月 31 日	2017 年 12 月 31 日	2016 年 12 月 31 日
资产总计（万元）	124325.71	94973.34	70947.98
营业收入（万元）	100508.35	136983.42	51595.44
净利润（万元）	24328.60	20966.91	18029.70
经营活动产生的现金流量净额（万元）	18443.43	14719.64	14534.90
加权平均净资产收益率（%）	30.83	31.83	30.94
基本每股收益（元 / 股）	0.67	—	—

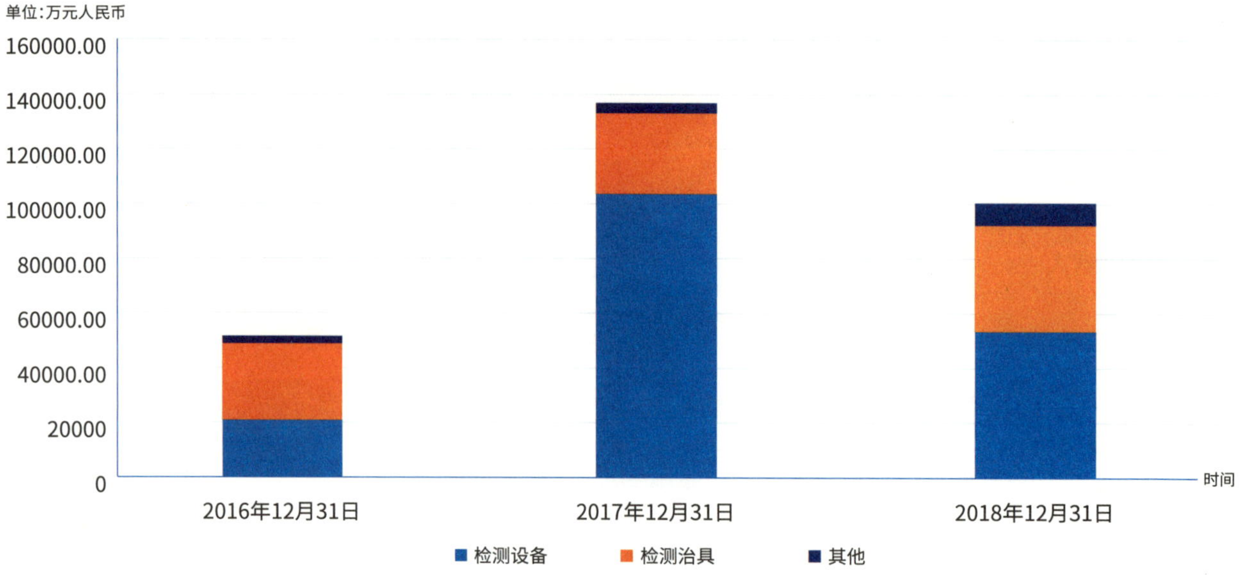

图 1　华兴源创主营业务趋势

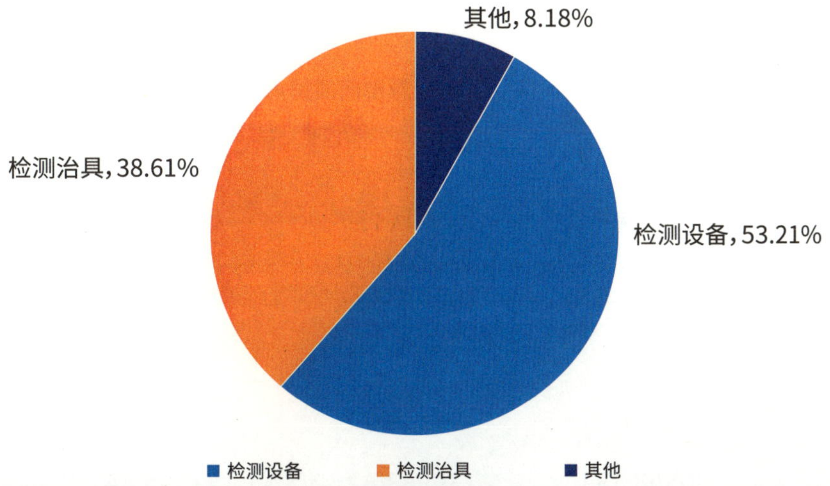

主营业务	2018 年 12 月 31 日		2017 年 12 月 31 日		2016 年 12 月 31 日	
	金额（万元）	占比（%）	金额（万元）	占比（%）	金额（万元）	占比（%）
检测设备	53477.83	53.21	103590.59	75.62	20792.70	40.30
检测治具	38805.98	38.61	29558.94	21.58	28040.56	54.35
其他	8224.54	8.18	3833.89	2.80	2762.19	5.35
合计	100508.35	100.00%	136983.42	100.00%	51595.45	100.00%

图 2　华兴源创主营业务分布

四、研发及专利

（一）专利情况

表 4　华兴源创专利情况

	发明专利（项）	实用新型专利（项）	外观设计专利（项）	国际专利（项）	合计（项）
数量	20	50	2	—	72
占比	27.78%	69.44%	2.78%	—	100.00%

（二）研发投入

表 5　华兴源创研发投入

项目	2018 年 12 月 31 日	2017 年 12 月 31 日	2016 年 12 月 31 日	合计
研发投入（万元）	13851.83	9350.78	4771.98	27974.59
营业收入（万元）	100508.35	136983.42	51595.44	289087.21
研发投入占营业收入的比例	13.78%	6.83%	9.25%	9.68%

（三）核心技术及研发技术人员

表 6　华兴源创核心技术及研发技术人员

类别	2018 年 12 月 31 日	占比	2017 年 12 月 31 日	占比	2016 年 12 月 31 日	占比
核心技术人员(人)	5	0.52%	—	—	—	—
研发技术人员(人)	400	41.88%	—	—	—	—
公司员工总数(人)	955	100.00%	—	—	—	—

五、审核过程反馈意见统计

根据易董 IPO 函件数据的统计，华兴源创在 IPO 审核过程中共收到 5 次问询函，共计 80 个问题。其中，第一轮问询函 49 个问题，第二轮问询函 18 个问题，第三轮问询函 6 个问题，审核中心落实函 1 个问题，上市委会议意见落实函 6 个问题，历次问询累计情况具体如图 3 所示。

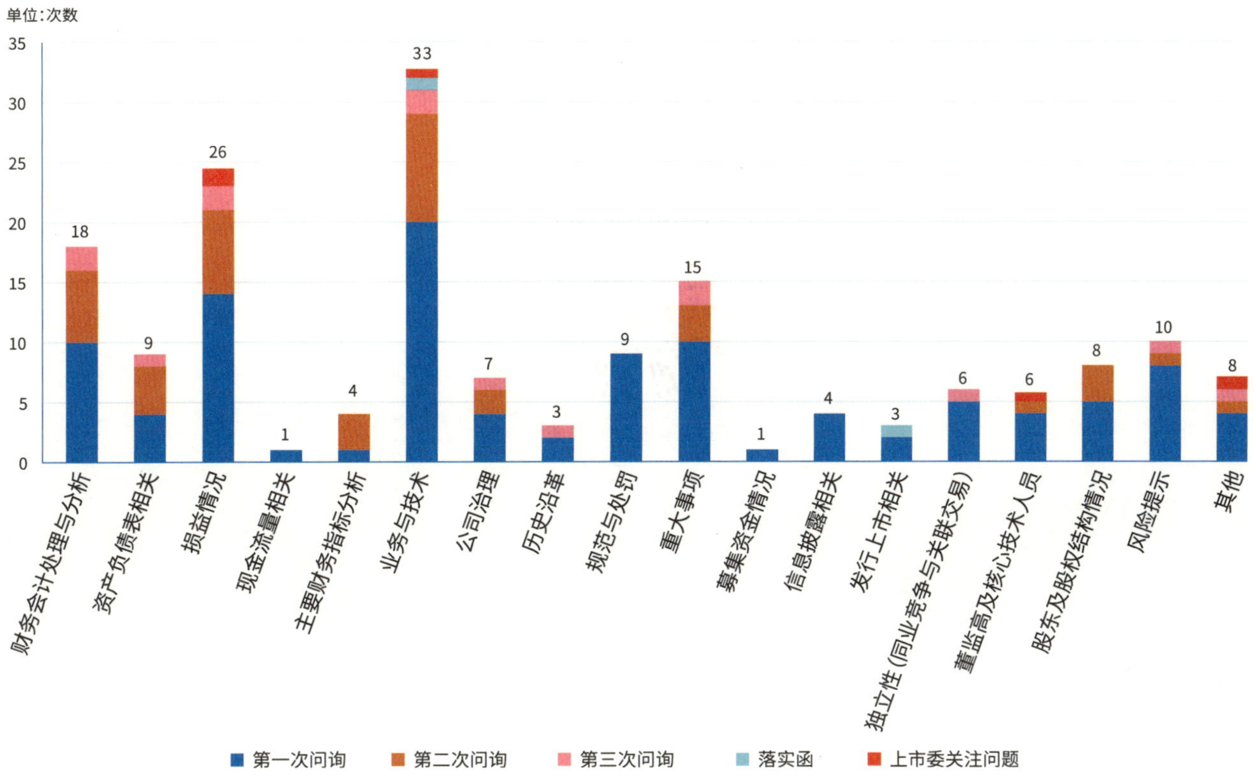

图 3　华兴源创审核关注要点

六、案例分析

发行人是国内领先的检测设备与整线检测系统解决方案提供商，主要从事平板显示及集成电路的检测设备研发、生产和销售，主要产品分为检测设备、检测治具，主要产品应用于 LCD 和 OLED 平板显示、集成电路、汽车电子等行业。自成立以来，发行人突破了国外的长期垄断，改变了中国在 LCD 和柔性 OLED 触控检测领域主要依赖进口的局面，并与苹果、三星、夏普、东芝、京东方等国内外知名企业建立起长期、稳定的合作关系。

发行人从通过上市委审核到正式招股只有 8 天时间，相对于第一轮通过上市委审核的企业，实现了后发先至。上交所在反馈意见中重点关注发行人的业务与技术（如发行人的主要经营业务情况、生产业务相关情况、资产权属及完整性等）、损益情况（如营业收入等）、重大事项（如重大合同及其履行情况、重要项目实施进展等）和风险提示（如经营风险等）等；发审委在审核过程中也重点关注发行人的业务与技术（如各分支机构的经营资质）和财务会计处理（如会计政策和会计处理等）等问题。

2019 年 6 月 19 日，发行人作为“001”号第一股率先走完受理、审核、审议、注册流程，成功登陆中国资本市场并成为全国第一家获准注册通过的科创板上市企业，翻开了中国资本市场发展的新篇章，这预示着处于创业初期的科技型企业也有机会获得募集资金的渠道，得到蓬勃发展的机会。

发行人上市后，又作价 11.5 亿元购买了同行业企业欧立通 100% 的股权，开创了科创板首例资产重组的先河，体现了企业上市的先发优势，对于盘活科创板资产也起到了示范作用。

扫码查看该公司IPO详情

案例五

湘佳股份——新三板摘牌＋3 次中止 1 次撤回

畜牧业

一、公司概况

湖南湘佳牧业股份有限公司（简称“湘佳股份”）作为一家农业产业化国家重点龙头企业，主要经营畜牧良种繁殖服务、畜禽饲养及销售、牲畜、禽类屠宰及销售和肉制品及副产品加工销售等业务。公司旨在打造国内首家从农场到餐桌全产业链优质家禽食品企业。目前，公司已形成了从饲料生产、优质种禽繁育、优质家禽饲养到产品加工、销售于一体的完整产业链，真正实现了“从农场到餐桌”的一体化经营。

多年来，公司始终秉承着“让城乡更环保、让生活更美好”的企业使命，目前，公司年优质鸡养殖规模已达 5000 万羽，湘佳有机肥年加工产能达 15 万吨。公司产品深受消费者欢迎，其中，“湘佳生鲜鸡”被评为中国最受消费者信赖的十大肉类品牌，“石门土鸡”荣登 2016 中国区域品牌•禽畜水产类价值榜单，品牌价值 45.94 亿元，被评为 2017 中国国际农产品交易会“金奖”。同时，2017 年公司被人社部、国务院扶贫办联合授予“全国就业扶贫基地”，2021 年被党中央、国务院授予“全国脱贫攻坚先进集体”称号。具体如表 1 所示。

表 1　湘佳股份公司概况

公司名称	湖南湘佳牧业股份有限公司		
证券简称	湘佳股份	证券代码	002982
公司成立日期	2003 年 04 月 08 日	企业性质	民营企业
上市板块	深交所主板	注册资本	7625.00 万元
注册地址	中国湖南常德市石门县	审核历时	396 天
上市日期	2020 年 04 月 24 日	发行数量总计	2563.00 万股
发行价格	29.63 元 / 股	募集资金总额	75941.69 万元
发行后总股本	10188.00 万股	所属行业（证监会）	畜牧业
适用标准	—	所属行业（战略新兴）	—
配售机制	—		
实际控制人	邢卫民、喻自文		
控股股东	邢卫民、喻自文		
主营业务	公司主营业务为种禽繁育，家禽饲养及销售，禽类屠宰加工及销售，饲料、生物肥生产及销售。		

二、发行费用

表 2　　湘佳股份发行费用

序号	费用明细	中介机构	金额（万元）	占募集资金总额比例
1	承销及保荐费用	民生证券股份有限公司	8444.17	11.12%
2	律师费用	湖南启元律师事务所	930.00	1.22%
3	审计、验资费	天健会计师事务所（特殊普通合伙）	1400.00	1.84%
4	发行手续费		10.79	0.01%
5	用于本次发行的信息披露费用		593.16	0.78%
6	合计		11378.12	14.97%

三、IPO 报告期主要财务数据

表 3　　湘佳股份 IPO 报告期主要财务数据

财务指标	2019 年 12 月 31 日	2018 年 12 月 31 日	2017 年 12 月 31 日
资产总计（万元）	133397.48	110355.00	100377.96
营业收入（万元）	187786.02	151411.83	115415.51
净利润（万元）	22938.14	11524.85	6007.08
经营活动产生的现金流量净额（万元）	30246.50	18308.76	6608.79
加权平均净资产收益率（%）	32.86	21.92	13.71
基本每股收益（元 / 股）	2.98	1.50	0.78

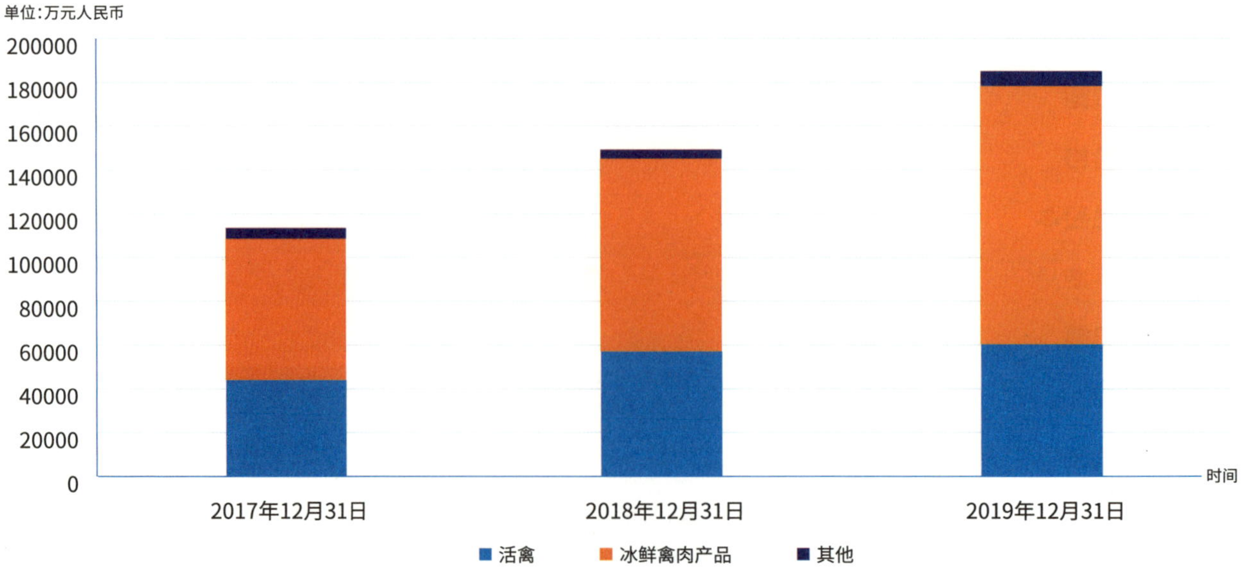

图 1　湘佳股份主营业务趋势

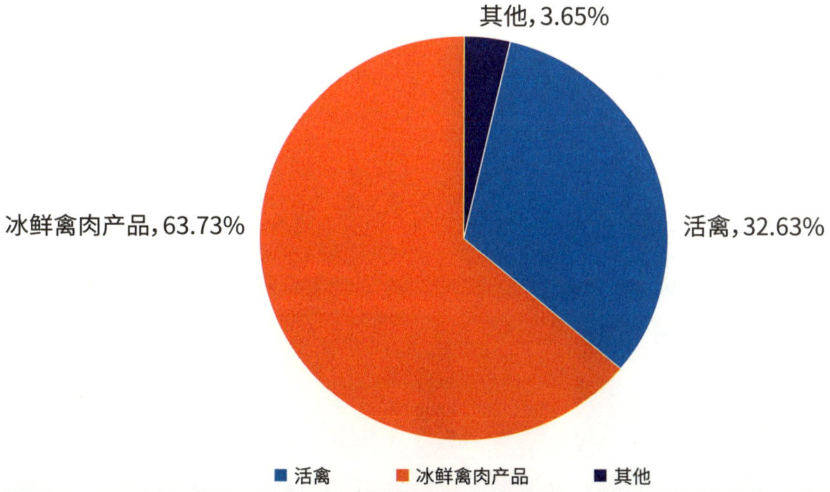

主营业务	2019 年 12 月 31 日		2018 年 12 月 31 日		2017 年 12 月 31 日	
	金额（万元）	占比（%）	金额（万元）	占比（%）	金额（万元）	占比（%）
活禽	60387.62	32.63	57118.70	38.29	44113.93	38.87
冰鲜禽肉产品	117960.49	63.73	87989.45	58.99	64569.10	56.89
其他	6746.91	3.65	4050.18	2.72	4812.01	4.24
合计	185095.02	100.00	149158.33	100.00	113495.04	100.00

图 2　湘佳股份主营业务分布

四、审核过程反馈意见统计

根据易董 IPO 函件数据的统计，湘佳股份在 IPO 审核过程中共收到 2 次问询函，共计 37 个问题。其中，预披露反馈意见 32 个问题，发审委会议 5 个问题，历次问询累计情况具体如图 3 所示。

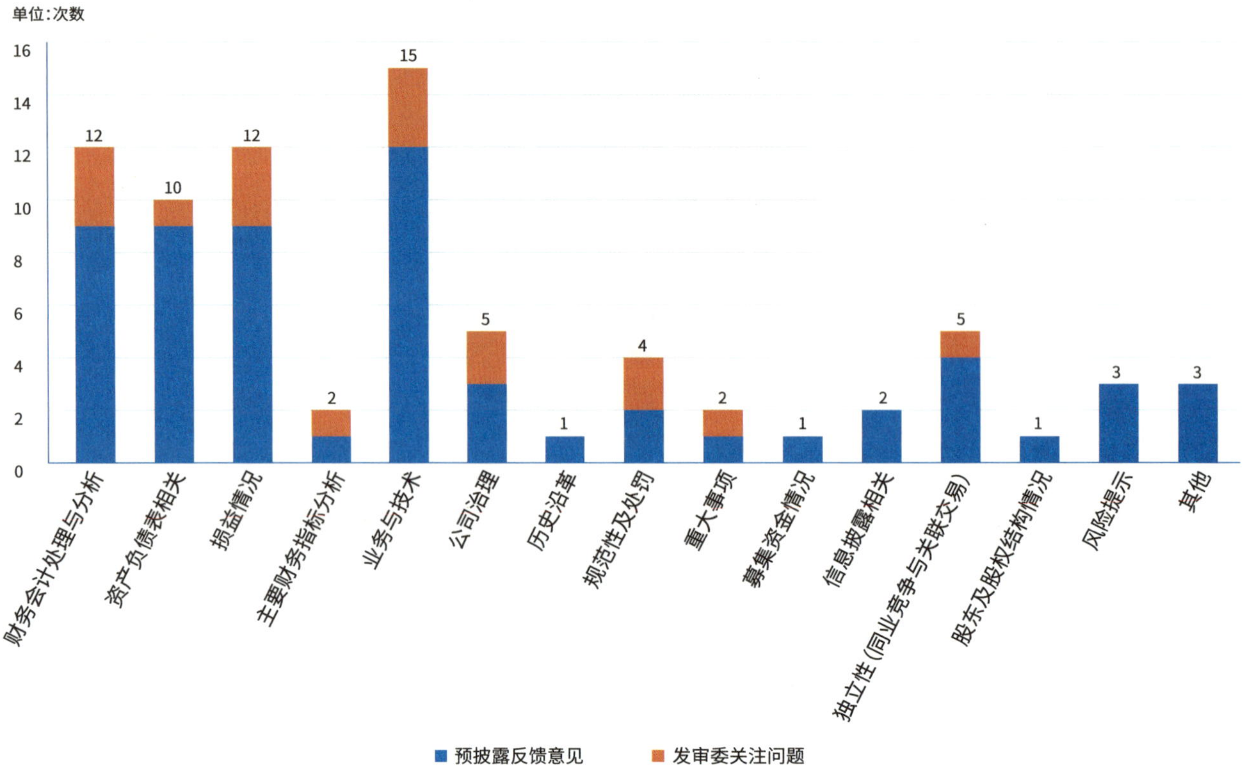

图 3　湘佳股份审核关注要点

五、案例分析

发行人作为率先在国内涉足生鲜家禽的企业，以中国地方优质家禽系列黄羽肉鸡生鲜整禽、冰鲜禽肉产品和其他副产品经营为主业，早已成为行业领先企业。目前，发行人已在国内 20 多个省市 100 多座大中城市落地生根，与永辉、家乐福、沃尔玛、大润发、华润万家、中百仓储等大型商超集团和盒马鲜生、叮咚买菜、京东 7FRESH 等新零售企业以及海底捞等国内优质餐饮集团建立了长期的战略合作关系，各类销售网点达到 2700 多家。根据中国畜牧业协会相关资料，发行人黄羽肉鸡出栏量高居华中地区第一名。

中国证监会在反馈意见中主要关注发行人业务与技术（如公司经营模式、产品及服务、销售以及持续经营）、财务会计与分析（如会计政策和会计处理、利润分配及公积金转增股本、收入确认）、资产负债表相关（如应付款项、应收款项、存货）等问题；发审委会议也主要关注于发行人业务与技术（采购、公司产品及服务、第三方回款）、财务会计处理与分析（会计政策和会计处理、成本核算、收入确认）、损益情况（营业收入、营业成本、净利润）等问题。

生鲜家禽行业一直是中国证监会审核重点，一方面，“公司 + 基地 + 农户 / 家庭农场”的养殖模式可能带来合同纠纷；另一方面，行业特点导致的收入确认难、现金交易量大等问题也会大大增加核查难度。除此之外，还有可能存在行业周期性风险、突发疫情风险、环保问题和食品安全问题等。

因此，发行人的 IPO 之路十分坎坷，2014 年 8 月 21 日，公司在全国中小企业股份转让系统公开转让，2015 年 7 月开始启动申请程序，但好事多磨，由于保荐机构、律师事务所等中介机构的原因历经三次中止、一次撤回，终于在 2020 年第二轮 IPO 审核中，成功发行上市。

中国家禽饲养行业在全国畜牧业大格局中具有重要地位，发行人在深交所的成功上市，成为中国生鲜家禽板块进军资本市场的标志性事件，同时也被誉为中国生鲜家禽“第一股”。

案例六

寒武纪——科创板第二套标准

计算机、通信和其他电子设备制造业

一、公司概况

中科寒武纪科技股份有限公司（简称“寒武纪”），全球智能芯片领域的先行者，专注于人工智能芯片产品的研发与技术创新，致力于打造人工智能领域的核心处理器芯片，让机器更好地理解和服务人类。主要产品包括终端智能处理器 IP、云端智能芯片及加速卡，边缘智能芯片及加速卡以及与上述产品配套的基础系统软件平台。2020 年 8 月 4 日，寒武纪荣获《苏州高新区·2020 胡润全球独角兽榜》第 169 位。具体如表 1 所示。

表 1　寒武纪公司概况

公司名称	中科寒武纪科技股份有限公司		
证券简称	寒武纪	证券代码	688256
公司成立日期	2016 年 03 月 15 日	企业性质	民营企业
上市板块	上交所科创板	注册资本	36000.00 万元
注册地址	中国北京市海淀区	审核历时	89 天
上市日期	2020 年 07 月 20 日	发行数量总计	4010.00 万股
发行价格	64.39 元 / 股	募集资金总额	288499.12 万元
发行后总股本	40010.00 万股	所属行业（证监会）	计算机、通信和其他电子设备制造业
适用标准	一般企业标准二	所属行业（战略新兴）	—
配售机制	券商跟投；战略投资者配售		
实际控制人	陈天石		
控股股东	陈天石		
主营业务	公司的主营业务是应用于各类云服务器、边缘计算设备、终端设备中人工智能核心芯片的研发、设计和销售，为客户提供丰富的芯片产品和系统软件解决方案。公司的主要产品包括终端智能处理器 IP、云端智能芯片及加速卡、边缘智能芯片及加速卡，以及与上述产品配套的基础系统软件平台。		

注：一般企业标准二：预计市值不低于人民币 15 亿元，最近一年营业收入不低于人民币 2 亿元，且最近三年累计研发投入占最近三年累计营业收入的比例不低于 15%。

二、发行费用

表 2 寒武纪发行费用

序号	费用明细	中介机构	金额（万元）	占募集资金总额比例
1	承销及保荐费用	中信证券股份有限公司 安信证券股份有限公司 中国国际金融股份有限公司 国泰君安证券股份有限公司	6360.38	2.20%
2	律师费用	北京市中伦律师事务所	450.00	0.16%
3	审计、验资费	天健会计师事务所（特殊普通合伙）	1000.00	0.35%
4	用于本次发行的信息披露费用		492.45	0.17%
5	发行手续及其他费用		133.78	0.05%
6	合计		8436.61	2.92%

三、IPO 报告期主要财务数据

表 3 寒武纪 IPO 报告期主要财务数据

财务指标	2019 年 12 月 31 日	2018 年 12 月 31 日	2017 年 12 月 31 日
资产总计（万元）	466847.23	304145.16	59018.46
营业收入（万元）	44393.85	11702.52	784.33
净利润（万元）	-117912.53	-4104.65	-38070.04
经营活动产生的现金流量净额（万元）	-20179.60	-5549.05	-2352.43
加权平均净资产收益率（%）	-39.28	-12.50	—
基本每股收益（元 / 股）	-3.27	—	—

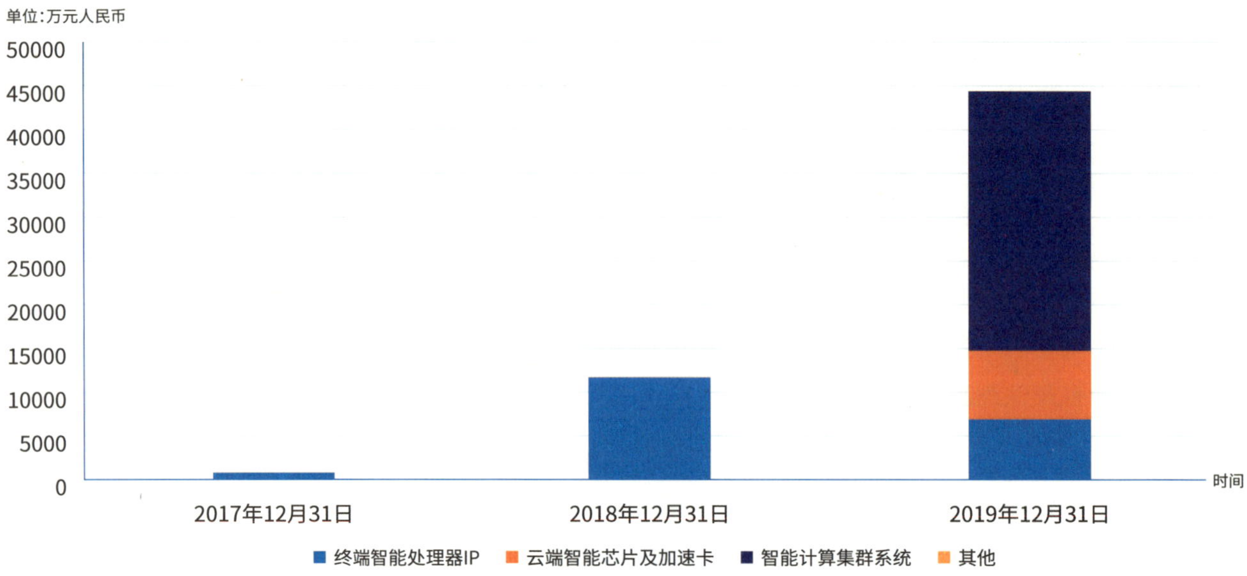

图 1 寒武纪主营业务趋势

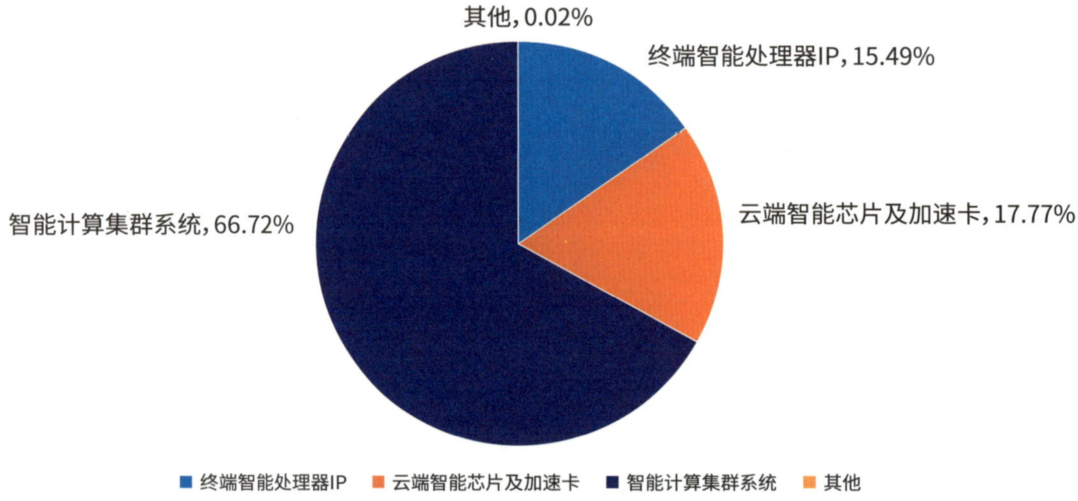

主营业务	2019 年 12 月 31 日		2018 年 12 月 31 日		2017 年 12 月 31 日	
	金额(万元)	占比（%）	金额(万元)	占比（%）	金额(万元)	占比（%）
终端智能处理器 IP	6877.12	15.49	11666.21	99.69	771.27	98.95%
云端智能芯片及加速卡	7888.24	17.77	—	—	—	—
智能计算集群系统	29618.15	66.72	—	—	—	—
其他	7.19	0.02	36.31	0.31	8.20	1.05%
合计	44390.7	100.00	11702.52	100.00	779.47	100.00%

图 2 寒武纪主营业务分布

四、研发及专利

（一）专利情况

表 4　　寒武纪专利情况

	发明专利（项）	实用新型专利（项）	外观设计专利（项）	国际专利（项）	合计（项）
数量	23	17	10	15	65
占比	35.38%	26.15%	15.38%	23.08%	100.00%

（二）研发投入

表 5　　寒武纪研发投入

项目	2019 年 12 月 31 日	2018 年 12 月 31 日	2017 年 12 月 31 日	合计
研发投入（万元）	54304.54	24011.18	2986.19	81301.91
营业收入（万元）	44393.85	11702.52	784.33	56880.70
研发投入占营业收入的比例	122.32%	205.18%	380.73%	142.93%

（三）核心技术及研发技术人员

表 6　　寒武纪核心技术及研发技术人员

类别	2019 年 12 月 31 日	占比	2018 年 12 月 31 日	占比	2017 年 12 月 31 日	占比
核心技术人员（人）	4	0.47%	4	1.14%	—	—
研发技术人员（人）	680	79.25%	—	—	—	—
公司员工总数（人）	858	100.00%	352	100.00%	—	—

五、审核过程反馈意见统计

根据易董 IPO 函件数据的统计，寒武纪在 IPO 审核过程中共收到 5 次问询函，共计 38 个问题。其中，第一轮问询函 20 个问题，第二轮问询函 8 个问题，审核中心落实函 3 个问题，上市委会议意见落实函 3 个问题，证监会注册反馈意见 4 个问题，历次问询累计情况具体如图 3 所示。

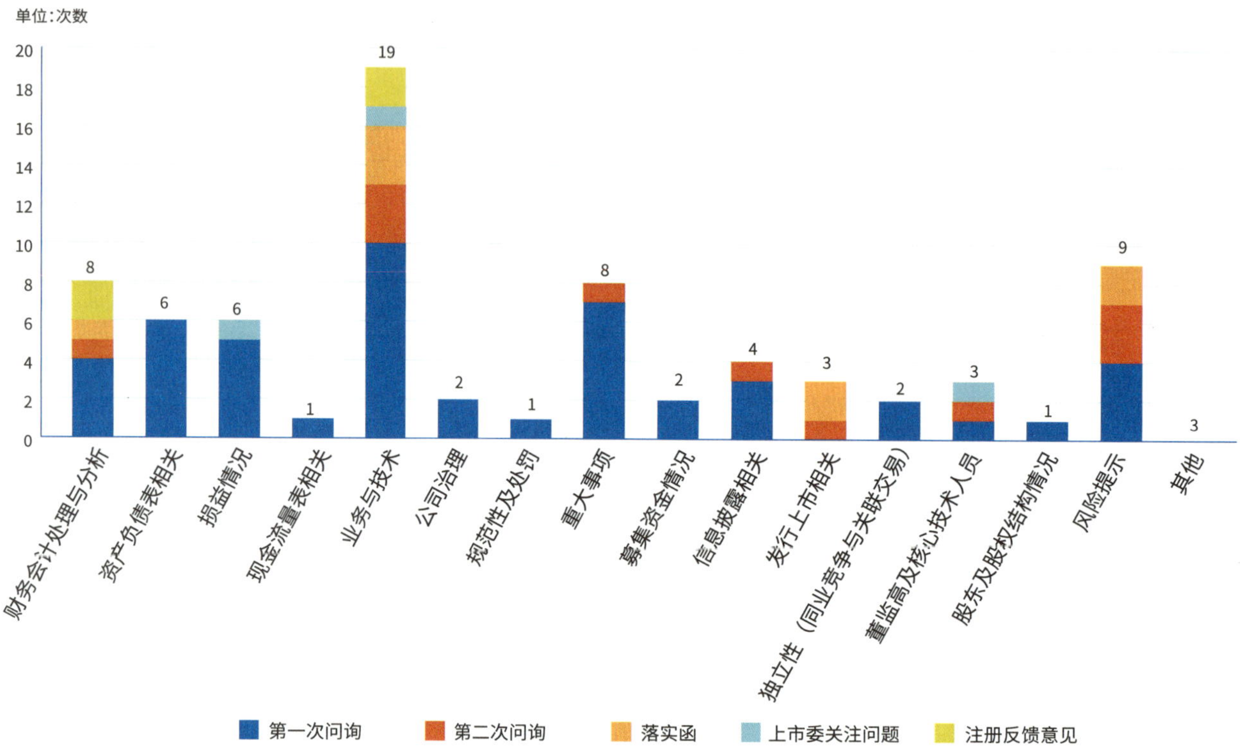

图 3　寒武纪审核关注要点

六、案例分析

发行人主营业务是应用于各类云服务器、边缘计算设备、终端设备中人工智能核心芯片的研发、设计和销售，为客户提供芯片产品和系统软件解决方案。其招股说明书显示，发行人 2017 年和 2018 年主要收入来源是终端智能处理器 IP 的授权，占比分别高达 98.95% 和 99.69%；2019 年主要收入来源是终端智能处理器 IP、云端智能芯片及加速卡、智能计算集群系统，占比分别为 15.49%、17.77% 和 66.72%，其中，终端智能处理器 IP 授权的收入占比直线下降。2017—2019 年，公司前五名客户的销售收入占比分别为 100.00%、99.95% 和 95.44%（单一客户收入占比分别为 98.34%、97.63% 和 46.65%），前五名客户集中度较高。

通过对发行人的审核关注要点统计，上交所关注点主要集中在业务与技术方面（如发行人的主要产品、主营业务、市场竞争状况、行业竞争格局、采购、核心技术、技术授权、委托开发情况等），除此之外，还关注重大事项（如发行人核心高管人员变动）以及财务会计处理与分析（如财务核算及主要客户集中度）等问题；上市委则关注人工智能芯片业务的可持续性及核心技术人员的稳定性问题等。

2017 年，发行人依靠为华为高端手机提供 AI 芯片成为中国半导体圈最受关注的企业，此后几年，作为 AI 独角兽估值一路上升，在连续 3 年业绩亏损（其中 2019 年亏损 11.79 亿元）的情况下，以达到一般企业“标准二”（预计市值不低于人民币 15 亿元，最近一年营业收入不低于人民币 2 亿元，且最近三年累计研发投入占最近三年累计营业收入的比例不低于 15%）的要求，于 2020 年 7 月 20 日成功登陆上交所科创板，且上市首日市值突破 1000 亿元。

而其 2019 年大幅亏损的主要原因除了研发投入的加大（2017—2019 年研发费用分别为 0.30 亿元、2.40 亿和 5.43 亿元）外，管理费用也出现大幅度增长，主要原因是股权激励计提的股份支付金额较大（2017—2019 年公司管理费用分别为 3.72 亿元，0.44 亿元和 10.56 亿元），但投资者仍然可以理解，也对其给予了较高的估值。亏损企业能够通过“标准二”实现上市之路，也彰显了中国资本市场更大的包容性，为高科技企业注入动力。

扫码查看该公司IPO详情

案例七

九号公司——首家 VIE+CDR+表决权差异的红筹企业

人工智能

一、公司概况

九号有限公司（简称“九号公司”）是专注于智能短交通和服务类机器人领域的创新企业。公司主营业务为各类智能短程移动设备的设计、研发、生产、销售及服务。经过多年的发展，公司产品已形成包括智能电动平衡车、智能电动滑板车、智能服务机器人等品类丰富的产品线。经过多年的发展，公司依托自身在智能技术创新、工业设计、供应链管理、规模与品牌等多方面积累的竞争优势，逐渐将业务链延伸至智能配送机器人、电动摩托车、电动自行车和全地形车领域。公司拥有的专利数量也在世界范围本行业内遥遥领先。这将为公司产品的技术领先优势奠定基础。公司建设了安全可靠的电池管理系统（BMS）及新能源技术，公司技术优势为市场奠定了领先地位，并获得客户的广泛认可和信赖：公司产品在京东、天猫、米家三大购物平台智能出行品类连续 3 年位列销售榜第一名；2017—2019 年连续 3 年入选全球最大的传播服务集团 WPP 和全球领先的咨询机构凯度华通明略联合 Google 发布的“BrandZ ™中国出海品牌 50 强”名录（2017 年为 30 强名单）。具体如表 1 所示。

表 1　九号公司公司概况

公司名称	九号有限公司		
证券简称	九号公司	证券代码	689009
公司成立日期	2014 年 12 月 10 日	企业性质	外资企业
上市板块	上交所科创板	注册资本	4.25 万元
注册地址	开曼群岛（英属）	审核历时	524 天
上市日期	2020 年 10 月 29 日	发行数量总计	7040.92 万份 CDR
发行价格	18.94 元 / 份 CDR	募集资金总额	133354.96 万元
发行后总股本	7040.92 万股	所属行业（证监会）	计算机、通信和其他电子设备制造业
适用标准	红筹企业（境外未上市）标准二；表决权差异标准二	所属行业（战略新兴）	人工智能
配售机制	券商跟投，高管、核心员工配售，战略投资者配售		
实际控制人	王野、高禄峰		

续表

公司名称	九号有限公司
控股股东	无
主营业务	公司主营业务为智能短交通和服务类机器人的研发、生产与销售。目前，公司主要产品分为智能电动平衡车、智能电动滑板车、服务类机器人、智能电动摩托/自行车、全地形车及其他产品系列。

注：(1) 红筹企业（境外未上市）标准二：符合相关规定的红筹企业，预计市值不低于人民币 50 亿元，且最近一年营业收入不低于人民币 5 亿元。
(2) 表决权差异标准二：发行人具有表决权差异安排的，预计市值不低于人民币 50 亿元，且最近一年营业收入不低于人民币 5 亿元。

二、发行费用

表 2　九号公司发行费用

序号	费用明细	中介机构	金额（万元）	占募集资金总额比例
1	承销及保荐费用	国泰君安证券股份有限公司	7334.52	5.50%
2	律师费用	北京市中伦律师事务所	795.00	0.60%
3	审计、验资费	德勤华永会计师事务所（特殊普通合伙）	505.79	0.38%
4	发行手续费		114.06	0.09%
5	用于本次发行的信息披露费用		520.00	0.39%
6	合计		9269.37	6.95%

三、IPO 报告期主要财务数据

表 3　九号公司 IPO 报告期主要财务数据

财务指标	2019 年 12 月 31 日	2018 年 12 月 31 日	2017 年 12 月 31 日
资产总计（万元）	330929.30	369562.97	195210.37
营业收入（万元）	458589.46	424764.87	138130.14
净利润（万元）	-45484.90	-180395.99	-62711.75
经营活动产生的现金流量净额（万元）	25127.52	37660.68	13747.64
基本每股收益（元/股）	-10.35	-65.88	-22.91

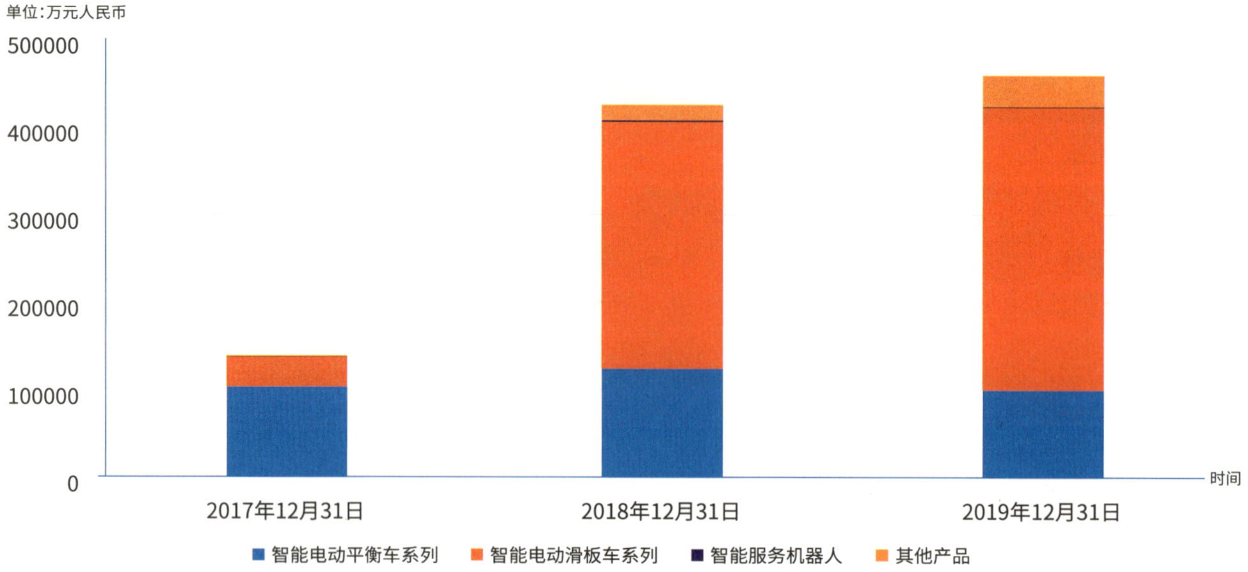

图 1　九号公司主营业务趋势

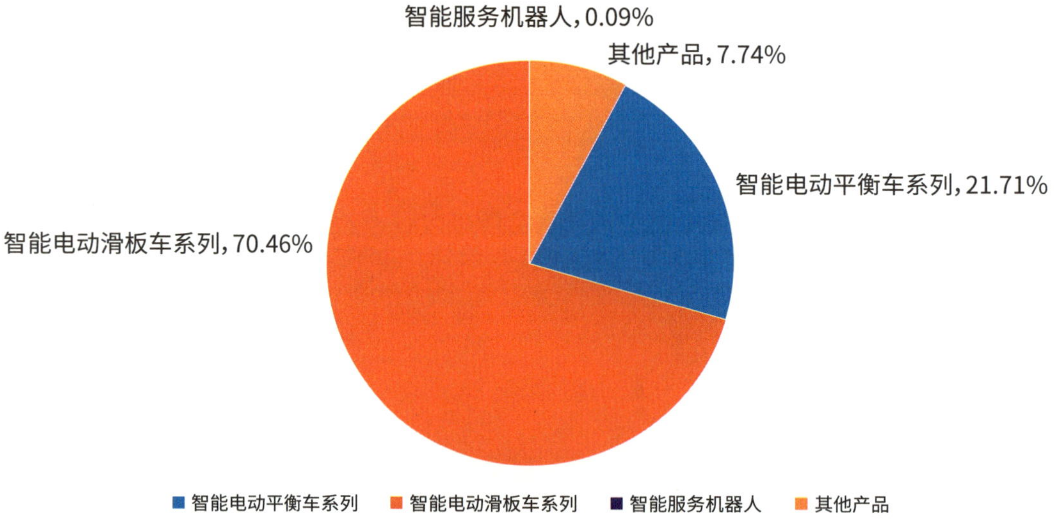

主营业务	2019 年 12 月 31 日		2018 年 12 月 31 日		2017 年 12 月 31 日	
	金额（万元）	占比（%）	金额（万元）	占比（%）	金额（万元）	占比（%）
智能电动平衡车系列	99549.27	21.71	123787.83	29.14	102887.32	74.49
智能电动滑板车系列	323114.59	70.46	282290.95	66.46	34234.47	24.78
智能服务机器人	412.16	0.09	1296.86	0.31	140.63	0.10
其他产品	35513.40	7.74	17389.24	4.09	867.72	0.63
合计	458589.46	100.00	424764.88	100.00	138130.14	100.00

图 2　九号公司主营业务分布

四、研发及专利

（一）专利情况

表 4　　九号公司专利情况

	发明专利（项）	实用新型专利（项）	外观设计专利（项）	国际专利（项）	合计（项）
数量	72	236	159	268	735
占比	9.80%	32.11%	21.63%	36.46%	100%

（二）研发投入

表 5　　九号公司研发投入

项目	2019 年 12 月 31 日	2018 年 12 月 31 日	2017 年 12 月 31 日	合计
研发投入（万元）	31708.71	12308.38	9133.03	53150.12
营业收入（万元）	458589.46	424764.87	138130.14	1021484.47
研发投入占营业收入的比例	6.91%	2.90%	6.61%	5.20%

（三）核心技术及研发技术人员

表 6　　九号公司核心技术及研发技术人员

类别	2019 年 12 月 31 日	占比	2018 年 12 月 31 日	占比	2017 年 12 月 31 日	占比
核心技术人员（人）	5	4.02%	5	5.77%	—	—
研发技术人员（人）	1004	58.05%	401	57.69%	—	—
公司员工总数（人）	2383	100.00%	1488	100.00%	—	—

五、审核过程反馈意见统计

根据易董 IPO 函件数据的统计，九号公司在 IPO 审核过程中共收到 6 次问询函，共计 136 个问题。其中，第一轮问询函 71 个问题，第二轮问询函 29 个问题，第三轮问询函 14 个问题，审核中心落实函 3 个问题，上市委会议意见落实函 7 个问题，证监会注册反馈意见 12 个问题，历次问询累计情况具体如图 3 所示。

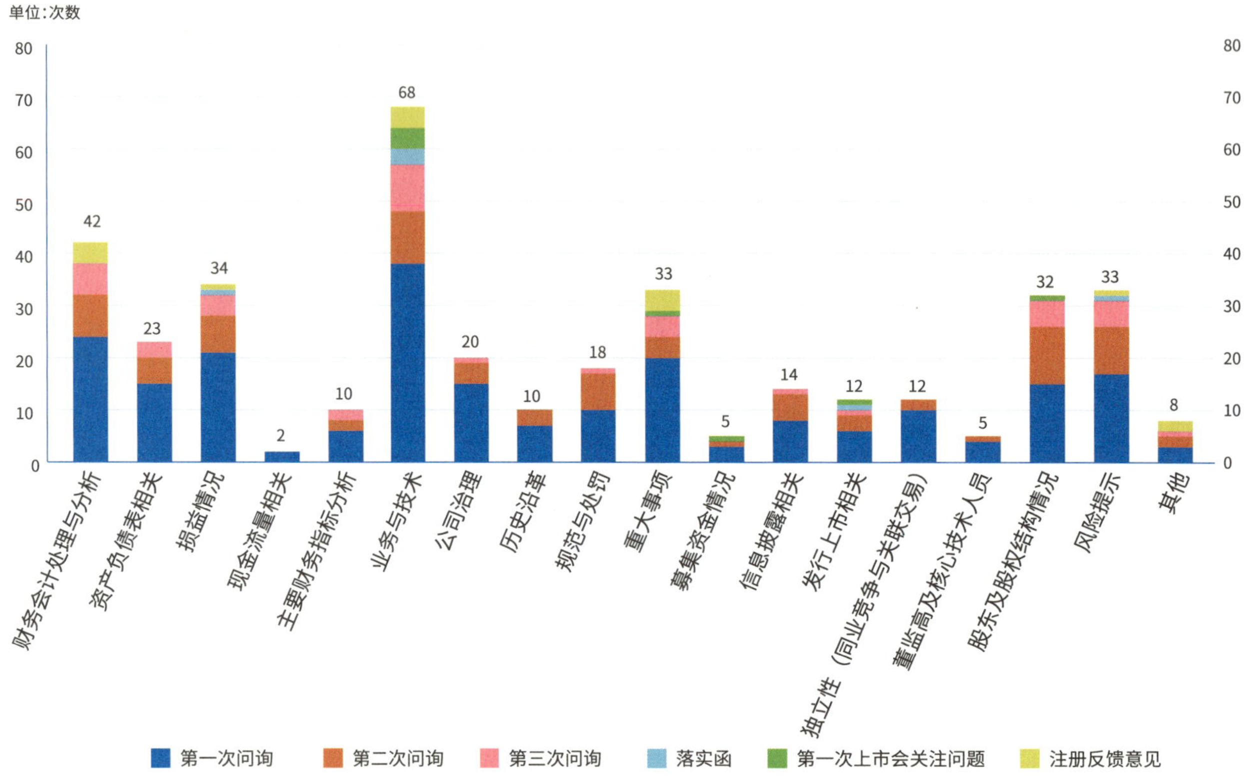

图 3　九号公司审核关注要点情况

六、案例分析

发行人主营业务为各类智能短程移动设备的设计、研发、生产、销售及服务。主要销售产品为各类智能平衡车、智能滑板车等，而该类产品目前在国内禁止上路，这在一定程度上限制了发行人的销售，从其财务数据也能看出，报告期内净利润共计亏损近 29 亿元。

发行人前身名为“九号机器人”，而其产品又没有体现“机器人”的概念，因此，受到了上市委的关注，要求其更改名。除外之外，上市委在审议中还重点提到了发行人的红筹架构以及产品的市场份额，要求发行人对比同行业，突出自身的市场竞争力。

根据审核过程反馈意见统计，上交所重点关注发行人的业务与技术（如公司持续经营情况、资产权属及完整性情况、采购情况等）、财务会计处理与分析（如会计政策和会计处理、财务报表勾稽、股份支付情况等）、重大事项（如关于公司重大合同及履行情况、作出的承诺事项情况，以及重大诉讼、仲裁情况等）；发审委在审核过程中也重点关注发行人采取什么措施来消除红筹与 VIE 架构中投资者存在的漏洞等。

在九号公司之前，存托凭证（CDR）在 A 股市场上尚无先例，这种特殊性也让九号公司在 A 股发展史上具备了一定的特殊意义，它代表了中国资本市场的多个“第一”：第一家注册地在境外的红筹申报企业；第一家存在协议控制架构（VIE）的企业；也是第一家计划发行 CDR 的企业。

早在 2019 年 4 月，九号公司就提交了科创板上市申请，历经一年多的等待，九号公司顺利上市，成为了 A 股市场上首单“VIE+CDR”企业。

九号公司的成功上市，意味着中国资本市场包容性以及开放性的逐步增强，意味着 A 股市场将成为一个更多样化的资本市场，也会有更多的科技创新企业登陆中国资本市场。

扫码查看该公司IPO详情

案例八

泽璟制药——科创板首家第五套标准

医药行业

一、公司概况

苏州泽璟生物制药股份有限公司（简称“泽璟制药”）致力于创新药物的自主研发、生产和销售，凭借其在新药研发方面的丰富经验和专业知识，已成功建立了两大特色核心技术平台，即精准小分子药物研发及产业化平台和复杂重组蛋白新药研发及产业化平台。依托这两个技术平台，发行人开发了丰富的小分子新药和重组蛋白新药的产品管线，覆盖肝癌、非小细胞肺癌、结直肠癌、甲状腺癌、鼻咽癌、骨髓增殖性疾病等多种癌症和血液肿瘤以及出血、肝胆疾病等多个治疗领域。同时，发行人正与国内知名药企积极推进其小分子靶向新药与抗 PD-1/PD-L1 抗体对肿瘤的联合治疗研究。发行人先后承担了 5 项国家“重大新药创制”、1 项国家科技型中小企业技术创新基金、多项江苏省级科技项目；公司累计获得了中国、美国和欧盟等国家和地区的发明专利授权约 60 多项。具体如表 1 所示。

表 1　泽璟制药公司概况

公司名称	苏州泽璟生物制药股份有限公司		
证券简称	泽璟制药	证券代码	688266
公司成立日期	2009 年 03 月 18 日	企业性质	中外合资经营企业
上市板块	上交所科创板	注册资本	18000.00 万元
注册地址	中国江苏苏州昆山市	审核历时	204 天
上市日期	2020 年 01 月 23 日	发行数量总计	6000.00 万股
发行价格	33.76 元 / 股	募集资金总额	202560.00 万元
发行后总股本	24000.00 万股	所属行业（证监会）	医药制造业
适用标准	一般企业标准五	所属行业（战略新兴）	生物医药产业
配售机制	券商跟投		
实际控制人	陆惠萍、ZELINSHENG（盛泽林）		

续表

公司名称	苏州泽璟生物制药股份有限公司
控股股东	ZELIN SHENG（盛泽林）
主营业务	发行人成立于 2009 年，是一家专注于肿瘤、出血及血液疾病、肝胆疾病等多个治疗领域的创新驱动型化学及生物新药研发企业。发行人致力于研发和生产具有全球自主知识产权、安全、有效、患者可负担的创新药物，以满足国内外巨大的临床需求。发行人成立以来，坚持独立自主的原始创新和改良再创新并重的发展策略。针对经科学和临床验证的药物靶点，发行人已建立先导药物发现和优化、候选药物的评价和确立、药物临床前和临床研究、药品注册、产业化和市场营销等较为完整的新药研发和商业化链条。

注：一般企业标准五：预计市值不低于人民币 40 亿元，主要业务或产品需经国家有关部门批准，市场空间大，目前已取得阶段性成果。医药行业企业需至少有一项核心产品获准开展二期临床试验，其他符合科创板定位的企业需具备明显的技术优势并满足相应条件。

二、发行费用

表 2　泽璟制药发行费用

序号	费用明细	中介机构	金额（万元）	占募集资金总额比例
1	承销及保荐费用	中国国际金融股份有限公司	10328.00	5.10%
2	律师费用	北京市君合律师事务所	424.53	0.21%
3	审计、验资费	信永中和会计师事务所（特殊普通合伙）	386.79	0.19%
4	用于本次发行的信息披露费用		485.85	0.24%
5	发行手续及其他费用		112.75	0.06%
6	合计		11737.92	5.79%

三、IPO 报告期主要财务数据

表 3　泽璟制药 IPO 报告期主要财务数据

财务指标	2019 年 6 月 30 日	2018 年 12 月 31 日	2017 年 12 月 31 日	2016 年 12 月 31 日
资产总计（万元）	37657.81	45488.24	14763.02	13720.23
营业收入（万元）	—	131.12	—	20.03
净利润（万元）	-32298.68	-44187.75	-14646.84	-12826.79
经营活动产生的现金流量净额（万元）	-8942.85	-11243.75	-10825.16	-5672.02

四、研发及专利

（一）专利情况

表 4　泽璟制药专利情况

	发明专利（项）	实用新型专利（项）	外观设计专利（项）	国际专利（项）	合计（项）
数量	21	—	—	40	61
占比	34.43%	—	—	65.57%	100%

（二）研发投入

表 5　泽璟制药研发投入

项目	2019 年 6 月 30 日	2018 年 12 月 31 日	2017 年 12 月 31 日	2016 年 12 月 31 日	合计
研发投入（万元）	7064.96	13729.41	15882.25	6107.74	42784.37
营业收入（万元）	—	131.12	—	20.03	151.15
研发投入占营业收入的比例	—	10471.21%	—	30487.79%	28306.05%

（三）核心技术及研发技术人员

表 6　泽璟制药核心技术及研发技术人员

类别	2019 年 6 月 30 日	占比	2018 年 12 月 31 日	占比	2017 年 12 月 31 日	占比	2016 年 12 月 31 日	占比
核心技术人员（人）	7	3.47%	7	4.02%	6	5.77%	6	8.11%
研发技术人员（人）	115	56.93%	101	58.05%	60	57.69%	42	56.76%
公司员工总数（人）	202	100.00%	174	100.00%	104	100.00%	74	100.00%

五、 审核过程反馈意见统计

根据易董 IPO 函件数据的统计，泽璟制药在 IPO 审核过程中共收到 6 次问询函，共计 71 个问题。其中，第一轮问询函 41 个问题，第二轮问询函 11 个问题，第三轮问询函 5 个问题，审核中心落实函 4 个问题，上市委会议 3 个问题，证监会注册反馈意见 7 个问题，历次问询累计情况具体如图 1 所示。

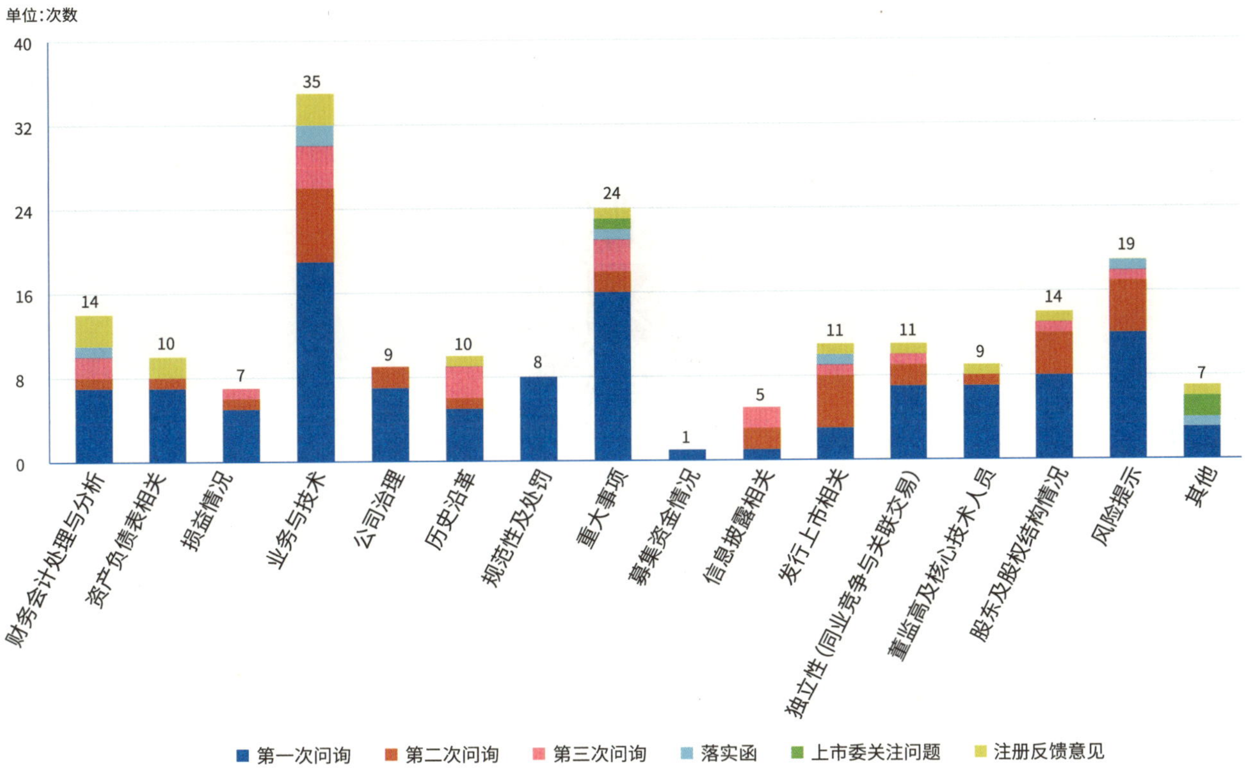

图 1　泽璟制药审核关注要点

六、案例分析

发行人是一家专注于肿瘤、出血及血液疾病、肝胆疾病等多个治疗领域的创新驱动型新药研发企业。

由于主要业务或产品需经国家有关部门批准，市场空间大，但研发的创新药物可能存在药效不稳定、安全性问题等，且目前尚无产品上市销售，还存在研发失败、持续亏损等风险，因此，上交所在反馈意见中重点关注发行人的业务与技术（如发行人的发展战略及经营计划、生产业务相关情况、技术和研发情况等）、重大事项（如重大合同及其履行情况、重要项目实施进展等）、风险提示（如经营风险等）等，发审委在审核过程中也重点关注发行人的业务与技术（如各分支机构的经营资质）、风险提示（如房产租赁风险）和财务会计处理（如收入确认和变动情况）等问题。

截至 2019 年 6 月，发行人已经连续亏损 3 年半，累计亏损超 10 亿元。尽管发行人是零营业收入、连年亏损的状况，但是科创板的第 5 套上市标准给了发行人 IPO 的底气。作为当时科创板申报企业中第一家选择第 5 套标准的企业（即预计市值不低于人民币 40 亿元），发行人历经三轮问询后，于 2019

年 10 月 30 日闯关成功顺利过会，在 2020 年 1 月 23 日成功上市。

在发行人的引领和示范效应之下，其他国产创新药企业也争相走上科创板舞台。由此看来，科创板为无收入未盈利企业所量身定制的第 5 套上市标准是一项具有重大意义的改革，为创新型公司坚持硬科技发展，提供了源源不断的创新动力。相信未来会有越来越多的生物医药企业在科创板上市，同时也会进一步加快海外优质医药类中概股回归 A 股的步伐。

扫码查看该公司IPO详情

案例九

华业香料——二轮审核通过的“小而美”公司

化学原料及化学制品制造业行业

一、公司概况

自设立以来，华业香料一直专注于经营香料业务，主要从事内酯系列合成香料的研发、生产和销售。

公司自设立以来，始终坚持以市场为导向，以客户为目标，以技术创新打造核心竞争力，坚持走“创新、协调、绿色、开放、共享”的发展道路，打造行业高端品牌。公司生产的内酯类香料是用途最为广泛的一类香料，具有很高的安全性，性质稳定，香气成分重要，在香精配方中被大量应用，也被广泛应用于食品饮料、日化、烟草、饲料等行业。

公司为国家高新技术企业，拥有省级认定的企业技术中心、安徽省院士工作站。公司通过技术研究、工艺绿色化改造、副产物开发、资源综合利用等集成创新实现了“传统产品 + 新工艺”，进一步提升了内酯类香料的市场竞争力，产品在国际市场上具有竞争优势。公司是目前国内生产规模最大、产销量最多、系列产品配套齐全的内酯系列合成香料生产厂商。

公司为中国香料香精化妆品工业协会副理事长单位，在由中国轻工业联合会发布的 2017 年度“中国轻工业香料行业十强企业”评选中，公司位列第七名；公司还被中国香化协会授予“中国香料香精化妆品行业优秀企业奖”“2016 年度香料香精优秀品牌企业”等荣誉称号。具体如表 1 所示。

表 1　华业香料公司概况

公司名称	安徽华业香料股份有限公司		
简称	华业香料	证券代码	300886
公司成立日期	2002 年 07 月 12 日	企业性质	民营企业
上市板块	深交所创业板	注册资本	4300.00 万元
注册地址	中国安徽安庆市潜山县	审核历时	481 天
上市日期	2020 年 09 月 16 日	发行数量总计	1435.00 万股
发行价格	18.59 元 / 股	募集资金总额	26676.65 万元
发行后总股本	5735.00 万股	所属行业（证监会）	化学原料及化学制品制造业
适用标准	一般企业标准一	所属行业（战略新兴）	—
配售机制	—		

续表

公司名称	安徽华业香料股份有限公司
实际控制人	华文亮
控股股东	华文亮
主营业务	公司专业经营香料业务，主要从事内酯系列合成香料的研发、生产和销售，产品主要包括丙位内酯系列和丁位内酯系列合成香料。

注：一般企业标准一：最近两年净利润均为正，且累计净利润不低于人民币 5000 万元。

二、发行费用

表 2　　华业香料发行费用

序号	费用明细	中介机构	金额（万元）	占募集资金总额比例
1	承销费用	国元证券股份有限公司	2360.00	8.85%
	保荐费用		220.00	0.82%
2	律师费用	安徽天禾律师事务所	660.38	2.48%
3	审计、验资费	大华会计师事务所（特殊普通合伙）	660.38	2.48%
4	评估费用		9.43	0.04%
5	发行手续费用及材料制作费用		60.85	0.23%
6	用于本次发行的信息披露费用		443.40	1.66%
7	合计		4414.44	16.55%

三、IPO 报告期主要财务数据

表 3　　华业香料 IPO 报告期主要财务数据

财务指标	2019 年 12 月 31 日	2018 年 12 月 31 日	2017 年 12 月 31 日
资产总计（万元）	38459.42	34367.66	24713.93
营业收入（万元）	21481.48	25809.23	21779.38
净利润（万元）	4576.19	6397.92	3678.89
经营活动产生的现金流量净额（万元）	6136.52	6018.60	3237.78
加权平均净资产收益率（%）	19.82	33.74	24.35
基本每股收益（元 / 股）	1.06	1.49	0.86

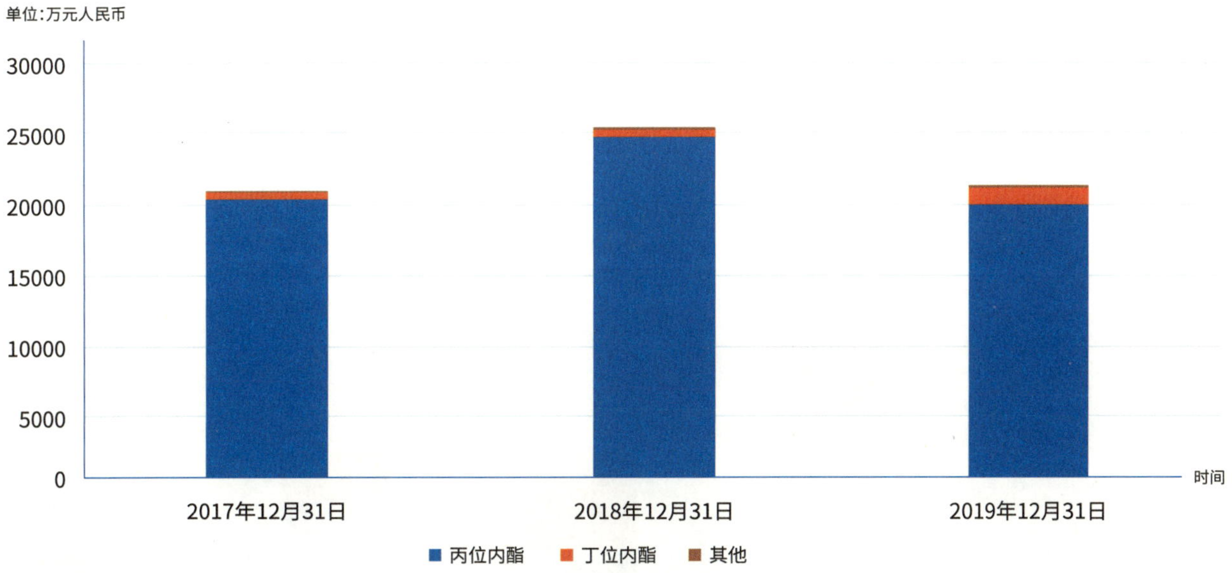

图 1　华业香料主营业务趋势

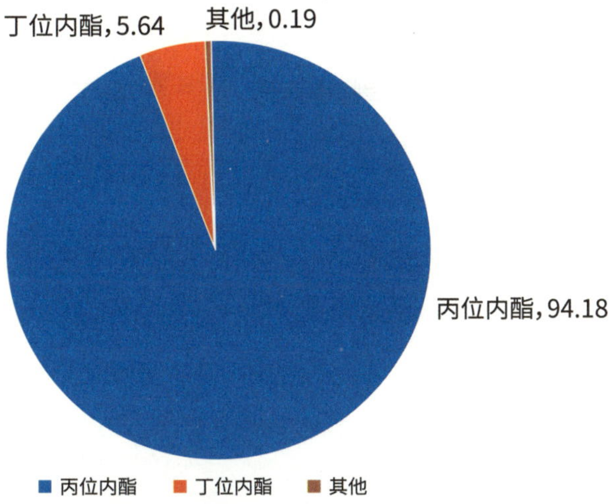

主营业务	2019 年 12 月 31 日		2018 年 12 月 31 日		2017 年 12 月 31 日	
	金额（万元）	占比（%）	金额（万元）	占比（%）	金额（万元）	占比（%）
丙位内酯	19998.86	94.18	24592.34	96.22	20638.17	95.65
丁位内酯	1197.02	5.64	934.43	3.66	919.72	4.26
其他	39.9	0.19	32.59	0.13	19.93	0.09
合计	21235.78	100.00	25559.36	100.00	21577.82	100.00

图 2　华业香料主营业务分布

四、审核过程反馈意见统计

根据易董 IPO 函件数据的统计，华业香料在 IPO 审核过程中共收到 2 次问询函，共计 6 个问题。其中，第一轮问询函 3 个问题，上市委会议 3 个问题，历次问询累计情况具体如图 3 所示。

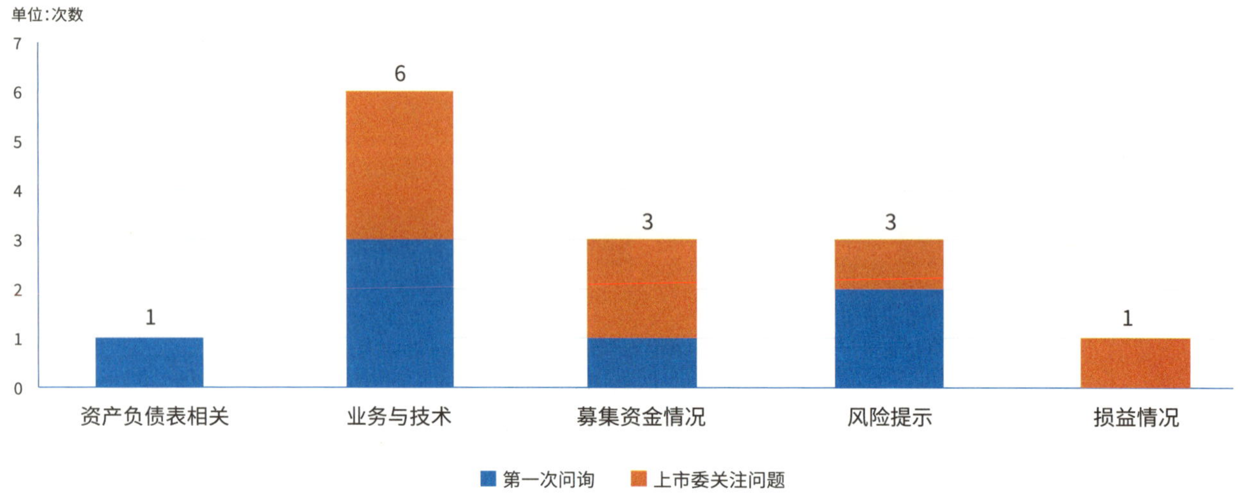

图 3 华业香料审核关注要点

五、案例分析

发行人专注于经营香料业务，从事内酯系列合成香料的研发、生产和销售，主要产品为丙位内酯系列和丁位内酯系列合成香料，是国内生产规模最大、产销量最多、系列产品配套齐全的内酯系列合成香料生产企业。发行人在国际市场占有重要地位，主要客户包括宝洁、芬美意、国际香料、奇华顿、曼氏、乐达、德之馨、高砂等国际知名公司，境外销售收入比例均达到 65% 以上。

上交所在反馈意见中重点关注业务与技术（如资产及产能利用情况、公司经营情况、境外销售和采购情况等）以及风险提示（如因中美贸易摩擦及全球疫情等可能受到的影响等）；上市委也关注业务与技术（如产能是否过剩）、风险提示（如境外收入占比是否过高、细分市场的竞争对手和市场地位等）以及募集资金情况。

发行人曾于 2016 年申请上市，因种种原因在次年终止审查；本次于 2019 年重新冲击上市，得益于重视研发投入与创新，不断通过技术研究、绿色化改造、资源综合利用等“传统产品 + 新工艺”的改革精进产品，适逢创业板注册制改革，以上市前最近一个会计年度营业收入 2.15 亿元、净利润 0.46 亿元的水平成功搭上了“IPO 快车”，成为“小而美”的典型代表。

扫码查看该公司IPO详情

案例十

创业黑马——创业服务第一股

商业服务业

一、公司概况

创业黑马（北京）科技股份有限公司（简称“创业黑马”）是一家聚焦于帮助创新创业企业成长的综合性创业服务提供商。公司主营业务为创业服务，具体为通过线上线下相结合的商业模式，向创业创新企业及相关群体提供包含创业辅导培训、以创业赛事活动为代表的公关服务、会员服务、创业资讯等在内的综合服务。公司创业辅导培训在创业培训领域内具有领先地位，市场占有率较高。公司拥有一支强大的导师阵容，既包括知名投资人又包括成功企业家，此外，还有部分导师来自于公司黑马社群中成长起来的成功创业者；在强大导师阵容的基础上，公司通过以案例为基础的课程研发打造了“搞定团队、搞定模式、搞定资本”的创业课程体系，在创业者群体中获得广泛认可，成为创业辅导培训市场中的领先者。具体如表 1 所示。

表 1　　创业黑马公司概况

公司名称	创业黑马（北京）科技股份有限公司		
证券简称	创业黑马	证券代码	300688
公司成立日期	2011 年 11 月 16 日	企业性质	民营企业
上市板块	深交所创业板	注册资本	5100.00 万元
注册地址	中国北京市朝阳区	审核历时	455 天
上市日期	2017 年 08 月 10 日	发行数量总计	1700.00 万股
发行价格	10.75 元 / 股	募集资金总额	18275.00 万元
发行后总股本	6800.00 万股	所属行业（证监会）	商业服务业
适用标准	—	配售机制	—
实际控制人	牛文文		
控股股东	牛文文		
主营业务	创业黑马是一家聚焦于帮助创新创业企业成长的综合性创业服务提供商。公司主营业务为创业服务，具体为通过线上线下相结合的商业模式，向创业创新企业及相关群体提供包含创业辅导培训、以创业赛事活动为代表的公关服务、会员服务、创业资讯等在内的综合服务。按照收入来源分类，公司主营业务细分为创业辅导培训、公关、会员服务等。未来，公司将基于庞大的创业社群基础，不断开发新的自营服务产品，同时接入第三方服务产品，全方位提升服务创业企业的能力，致力于成长为国内领先的综合性创业服务平台。		

二、发行费用

表 2　　创业黑马发行费用

序号	费用明细	中介机构	金额（万元）	占募集资金总额比例
1	承销及保荐费用	招商证券股份有限公司	2100.00	11.49%
2	律师费用	上海市通力律师事务所	210.38	1.15%
3	审计、验资费	天职国际会计师事务所（特殊普通合伙）	387.74	2.12%
4	发行手续费及材料制作费		58.44	0.32%
5	用于本次发行的信息披露费用		345.28	1.89%
6	合计		3101.84	16.97%

三、IPO 报告期主要财务数据

表 3　　创业黑马 IPO 报告期主要财务数据

财务指标	2016 年 12 月 31 日	2015 年 12 月 31 日	2014 年 12 月 31 日
资产总计（万元）	26113.11	22427.50	10388.23
营业收入（万元）	18420.72	16675.88	10839.64
净利润（万元）	4261.14	779.64	896.09
经营活动产生的现金流量净额（万元）	4269.91	5550.28	2754.47
加权平均净资产收益率（%）	26.08	11.88	19.25
基本每股收益（元 / 股）	0.79	0.11	0.14

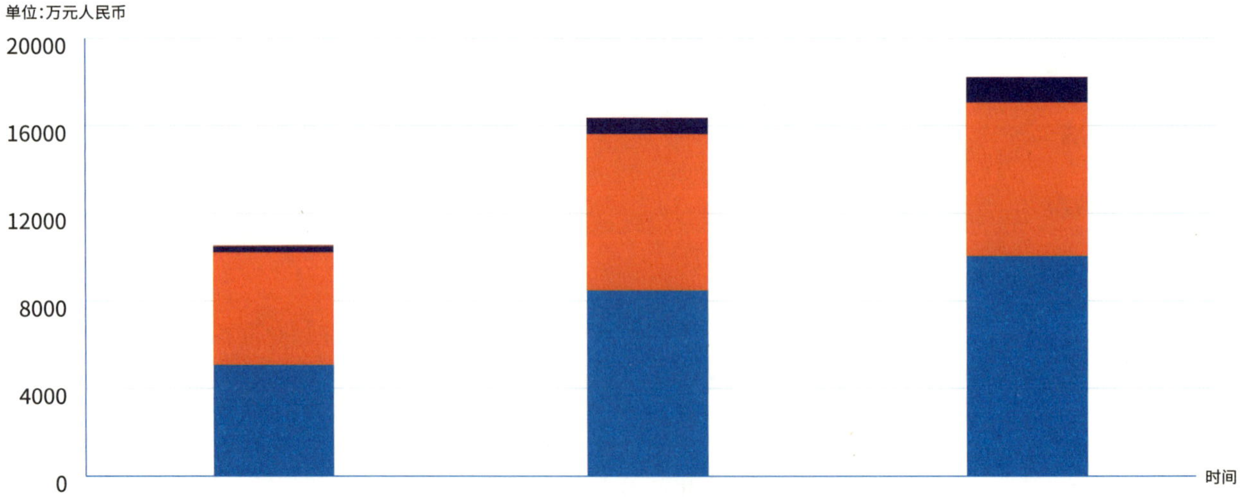

图 1　创业黑马主营业务趋势

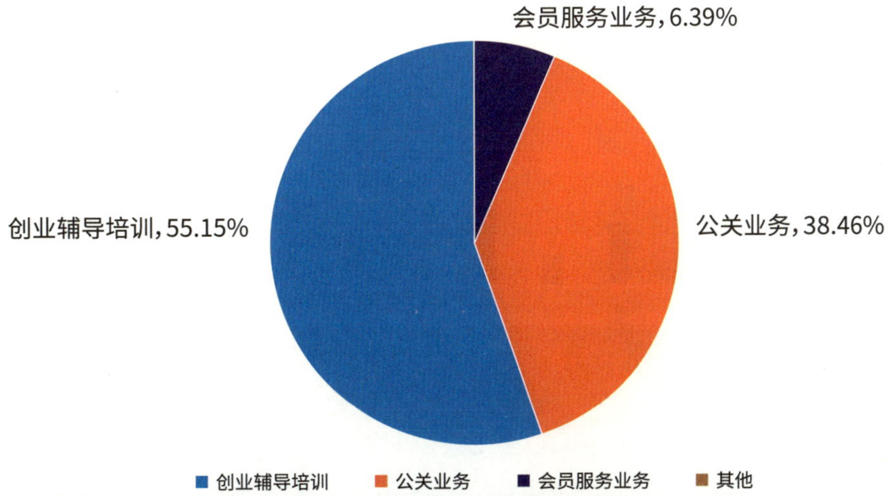

主营业务	2016 年 12 月 31 日		2015 年 12 月 31 日		2014 年 12 月 31 日	
	金额（万元）	占比（%）	金额（万元）	占比（%）	金额（万元）	占比（%）
创业辅导培训	10050.12	55.15	8482.45	51.86	5089.24	48.27
公关业务	7009.45	38.46	7141.56	43.66	5127.47	48.64
会员服务业务	1164.18	6.39	724.03	4.43	257.19	2.44
其他	—	—	9.49	0.06	68.51	0.65
合计	18223.75	100.00	16357.53	100.00	10542.41	100.00

图 2　创业黑马主营业务分布

四、审核过程反馈意见统计

根据易董 IPO 函件数据的统计，创业黑马在 IPO 审核过程中共收到 2 次问询函，共计 44 个问题。其中，预披露反馈意见 41 个问题，发审委会议 3 个问题，历次问询累计情况具体如图 3 所示。

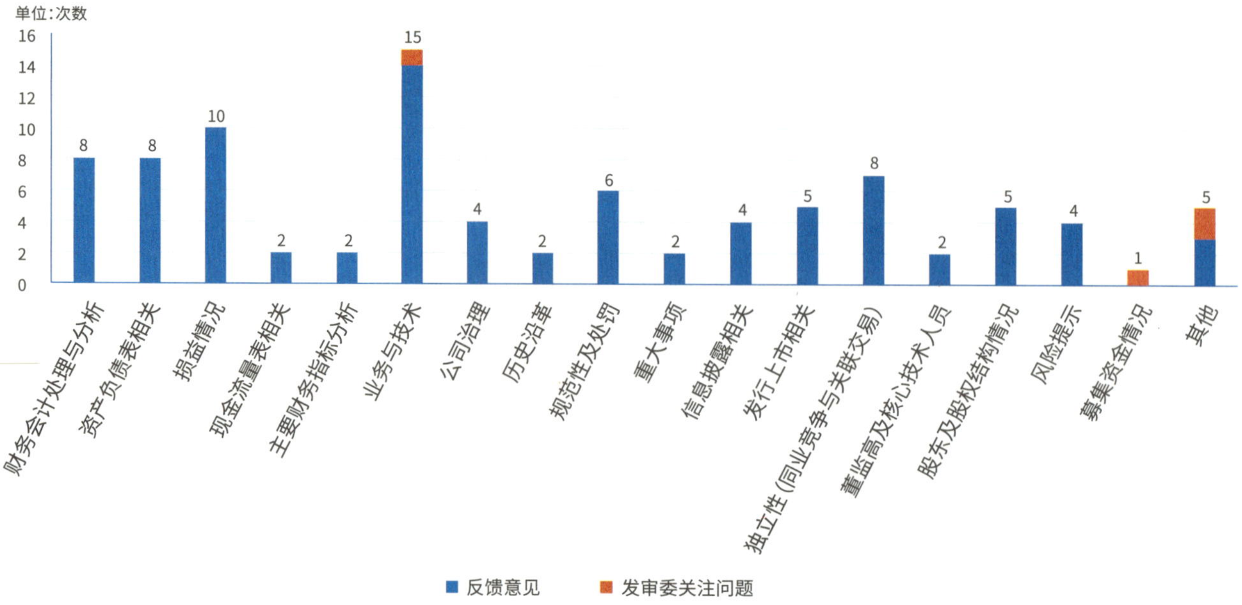

图 3　创业黑马审核关注要点

五、案例分析

发行人主营业务为创业服务，具体为通过线上线下相结合的商业模式，向创业群体提供包含创业辅导培训、以创业赛事活动为代表的公关服务、辅导培训服务、创业资讯等在内的综合服务。

发行人初期是专门为创业企业提供创业资讯服务，包括创业领域的最新信息、创业企业的深度分析等，帮助创业企业对创业领域有一个感性认识，了解创业行业的基本概念。随着互联网和新媒体的发展，发行人在原有业务的基础上探索新的盈利模式，即为创业企业提供专业化的创业辅导，通过对创业企业多方面、多维度的培训，帮助创业企业顺利健康地成长。在提供创业辅导的过程中，发行人也发现了新的商机，帮助创业企业进行品牌营销和公关服务，对接投资人或下游企业，助力创业企业业务拓展。同时，发行人为创业企业会员搭建提供了交流平台，通过“黑马会”会员服务形式，促进创业企业之间的沟通与交流。

中国证监会在反馈意见中重点关注发行人的业务与技术（如资产权属及完整性情况、客户与供应商情况、采购情况等）、损益情况（如营收收入、营业成本、期间费用情况及是否按照要求开具发票等）、财务会计处理与分析（如会计政策和会计处理、财务报表勾稽关系等）；发审委在审核过程中则重点关注发行人支付课酬、课程收费等培训及培训产品方面的问题。

发行人作为创业服务第一股在深交所创业板上市，是国内首批专注创业者服务和企业发展的专业机构之一，经过多年的积累发展，已成为创业发展领域内的行业龙头。而其商业模式又比较特殊，且存在一定风险，如无法准确论证这种商业模式对发行人的经营业务有什么样的影响。总的来说，创业黑马的成功上市，对创新的业务模式实现顺利上市有着很好的示范作用。

扫码查看该公司IPO详情

案例十一

良品铺子——疫情期间湖北上市第一股

零售业

一、公司概况

良品铺子股份有限公司（简称“良品铺子”）是一家集休闲食品研发、加工分装、零售服务于一体的品牌连锁运营公司。良品铺子秉承着品质·快乐·家的企业核心价值观，坚持研发高品质产品，不断引进先进的经营管理思想。目前，已形成覆盖肉类零食、坚果炒货、糖果糕点、果干果脯、素食山珍等多个品类、1400 余种的产品组合，有效满足了不同消费者群体在不同场景下的多元化休闲食品需求，连续 6 年高端零食市场终端销售额全国领先。良品铺子也是国内休闲零食行业唯一拥有线上线下结构均衡且高度融合的全渠道销售网络。目前，线下开设了 2700 家门店。线上细分运营 99 个子渠道入口。

2020 年，良品铺子 36 款高端零食再揽 3 项国际大奖。其中，19 款产品获“世界品质品鉴大会奖”，13 款产品获“顶级美味大奖”，4 款产品入围“世界食品创新奖”。具体如表 1 所示。

表 1　　良品铺子公司概况

公司名称	良品铺子股份有限公司		
证券简称	良品铺子	证券代码	603719
公司成立日期	2010 年 08 月 04 日	企业性质	民营企业
上市板块	上交所主板	注册资本	36000.00 万元
注册地址	中国湖北武汉市东西湖区	审核历时	550 天
上市日期	2020 年 02 月 24 日	发行数量总计	4100.00 万股
发行价格	11.90 元 / 股	募集资金总额	48790.00 万元
发行后总股本	40100.00 万股	所属行业（证监会）	零售业
适用标准	—	所属行业（战略新兴）	—
配售机制	—		
实际控制人	潘继红、张国强、杨银芬、杨红春		
控股股东	宁波汉意投资管理合伙企业（有限合伙）		
主营业务	良品铺子是一家通过数字化技术融合供应链管理及全渠道销售体系开展高品质休闲食品业务的品牌运营企业。报告期内，公司以消费者体验为中心，以大数据技术为基石，以全渠道销售服务为引擎，以现代化供应链管理和全链路食品安全控制为保障，把握消费者对休闲食品的需求与趋势，不断提高产品的品质标准和产业链的协同效应，建立了集市场研究、食品研发、采购质检、物流配送及全渠道销售于一体的全产业链品牌运营模式。		

二、发行费用

表 2　　良品铺子发行费用

序号	费用明细	中介机构	金额（万元）	占募集资金总额比例
1	承销及保荐费用	广发证券股份有限公司	4203.20	8.61%
2	律师费用	北京市金杜律师事务所	849.15	1.74%
3	审计、验资费	普华永道中天会计师事务所（特殊普通合伙）	1040.00	2.13%
4	发行手续费		140.65	0.29%
5	用于本次发行的信息披露费用		510.38	1.05%
6	合计		6743.38	13.82%

三、IPO 报告期主要财务数据

表 3　　良品铺子 IPO 报告期主要财务数据

财务指标	2019 年 6 月 30 日	2018 年 12 月 31 日	2017 年 12 月 31 日	2016 年 12 月 31 日
资产总计（万元）	305206.84	318276.05	295560.08	260119.05
营业收入（万元）	350450.24	637755.86	542406.97	428936.85
净利润（万元）	19610.38	24798.14	4300.45	10512.38
经营活动产生的现金流量净额（万元）	19939.45	14817.10	54430.93	75283.21
加权平均净资产收益率（%）	16.62	24.92	9.65	—
基本每股收益（元 / 股）	0.54	0.66	0.11	—

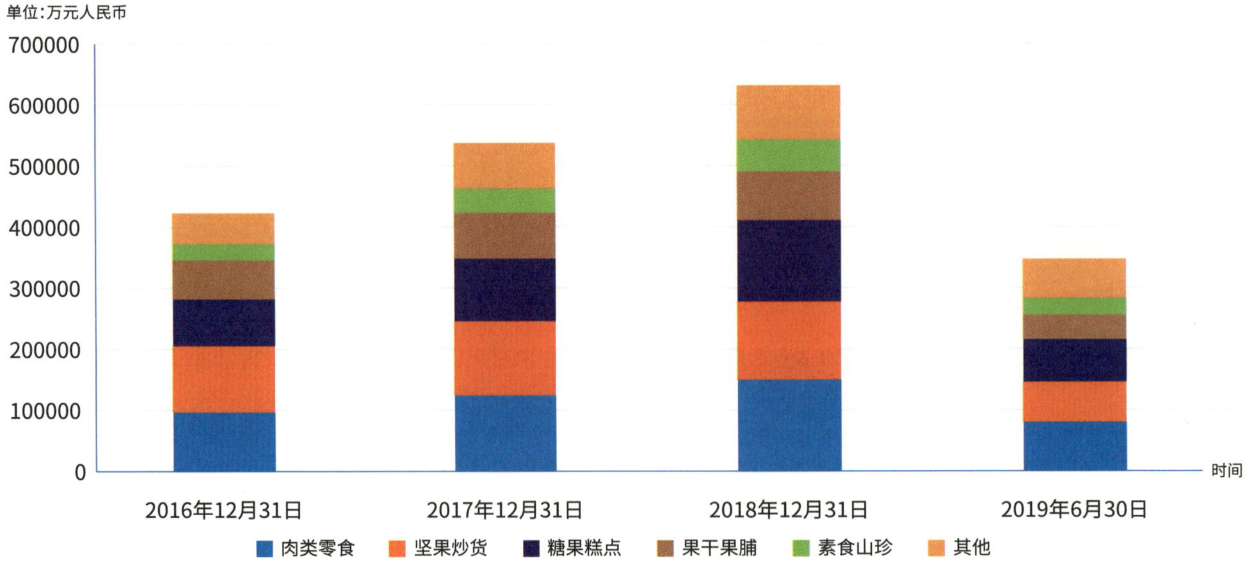

图 1　良品铺子主营业务趋势

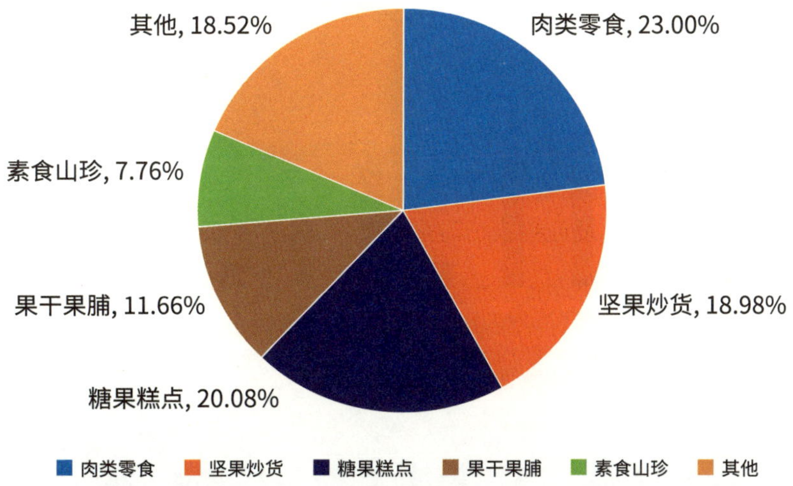

主营业务	2019 年 6 月 30 日		2018 年 12 月 31 日		2017 年 12 月 31 日		2016 年 12 月 31 日	
	金额（万元）	占比（%）	金额（万元）	占比（%）	金额（万元）	占比（%）	金额（万元）	占比（%）
肉类零食	79796.01	23.00	149226.64	23.61	124065.74	23.09	96456.89	22.80
坚果炒货	65851.66	18.98	128461.37	20.32	121875.80	22.68	108936.22	25.75
糖果糕点	69649.34	20.08	133308.84	21.09	102109.57	19.00	76252.03	18.02
果干果脯	40444.97	11.66	79661.41	12.60	75632.29	14.08	63881.39	15.10
素食山珍	26930.03	7.76	51834.62	8.20	39354.49	7.32	26231.23	6.20
其他	64238.86	18.52	89680.05	14.19	74288.09	13.83	51291.17	12.12
合计	346910.87	100.00	632172.93	100.00	537325.98	100.00	423048.93	100.00

图 2　良品铺子主营业务分布

四、审核过程反馈意见统计

根据易董 IPO 函件数据的统计，良品铺子在 IPO 审核过程中共收到 2 次问询函，共计 59 个问题。其中，预披露反馈意见 56 个问题，发审委会议 3 个问题，历次问询累计情况具体如图 3 所示。

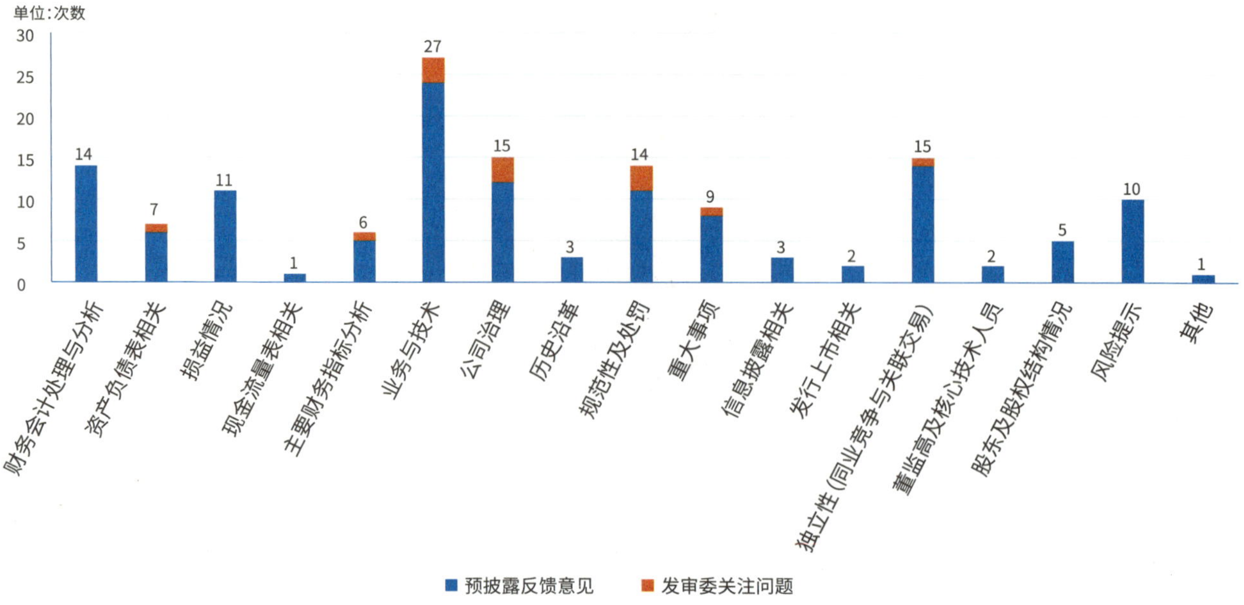

图 3　良品铺子审核关注要点

五、案例分析

发行人是一家集休闲食品研发、加工分装、零售服务于一体的品牌连锁运营公司，2006 年起家于湖北武汉。2016 年，发行人销售额超过 60 亿元，成为当之无愧的“中国休闲零食之王”。

其股权结构显示，发行人最大股东为杨红春，今日资本持股 33.75% 位列第二大股东，高瓴持股 13% 为第三大股东。

2014—2016 年，发行人曾设立了 8 家 BVI 公司，搭建“红筹架构”试图赴港上市，由于战略调整，2016 年开始拆除红筹架构，转向 A 股；2020 年 2 月 24 日，发行人在上交所发行上市，不仅成为国内首个登陆资本市场的高端零食品牌，而且也成为了疫情期间湖北上市的首家企业，更是上交所首家网络上市仪式的企业，特殊的仪式赋予了“高端零食第一股”不平凡的意义。

在 IPO 反馈意见中，中国证监会重点关注发行人的业务与技术（如销售模式、采购情况以及加工模式）、独立性（同业竞争与关联交易）、财务会计处理与分析（如会计政策和会计处理等）、公司治理（如相关处罚整改情况的内部控制、员工薪资情况等）、规范性及处罚（食品安全、质量问题等违法违规情况及合规性等）等问题；发审委在审核过程中则针对反馈意见的回复情况重点关注规范性及处罚、公司治理和业务与技术等情况。

发行人身处疫情中心，后续的持续经营能力及存货情况受到媒体关注。在经营环境有重大影响的情况下，发行人交出了满分的答案：通过线上直播等方式，把门店经营重心转移到线上。

从湖北一间 30 平米的小商店到 2021 年全国拥有 2700 多家门店，发行人踏准中国零食市场大爆发的黄金十年，最终成功实现 IPO 之路。

案例十二

线上线下——RCS 概念 IPO 第一股

软件和信息技术服务业

一、公司概况

无锡线上线下通讯信息技术股份有限公司（简称“线上线下”）深耕移动信息服务行业多年，致力于为客户提供安全、有效、及时的移动信息服务。企业短信服务是公司最主要的业务，公司自成立以来一直从事企业短信相关业务，利用自身长期积累的系统开发技术和基于客户所在行业的业务理解，为包括阿里巴巴、腾讯、华为、网易、上海寻梦（拼多多）、同程艺龙、京东、上海拉扎斯（饿了么）、上海基分（趣头条）、汉海信息（美团）、百度、字节跳动（抖音、今日头条）在内的广大客户提供专业化的企业短信服务。

2017 年公司开设流量业务，研发出给予数据流量的产品“云海 π”，整合移动、联通和电信三大运营商数据流量资源，实现一体化流量处理分发管理。具体如表 1 所示。

表 1　　线上线下公司概况

公司名称	无锡线上线下通讯信息技术股份有限公司		
证券简称	线上线下	证券代码	300959
公司成立日期	2012 年 09 月 14 日	企业性质	民营企业
上市板块	深交所创业板	注册资本	6000.00 万元
注册地址	中国江苏无锡市滨湖区	审核历时	439 天
上市日期	2021 年 03 月 22 日	发行数量总计	2000.00 万股
发行价格	41.00 元 / 股	募集资金总额	82000.00 万元
发行后总股本	8000.00 万股	所属行业（证监会）	软件和信息技术服务业
适用标准	一般企业标准一	所属行业（战略新兴）	—
配售机制	—		
实际控制人	门庆娟、汪坤		
控股股东	门庆娟、汪坤		
主营业务	公司深耕移动信息服务行业多年，是一家具有丰富行业经验的移动信息服务提供商。公司依托于体系化的服务流程、自主研发的业务平台，通过对电信运营商的通信资源的整合，秉承“技术驱动服务、深耕行业客户、连接创造价值”的企业文化理念，致力于为客户提供安全、有效、及时的移动信息服务。公司主营业务为移动信息服务，包括企业短信业务以及少量的流量业务。		

注：一般企业标准一：最近两年净利润均为正，且累计净利润不低于人民币 5000 万元。

二、发行费用

表 2　　线上线下发行费用

序号	费用明细	中介机构	金额（万元）	占募集资金总额比例
1	承销及保荐费用	国信证券股份有限公司	5120.00	6.24%
2	律师费用	北京国枫律师事务所	839.62	1.02%
3	审计、验资费	致同会计师事务所（特殊普通合伙）	660.38	0.81%
4	发行手续费		10.94	0.01%
5	用于本次发行的信息披露费用		410.38	0.50%
6	合计		7041.32	8.58%

三、IPO 报告期主要财务数据

表 3　　线上线下 IPO 报告期主要财务数据

财务指标	2020 年 6 月 30 日	2019 年 12 月 31 日	2018 年 12 月 31 日	2017 年 12 月 31 日
资产总计（万元）	38455.52	30752.48	20711.01	16260.85
营业收入（万元）	42879.23	53234.08	45875.17	27602.30
净利润（万元）	3463.34	6038.42	5518.19	3853.44
经营活动产生的现金流量净额（万元）	195.80	-542.64	-4229.77	765.27
加权平均净资产收益率（%）	13.41	28.65	36.13	40.50
基本每股收益（元 / 股）	0.58	1.01	0.92	—

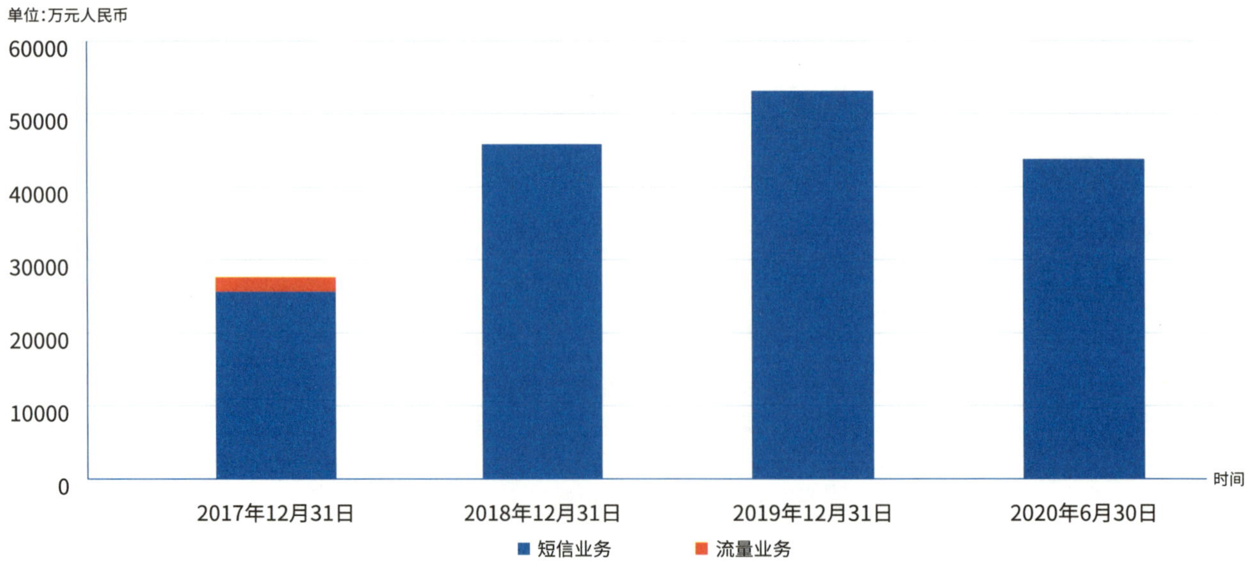

图 1　线上线下主营业务趋势

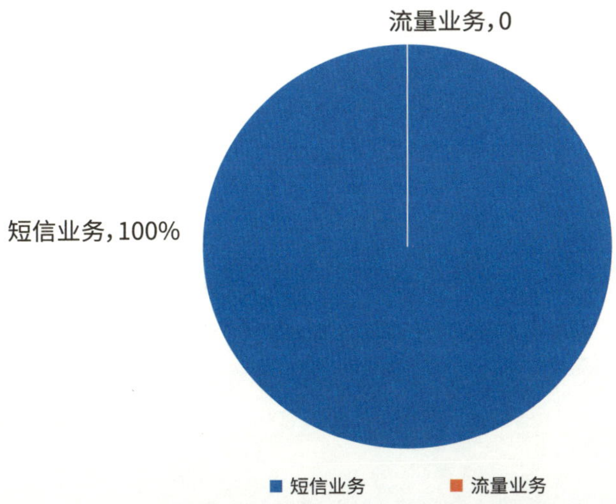

主营业务	2020 年 6 月 30 日		2019 年 12 月 31 日		2018 年 12 月 31 日		2017 年 12 月 31 日	
	金额（万元）	占比（%）	金额（万元）	占比（%）	金额（万元）	占比（%）	金额（万元）	占比（%）
短信业务	42866.97	100.00	53187.78	100.00	45844.92	100.00	25631.09	92.86
流量业务	—	—	—	—	—	—	1971.21	7.14
合计	42866.97	100.00	53187.78	100.00	45844.92	100.00	27602.30	100.00

图 2　线上线下主营业务分布

四、审核过程反馈意见统计

根据易董 IPO 函件数据的统计，线上线下在 IPO 审核过程中共收到 4 次问询函，共计 36 个问题。其中，第一轮问询 19 个问题，审核中心意见落实 8 个问题，上市委会议 4 个问题，注册反馈意见 5 个问题，历次问询累计情况具体如图 3 所示。

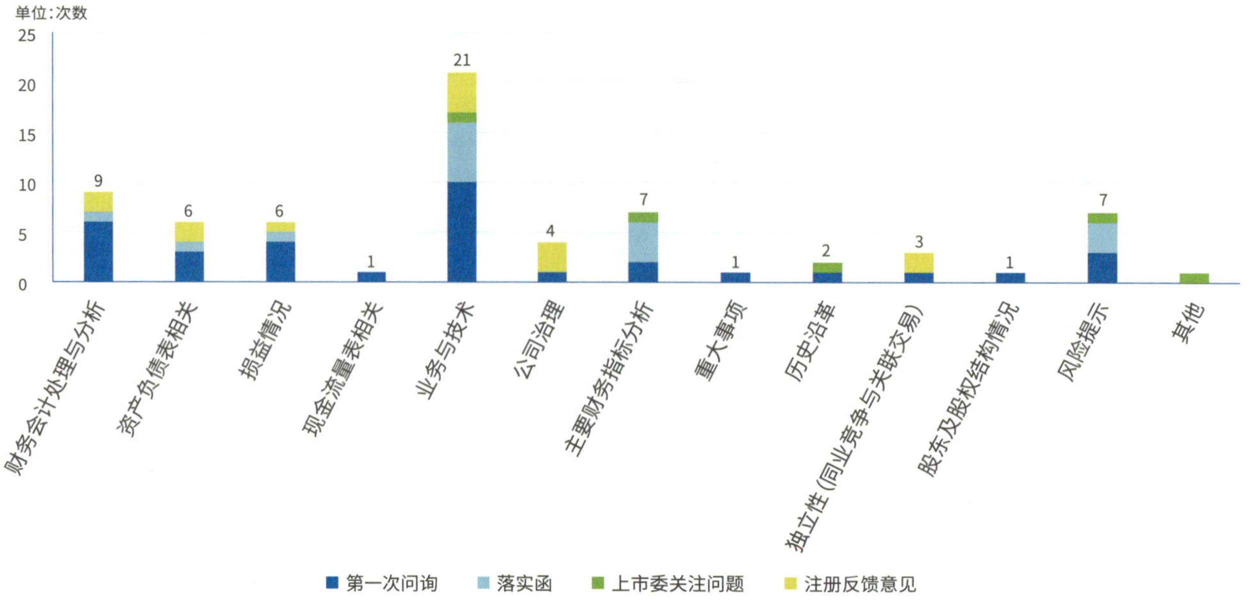

图 3　线上线下审核关注要点

五、案例分析

发行人成立于 2012 年，公司业务已覆盖互联网应用、电子商务、快递物流、第三方支付等具有海量企业短信需求的相关行业，同时建立了以互联网经济作为专注发展方向的细分产业布局。经过多年的行业积累，发行人已成为中国移动、中国电信、中国联通三大运营商的战略合作伙伴，并与近千家中大型知名企业保持着良好的合作关系，服务了大量基于互联网及移动互联网的高质量龙头企业。

通过对发行人的审核关注要点统计，深交所关注点主要集中在业务与技术方面（如持续经营、核心竞争力、采购、公司产品及服务、客户与供应商、行业情况等），除此之外，还关注财务会计处理与分析（如会计政策和会计处理、收入确认、成本核算、资产减值、资金拆借、应收款逾期等）以及损益情况（如营业收入、营业成本、净利润）等问题；上市委则关注公司治理（如内部控制、员工）以及资产与负债表相关（如预付款项、应付款项）等。

发行人作为通信技术和信息技术融合（即融合通信，简称 RCS）公司，其主营业务企业短信服务具有阅读率高、时效性强、稳定准确的特点，由于手机号码实名制的要求，使得新经济业态下的企业对于通过即时短信进行手机号码绑定、会员管理、提醒通知、身份验证、交易确认、物流提醒等私密的重要信息服务需求具有不可替代性；微信的快速发展实质上对传统短信业务有着巨大影响，发行人紧跟行业发展趋势，通过技术创新、产品更新、服务升级等手段满足用户相关使用场景下的多样化需求，随着云计算、人工智能、5G 等技术的发展和成熟，发行人也在加强技术革新和产品迭代，满足客户群体对于移动信息服务逐年提升的要求，建立与客户的强黏性。

2019 年 12 月，发行人提交上市申请，历时 439 天成功上市，成为 A 股首家 RCS 概念的企业。

扫码查看该公司IPO详情

案例十三

尤安设计——建筑设计行业创新型公司

专业技术服务业

一、公司概况

上海尤安建筑设计股份有限公司（简称“尤安设计”）主要从事建筑设计业务的研发、咨询和技术服务，以方案设计为轴心，聚焦于概念设计、方案设计、初步设计等建筑设计的前端各环节；并根据下游客户需求，提供包括施工图设计及施工配合在内的一体化建筑设计解决方案。其业务范围涵盖居住建筑、公共建筑和功能混合型社区等领域。

近年来，发行人凭借在人才团队、技术研发、服务网络、客户资源、品牌及项目经验等方面的核心优势，完成了国内一、二线城市地标性建筑、核心商业区综合体以及高端酒店等一系列具有开创性和代表性的建筑设计作品，在建筑设计行业内树立起良好的品牌知名度，并形成独特的核心竞争力。发行人设计作品曾荣获“全国勘察设计行业优秀勘察设计奖·一等奖”“上海市建筑学会建筑创作奖·优秀奖”“中国房地产优秀品牌项目”“全国人居生态建筑金奖”“REARD 全球地产设计大奖·金奖”等多个国家和行业颁发的重要奖项。具体如表 1 所示。

表 1　　尤安设计公司概况

公司名称	上海尤安建筑设计股份有限公司		
证券简称	尤安设计	证券代码	300983
公司成立日期	2004 年 01 月 06 日	企业性质	民营企业
上市板块	深交所创业板	注册资本	6000.00 万元
注册地址	中国上海市宝山区	审核历时	256 天
上市日期	2021 年 04 月 20 日	发行数量总计	2000.00 万股
发行价格	120.80 元 / 股	募集资金总额	241599.98 万元
发行后总股本	8000.00 万股	所属行业（证监会）	专业技术服务业
适用标准	一般企业标准一	所属行业（战略新兴）	—
配售机制	—		
实际控制人	施泽淞、叶阳、余志峰、陈磊、张晟、杨立峰、潘允哲		
控股股东	宁波尤埃投资中心（有限合伙）		
主营业务	公司主要从事建筑设计业务的研发、咨询与技术服务。公司以方案设计为轴心，聚焦于概念设计、方案设计、初步设计等建筑设计的前端各环节；并根据下游客户需求，提供包括施工图设计和施工配合在内的一体化建筑设计解决方案。公司业务范围涵盖居住建筑、公共建筑和功能混合型社区等领域。		

注：一般企业标准一：最近两年净利润均为正，且累计净利润不低于人民币 5000 万元。

二、发行费用

表 2　　尤安设计发行费用

序号	费用明细	中介机构	金额（万元）	占募集资金总额比例
1	承销及保荐费用	安信证券股份有限公司	12770.11	5.29%
2	律师费用	国浩律师（上海）事务所	446.23	0.18%
3	审计、验资费	致同会计师事务所（特殊普通合伙）	1200.00	0.50%
4	发行手续费		60.88	0.03%
5	用于本次发行的信息披露费用		470.24	0.19%
6	合计		14947.46	6.19%

三、IPO 报告期主要财务数据

表 3　　尤安设计 IPO 报告期主要财务数据

财务指标	2020 年 12 月 31 日	2019 年 12 月 31 日	2018 年 12 月 31 日
资产总计（万元）	107135.03	85176.92	61030.50
营业收入（万元）	92556.05	85430.23	72957.09
净利润（万元）	29319.31	26600.74	12866.18
经营活动产生的现金流量净额（万元）	15774.95	19571.79	15210.06
加权平均净资产收益率(%)	50.60	69.83	62.10
基本每股收益（元 / 股）	4.87	4.42	2.14

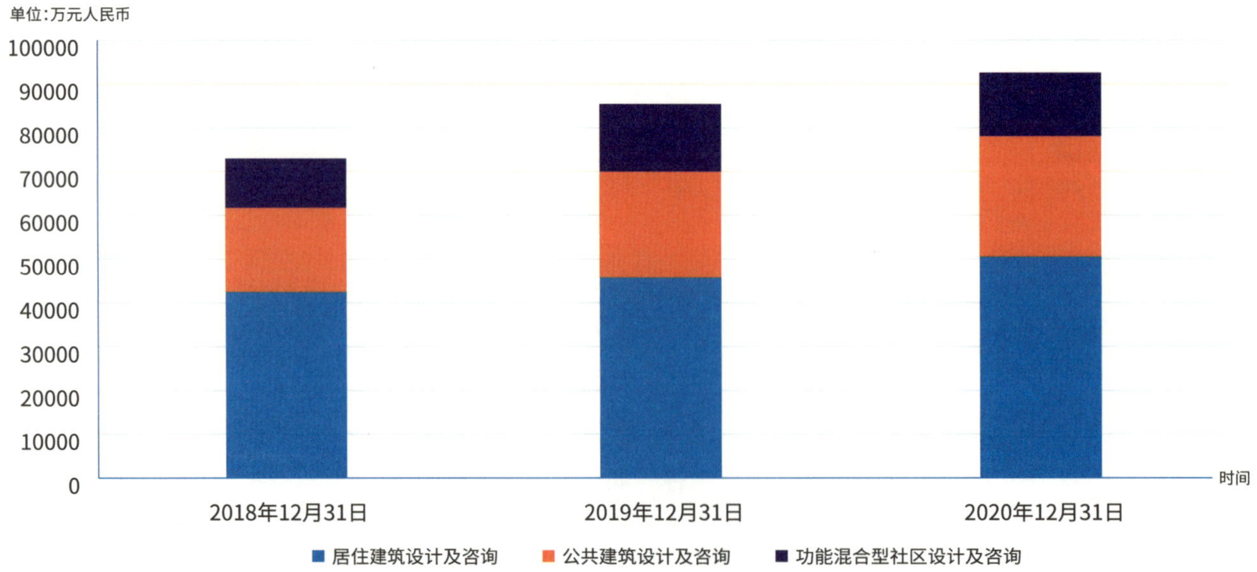

图 1　尤安设计主营业务趋势

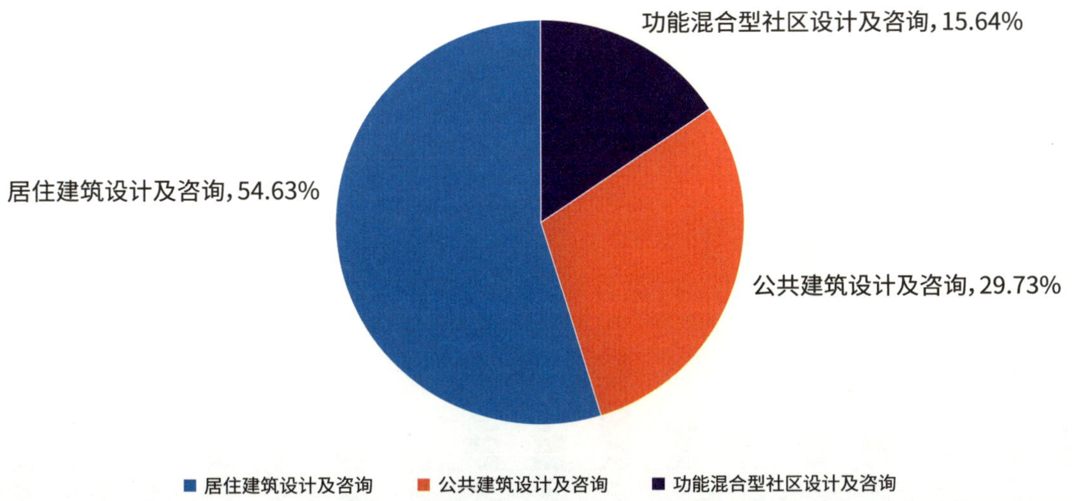

主营业务	2020 年 12 月 31 日		2019 年 12 月 31 日		2018 年 12 月 31 日	
	金额（万元）	占比（%）	金额（万元）	占比（%）	金额（万元）	占比（%）
居住建筑设计及咨询	50566.09	54.63	45758.83	53.56	42479.6	58.23
公共建筑设计及咨询	27515.28	29.73	24165.93	28.29	19227.96	26.36
功能混合型社区设计及咨询	14474.68	15.64	15505.47	18.15	11249.54	15.42
合计	92556.05	100.00	85430.23	100.00	72957.09	100.00

图 2　尤安设计主营业务分布

四、审核过程反馈意见统计

根据易董 IPO 函件数据的统计，尤安设计在 IPO 审核过程中共收到 5 次问询函，共计 53 个问题。其中，第一轮问询 29 个问题，第二轮 16 个问题，审核中心意见落实 3 个问题，上市委会议 3 个问题，注册反馈意见 2 个问题，历次问询累计情况具体如图 3 所示。

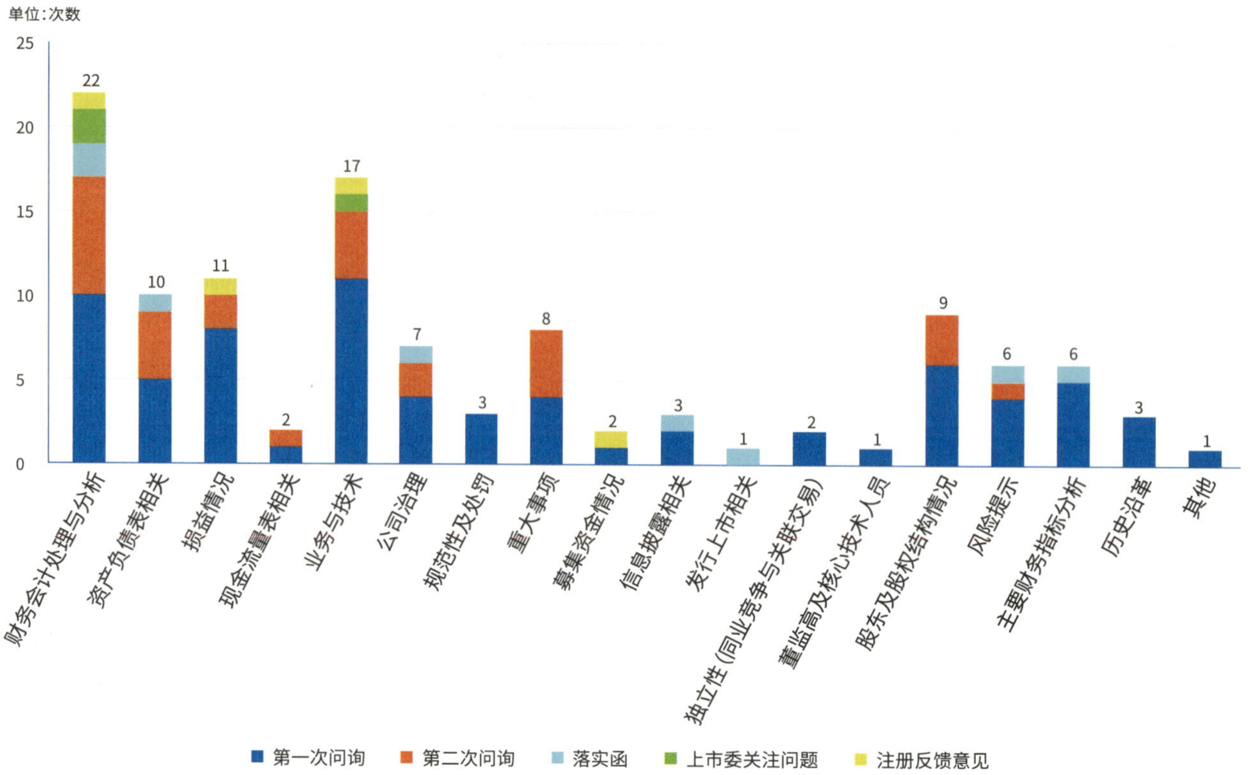

图 3　尤安设计审核关注要点

五、案例分析

发行人成立于 2004 年，是一家规模领先，以建筑方案设计和人文科技绿色为核心、以创新创意为驱动力的专家型建筑设计咨询公司，拥有建筑行业（建筑工程）甲级资质。发行人业务范围涵盖居住建筑、公共建筑和功能混合型社区等领域，设计作品遍布全国，涵盖超高层建筑、商业综合体、星级酒店、中高端住宅、甲级办公楼、城市更新、租赁住房等多个领域，多次荣获国内外学术、地产设计大奖。

通过对发行人的审核关注要点统计，深交所主要关注要点集中于财务会计处理与分析和业务与技术方面。在财务会计处理中主要被问询的问题包括合同的履行情况、收入幅度变动较大情况、是否有跨期收入确认的情况以及各期确认的收入、收款进度、成本、毛利率及期后回款情况；在业务与技术方面主要关注问题包括持续经营能力、主要客户及供应商情况和所处行业情况等。

发行人深耕建筑设计行业多年，在业务方面积累了相当深厚的经验，有其完备的业务体系。发行人与国内众多知名房地产企业建立了长期稳定的合作关系，如绿地控股、保利集团、中国金茂、碧桂园、万科集团、融创中国、华润置地、龙湖集团、中冶集团等。

财务数据显示，发行人近 3 年营业收入、净利润逐年增长，2018—2020 年，其综合毛利率分别为 49.64%、48.82% 和 49.51%，总体保持相对稳定。

发行人业务涉及建筑设计行业的多个细分领域，各项收入均有一定权重占比，风险承受能力较强。

发行人 IPO 报告期平均每股收益高达 3.81 元，虽然是传统行业，但是也取得了 120.80 元的高发行价，因此，在企业盈利好的时候，上市对于提高发行价格而言非常有利。

扫码查看该公司IPO详情

案例十四

江苏租赁——A 股金融租赁第一股

货币金融服务

一、公司概况

江苏金融租赁股份有限公司（简称“江苏租赁”）在融资租赁行业中多年耕耘，具有良好的信誉和资金实力，为全国首批获取金融许可证（1988 年）、首家进入银行间拆借市场（2008 年）、首批获准发行金融债券（2010 年）、资产支持证券（2015 年），以及首家获保监会批准保险资金资产支持计划（2015 年）的金融租赁公司。2014 年年末、2015 年年末、2016 年年末和 2017 年 9 月末，公司于各银行总共未使用授信额度为 161.22 亿元、231.64 亿元、434.34 亿元和 630.96 亿元。公司金融债的主体评级也从 AA- 稳步提升至 AAA。具体如表 1 所示。

表 1　　江苏租赁公司概况

公司名称	江苏金融租赁股份有限公司		
证券简称	江苏租赁	证券代码	600901
公司成立日期	1988 年 04 月 23 日	企业性质	地方国有企业
上市板块	上交所主板	注册资本	234665.03 万元
注册地址	中国江苏南京市建邺区	审核历时	623 天
上市日期	2018 年 03 月 01 日	发行数量总计	63999.97 万股
发行价格	6.25 元 / 股	募集资金总额	399999.81 万元
发行后总股本	298665.00 万股	所属行业（证监会）	货币金融服务
适用标准	—	配售机制	—
实际控制人	江苏省人民政府国有资产监督管理委员会		
控股股东	江苏交通控股有限公司		
主营业务	公司为中国银监会监管下的金融租赁公司，主营业务为融资租赁业务，主要服务的行业涉及医疗、教育、工业制造、农业机械等。		

二、发行费用

表 2　　江苏租赁发行费用

序号	费用明细	中介机构	金额（万元）	占募集资金总额比例
1	承销及保荐费用	华泰联合证券有限责任公司	7169.81	1.79%
2	律师费用	江苏世纪同仁律师事务所	165.09	0.04%
3	审计、验资费	普华永道中天会计师事务所（特殊普通合伙）	240.57	0.06%
4	用于本次发行的信息披露及发行手续费用		625.95	0.16%
5	总计		8201.42	2.05%

三、IPO 报告期主要财务数据

表 3　　江苏租赁 IPO 报告期主要财务数据

财务指标	2017 年 9 月 30 日	2016 年 12 月 31 日	2015 年 12 月 31 日	2014 年 12 月 31 日
资产总计（万元）	4737940.84	4178524.48	3276460.74	2664814.86
营业收入（万元）	151139.10	180978.43	132455.22	105577.88
净利润（万元）	86660.96	82404.30	73244.36	60599.62
经营活动产生的现金流量净额（万元）	101527.59	-137996.70	63303.67	-139248.64
加权平均净资产收益率（%）	15.15	16.45	16.89	15.70
基本每股收益（元 / 股）	0.37	0.35	0.31	0.26

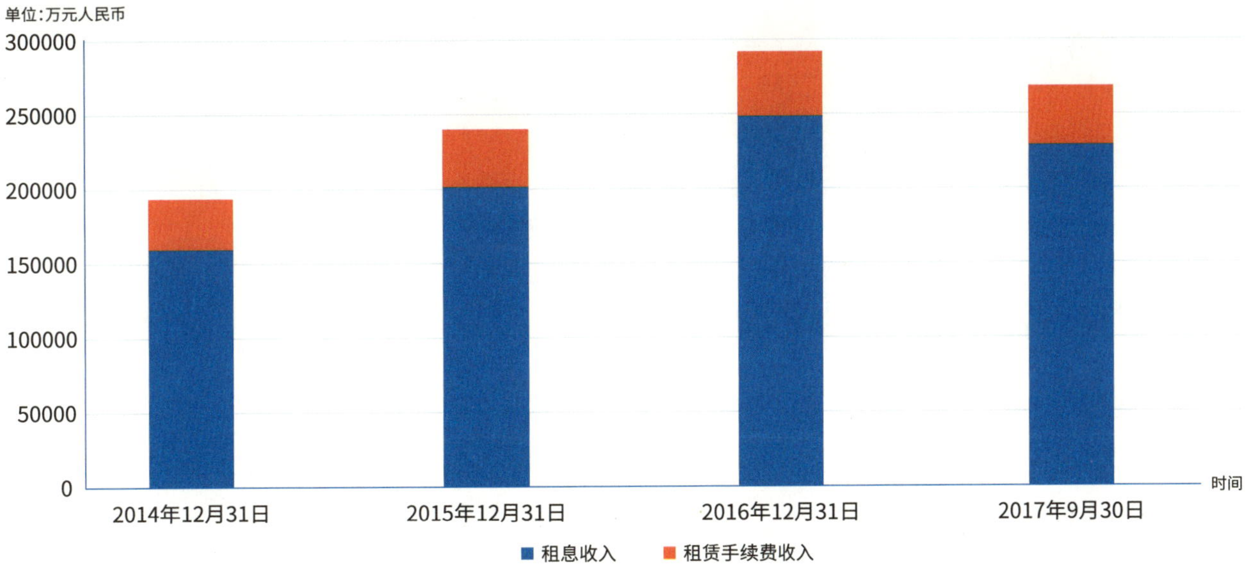

图 1　江苏租赁主营业务趋势

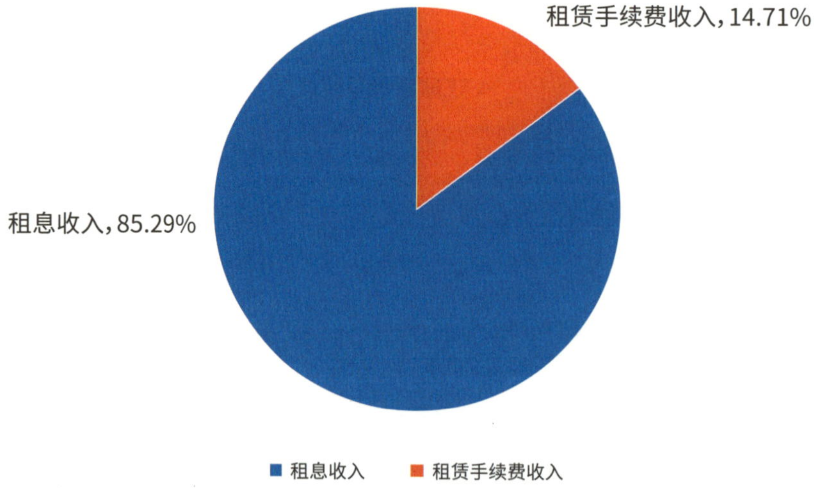

主营业务	2017 年 9 月 30 日		2016 年 12 月 31 日		2015 年 12 月 31 日		2014 年 12 月 31 日	
	金额（万元）	占比（%）	金额（万元）	占比（%）	金额（万元）	占比（%）	金额（万元）	占比（%）
租息收入	229007.27	85.29	248583.01	85.17	201605.10	83.99	159639.17	82.38
租赁手续费收入	39493.46	14.71	43286.57	14.83	38416.33	16.01	34145.19	17.62
合计	268500.73	100.00	291869.58	100.00	240021.43	100.00	193784.36	100.00

图 2　江苏租赁主营业务分布

四、审核过程反馈意见统计

根据易董 IPO 函件数据的统计，江苏租赁在 IPO 审核过程中共收到 3 次问询函，共计 52 个问题。其中，预披露反馈意见 44 个问题，发审委会议 5 个问题，发审委会议的审核意见 3 个问题，历次问询累计情况具体如图 3 所示。

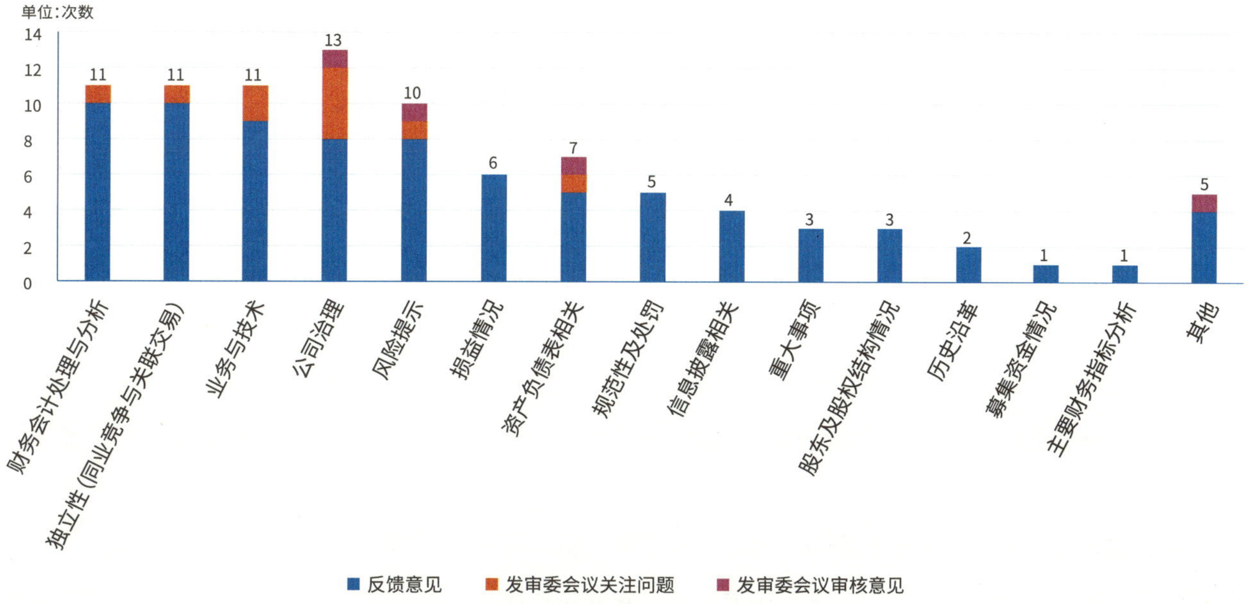

图 3　江苏租赁审核关注要点

五、案例分析

发行人是中国银保监会监管下的金融租赁公司，主营业务为融资租赁业务，主要服务的行业涉及医疗、教育、工业制造、农业机械等，目前是国内中小型客户以及医疗教育等社会事业领域领先的金融租赁公司。发行人融资租赁模式以售后回租为主，直接租赁为辅，售后回租收入占比超过 90%。发行人持续拓展直接租赁业务，发力厂商租赁模式。

发行人实际控制人为江苏省国资委。江苏省国资委持有江苏交通全部股份，江苏交通直接持有公司 27.27% 的股份。除国资背景外，江苏租赁的其他主要股东还包括南京银行、国际金融公司、法国巴黎银行租赁集团等。

中国证监会在反馈意见中主要关注发行人财务会计处理与分析（如会计政策和会计处理情况、资产减值、应收款逾期、利润分配及公积金转增股本情况、现金流量为负与行业特点的关系等）、独立性（如关联交易、公司独立性、同业竞争）、业务与技术（如租赁、经营资质、资产权属及完整性）等问题；发审会的关注要点则包括公司治理（如内部控制）、业务与技术（如持续经营、租赁）等。

发行人专注融资租赁行业多年，具有良好信誉和资金实力，资金来源稳定。借助同业拆借、金融债、资产证券化、资产支持计划等融资工具，发行人融资渠道稳定且具有多样化，在融资的资金来源、资金成本等方面，具有一定的优势。

案例十五

诺禾致源——NGS 科研服务第一股 + 三度闯关 IPO

专业技术服务业

生物医药产业

一、公司概况

北京诺禾致源科技股份有限公司（简称“诺禾致源”）专注于开拓前沿分子生物学技术和高性能计算在生命科学研究和人类健康领域的应用，致力于成为全球领先的基因科技产品和服务提供者，基于在基因测序及其应用领域的技术积累，自主开发创新的基因检测医疗器械。作为目前国内基因测序领域的佼佼者，诺禾致源的业务覆盖生命科学基础科研服务、医学研究与技术服务、建库测序平台服务，为全球研究型大学、科研院所、医院、医药研发企业、农业企业等提供基因测序、质谱分析和生物信息技术支持等服务。具体如表 1 所示。

表 1　诺禾致源公司概况

公司名称	北京诺禾致源科技股份有限公司		
证券简称	诺禾致源	证券代码	688315
公司成立日期	2011 年 03 月 15 日	企业性质	民营企业
上市板块	上交所科创板	注册资本	36000.00 万元
注册地址	中国北京市昌平区	审核历时	278 天
上市日期	2021 年 04 月 13 日	发行数量总计	4020.00 万股
发行价格	12.76 元 / 股	募集资金总额	51295.19 万元
发行后总股本	40020.00 万股	所属行业（证监会）	专业技术服务业
适用标准	一般企业标准三	所属行业（战略新兴）	生物医药产业
配售机制	券商跟投，高管、核心员工配售		
实际控制人	李瑞强		
控股股东	李瑞强		

续表

公司名称	北京诺禾致源科技股份有限公司
主营业务	公司主要依托高通量测序技术和生物信息分析技术，建立了通量规模领先的基因测序平台，并结合多组学研究技术手段，为生命科学基础研究、医学及临床应用研究提供多层次的科研技术服务和解决方案；同时基于在基因测序及其应用领域的技术积累，自主开发创新的基因检测医疗器械。

注：一般企业标准三：预计市值不低于人民币 20 亿元，最近一年营业收入不低于人民币 3 亿元，且最近三年经营活动产生的现金流量净额累计不低于人民币 1 亿元。

二、发行费用

表 2　　诺禾致源发行费用

序号	费用明细	中介机构	金额（万元）	占募集资金总额比例
1	承销及保荐费用	中信证券股份有限公司	4355.66	8.49%
2	律师费用	北京市中伦律师事务所	620.00	1.21%
3	审计、验资费	立信会计师事务所（特殊普通合伙）	805.41	1.57%
4	用于本次发行的信息披露费用		452.83	0.88%
5	发行手续及其他费用		84.33	0.16%
6	合计		6318.23	12.32%

三、IPO 报告期主要财务数据

表 3　　诺禾致源 IPO 报告期主要财务数据

财务指标	2020 年 12 月 31 日	2019 年 12 月 31 日	2018 年 12 月 31 日
资产总计（万元）	202473.21	197015.76	147135.79
营业收入（万元）	149002.76	153482.89	105356.17
净利润（万元）	3444.28	11443.25	9787.28
经营活动产生的现金流量净额（万元）	34207.31	8535.84	15143.11
加权平均净资产收益率（%）	3.32	11.15	10.61
基本每股收益（元 / 股）	0.10	0.32	0.27

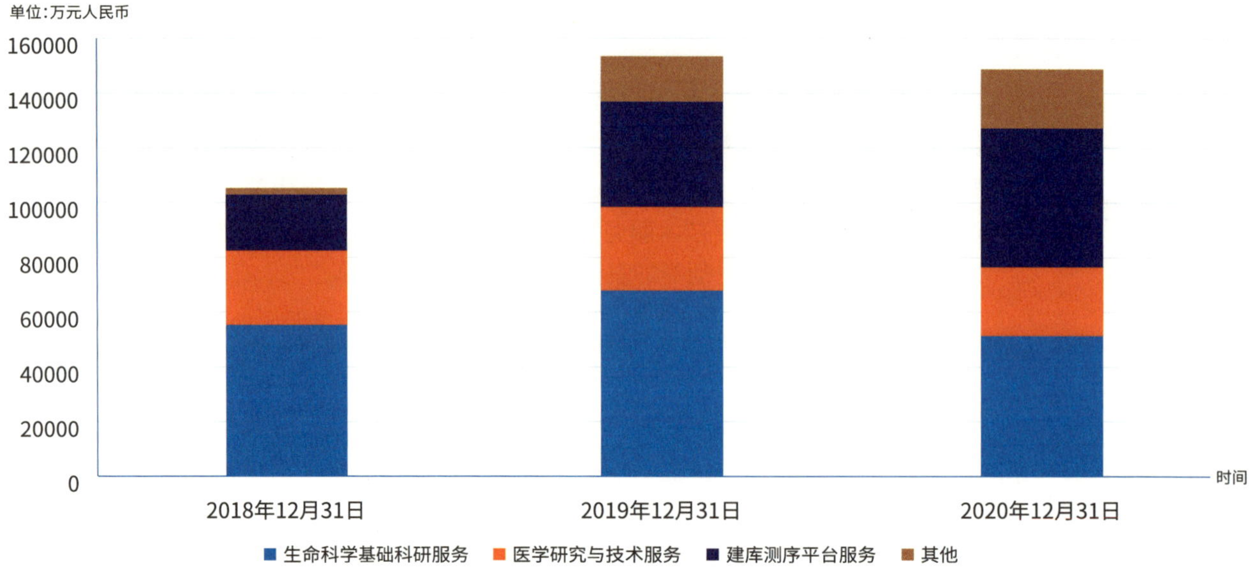

图 1　诺禾致源主营业务趋势

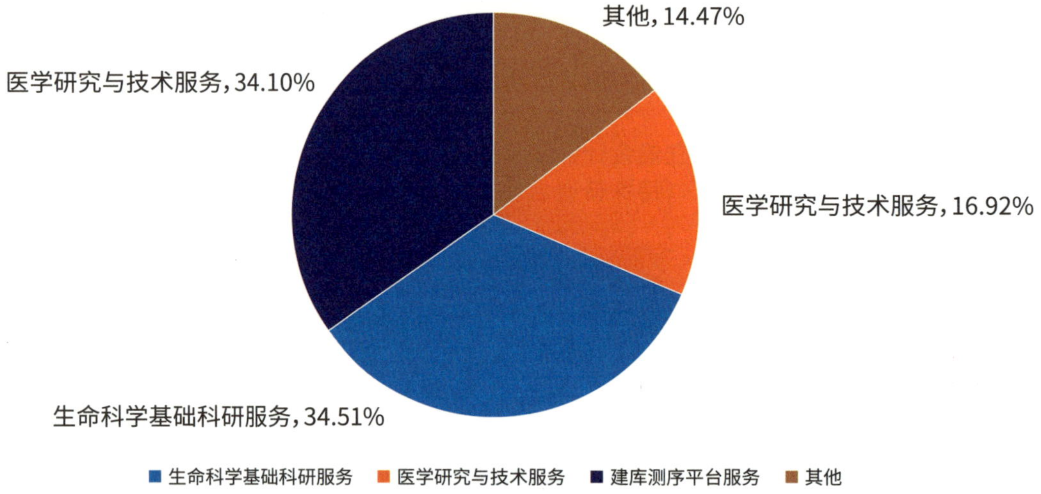

主营业务	2020 年 12 月 31 日		2019 年 12 月 31 日		2018 年 12 月 31 日	
	金额（万元）	占比（%）	金额（万元）	占比（%）	金额（万元）	占比（%）
生命科学基础科研服务	51348.76	34.51	67818.16	44.19	55225.37	52.46
医学研究与技术服务	25181.35	16.92	30621.60	19.95	27244.02	25.88
建库测序平台服务	50728.88	34.10	38489.12	25.08	20376.42	19.36
其他	21525.25	14.47	16553.38	10.79	2422.25	2.30
合计	148784.24	100.00	153482.26	100.00	105268.06	100.00

图 2　诺禾致源主营业务分布

四、研发及专利

（一）专利情况

表 4　　诺禾致源专利情况

	发明专利（项）	实用新型专利（项）	外观设计专利（项）	国际专利（项）	合计（项）
数量	36	—	1	—	37
占比	97.30%	—	2.70%	—	100.00%

（二）研发投入

表 5　　诺禾致源研发投入

项目	2020 年 12 月 31 日	2019 年 12 月 31 日	2018 年 12 月 31 日	合计
研发投入（万元）	11231.50	12570.83	7941.51	31743.84
营业收入（万元）	149002.76	153482.89	105356.17	407841.82
研发投入占营业收入的比例	7.54%	8.19%	7.54%	7.78%

（三）核心技术及研发技术人员

表 6　　诺禾致源核心技术及研发技术人员

类别	2020 年 12 月 31 日	占比	2019 年 12 月 31 日	占比	2018 年 12 月 31 日	占比
核心技术人员（人）	3	0.15%	3	0.12%	3	0.16%
研发技术人员（人）	434	21.80%	—	—	—	—
公司员工总数（人）	1991	100.00%	2575	100.00%	1899	100.00%

五、审核过程反馈意见统计

根据易董 IPO 函件数据的统计，诺禾致源在 IPO 审核过程中共收到 6 次问询函，共计 59 个问题。其中，第一轮问询函 32 个问题，第二轮问询函 8 个问题，第三轮问询函 5 个问题，审核中心落实函 4 个问题，上市委会议意见落实函 5 个问题，证监会注册反馈意见 5 个问题，历次问询累计情况具体如图 3 所示。

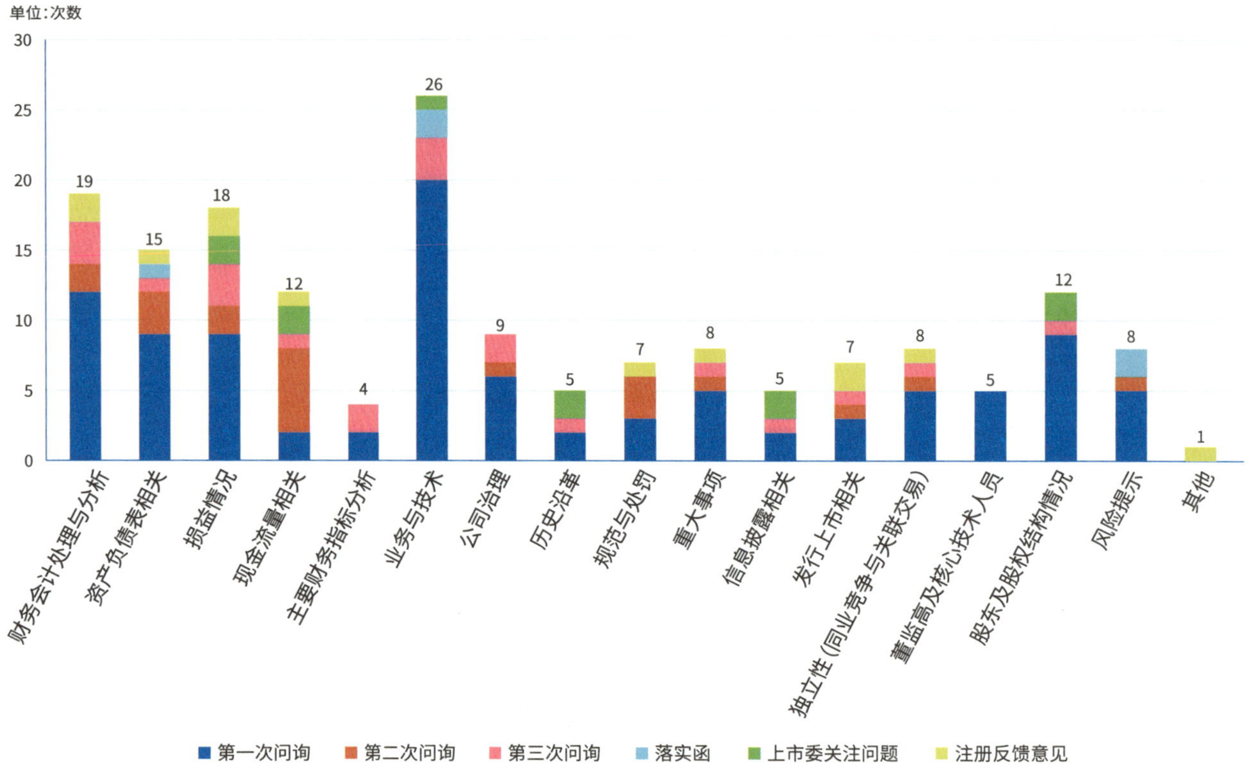

图 3　诺禾致源审核关注要点

六、案例分析

发行人是国内通量最大的基因测序科研服务提供商之一，主要依托高通量测序技术和生物信息分析技术建立的基因测序平台，结合多组学研究技术手段，为生命科学基础研究、医学及临床应用研究提供多层次的科研技术服务及解决方案。

实际上，这已经是发行人第三次 IPO，前两度尝试 IPO 未果，尤其是第二次上会前夜，证监会突然宣布鉴于其尚有相关事项需要进一步核查，并取消了第二天的审核会议。而后在研发产品上，发行人切入临床肿瘤检测市场，实现突破性创新，为最终成功 IPO 打下良好基础。

在第三次冲击 IPO 过程中，上交所对发行人进行多轮问询，重点关注其业务与技术（如发行人的发展战略及经营计划、生产业务相关情况、技术和研发情况、重要项目实施进展等）和财务会计处理与分析问题（如收入确认方式、成本核算等）；发审委在审核过程中也重点关注发行人的业务与技术（如各分支机构的经营资质）以及风险提示（如房产租赁风险）和财务会计处理（如收入确认和变动情况）等问题。

作为国内通量基因测序科研服务龙头企业，发行人在基因测序领域先发优势明显，品牌力突出，凭借建立全球标准化实验室管理体系和服务流程，全球本地化战略成效显著。面对基因测序市场广阔的发展前景，发行人科创板上市恰逢其时，在资本热浪的助推下，顺势而上。

扫码查看该公司IPO详情

案例十六

贝特瑞——北交所市值第一股

非金属矿物制品业

一、公司概况

贝特瑞，成立于2000年，是负极材料行业的龙头企业。作为全球绝对领先的锂电材料供应商，贝特瑞已经形成了负极材料、正极材料、石墨烯应用三大事业板块，主要产品包括天然石墨负极材料、人造石墨负极材料、硅基等新型负极材料、磷酸铁锂正极材料与高镍三元正极材料（NCA、NCM811等）等锂离子电池正负极材料。2013年以来，贝特瑞的负极材料出货量已经连续7年位列全球第一。

贝特瑞是国内首家将天然石墨用于锂电负极材料的公司，2002年完成天然石墨负极量产，开启了天然石墨负极的国产化替代之路，打破日本对负极材料的垄断地位；2007年进入正极材料领域；2009年实现磷酸铁锂批量出货；2016年高镍三元材料开始批量出货；2021年年中，公司业务进一步聚焦附加值更高的高新材料领域，剥离毛利率更低的磷铁业务。

客户方面，贝特瑞采取大客户战略，重视与国内外大客户的联系与合作，覆盖了以松下、三星SDI、LG化学、SKI及村田等为核心的国际主流客户群体，也覆盖了以宁德时代、比亚迪、国轩高科、力神、亿纬锂能及鹏辉能源等为代表的国内主流客户群体。具体如表1所示。

表1　贝特瑞公司概况

公司名称	贝特瑞新材料集团股份有限公司		
证券简称	贝特瑞	证券代码	835185
公司成立日期	2000年08月07日	企业性质	民营企业
上市板块	北交所	注册资本	43956.99万元
注册地址	中国广东深圳市光明区	审核历时	43天
发行挂牌日期	2020年07月27日	发行数量总计	4000.00万股
发行价格	41.80元/股	募集资金总额	167200.00万元
发行后总股本	47956.99万股	所属行业（证监会）	非金属矿物制品业
适用标准	标准一	申万行业	电池化学品
配售机制	战略投资者配售		
实际控制人	中国宝安集团控股有限公司		
控股股东	中国宝安集团控股有限公司		

续表

公司名称	贝特瑞新材料集团股份有限公司
主营业务	公司是一家以技术创新为引领，以技术领先、产品及产业链布局完善、国际与国内主流客户并重为特色，以锂离子电池负极材料和正极材料为核心产品，行业地位突出的新能源材料研发与制造商。公司主要产品包括天然石墨负极材料、人造石墨负极材料、硅基等新型负极材料、磷酸铁锂正极材料与高镍三元正极材料（NCA、NCM811 等）等锂离子电池正负极材料。该等材料是制造新能源汽车动力电池、消费电子电池、储能电池的核心材料。

注：标准一：市值不低于 2 亿元，最近两年净利润均不低于 1500 万元且加权平均净资产收益率平均不低于 8%，或者最近一年净利润不低于 2500 万元且加权平均净资产收益率不低于 8%。

二、发行费用

表 2　　贝特瑞发行费用

序号	费用明细	中介机构	金额（万元）	占募集资金总额比例
1	承销及保荐费用	国信证券股份有限公司	6309.43	3.77%
2	律师费用	上海市方达律师事务所	330.00	0.20%
3	审计、验资费	中审众环会计师事务所（特殊普通合伙）	518.87	0.31%
4	用于本次发行的信息披露费用		9.43	0.01%
5	发行手续及其他费用		9.34	0.01%
6	合计		7177.07	4.30%

三、IPO 报告期主要财务数据

表 3　　贝特瑞 IPO 报告期主要财务数据

财务指标	2019 年 12 月 31 日	2018 年 12 月 31 日	2017 年 12 月 31 日
资产总计（万元）	830281.28	756751.59	588758.60
营业收入（万元）	439005.94	400870.00	296723.27
净利润（万元）	68469.56	53972.74	35098.19
经营活动产生的现金流量净额（万元）	62473.79	17770.06	-12715.51
加权平均净资产收益率（%）	17.78	15.39	15.70
基本每股收益（元 / 股）	1.53	1.12	0.84

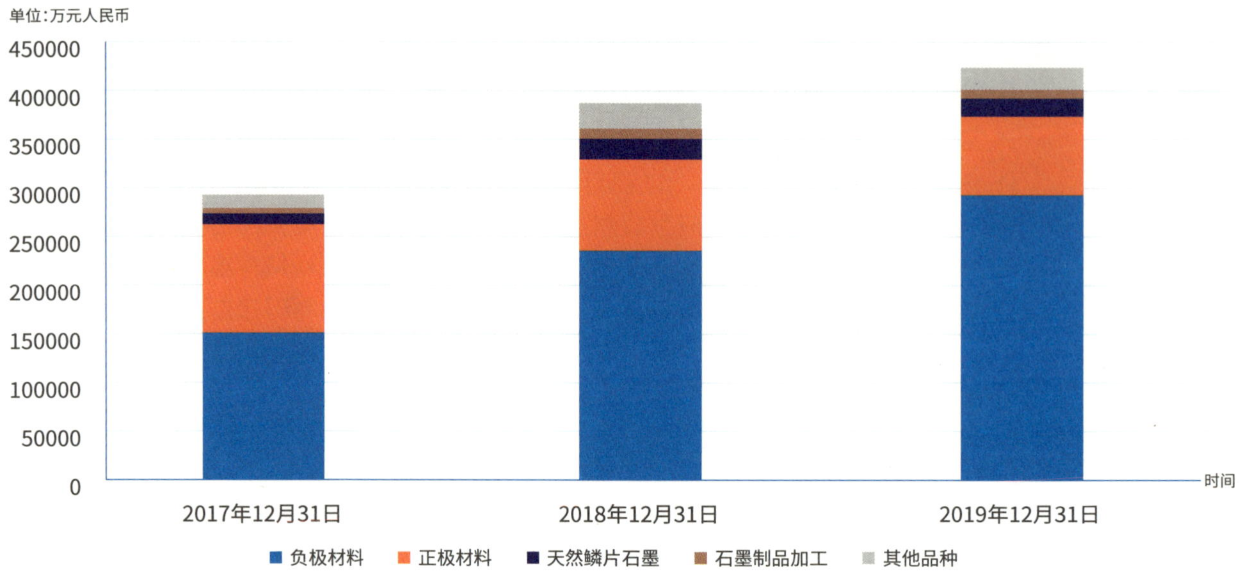

图 1　贝特瑞主营业务趋势

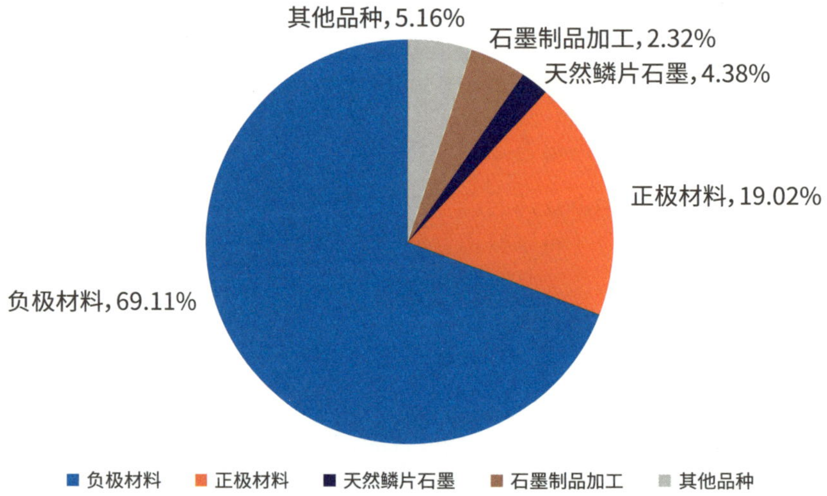

主营业务	2019 年 12 月 31 日		2018 年 12 月 31 日		2017 年 12 月 31 日	
	金额（万元）	占比（%）	金额（万元）	占比（%）	金额(万元)	占比（%）
负极材料	292974.85	69.11%	235796.24	60.87%	150989.17	51.59%
正极材料	80623.54	19.02%	93610.79	24.16%	111446.56	38.08%
天然鳞片石墨	18584.98	4.38%	21136.21	5.46%	11146.20	3.81%
石墨制品加工	9846.91	2.32%	10827.06	2.79%	5748.15	1.96%
其他品种	21892.47	5.16%	26037.87	6.72%	13337.61	4.56%
合计	423922.75	100.00%	387408.17	100.00%	292667.69	100.00%

图 2　贝特瑞主营业务分布

四、 审核过程反馈意见统计

根据易董 IPO 函件数据的统计，贝特瑞在审核过程中共收到 2 次问询函，共计 43 个问题。其中，第一轮问询 40 个问题，挂牌委会议 3 个问题，历次问询累计情况具体如图 3 所示。

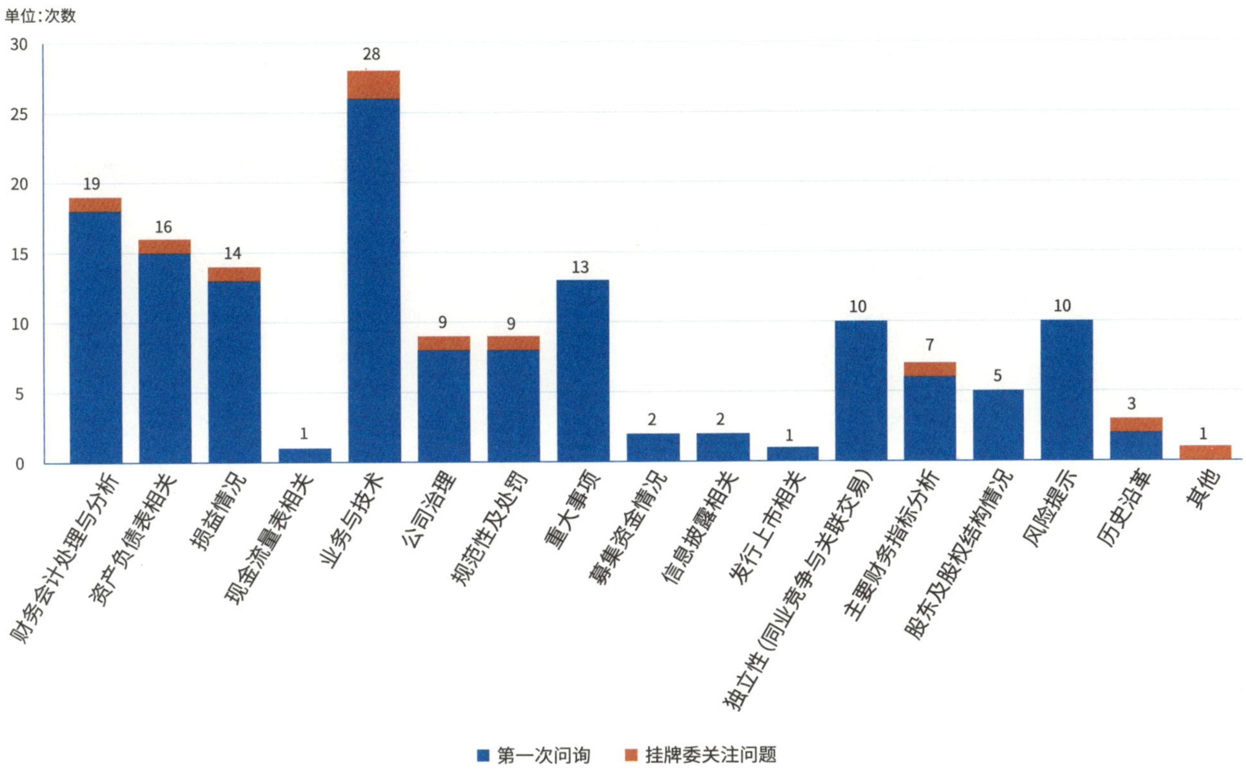

图 3　贝特瑞审核关注要点

五、案例分析

贝特瑞是由中国宝安集团控股（中国宝安集团通过直接和间接方式共持股 68.36%）的致力于锂离子二次电池用正、负极材料及纳米材料应用的专业化生产制造商，也是首批精选层挂牌企业之一，其募集资金额度及市值均在精选层中拔得头筹。根据公开发行说明书显示，发行人 2017—2019 年主要收入来源是负极材料，占比高达 51.59%、60.87% 和 69.11%，呈逐步上升趋势。2017—2019 年，公司向前五名客户的销售收入占比分别为 58.23%、43.03% 和 45.43%，前五名客户相对比较稳定。

通过对发行人的审核关注要点统计，股转公司审核机构关注点主要集中在业务与技术方面（如发行人的主要产品、主营业务、持续经营能立、经营资质、采购、销售、行业竞争格局等），除此之外，还关注财务会计处理与分析（会计政策和会计处理）以及资产负债表相关（应收款项）等问题；挂牌委则关注财务会计分析方面的问题。

根据公开发行说明书显示，自 2013 年开始，发行人的负极材料出货量已连续 7 年位列全球第一，同时，作为国内最早量产硅基负极材料的企业之一，其 2019 年硅基负极材料的出货量也在国内领先。近年来，随着动力电池行业对高能量密度负极材料需求的增长，贝特瑞作为抢先在硅基负极材料领域实现量产的企业之一，将会在这个市场中分得一杯羹。此外，公司石墨烯应用业务作为未来潜力业务同样备受关注。贝特瑞持续完善产业链布局，让其能够继续保持强有力的行业竞争力，成为行业中的领军企业。

贝特瑞自 2020 年成功晋级新三板精选层后便稳坐“精选层一哥”的位置，在北交所成立的消息宣布后，作为稀缺大白马再次受到资本市场热捧。而其作为中国宝安的核心资产之一，为中国宝安贡献了主要的利润来源。但根据《上市公司分拆所属子公司境内上市试点若干规定》，上市公司子公司分拆上市需要同时满足七大条件，而发行人尚有三大条件无法满足，因此，目前还不具备转板上市的条件。

案例十七

连城数控——精选层第一只百元股

专用设备制造业

一、公司概况

连城数控，成立于 2007 年，是全球领先的光伏与半导体设备制造商，从晶体生长、切磨加工到光伏电池工艺，为光伏事业提供全产业链的设备和自动化全方位的服务。

连城数控专注光伏和半导体产品制造和解决方案，业务涵盖开方机、截断机、切片机系列，单晶炉系列，激光划片机系列，ALD、PECVD、扩散炉系列，智能制造生产线等。2013 年，公司在国内率先推出金刚线切片机，取得较好的市场反响。2018 年，公司推出适用于 12 英寸半导体级单晶硅棒生长的新型 KX320MCZR 直拉单晶炉，并将其已交付客户使用，系国内少数几家可研发生产此类产品的企业之一。

连城数控先后获“辽宁省大连连城晶硅材料工程技术研究中心”“辽宁省大连市光伏与半导体硅材料切割设备工程实验室”等称号，同时作为国内少数几家可以研发、制造单多晶硅料加工设备的企业之一，与国内外企业的同类型产品相比，产品拥有国际先进水平的技术优势，可以针对不同客户的个性化需求提供定制化产品，做到服务反应迅速，在行业内树立了良好的品牌优势。具体如表 1 所示。

表 1 连城数控公司概况

公司名称	大连连城数控机器股份有限公司		
证券简称	连城数控	证券代码	835368
公司成立日期	2007 年 09 月 25 日	企业性质	民营企业
上市板块	北交所	注册资本	10033.00 万元
注册地址	中国辽宁省大连市	审核历时	34 天
发行挂牌日期	2020 年 07 月 27 日	发行数量总计	1500.00 万股
发行价格	37.89 元 / 股	募集资金总额	56835.00 万元
发行后总股本	11,533.00 万股	所属行业（证监会）	专用设备制造业
适用标准	标准四	申万行业	光伏加工设备
配售机制	战略投资者配售		
实际控制人	李春安、钟宝申		

续表

公司名称	大连连城数控机器股份有限公司
控股股东	沈阳汇智投资有限公司
主营业务	公司是技术领先的光伏及半导体行业晶体硅生长和加工设备供应商，为光伏及半导体行业客户提供高性能的单晶炉、线切设备、磨床、硅片处理设备和氩气回收装置等产品。

注：标准四：市值不低于 15 亿元，最近两年研发投入合计不低于 5000 万元。

二、发行费用

表 2　　连城数控发行费用

序号	费用明细	中介机构	金额（万元）	占募集资金总额比例
1	承销及保荐费用	开源证券股份有限公司	3330.28	5.86%
2	律师费用	国浩律师（上海）事务所	109.43	0.19%
3	审计、验资费	信永中和会计师事务所（特殊普通合伙）	84.91	0.15%
4	用于本次发行的信息披露费用		86.79	0.15%
5	印花税		13.30	0.02%
6	合计		3,624.71	6.37%

三、IPO 报告期主要财务数据

表 3　　连城数控 IPO 报告期主要财务数据

财务指标	2019 年 12 月 31 日	2018 年 12 月 31 日	2017 年 12 月 31 日
资产总计（万元）	214136.51	160117.00	156134.45
营业收入（万元）	97242.11	105321.23	87655.99
净利润（万元）	16647.81	17019.22	18929.56
经营活动产生的现金流量净额（万元）	-4518.72	10791.62	11264.88
加权平均净资产收益率（%）	16.44	24.91	37.63
基本每股收益（元 / 股）	1.69	2.06	2.35

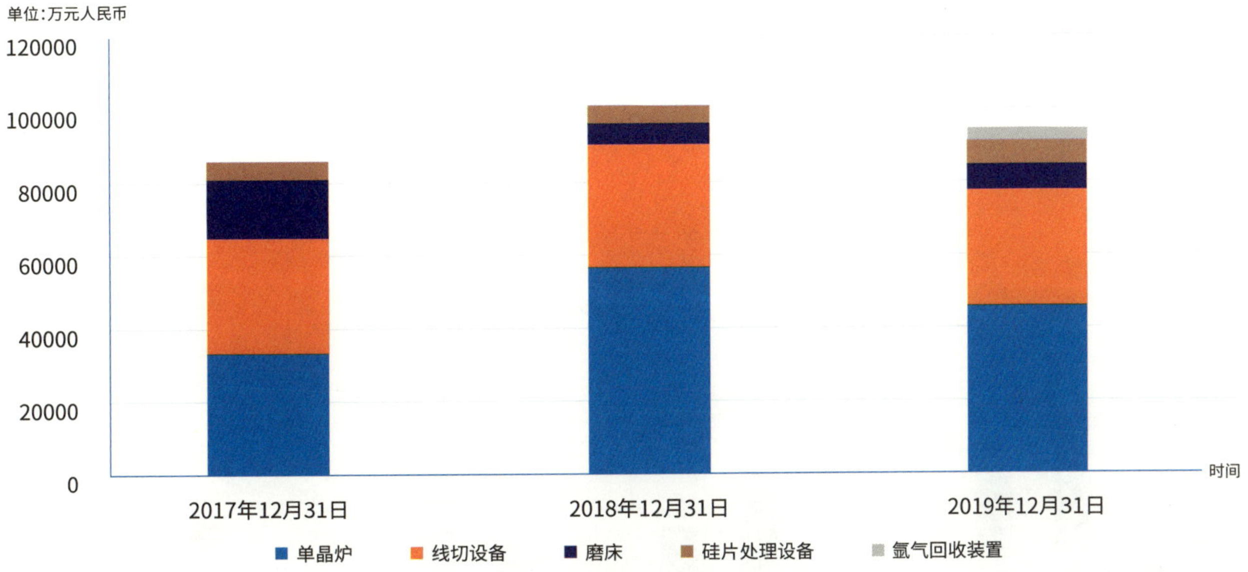

图 1　连城数控主营业务趋势

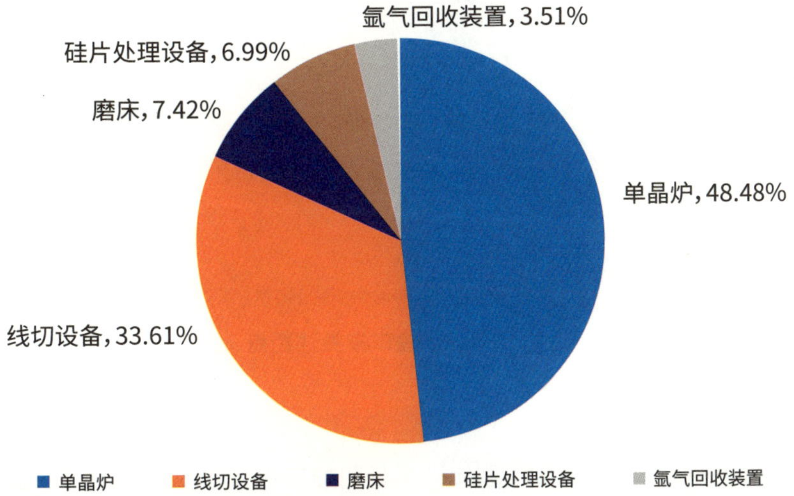

主营业务	2019 年 12 月 31 日		2018 年 12 月 31 日		2017 年 12 月 31 日	
	金额（万元）	占比（%）	金额（万元）	占比（%）	金额（万元）	占比（%）
单晶炉	45797.25	48.48%	56650.50	56.03%	33378.17	38.79%
线切设备	31748.70	33.61%	33666.98	33.30%	31459.51	36.56%
磨床	7007.51	7.42%	5783.54	5.72%	16167.88	18.79%
硅片处理设备	6606.04	6.99%	5007.70	4.95%	5047.93	5.87%
氩气回收装置	3315.36	3.51%	—	—	—	—
合计	94474.86	100.00%	101108.72	100.00%	86053.49	100.00%

图 2　连城数控主营业务分布

四、审核过程反馈意见统计

根据易董 IPO 函件数据的统计，连城数控在审核过程中共收到 2 次问询函，共计 47 个问题。其中，第一轮问询函 42 个问题，挂牌委会议 5 个问题，历次问询累计情况具体如图 3 所示。

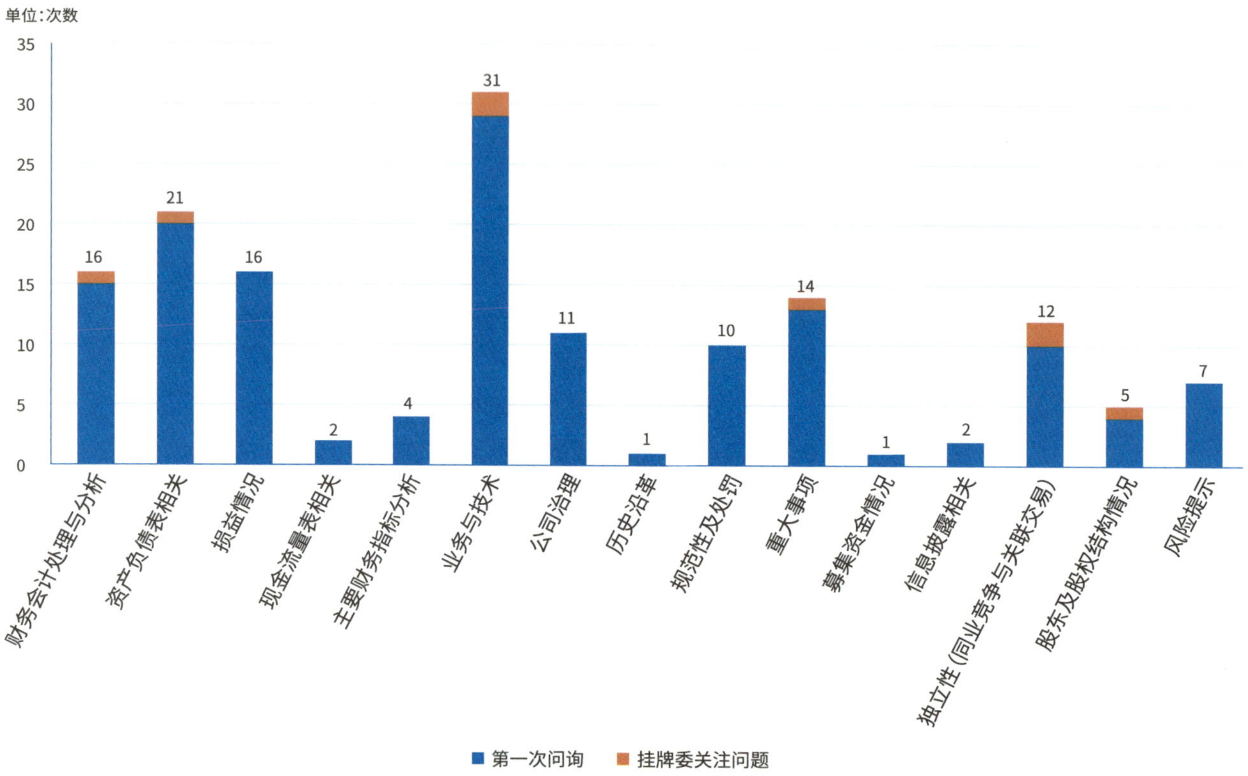

图 3　连城数控审核关注要点

五、案例分析

发行人是技术领先的光伏及半导体行业晶体硅生长和加工设备供应商，为光伏及半导体行业客户提供高性能的单晶炉、线切设备、磨床、硅片处理设备和氩气回收装置等产品。2008 年，公司成功研制出中国第一代具备自主知识产权的多线切方机，实现对进口设备的替代。2011 年 3 月，公司研发的多（单）晶硅多线切方机荣获“第五届（2010 年度）中国半导体创新产品和技术”荣誉；2011 年 8 月，公司生产的晶体硅多线切方机被中国科学技术部、中国商务部、中国环境保护部、国家质量监督检验检疫总局等四部委认定为“国家重点新产品”。2013 年，公司在国内首次推出金刚线切片机。

发行人的下游客户主要是主流硅片生产商，包括隆基股份、晶科能源、江苏中能和东方希望等。其中，隆基股份是连城数控的第一大客户，连城数控主要向隆基股份及其下属子公司提供线切设备和单晶炉产品。

通过对发行人的审核关注要点统计，股转公司审核机构关注点主要集中在业务与技术方面（如发行人的产品及服务、采购、销售、持续经营、客户与供应商、行业竞争格局、主要经营业务情况、资产权属及完整性等），除此之外，还关注资产负债相关（如存货、预计负债、固定资产等）以及损益情况（如营业收入、营业成本及期间费用等）等问题；挂牌委则关注发行人的关联交易及持续经营、采购、销售等问题。

2016 年，发行人正式登陆新三板，2020 年 7 月成为精选层的首批挂牌企业（发行价为 37.89 元 / 股）。2020 年 12 月 21 日，精选层开市 100 个交易日之际，连城数控盘中最高价达到 100.67 元 / 股，成为精选层第一只百元股。此后股价更一直稳居百元以上，在 2021 年 2 月曾触及最高 189.83 元，短短一年多时间已相对于发行价上涨了数倍。

连城数控业绩的大幅增长与近年来国家推行的“双碳”政策以及大力发展绿色经济的各项措施密不可分。在国内“碳达峰”“碳中和”政策背景下，以及全球能源结构加速转型的浪潮中，以光伏为代表的清洁能源正逐步成为实现碳中和目标的主力之一，发行人也有望迎来更大的发展空间。

案例十八

厦钨新能——国内最大的正极材料企业 + 分拆上市

计算机、通信和其他电子设备制造业

一、公司概况

厦钨新能成立于 2016 年 12 月 20 日，是世界钨行业领军企业——厦门钨业股份有限公司的全资子公司。目前，厦钨新能正积极发展包括锂电正极材料在内的能源新材料产业。

发行人现拥有四家全资、控股子公司和一家新能源材料研究院，依托雄厚的资金优势、人才优势和高端技术平台，利用国际先进设备，致力于产品和技术的不断创新，以国际一流的管理理念及品质保证体系，打造出深受用户赞誉的优质产品。发行人产品涵盖钴酸锂、三元材料、前驱体、锰酸锂、磷酸铁锂、高镍材料、NCA 等全系列能源新材料产品，积极进行富锂锰基、5V 高电压等下一代能源新材料产品开发，广泛服务于多家国内外知名的电池客户，市场占有率在同行业中名列前茅。具体如表 1 所示。

表 1　厦钨新能公司概况

公司名称	厦门厦钨新能源材料股份有限公司		
证券简称	厦钨新能	证券代码	688778
公司成立日期	2016 年 12 月 20 日	企业性质	地方国有企业
上市板块	上交所科创板	注册资本	18867.92 万元
注册地址	中国福建厦门市海沧区	审核历时	329 天
上市日期	2021 年 08 月 05 日	发行数量总计	6289.31 万股
发行价格	24.50 元 / 股	募集资金总额	154088.01 万元
发行后总股本	25157.23 万股	所属行业（证监会）	计算机、通信和其他电子设备制造业
适用标准	一般企业标准一	所属行业（战略新兴）	先进石化化工新材料
配售机制	券商跟投，高管、核心员工配售		
实际控制人	福建省人民政府国有资产监督管理委员会		

续表

公司名称	厦门厦钨新能源材料股份有限公司
控股股东	厦门钨业股份有限公司
主营业务	发行人的主营业务为锂离子电池正极材料的研发、生产和销售，报告期内主要产品为钴酸锂、NCM 三元材料等。

注：一般企业标准一：预计市值不低于人民币 10 亿元，最近两年净利润均为正且累计净利润不低于人民币 5000 万元，或者预计市值不低于人民币 10 亿元，最近一年净利润为正且营业收入不低于人民币 1 亿元。

二、发行费用

表 2　　厦钨新能发行费用

序号	费用明细	中介机构	金额（万元）	占募集资金总额比例
1	承销及保荐费用	兴业证券股份有限公司	7456.98	4.84%
2	律师费用	福建至理律师事务所	347.17	0.23%
3	审计、验资费	致同会计师事务所（特殊普通合伙）	844.34	0.55%
4	用于本次发行的信息披露费用		645.28	0.42%
5	发行手续费		86.54	0.06%
6	合计		9380.31	6.10%

三、IPO 报告期主要财务数据

表 3　　厦钨新能 IPO 报告期主要财务数据

财务指标	2020 年 12 月 31 日	2019 年 12 月 31 日	2018 年 12 月 31 日
资产总计（万元）	622182.54	534798.15	554914.08
营业收入（万元）	798963.77	697772.39	702635.05
净利润（万元）	25163.73	14273.08	8173.92
经营活动产生的现金流量净额（万元）	39687.99	17183.72	11149.58
加权平均净资产收益率（%）	15.41	12.71	11.33
基本每股收益（元 / 股）	1.36	1.07	0.80

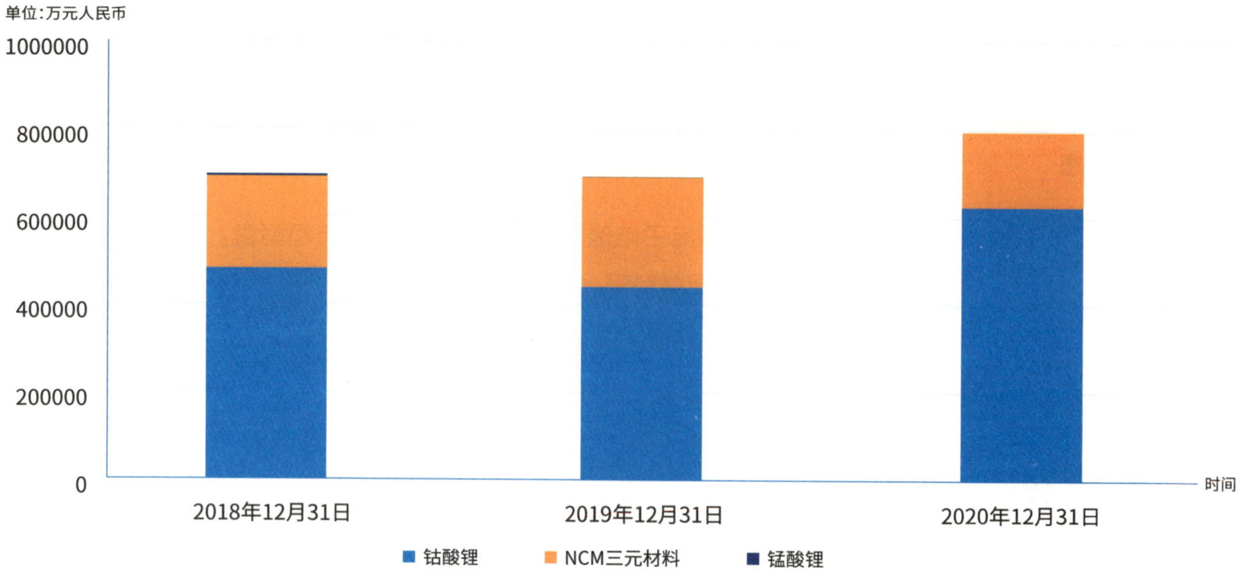

图 1 厦钨新能主营业务趋势

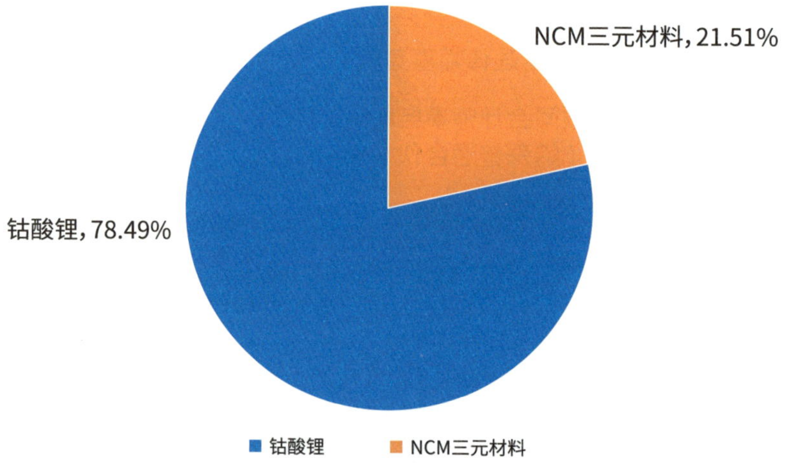

主营业务	2020 年 12 月 31 日		2019 年 12 月 31 日		2018 年 12 月 31 日	
	金额（万元）	占比（%）	金额（万元）	占比（%）	金额(万元)	占比（%）
钴酸锂	625205.23	78.49%	440139.28	63.59%	481040.02	69.13%
NCM 三元材料	171309.36	21.51%	251560.67	36.35%	209883.74	30.16%
锰酸锂	—	—	417.71	0.06%	4965.14	0.71%
合计	796514.59	100.00%	692117.66	100.00%	695888.90	100.00%

图 2 厦钨新能主营业务分布

四、研发及专利

（一）专利情况

表 4　厦钨新能专利情况

	发明专利（项）	实用新型专利（项）	外观设计专利（项）	国际专利（项）	合计（项）
数量	38	6	—	1	45
占比	84.44%	13.33%	—	2.22%	100%

（二）研发投入

表 5　厦钨新能研发投入

项目	2020 年 12 月 31 日	2019 年 12 月 31 日	2018 年 12 月 31 日	合计
研发投入（万元）	26118.40	24542.65	33234.48	83895.53
营业收入（万元）	798963.77	697772.39	702635.05	2199371.20
研发投入占营业收入的比例	3.27%	3.52%	4.73%	3.81%

（三）核心技术及研发技术人员

表 6　厦钨新能核心技术及研发技术人员

类别	2020 年 12 月 31 日	占比	2019 年 12 月 31 日	占比	2018 年 12 月 31 日	占比
核心技术人员（人）	6	0.41%	—	—	—	—
研发技术人员（人）	215	14.57%	—	—	—	—
公司员工总数（人）	1476	100.00%	—	—	—	—

五、审核过程反馈意见统计

根据易董IPO函件数据的统计，厦钨新能在IPO审核过程中共收到5次问询函，共计56个问题。其中，第一轮问询函32个问题，第二轮问询函12个问题，审核中心落实函3个问题，上市委会议5个问题，证监会注册反馈意见4个问题，历次问询累计情况具体如图3所示。

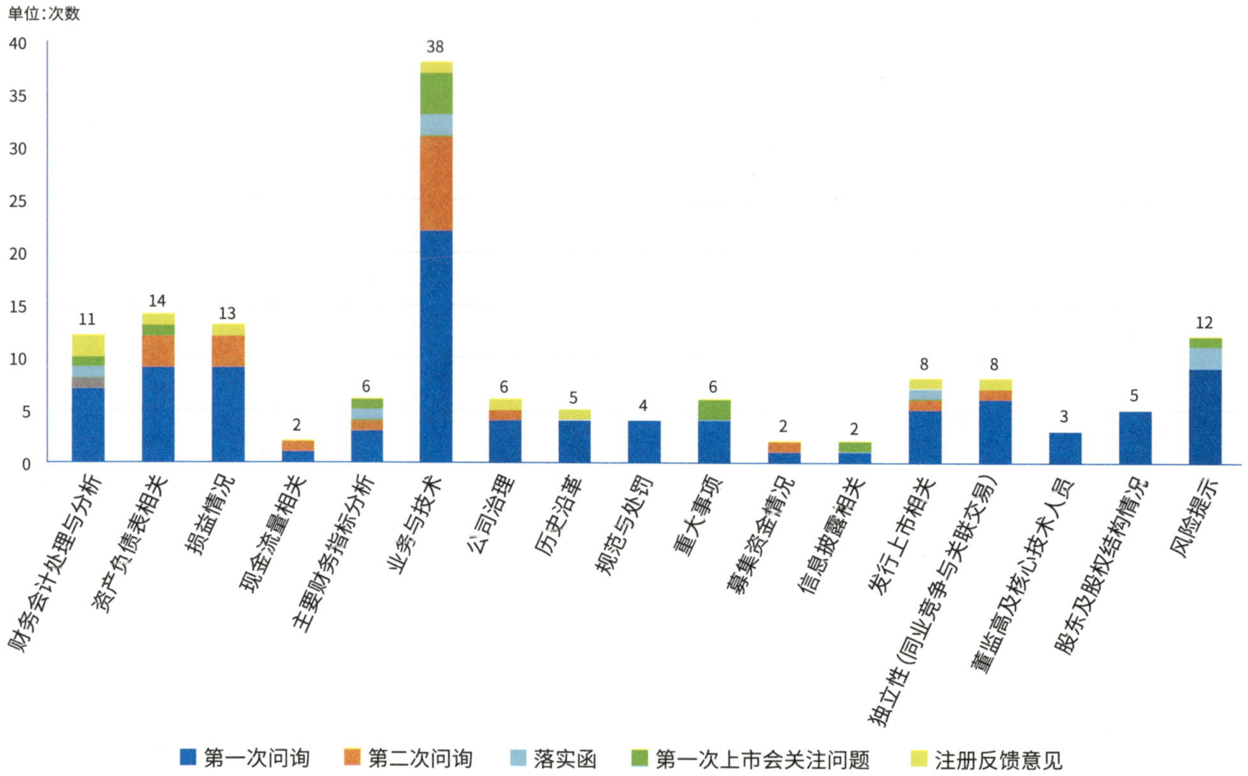

图3 厦钨新能审核关注要点

六、案例分析

发行人是全球锂离子电池正极材料领域的重要制造商之一。发行人前身为厦门钨业股份有限公司下属电池材料事业部，自2004年开始锂离子电池正极材料的研发与生产，并于2016年12月新设公司独立运行，成为厦门钨业股份有限公司下属的专业从事锂离子电池正极材料的研发、生产和销售的子公司。发行人拥有国内最齐全的正极材料产品类别，具备锂离子电池正极材料生产工艺设计、优化和持续改进能力，具备了高电压钴酸锂、高性能NCM三元材料的持续研发与大规模量产能力。

通过对发行人的审核关注要点统计，上交所在审核过程中重点关注发行人的业务与技术方面（如采购、公司产品及服务、持续经营、资产权属及完整性、生产业务相关情况等），除此之外，还关注资产负债表相关（如应收款项、应付款项等）、损益情况（如营业收入、期间费用等）、风险提示（如经营风险、经营环境等）以及财务会计处理与分析（如资产减值、会计政策和会计处理等）等问题；上市委在审核过程中也重点关注发行人的业务与技术及财务会计处理与分析（如追溯调整及差错更正、在建工程结转情况和费用资本化等）等问题。

发行人被分拆至上交所科创板上市后，其控股股东厦门钨业的持股比例从 61.29% 下降为 45.97%，而实际控制人为福建省国资委。

发行人 2020 年主要收入来源于钴酸锂和 NCM 三元材料，占比分别为 78.49% 和 21.51%。2018—2020 年，发行人锂离子正极材料总体产销量及市场占有率持续居我国正极材料行业首位，2019—2020 年占国内锂电正极材料市场份额比例均接近 10%，已成为全球锂离子电池正极材料领域的重要制造商之一。在 3C 锂电池领域，发行人与 ATL、三星 SDI、LGC、村田、比亚迪、欣旺达、珠海冠宇等国内外知名电池企业建立了稳固的合作关系，钴酸锂产品广泛应用到下游中高端 3C 数码产品；在动力锂电池领域，与比亚迪、松下、宁德时代、中航锂电及国轩高科等知名电池企业建立了稳定的合作关系，优质的客户资源优势有助于促进发行人不断推动技术创新。客户资质及信誉良好，也是厦钨新能能够稳定发展、持续壮大的重要基础。

扫码查看该公司 IPO 详情

案例十九

极米科技——国内智能投影设备龙头

计算机、通信和其他电子设备制造业

一、公司概况

极米科技，成立于 2013 年，是一家专注于智能投影和激光电视领域，集设计、研发、制造、销售和服务于一体的高科技公司，已发展成为国内智能投影设备行业龙头企业。极米打破了外资品牌对中国投影机市场十几载的垄断，根据著名市场调研机构 IDC 报告，极米 2018 年、2019 年连续两年蝉联中国投影机市场出货量第一。

极米实施全球化发展战略，用户遍布全球 127 个国家和地区。极米科技的产品和线下店面实现了全国一线城市全覆盖，在全国 30 多个一、二、三线城市有 100 多家直营店和体验店，产品覆盖了全球 150 多个城市，在线上也实现了亚马逊全球、全球速卖通、天猫、京东、华为商城等主流平台的全覆盖。截至 2020 年 2 月，极米科技收获国际大奖共 31 项（包括红点奖、iF 奖、Good Design Award、IDEA 奖、CES 最佳创新奖）。具体如表 1 所示。

表 1　极米科技公司概况

公司名称	成都极米科技股份有限公司		
简称	极米科技	证券代码	688696
公司成立日期	2013 年 11 月 18 日	企业性质	民营企业
上市板块	上交所科创板	注册资本	3750.00 万元
注册地址	中国四川成都市	审核历时	263 天
上市日期	2021 年 03 月 03 日	发行数量总计	1250.00 万股
发行价格	133.73 元 / 股	募集资金总额	167162.50 万元
发行后总股本	5000.00 万股	所属行业（证监会）	计算机、通信和其他电子设备制造业
适用标准	一般企业标准一	所属行业（战略新兴）	数字创意技术设备制造
配售机制	券商跟投；高管、核心员工配售；战略投资者配售		
实际控制人	钟波		

续表

公司名称	成都极米科技股份有限公司
控股股东	钟波
主营业务	公司主营业务是智能投影产品的研发、生产及销售，同时向消费者提供围绕智能投影的配件产品及互联网增值服务。公司专注于智能投影领域，构建了以整机、算法及软件系统为核心的战略发展模式。

注：一般企业标准一：预计市值不低于人民币 10 亿元，最近两年净利润均为正且累计净利润不低于人民币 5000 万元，或者预计市值不低于人民币 10 亿元，最近一年净利润为正且营业收入不低于人民币 1 亿元。

二、发行费用

表 2　极米科技发行费用

序号	费用明细	中介机构	金额（万元）	占募集资金总额比例
1	承销及保荐费用	中国国际金融股份有限公司	9193.94	5.50%
2	律师费用	北京大成律师事务所	542.45	0.32%
3	审计、验资费	信永中和会计师事务所（特殊普通合伙）	667.92	0.40%
4	用于本次发行的信息披露费用		463.21	0.28%
5	发行手续及其他费用		51.81	0.03%
6	合计		10919.33	6.53%

三、IPO 报告期主要财务数据

表 3　极米科技 IPO 报告期主要财务数据

财务指标	2020 年 6 月 30 日	2019 年 12 月 31 日	2018 年 12 月 31 日	2017 年 12 月 31 日
资产总计（万元）	214095.73	136613.25	85901.47	69669.70
营业收入（万元）	114363.69	211640.20	165856.93	99864.21
净利润（万元）	9729.96	9340.48	951.72	1449.38
经营活动产生的现金流量净额（万元）	22203.48	32380.58	-14679.57	-2662.99
加权平均净资产收益率（%）	15.67	18.43	2.19	7.79
基本每股收益（元 / 股）	2.59	3.07	0.94	1.63

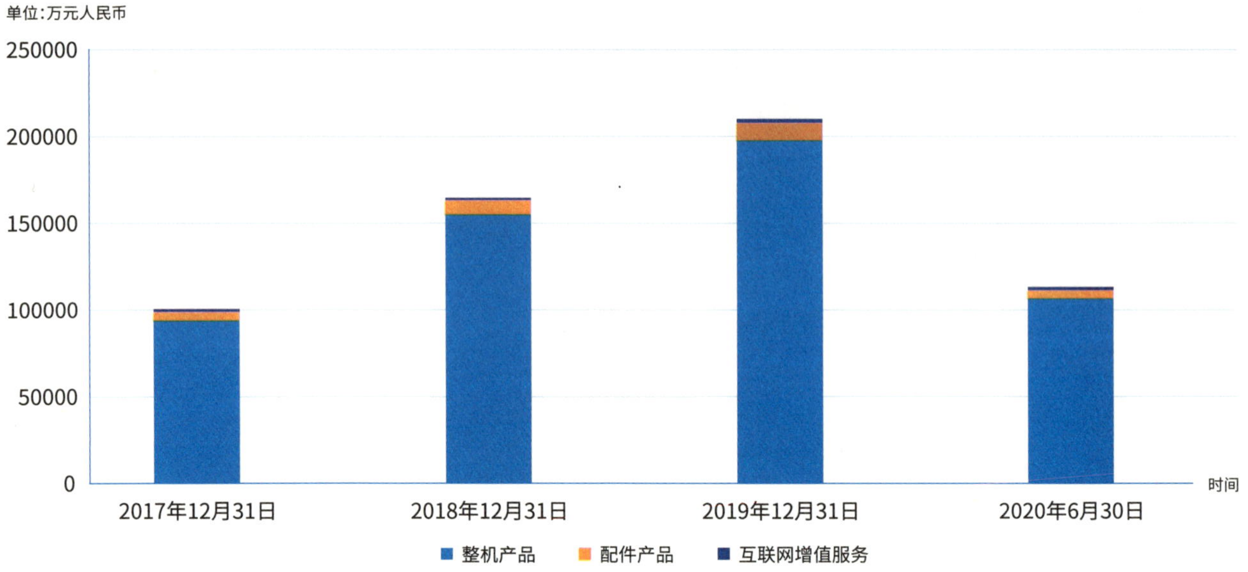

图 1　极米科技主营业务趋势

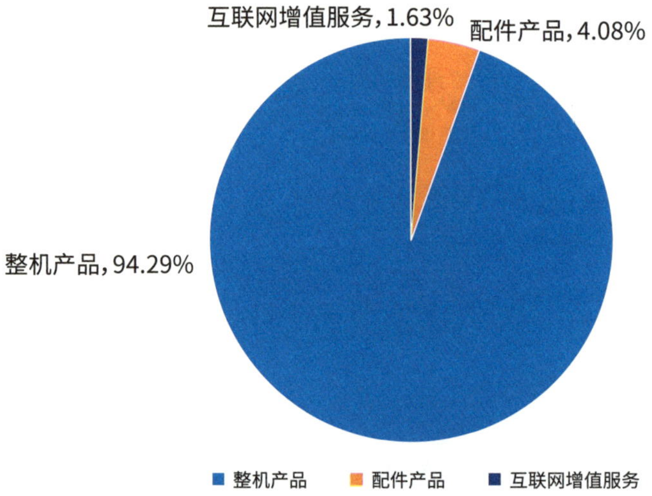

主营业务	2020 年 06 月 30 日		2019 年 12 月 31 日		2018 年 12 月 31 日		2017 年 12 月 31 日	
	金额（万元）	占比（%）	金额（万元）	占比（%）	金额（万元）	占比（%）	金额（万元）	占比（%）
整机产品	106750.57	94.29%	197775.29	94.17%	155185.15	94.29%	94020.56	94.58%
配件产品	4621.05	4.08%	10110.72	4.81%	8153.75	4.95%	4917.53	4.95%
互联网增值服务	1847.19	1.63%	2130.49	1.01%	1237.47	0.75%	468.09	0.47%
合计	113218.81	100.00%	210016.50	100.00%	164576.37	100.00%	99406.18	100.00%

图 2　极米科技主营业务分布

四、审核过程反馈意见统计

根据易董 IPO 函件数据的统计，审核过程反馈意见统计，在上交所审核过程中共收到 5 次问询函，共计 55 个问题。其中，第一轮问询 38 个问题，第二轮问询 8 个问题，落实函 2 个问题，上市委会议 2 个问题，注册反馈意见 5 个问题，历次问询累计情况具体如图 3 所示。

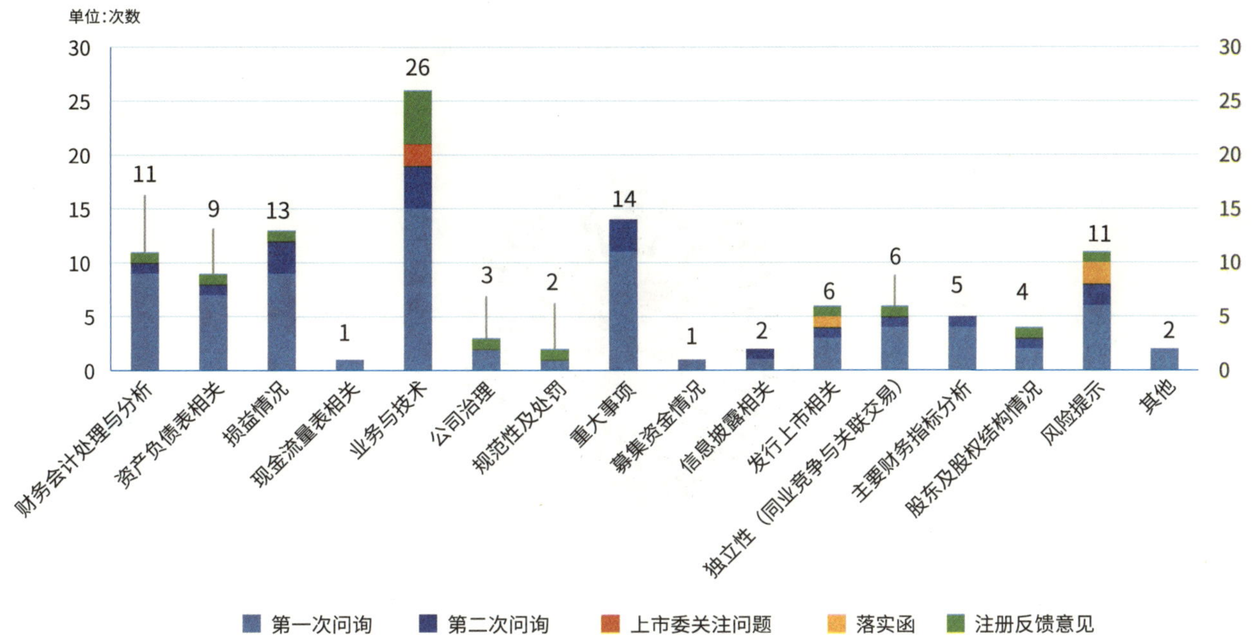

图 3　极米科技审核关注要点

五、案例分析

发行人是国内领先的智能投影仪厂商，是一家集设计、研发、制造、销售和服务于一体的高科技创新型企业，致力于向消费者提供性能卓越和高品质的智能投影产品，产品理念是为“自由而生”，主要产品包括智能微投系列、激光电视系列和创新产品系列。2017 年至 2020 年 6 月 30 日，发行人向前五名客户的销售收入占比分别为 37.31%、43.58%、45.08% 和 44.09%，前五名客户相对比较稳定。截至 2019 年 11 月，发行人在研发上投入数亿元，获得百余项专利。

通过对发行人的审核关注要点统计，审核机构关注点主要集中在业务与技术方面（如发行人的营业收入、生产业务相关情况、持续经营能力、盈利能力、采购、核心竞争力、行业竞争格局等），除此之外，还关注重大事项（重大诉讼、仲裁事项、重大合同及其履行情况）以及财务会计处理与分析相关（会计政策和会计处理）等问题；上市委关注点主要在业务与技术。

根据公开发行说明书显示，2017—2019 年发行人智能投影产品销量分别为 34.16 万台、54.53 万台和 68.99 万台，近三年年均复合增速达 42.11%，且市场份额持续保持领先地位。根据 IDC 报告，

2018 年公司出货量首次位居中国投影设备市场第一，市场份额达 13.2%；2019 年继续保持中国投影设备市场第一，市场份额达 14.6%。同时，公司终端用户规模亦不断积累，2020 年 3 月 GMUI 月活跃用户数已达约 110 万人（GMUI 用户日均使用时长达 4 小时以上），相比 2019 年 3 月 GMUI 月活跃用户数约 75 万人增长 47.61%。

根据 IDC 预计，2020—2024 年中国投影设备市场的复合增长率将达 14%。随着人民生活水平提高，投影设备具有便携、对视力相对友好、显示效果更好、屏幕更大等优点，未来渗透率还有非常大的提升空间。同时作为内容承载平台，未来有机会部分替代传统电视机，成为客厅娱乐的中心。

案例二十

广联航空——航空装备专精特新企业

铁路、船舶、航空航天和其他运输设备制造业

一、公司概况

广联航空工业股份有限公司（以下简称“广联航空”），成立于 2011 年 2 月 25 日，注册资本 15,768 万元人民币，总资产超过 7.75 亿元人民币。公司位于哈尔滨市哈南工业新城核心区，是专业从事航空航天金属及复合材料零部件的制造、航空工艺装备（工装）设计制造、飞机零部件的制造、飞机设计制造业务的国家级高新技术企业。历经近十年的发展，作为航空航天配套企业，公司产品覆盖民用及军用航空航天市场，参与了国家批复的多个大型飞机研制项目，积累了丰富的技术与加工经验，获得了一系列开展主营业务所需的相关业务资质和发明专利，成为了专业化程度高、技术积累丰富、广受认可的航空航天工业相关产品供应商。目前，公司下设 5 家全资子公司，分别为广联航空（珠海）有限公司、广联航空（南昌）有限公司、广联航空（西安）有限公司、哈尔滨正朗航空设备制造有限公司、哈尔滨卡普勒广联航空复合材料有限公司，员工总数超过 600 人，形成了以东北哈尔滨工装、零部件和无人机制造基地为主体，覆盖华北、华东、华南、西北等国内航空工业各主机厂的产业布局。具体如表 1 所示。

表 1　广联航空公司概况

公司名称	广联航空工业股份有限公司		
简称	广联航空	证券代码	300900
公司成立日期	2011 年 02 月 25 日	企业性质	民营企业
上市板块	深交所创业板	注册资本	15768.00 万元
注册地址	中国黑龙江哈尔滨市平房区	审核历时	439 天
上市日期	2020 年 10 月 29 日	发行数量总计	5256.00 万股
发行价格	17.87 元 / 股	募集资金总额	93924.72 万元
发行后总股本	21024.00 万股	所属行业（证监会）	铁路、船舶、航空航天和其他运输设备制造业
适用标准	一般企业标准一	所属行业（战略新兴）	—
配售机制	战略投资者配售		
实际控制人	王增夺		
控股股东	王增夺		

续表

公司名称	广联航空工业股份有限公司
主营业务	公司是专业从事航空工业相关产品研发、制造的国家级高新技术企业。公司以具有突出优势的航空工装业务为基础，积极开拓了航空零部件、无人机等业务，产品覆盖军用和民用航空工业各领域，成为专业化程度高、技术积累丰富、广受认可的航空工业相关产品供应商。公司的客户主要为中航工业、中国商飞等国内航空工业核心制造商旗下的各飞机主机制造厂商，航天科工、中国兵装等军工央企集团下属科研院所及科研生产单位，军队研究所等军方单位。

注：一般企业标准一：最近两年净利润均为正，且累计净利润不低于人民币 5000 万元。

二、发行费用

表 2　广联航空发行费用

序号	费用明细	中介机构	金额（万元）	占募集资金总额比例
1	承销及保荐费用	中信证券股份有限公司	5920.98	6.30%
2	律师费用	北京市金杜律师事务所	533.02	0.57%
3	审计及验资服务费	天职国际会计师事务所（特殊普通合伙）	1207.55	1.29%
4	用于本次发行的信息披露费用		478.30	0.51%
5	发行上市手续费及材料制作费		137.33	0.15%
6	合计		8277.18	8.82%

三、IPO 报告期主要财务数据

表 3　广联航空 IPO 报告期主要财务数据

财务指标	2019 年 12 月 31 日	2018 年 12 月 31 日	2017 年 12 月 31 日
资产总计（万元）	77509.65	64814.69	40118.58
营业收入（万元）	26847.40	20639.44	10655.35
净利润（万元）	7482.10	5295.44	1850.00
经营活动产生的现金流量净额（万元）	-772.79	-953.47	1280.94
加权平均净资产收益率（%）	14.27	14.41	7.31
基本每股收益（元 / 股）	0.47	0.36	0.14

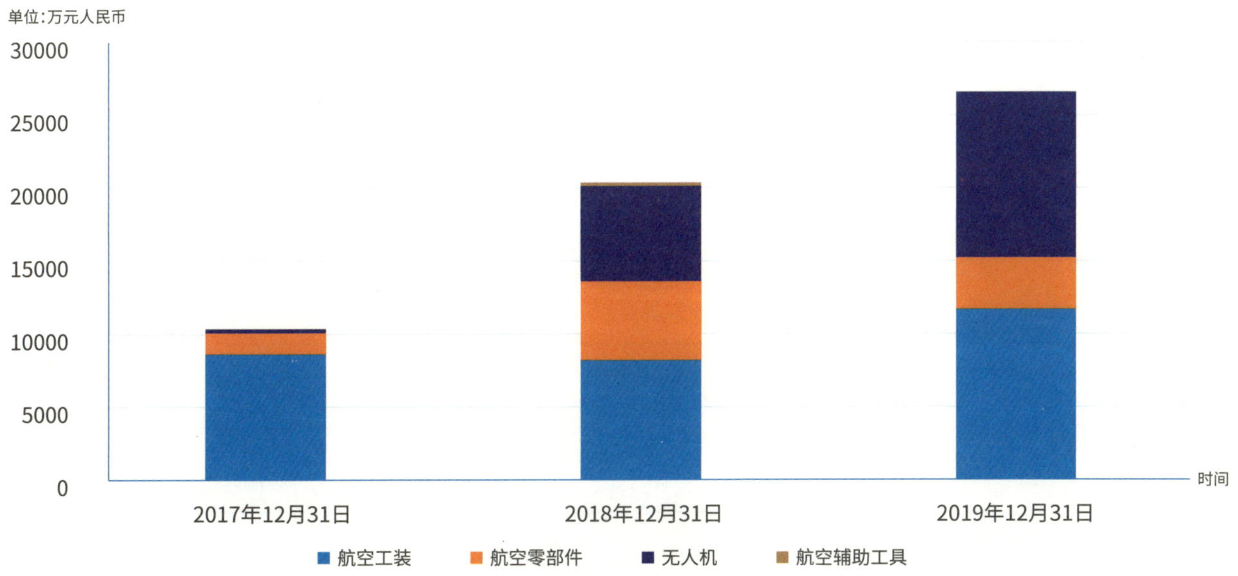

图 1　广联航空主营业务趋势

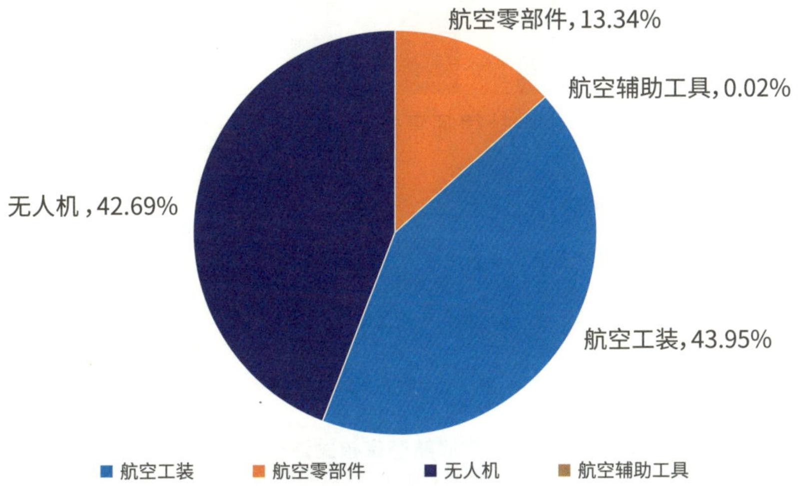

主营业务	2019 年 12 月 31 日		2018 年 12 月 31 日		2017 年 12 月 31 日	
	金额（万元）	占比（%）	金额（万元）	占比（%）	金额(万元)	占比（%）
航空工装	11677.29	43.95%	8205.51	40.28%	8632.47	83.30%
航空零部件	3544.62	13.34%	5380.85	26.41%	1440.32	13.90%
无人机	11343.83	42.69%	6549.93	32.15%	273.50	2.64%
航空辅助工具	5.75	0.02%	235.12	1.15%	16.77	0.16%
合计	26571.48	100.00%	20371.41	100.00%	10363.07	100.00%

图 2　广联航空主营业务分布

四、审核过程反馈意见统计

根据易董 IPO 函件数据的统计，广联航空在 IPO 审核过程中共收到 3 次问询函，共计 9 个问题。其中，审核中心落实函 4 个问题，上市委会议 3 个问题，证监会注册反馈意见 2 个问题，历次问询累计情况具体如图 3 所示。

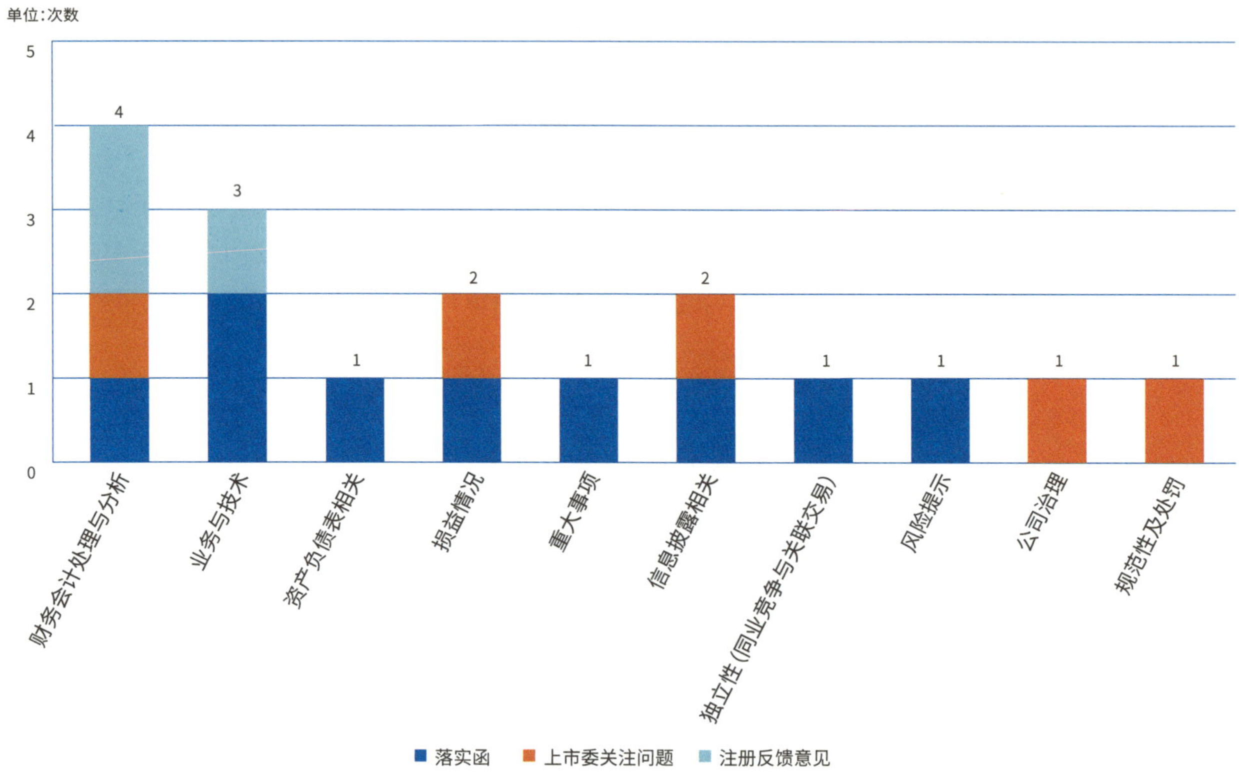

图 3　广联航空审核关注要点

五、案例分析

发行人专注于航空航天高端装备的研发、生产、制造，是国内知名的民营航空航天工业配套产品供应商。产品覆盖军用和民用领域，主要为航空工装、航空航天零部件与无人机产品，其中，复合材料工艺装备、零部件和部段的加工制造技术处于行业先进水平。其客户主要为中航工业、中国商飞、航天科工、中国兵器、中国兵装等军工央企集团下属主机厂、科研院所及科研生产单位，军队研究所等军方单位。近年来，发行人以航空工装业务为基础，积极开拓航空零部件和无人机业务，并形成了跨度较深的纵向一体化产业链优势，受到了业界的广泛认可。

作为创业板注册制改革后东北三省首家上市公司，发行人上市首日就受到市场追捧，当天收报 72.29 元，涨 304.53%，成交额 24.75 亿元，换手率 74.46%。

通过对发行人的审核关注要点统计，深交所关注点主要集中在业务与技术方面（如发行人的持续经验、采购情况），除此之外，还关注财务会计处理与分析（如资产减值、应收款逾期）以及资产负债表相关（如应收款项）等问题；上市委则关注销售收入确认、内部控制等问题。

经过多年发展，公司在航空工业领域已成为专业化程度高、技术积累丰富、广受认可的供应商，在国内航空工业中具有较高知名度。在航空工装、航空零部件领域，公司已经成为哈飞公司、沈飞公司、西飞公司、昌飞公司、上飞公司、华南通飞等国内重点主机制造厂商，以及军队某研究所、中国商飞上海飞机设计研究院、中国航空工业基础技术研究院、航天特种材料及工艺技术研究所、中国航天空气动力技术研究院等科研机构的供应商；在无人机领域，公司已成为中国兵装、航天科工等军工央企下属单位、军队某研究院所、北京航空航天大学下属研究院的供应商。

六大帮助

帮助一

涵盖IPO基础知识、中介机构选择、辅导备案、申报审核以及发行上市全流程IPO知识要点，助您轻松掌握注册制IPO全流程信息；

帮助二

采用大数据及AI智能分析技术，智能测评IPO审核要点，帮助企业找准优势、短板，助力企业成功上市；

帮助三

首创全市场中介机构库大数据，帮您挑选“性价比”最高、“过会率”最高的中介机构与团队，将上市成本降到最低；

帮助四

深度剖析企业IPO进程，以流程化方式全面提升企业IPO效率；

帮助五

服务超过4230+家A股上市公司，以上市公司的规范经验服务上市前、上市后的企业，成功实现无缝衔接；

帮助六

解决企业首发上市中经验不足、上市团队难以培养、疑难问题无处咨询、政策繁多难以系统获取等现实问题，基于IPO全过程大数据分析，实时诊断出企业与IPO标准的差距与改善方案，助力企业以专业化经验成功实现IPO。

革平先生 华中区销售总监

曾任职于深圳证券交易所投资者教育中心，深度参与互动易、网络投票、投资者交流活动以及交易所内部系统等多个项目。现任价值在线华中区负责人，具有多年的市场、项目及销售管理经验

邵玥明女士 机构部总监

吉林大学法学学士，韩国国立釜山大学国际法学硕士。曾任职世界五百强企业以及香港上市公司内地市场总监，拥有丰富的行业经验，熟悉上市公司日常信息披露、合规交易、公司治理等专业知识

版权与免责声明